U0573281

让 我 们 一 起 追 寻

MARTIAL SPECTACLES OF THE MING COURT
by David M. Robinson
©2013 by the President and Fellows of Harvard College
Published by arrangement with Harvard University Asia Center
Through Bardon-Chinese Media Agency
Simplified Chinese translation copyright ©2020
by Social Sciences Academic Press (China)
ALL RIGHTS RESERVED.

〔美〕

鲁大维 著

· David M. Robinson ·

神武军容耀天威

明代皇室的
尚武活动

Martial Spectacles of the Ming Court

杨柳青

康海源

译

社会科学文献出版社
SOCIAL SCIENCES ACADEMIC PRESS (CHINA)

献给艾维四 （William Atwell）

目　录

致　谢

在此我要感谢托马斯·爱尔森（Thomas Allsen）、艾维四（William Atwell）、经崇仪（Dora Ching）、柯律格（Craig Clunas）、杰伦·杜因达姆（Jeroen Duindam）和李康杰（Jérôme Kerlouégan），他们阅读了本书的最初几稿，并提供了宝贵的修改意见。施珊珊（Sarah Schneewind）为后来的一稿提出了细致的评论，这些意见完善了本书终稿。我同样感激黄启江，在对诗作的翻译上，他提供了极大的帮助，且本书的中文译名也是他取的。阿斯利·尼亚吉欧格鲁（Aslı Niyazioğlu）、贝基·泰兹詹（Beki Tezcan）、哥特弗里德·哈根（Gottfried Hagen）、卡韦赫·赫马特（Kaveh Hemmat）、廉亚明（Ralph Kauz）以及 H-Turk 网的成员们，慷慨地与我分享了有关奥斯曼帝国历史的书目。在阿姆斯特丹大学、普林斯顿大学以及亚洲研究协会于多伦多举办的一次研讨会上，我曾提及这项课题的部分内容。发言的许多同人和部分听众，包括伦纳特·贝斯（Lennart Bes）、窦德士（John Dardess）、杰伦·杜因达姆、玛丽·法弗罗（Marie Favereau）、莉丝贝特·吉沃斯（Liesbeth Geevers）、何义壮（Martin Heijdra）、姜永琳、塞德里克·米雄（Cédric Michon）、韩书瑞（Susan Naquin）、阿斯利·尼亚吉欧格鲁、伊戈尔·皮德海尼（Ihor Pidhainy）和施珊珊，与我分享了他们深刻的见解并且提出了问题，这促使我去理清自己的思路。我也要感谢柯盖德大学（Colgate University）研究委员会提供的学术休假和几次去往中国、日本进行研究的机会。另外，我还要感谢安·阿克森（Ann Ackerson）和柯盖德的馆际互借工作人员，是他们让我能够有机会在美国乡村研究中国近代早期①的宫廷文化。我要感谢克莉丝汀·万纳（Kristen Wanner）堪称典范的编辑工作。当我对庞杂的原稿进行修改润色时，她总能及时回复并给出有价值的建议，这使我受益良多。

最后，我想简单说明一下。翻译是一件吃力不讨好的事，不仅要领会作者的语言文字，也要懂得他的思维方式。相信凡是做过口译或笔译的人都有同感。所以在此，对两位译者杨柳青和康海源表示衷心感谢。同时也要特别感谢我的研究助理李沛珊。廖涵缤编辑关于如何改善中文表达方式，提供了许多宝贵建议。冯立君和黄佳熙两位老师同样帮我改正了不少错误，真是感激不尽。

不言而喻，中美两国治学之道颇有出入，读者群也很不一样。本书原版是为一般不太熟悉中国史的西方读者写的，所以对中国明史同人和中国史爱好者来说，拙作也许会显得过于简单、不够踏实，只能说是抛砖引玉，希望中国读者能多多包涵。

鲁大维

---

① 在西方史学界，近代早期（early modern）多指 15 世纪晚期至 18 世纪晚期的历史阶段。如无特别说明，本书脚注均为译者注或编者注。

图片列表

明朝皇帝列表

庙号	姓名	年号
太祖	朱元璋	洪武（1368～1398 年）
惠帝	朱允炆	建文（1399～1402 年）
成祖	朱　棣	永乐（1403～1424 年）
仁宗	朱高炽	洪熙（1425 年）
宣宗	朱瞻基	宣德（1426～1435 年）
英宗	朱祁镇	正统（1436～1449 年） 天顺（1457～1464 年）
代宗	朱祁钰	景泰（1450～1456 年）
宪宗	朱见深	成化（1465～1487 年）
孝宗	朱祐樘	弘治（1488～1505 年）
武宗	朱厚照	正德（1506～1521 年）
世宗	朱厚熜	嘉靖（1522～1566 年）
穆宗	朱载垕①	隆庆（1567～1572 年）
神宗	朱翊钧	万历（1573～1620 年）
光宗	朱常洛	泰昌（1620 年，实际在位时间只有一个月）
熹宗	朱由校	天启（1621～1627 年）
思宗	朱由检	崇祯（1628～1644 年）

---

① 一说为"朱载坖"。

导　言

在中国历史上，明王朝（1368～1644年）在诸多场合通过各类媒介频繁展示它的权力和正统性。[1]气势恢宏的皇宫建筑群和巍峨高耸的京师城墙十分显眼，它们都真实地展现了王朝的权势和巨大财力。[2]一整套仪典系统则凸显了皇帝凌驾于万人之上的独特地位及其在整个国家中的核心作用。[3]他对经典学问的奖赏和对"正统"思想信念的支持，则反映了他作为正统观念和道德规范的维护者的权威。[4]朝廷中负责起草诏命、编纂史册和辑录政令的"词臣"，也会赋诗作文来歌颂朝廷的威严、君王的功德以及皇天的庇佑；这些作品将在朝堂、京师乃至整个国家被广泛传阅。[5]朝廷官员时常提醒臣民：皇帝及其臣仆爱民如子，为了百姓的福祉，他们不知疲惫地辛劳着。最后，朝廷颁布了数以万计的诏令，涉及诸多议题，如规定臣民的服制、划定可崇奉的神明的范畴、惩治贪官污吏、奖赏贞女节妇、赈济灾荒、斥责不归化的夷酋，等等。[6]这些诏令宣示了朝廷的权威：朝廷明白何为正确，并能使一切事务各安其位。简言之，同几乎所有其他王朝一样，明朝也致力于推动一场本质上永无止境的教化运动。[7]

本书所要考察的就是这种教化运动的一个方面——明朝中前期一系列被我称为"尚武展示"（martial spectacles）的活动。更确切地说，尚武展示活动指包括皇室田猎、骑术表演、马球比赛、射艺比武、阅兵典礼以及皇室兽苑等在内的一系列活动及设施。之所以聚焦于它们，是因为它们有助于我们准确地把握近代早期的宫廷文化、亚欧大陆的展示传统以及明廷内部对皇位和权力的争夺情况。为了做到全景展现，不能把本书考察的这些尚武展示活动简单归于任何一项当代明史研究的类目。近年来的汉语学术成果通常认为，像射箭和田猎这样的事项只是宫廷活动或娱乐消遣。[8]而明清时期的作品则将皇室田猎和军事检阅（通常包括射艺比武）列为军礼。[9]马球比赛由皇帝主持，通常在端午这样的岁时节令里举办。而兽苑和猎苑等都属于实体设施，需要日常维护。

那么如何才能证明，将这些不同的活动和场所统称为"尚武展示"是合理的呢？这些尚武展示活动具有诸多共同特征。几乎所有的这些活动都离不开精研的技艺、牲畜的使用、人多马众的表演者，以及作为观众的京师达官显贵。无论是驭马骑射的高超技艺，还是进行猎杀时的两相协同，大多以展现威猛勇武为重点。不管是就活动本身还是就面向大量观众的展示而言，皇室兽苑和猎苑在某种程度上都与上述活动有所不同。但是，文献中记载的那些论辩的片段赋予了它们诸多意义，而且它们与通常得自异邦统治者的贡物和军事演练密切相关。诗词歌赋和画像让这些场景被传播给广泛的观众群体，使它们不再被局限在那些亲临现场者之间。就像本书所考察的其他尚武展示活动一样，对兽苑和猎苑的研究也基于君王对人（将珍禽猛兽进呈于君主的人）和兽的掌控。

我们最好将尚武展示活动理解为君主关于展示与军事传统的丰富"库存"中的一部分。登基、丧葬、立储、大婚、新年祭祀、皇帝耕藉和皇后亲蚕以及行孝礼等活动一般在紫禁城中或郊外举行，华丽的车舆、身着盛装的皇亲国戚以及他们的侍从各就其位。[10]尚武展示活动根植于军事表演和军礼的传统，包括军舞军乐、向君王献俘、拜将、祭旗、祈求凯旋的祭礼以及在战事前后告祭太庙。无论是在宫中还是在巡行途中，明朝皇帝都时刻受到保卫。禁军不仅保障安全，而且在任何情况下都能营造出一种庄严之感（见图1）。[11]在京师之外，明廷的舰队七下西洋，到达了东南亚、印度洋，最远航行至非洲东海岸，当然这也是面向广大国际观众的耗资靡费的武力展示。[12]

　　尚武活动耗资不菲。[13]事实上，它们显示了皇帝在举办奢靡活动一事上的优于潜在对手的实力。在明代不同的时间节点，这些潜在的或实际存在的对手包括：异邦敌患、野心勃勃的国内将领、心怀二志的地方势力（既有宗教的也有世俗的）、老谋深算的朝中大臣、胸怀怨愤的皇室宗亲。有关大阅礼，也就是皇宫中举行的常规大规模军事训练和检阅的详细财政数据已不可考（大量清代档案显示，这类材料已丢失数百年）。但据官方编纂的王朝编年史《明实录》记载，在16世纪中叶举行的两次检阅之前，军士们曾分别被赏赐一万两和三万两白银。明代的文人宣称，1569年的检阅耗资"两百万两"白银，而在17世纪早期的一次检阅中，修造一架可用于攀爬京师城墙的器械就花费了"数万金"。另外，皇帝还会赏赐丝帛和银质军功章，并宴请自己喜爱的人。校场上的将士穿着统一的服装，挥舞着朝廷配发的兵器，骑着各营供给的马匹。检阅（以及田猎、射艺比武、马球表演）中的这些士兵本身也成了可供君王调配的一种政治和军事资源。16世纪中叶的检阅一般都有数万人参加，更有记载称1569年的检阅有十二万人。通常有上百人参加围场田猎，有时还会有上千人参与。这些尚武活动显示出皇帝让人依指令和能力行动的权力。

在亚欧大陆的其他地方，我们也能发现类似的情况。基于17世纪、18世纪莫卧儿王廷和清廷行帐的情况，乔斯·戈曼斯（Jos Gommans）总结道："由于行帐能够长久地在帝国全境内宣扬王权的威严，因而实际的战争通常能够避免。凡王廷所到之处，百姓都趋于顺从。"[14] 虽然统治者为展示其在财富和人力方面的资源优势耗费巨大，但这也比一场大型的军事冲突或者宫廷政变的代价要小得多。皇室田猎、马球比赛、射艺比武这些活动，不仅具有娱乐消遣的功能，同时也发挥着提醒统治者的作用：军事力量仍是王朝的中心支柱。

要理解这些尚武展示活动，就应该将其置于明朝与北元及草原上的其他蒙古政权之间深度互动的背景之下。北元是学术界中一个便捷的惯称，用来指代在统治中国近一个世纪后，于1368年从北京败退回草原的成吉思汗后裔的政权。北元人自称是忽必烈（更笼统地说是成吉思汗）的直系后裔，因而在14世纪晚期仍保有巨大的声望，掌控（有时仅仅是间接掌控）着强大的军队。在亚欧大陆的东端，明与北元陷入了一场争夺正统性和认同感的政治博弈，[15] 而展示朝廷的壮观威严正是这种博弈的一部分。

6　　　从更为实用主义的角度来说，驭马之术和骑射技艺在明元之间的军事对抗中是至关重要的部分。在中世纪和近代早期，弓骑兵一直是内亚及周边地带最为重要的军事力量。[16] 相较而言，草原游牧政权更容易获得大量优质骏马和从小接受骑射训练的男丁。而西亚、南亚和东亚的农耕政权所饲养的马匹通常在数量和质量上都较为逊色，所以他们只好利用经济资源上的优势来换取草原骏马作为补充。[17]因此，尽管身处 21 世纪的观众们可能认为高科技武器才是衡量现代阅兵的黄金标准，马匹更多是供表演之用的，但在当时，草原周边的政权在残酷的战争现实中体会到了马匹在军事上的重要性。随着相关技术的改善，火器的军事地位不断提升，然而在近代早期，弓骑兵对内亚大多数政权来说仍不可或缺。

展示活动

作为历史上大多数政权的共有元素以及当今政治舞台的突出特点之一，展示活动已从多方面被诠释过了。关注 14 ~ 18 世纪的西欧的学者创作了许多关于展示活动、统治者和权力等内容的优秀作品。罗伊·斯特朗（Roy Strong）在其经典著作《宫廷的辉煌：文艺复兴时期的盛会与权力舞台》（*Splendor at Court: Renaissance Spectacle and the Theater of Power*）中，描述了宫廷节日中的入场式、假面舞会、烟火表演、雕塑、绘画以及芭蕾舞剧等。斯特朗提出：

> 借此，国王能够在臣仆眼前展示他最高贵的一面。通过附会神话寓言、营造符号象征和展现仪态举止，节庆成了一种颂扬君主荣耀的方式。如此一来，神圣的君主制的真理能够被散布于宫廷，而顺从的贵族也能够在仪式过程中安分守己。[18]

将巡行、集会以及演出理解为一种表达王权的方式的人，远不止斯特朗一个。依据 16 世纪意大利的情况，邦纳·米切尔（Bonner Mitchell）同样发现，市民盛会的主要功能就是"向

市民及外邦人展示国家的最高权威"。[19]另外，罗伯特·埃文斯
（R. J. W. Evans）也提到，"集会也许是展示统治者权势以及
有序统治的重要武器"。[20]

但也有学者对这种将集会和演出视为单纯的权力展示的观
点无法赞同。他们重新检验了关于"顺从的贵族"的假设，
强调市民盛会中的那些具有多重含义且富有对抗性的元素。[21]
正如杰伦·杜因达姆观察到的，"虽然君主有意识地使用虚礼
提升权威是不可否认的事实，但将仪典当作完全由君主控制
的、不受等级观约束的活动，没有任何助益"。[22]约翰·亚当森
（John Adamson）的论调则略有不同，他告诫我们，不要把宫
廷文化降格为"政治宣传"，它并不是要向温顺的观众反复灌
输连贯一致的政治价值。[23]其他的学者，如邦纳·米切尔和马
康·韦尔（Malcom Vale）则认为，尽管巡行等活动凸显了君
主的权势，但它们通常也包含了对地方精英之特权和地位的承
认。另外，杜因达姆、韦尔和亚当森反对贵族被君主玩弄于股
掌之中的谬论；西德尼·安格罗（Sydney Anglo）则强调认知
和传播的问题，他告诫说，并非所有观众都能理解这些视觉上
和文本上的复杂隐喻。[24]最后，凯文·夏普（Kevin Sharpe）著
有一本涉猎广泛又极具洞见的书，书中讨论了都铎－斯图亚特
时期的英格兰的权威与形象。他在书中指出，有必要去"认
真思考他们试图用文字和绘画营造出的都铎形象，来掩盖的那
种焦躁不安"。[25]

总的来看，这些专注于中世纪晚期及近代早期的西欧宫廷
的研究反映，在对展示活动进行考察时必须时刻谨记以下内
容，以免犯过度假设的错误：这些展示活动以及其他经营王朝
之努力的效果、意图和动机很少不言自明；它们常遭篡改和曲

解；最后，它们在传达出宫廷权威和荣耀的同时，也同等限度地揭露了统治者的恐惧和脆弱。不是所有人都对宫廷的宣传买账。这些作品尽管在研究展示活动的创造、传播及受到的质疑等方面相当缜密，但经常忽视王公大臣的作用——他们常常被刻画得像文书人员一般。近来的研究常常聚焦于"国家"及其扩展和控制权力的整体努力。明朝尚武展示这个案例则揭露了朝堂内的诸多争议，因为皇帝的利益和立场与高官大臣常常相左。

尚武展示活动还需要观众们的响应。出席马球比赛、射艺比武以及军事检阅的朝臣们并不只是在观赏。基于 20 世纪美国政治和社会的个例，迈克尔·哈洛伦（Michael Halloran）强调这种展示是一种"生活体验"，他指出"参与这种展示活动的经历早已是维持社会秩序的一种规制"。[26]哈洛伦强调了观众观赏展示活动时的反应所具有的重要影响。通过参与这些活动，观众构成了一种共同体。明朝的高品秩文官在皇室展示活动等场合中歌颂君王，为这些盛事赋诗作文，事实上是在通过亲身参与，表明他们接受了一种特定形式的皇权及他们与皇帝的那种特殊关系。因此，对朝廷高官来说，这些尚武展示活动促成了他们对权力结构的明确承认（以及事实上的永久维持）。

以上内容使我得出了本书的第一个核心论点：统治权必须要展现出来，而不是一种抽象的存在。明朝皇帝通过政治决策、军事征战、圣旨诏书以及尚武展示（仅举几例）等方式来宣示皇权。他们不会也从未设想过，他们的地位无可争议或者他们的旨意可以畅行无阻。正如诺伯特·埃利亚斯（Norbert Elias）就帝王威望进行研究时所发现的，统治者的权势必须通过定期的宣示及承认来维系，但宣示权力之时也恰恰是权力十分脆弱之时。[27]这些尚武展示活动如果被讥笑、敷衍、抵制，就会使统治者威信扫地。公元前 1 世纪时，狄奥多罗斯（Diodorus）就曾通过嘲笑叙利亚的安条克四世（Antiochus Ⅳ of Syria，前 215 ~ 前 164 年）失败的展示活动，来贬低安条克四世作为统治者的政治合法性和地位。"安条克的有些想法和行为是高贵而惊艳的，"他写道，"有些却是如此低俗而愚蠢，以至于所有人都十分鄙夷他。在庆典活动的比赛中，他竟采纳了与其他国王相反的规则。"[28]所以，这些盛典不仅是盛大的娱乐活动和宣示王权的场合，也是王权面临挑战的地方。[29]

10　　作为一种统治手段，这些尚武展示活动展现了皇帝对人与兽的掌控能力。人与兽被安排去参与盛大的田猎和检阅活动，依照皇帝的命令行动，从而实现皇帝的意志。军士们选拔自皇帝的军队，牲畜则由皇室马厩、兽苑提供，或者由外藩（作为贡品）进献。尚武展示活动显示出统治者对军士及其才能的洞察力；他评定军士的驭马和射箭水平，嘉奖他们在狩猎中的勇气和实力。在这些尚武展示活动中，皇帝还通过为臣属提供奢靡的娱乐活动以及为参与者提供丰厚的奖赏，来彰显他的慷慨大方。

　　在大部分地方和时代，控制力、洞察力以及慷慨大度都是作为统治者的必备素质。在丰富多样的中国传统中，帝王也总被期望拥有这些品质，但我们一直以来可能更关注它们在"文"的层面的表达方式，尤其是在研究帝制晚期时。[30]如果明朝的君主能识忠良且知道通过宠信、给予官职及恩赏来栽培俊彦之士，他们就被认为是英明的。[31]尚武展示活动清楚地表明，这些品质在"武"的层面同样重要，尽管文人们可能悄悄略过了这一事实。

　　这种文与武的不协调关乎本书的第二个核心论点。从总体　11
上讲，尚武展示活动帮助定义了皇帝、臣仆以及作为整体的朝
廷的身份特性。尚武展示作为娱乐活动，吸引了大量观众，但
也塑造了观众的认知，影响了他们的行为。斯科特·休斯·迈
尔利（Scott Hughes Myerly）注意到，19世纪英军奢华的典礼
招来大量观众，他们为军乐团、华美制服以及人骑协同行进所
吸引。他认为这些尚武展示活动有助于提升军队形象在剧院、
音乐、玩具以及社会组织中的流行度。[32]在明王朝的例子中，
田猎活动、军事检阅和兽苑不仅反映了人们对皇权的态度，也
有助于我们理清皇帝的活动与他忧心的问题。一位在马上搭弓
射箭，或于猎场逐鹿，或饲养珍禽猛兽的帝王，他能让人信服
吗？后面的章节将表明，明代中国对这些问题的回答因时而
异，且这些不同的回答直接塑造了"天子"的意涵。

　　同样，高官文人们回应宫廷尚武展示活动的方式，也深刻
地影响了他们的身份。他们会为皇帝迎接来自海外的白象而赋
诗祝颂吗？他们会称颂、批评或者嘲讽于紫禁城内精心筹备的
检阅吗？他们选择性地发挥自身文学才能的方式，定义了他们
与君王的关系、他们作为朝中大臣的身份地位，以及他们对自
己身系王朝兴衰的儒士身份的理解。正如窦德士对江西官员的
研究以及最近哈利·米勒（Harry Miller）有关国家与士绅间
冲突的著作所显示的，这些身份认同问题既非一成不变，也非
对所有官员都普遍适用。[33]对尚武展示活动的回应提供了一条　12
探寻相关变迁与差异的路径。最后，皇室田猎、马球比赛和礼
物交换，都是明廷在广阔的东亚大陆舞台上协调其身份和地位
的重要方式。因此，尚武展示活动不仅反映身份，还帮助塑造
身份。正如文化人类学家克利福德·格尔茨（Clifford Geertz）

观察到的,"统治的表里之间原本明晰可辨的界限变得越来越不明显,甚至越来越不真实;真正起作用的是它们相互转化的方式,它有点像质量与能量间的转化"。[34]

后面的章节将详细讨论,虽然明代宫廷存在田猎、马球比赛、驭马以及其他展示活动的特定先例,但宫廷文化是个人能动性与长期历史模式的共同产物。[35]尚武展示活动在特定时期的具体表现形式是以皇帝个人及其近臣的喜好和想法为依据的。与此同时,所有的明朝皇帝都充分发掘并利用了明以前的历朝历代在宫廷传统和实践方面的历史积淀。也许个别因素的近源可以追溯到契丹、女真和蒙古统治者所建立的王朝,它们在 10 ~ 13 世纪崛起于蒙古草原和现中国东北的森林;或者也可追溯到像宋(960 ~ 1279 年)这样的中原王朝。对 15 世纪、16 世纪的明朝皇帝来说,由列祖列宗所确立的先例,也就是宗室传统,是一块关键的基石。一方面,契丹、女真、宋、蒙古以及明朝初期的宫廷相互影响;另一方面,它们都吸收、借鉴了可追溯至更久以前的皇权观念、朝廷礼制以及权力和威严的象征。

不管是就一般层面上的明代宫廷文化而言,还是就特殊层面上的尚武展示活动来说,我的目标都不是追根溯源。我们完全可以承认,类似"中原"或"草原"这样的概念,也许在特定时间和情境里,在修辞意义和意识形态层面有巨大影响力,然而,研究者应当保持谨慎,避免夸大其作为分析性类别的效用。到洪武帝(1328 ~ 1398 年)称帝的 1368 年为止,中原王朝和草原政权已经交互影响了两千多年。[36]这些互动包括了一系列的积极模仿、借用、明显拒斥和悄无声息的重新定义。因此与大多数前朝皇帝一样,明代统治者采用了一套复杂的做法、观念和象征符号，人们并不完全了解它们的最初形态以及随时间推进而发生的转型，即便是那些勤勉的会典编纂者也没办法确认，尽管他们表面上将政治和仪式制度追溯到了有历史记载之前。

第三个也是最后一个重要的论点是，我们需要用一个广角镜来审视明代宫廷乃至整个明王朝。站在共时性的角度，只有与亚欧大陆东部的其他地区，尤其是内亚腹地的发展相对照，明朝历史的诸多元素才能变得明晰。界定明朝第一个百年的，是其与元政权及元在草原上的继承者的相互较量。接下来的章节将证明，尚武展示活动常常是为皇宫和朝堂之外的观众准备的，这不只是洪武帝和永乐帝（1360～1424 年，1402～1424 年在位）治下的情况，在明朝的前两百年历史中都是如此。

站在历时性的角度，我们最好将明廷置于长时段的历史中去理解，而且早就该重新评估它与其前朝元和后朝清的关系了。[37] 一段描述西欧在中世纪晚期的情形的文字，指出了许多甚至大部分宫廷所共有的一些特征。马康·韦尔写的是英格兰王国、法兰西王国和低地国家的宫廷：

14

（它们）通常接受"外国的"影响——这样做的代价越发昂贵——也对异质的和外来的影响保持开放。因此，它们往往容易在某些臣民中引起怨恨和排外的情绪，激起针对宫廷的异化和奢靡之风的"民族主义"情绪。宫廷是一种媒介，一定程度的国际主义和世界主义经由它被传播至社会——包括教会与世俗社会——的上流阶层……[38]

统治中心位于今天的中国的诸多王朝，也许也可以简单地用类似的措辞来形容。比如说，唐朝的世界主义一直得到公认。[39]最近，许多学者都在强调清朝的多民族特点，并且将大家的注意力吸引到皇帝对汉、满、藏以及西欧的学问、语言、宗教、技术和艺术的积极支持态度上。[40]最后，吐蕃、突厥、鲜卑、女真和蒙古这些所谓的"征服王朝"，它们的兴起都展现了很强的文化杂糅、吸收和借用的特性，它们能通过对风格迥异的行为、观念和技艺进行重塑，来回应不断变化的政治、军事和精神需求。

15　　那么，明朝在哪些方面也符合这种文化杂糅的特点呢？当我们认为明廷内向且排外，或者说对域外的土地和人口漠不关心之时，其实我们在做一种对比，即我们在比较明代宫廷和元清两代的宫廷。正如上文所指出的，最近几十年来，清朝逐渐被认为是一个充满活力的多民族帝国，其皇帝有意识地将自己置于一系列宗教、政治以及意识形态传统的中心位置。而元朝同样凭借其在亚欧大陆贸易体系中扮演的重要角色而享有盛誉，在其统治下，人员往来、财货流通，以及宗教活动、统治理念和知识结构的交流互动，都达到了空前的水平。[41]

当我们像这样进行综合考虑后，无论是笼统地讨论明王朝，还是特指明代宫廷，明给诸多研究者留下的印象都是孤立且内向的。[42]杉山正明（Sugiyama Masaaki）这位研究蒙古帝国的日本顶尖学者，将明朝的老气横秋、萎靡不振、畏葸不前与元朝的活力四射、幅员辽阔、胸怀四海做了对比。[43]宫纪子（Miya Noriko）同样指出，早期的明朝目光短浅，一个突出的变化反映在它对"天下"的地理认知远不如前朝。[44]著名学者罗茂锐（Morris Rossabi）也认为，及至15世纪中叶，明王朝对中亚已经兴味索然。[45]

　　杉山正明、宫纪子、罗茂锐等学者无疑是对的，比起元 　16
清两朝，明朝确实缺乏世界性，与外国的深入交流不足，在
亚欧大陆的舞台上显得不够自信。然而，这并不意味着它始
终都是孤立封闭、内向排外的。如果我们回到韦尔的评估尺
度上，就会发现明廷其实比我们通常认为的要更具世界性，
它更深入地参与了亚欧大陆的事务。从 14 世纪到 16 世纪早
期，皇帝们常常因为持续而慷慨地支持藏传佛教这样的外来
宗教、在京师修建寺庙、资助成百上千的藏僧而备受诟病。
同样，在明朝统治的前一百五十年里，它对北元及其继承者
来说都是强大的竞争对手：明朝竭力使亚欧大陆的其他地方
相信天命已易；明廷不论出身，唯才是举；它承诺会尊重亚
欧大陆的其他政权在元朝治下曾享有的地位和特权；它也试
图表明自己在整个区域内都有足够强大的军事实力来抗衡蒙
古势力。延揽并任命蒙古人为明军高级将领便是实现上述目
标的一种手段。

　　明廷世界性的一面有时被接受，有时则受到指责。朝廷对
蒙古人及其后裔的任用，就反复遭到明朝文人们的批评。直到
16 世纪中期，明廷都一直维护着一座兽苑，那里有从遥远的
撒马尔罕和安纳托利亚送来的大型猛兽，此事也一再激起一些
朝臣明显的愤慨。韦尔早已言明，世界主义及亲近异域事物的
行为也许容易招致某些臣民的反对。在不同的时期，皇帝对西
藏、蒙古和中亚的信仰、人物、飞禽走兽的兴趣（还有这种
兴趣表象下的与中亚统治者的联系），都遭到了朝中文官们的
批评。

　　本书还会探究元明清三代宫廷文化之中具有惊人延续性的

部分。如果我们拒绝将少等同于无，如果我们不夸大内亚
（或北方的征服者）与中原政权之间的差别，如果我们注意到
17 明代宫廷文化中被忽略的部分，就能领悟骑术和皇室田猎在元
明清三朝的重要性，以及作为军事统帅的皇帝在深层次的行为
和信念上所具有的那种显著延续性。[46]

虽然关于其他地区宫廷文化的比较研究和整体研究近期成
倍增加，但对明代宫廷的系统性研究仍然缺乏。[47]在于总体框
架下对近代早期的宫廷做出中肯评价成为可能之前，对明代宫
廷的权力和统治做一次细致了解是必不可少的。它们是何以产
生、协调、延续的？它们何以被展示、传播、争夺？皇室宗
亲、朝廷重臣、官僚体系、地方精英及京外的臣民是如何看待
并尝试利用皇权的？皇权如何与宫廷文化相关联？这些都是具
有深远意义的问题，有助于增进我们对明代宫廷和更广泛的近
代早期宫廷的理解。

近些年来，学者们已开始深思明朝京师宫廷文化的轮廓，
探究它与各藩王王府之间的关系，以及与更广义的明朝历史发
展的联系。[48]明朝宫廷不仅包括位于北京（15 世纪初之后）的
皇宫，还包括留都南京的宫廷以及各藩王王府。冒着过度暗示
行政层面的一致性的风险，我暂时把这三类地方和它们的行为
18 礼仪都放到一个总的明朝宫廷系统下。虽然这三类宫廷在规
模、立场、功能上差异很大，但是最新的学术研究表明，从
仪式运用、行政规程、人事任免及共同利益的角度出发，这
种把它们放在一起看待的视角是合理的。最后，尽管我讨论
了明朝开国皇帝的宫廷，也将各藩王王府纳入分析，但是本
书的关注点还是集中在北京的宫廷。

观　众

展示活动中自然少不了观众。近代早期西欧的许多展示活动即面向大量不同的观众，既包括贵族和地方精英，又有大批底层民众，他们要么站在道路两旁观看队伍前行，要么在看台上或者树旁观赏打斗比赛。这些场合将统治者和他的臣民联结了起来。在遥远的古罗马（近代早期欧洲的许多展示活动滥觞于此），观众的反应是至关重要的。罗马的观察者们通常将民众的鼓掌、喝彩、喝倒彩都收入他们对展示活动的记述，这本身就是对观众们所具有的巨大但有时并不明显的"权力"的承认。

明朝的展示活动则面向更小且通常是特定的群体。本书所讨论的大部分展示活动都在皇宫这个戒备森严、京城中绝大多数人不得进入的地方举行。能够获准观看皇室的展示活动，是精英们有别于普通百姓的一项特权。因此，在古罗马或近代早期的欧洲，展示活动牵涉到统治者、宫廷、地方精英以及普通民众之间的关系；而在明代中国，焦点则集中在皇室（通常是皇帝）、文武官员以及勋贵子弟上。这些活动不仅提升了宫廷上下共有的身份认同，也凸显了各组成部分之间的尊卑之别。

其他地方和其他时期的案例显示，很少有统治者真正相信能够通过展示活动，将自己的主观意志和行为像做外科手术一样植入一个被动的政治体。文武官员、勋贵子弟、宦官及其他人都是皇室展示活动及其他宏大场面的老练的观众。他们对仪式、酒宴及其他展示活动做出品评，指摘失序的活动、微薄的礼品和粗陋的食物，因为他们觉得这有损于统治者慷慨、尊荣的形象。皇帝及其近臣既是展示活动的主办方，也是参与者和

19

观众。安德鲁·贝尔（Andrew Bell）注意到，"无论君主们在言辞上是多么的愤世嫉俗或老于世故，他们都会情不自禁地被这种仪式美学触动"。[49]作为主办方和参与者，皇帝履行着统治者的职责，塑造着自己作为君主的身份，构建着与朝臣的主仆关系。

最后，对参与者和观众来说，尚武展示活动的意义并不是不言而喻的。[50]朝廷命人以马球比赛、军事检阅以及其他活动为对象进行文学创作，这既是为了将这些活动传播给更广泛的受众，也是为了确保它们能够被正确地领会。明朝皇帝通常让文官采用多样的叙述手法——无论是辞赋、短诗还是散文——从而确保读者能够获得准确的认识。留存至今的那些宫廷展示活动的记录，也许大体上反映了皇帝的利益和期望，但它们同时也帮助塑造了皇帝的利益和期望。无论是作者还是作为恩庇者的皇帝，都不能实现对文本的完全掌控。因而，明朝皇帝与其名义上的恩庇对象间的矛盾与日俱增。

资　料

本书采用的诸多资料都来自明代宫廷，包括实录、会典、纪事诗作以及帝王画像。正如接下来的章节将详细论述的，这些资料是由制度规则、政治利益、经济因素、文学传统以及人际关系等力量塑造的。尽管明廷大权在握，但它并未垄断文化生产。历史、文学、哲学、教育、法律、商业、农业等方面的文本，图像，服饰、家庭陈设等文化装饰，还有各种形式的戏剧、音乐与宗教，这些都大量产自宫外，并于民间广为传播。有明一代，宫廷内外的生产场所之间频繁地交流互动，且这种交流互动得到了广泛认可。[51]

依据文本材料对展示活动进行重构困难重重。活动通常有可以调动感官的氛围，而这很难通过文字描述把握。鼓角争鸣、厉声命令以及人群狂热的喧闹都构成了这些活动的重要内容。万马齐鸣，列队行进；阅兵大典，精心编排；马球比赛，奋勇争先，观众脚下，大地震动。劳累的骑士们身上的汗臭味，深秋清晨叶子腐烂的味道，来自刚射杀的猎物的血腥味和粪臭味，无疑会长久地留存在皇室田猎参与者的脑海中，但在纪事诗中只被隐约地提及。

现存大部分有关明朝尚武展示活动的文字记录，都出自饱学多才的朝中大臣之手，他们的描述被他们对性别、社会经济地位、智识取向以及政治利益的看法渗透了。当然，士人们的影响并不仅限于明朝。如葛德威（David Graff）已经指出的那样，关于唐朝战争的文字记载基本反映了文人的观点，他们通常关注"冲突中更抽象、更体现智慧的非技术性方面"，以及那些善用智谋而非蛮力的人。[52]

除了考虑文人作者们的看法之外，我们也不能忽视其作品的传播。在明代，只有一部分士大夫生前会印行他们的个人文集。许多人保留了他们向朝廷所上条陈的底稿或副本，与友人同僚的往来信函，以及他们创作的诗词、序文、讣告及题词等。然而，收集他们的作品并决定其中哪些适合被收录于公开印行的文集的，通常是他们的后代、学生或者关系更为疏远的仰慕者。因此，即便是明朝的刊刻本也不能代表其作者的全部写作成果，而只能部分地反映他们的政治关系、学术主张和个人看法。最后，不管在什么时候，读书人总依循业已确立的文学传统和品位来表达他们的看法。所以，如果能谨慎使用并密切关注这些著作得以形成的环境，那么它们将发挥重要价值。[53]

21

为了更好地理解明代宫廷的尚武展示活动，我也引用了一些古诗。这些文学作品也许会被认为是肤浅、陈腐甚至软弱的，但它们透露了时人对尚武展示活动、统治权力界限、士大夫角色的看法。在创作关于展示活动的诗词时，文臣们回应了皇帝的要求并宣示了他们在朝中的地位。这些文本不仅是复原田猎、马球比赛和军事检阅的资料来源，同时也是这些军事活动的产物，且这一点是皇帝和朝臣们都明白的事实。本书所引用的诸多古诗都由一个特定的文官群体创作，他们因在科举考试中表现优异而在翰林院或者京师的其他相关衙门中干着美差。[54] 这些翰林院官员有时被称作"词臣"。他们为皇帝起草诏命，为王朝纂修历史，为皇室讲解经典，以及通过撰写君王要求的任何文书，包括诗文，来记录从皇子诞生、宗亲去世，到谷物丰收、吉兆的发现、军事行动的凯旋的每一个场合。其中的少数佼佼者也会担任皇帝的顾问或朝廷重要部门的主官。鉴于他们的声望与地位，翰林院官员总是被期望创作出达到较高文学水平、体现正确道德观念且能充当国家标准范文的作品。皇帝、高官、京官、整个官僚系统乃至普天之下的读书人都相信，翰林院官员有责任和义务创作范本，以供人们阅读。

这些古诗也是社会互动的产物。这里我只指出一个方面，那就是朝臣们对各类应制诗的细致区分。受命到御前撰写诗文的机会尤为难得。但也许还有更为荣幸的，那就是受邀与皇帝进行唱和。由宫中宦官传达皇帝作诗的诏谕，则没那么让人激动，因为大臣们不能直接接触到君主，甚至他们所宣称的君臣间的私人联系也会因宦官的介入而变得极为脆弱。[55]

最后，宫廷还命人为尚武展示活动的场面作画。研究文人文集时涉及的诸多问题，同样有助于我们理解大量传世的宫廷绘画。获得皇室支持的画作形式多种多样，有大到适合远观的巨幅，也有小到可以近赏的卷轴。绘画也有流派和传统技法方面的区别，可大致分为早期作品、描绘历史事件的画作以及描绘文学意象的画作。那些奉朝廷之命绘制的，表现皇家队列、接受贡物和接待贡使等场面的画作，常常会被复制，为宫外人收藏并广泛传播（这种传播通常是商业性质的）。根据现存的（或更准确地说，是如今已知的）明朝宫廷画去推测它们的整体种类和数量的尝试，比依据现存的文本去推测明朝的写作传统更不可靠。

　　仅举一例来说，台北故宫博物院藏有一对华美的画轴，描绘了 16 世纪晚期的皇帝——可能是嘉靖帝，也可能是万历帝（见图 3）——离京与返京的场景。这对卷轴形制巨大，其中一幅长约 85 英尺，另一幅则长近 100 英尺，两幅画的宽皆为 3 英尺。[56] 它们色彩鲜艳，绘制精美，服饰、武器、乐器、旌旗和各色风光等细节尤其充实。天子的马军步卒、宦侍乐师、骏马大象、车舆游船，无一不依皇命而动，这种视觉呈现反映了皇帝和宫廷的威严。除此以外，我们尚未发现明代有其他的同类绘画；此种类型是不是空前绝后的例外，仍是一个未解的疑问。[57]

　　还有一点：出于许多缘故，汉人总是间或被说成不够尚武，而他们的政权也被认为是崇尚和平、反对战争的。一些人认为，中原的王朝基本上是防御性的，而无意于开疆拓土、发动攻势。[58] 从社会或文化价值观的范畴来看，以文驭武的想法已成陈腔滥调；"重文轻武"或者"好铁不打钉，好男不当兵"这样的说法，并非毫无根据。牟复礼（Frederick Mote）

指出，这代表着一种对源自笔端的一切——书法、绘画、学养、政论、哲思等——的强烈欣赏及精英立场。[59]从政治角度来看，掌握古代经典（也许是"文"的象征），并在科举考试中金榜题名，通常是步入仕途最光彩的途径。上至京师六部，中至封疆大吏，下至卑微县令，整个王朝的官僚体都由文官主导。另外，精通文艺（或至少有这方面的名望）通常会显著提升一个人的社会经济地位。柯律格就曾论证，精通书法、绘画等技艺有利可图，"文"可以转化为收入来源。[60]

　　然而，"重文轻武"这个表述所掩盖的东西同它所要说明的一样多。第一，上述思路是严重罔顾史实的。它并不适用于上古时期的商周或中古时期的初唐的那些军功贵族。它也不符合突厥、女真、蒙古这些崇尚身体力量、弓马技艺以及军事征服的政权的情况。在这些政权的传统中，文武之间通常没有明显的区分，这往往让那些致力于研究中国传统的学者极为困惑甚至错愕。[61]第二，受过教育、喜好文学的武人或者热衷于武艺、军史及战争的文人均不罕见。文臣们按惯例掌管国防事务，其中有些人还指挥过重大军事行动。闻名海内的王阳明（1472～1529年）既不是第一位也不是唯一一位在军事领域连续取得成就的明朝文官。第三，"重文轻武"不能清楚地解释中国历朝历代对军事的巨大投入。我们需要继续努力，以更好地去理解狄宇宙（Nicola di Cosmo）所泛指的帝制中国的"军事文化"。我希望此项研究能对这项事业有所助益。[62]

　　虽然有些学者倾向于忽视明廷的尚武展示活动，只将其视为东方粉饰主义（Oriental ornamentalism）的又一例证，认为这种实践不过是在用华丽的场面代替实际军事行动，但明朝像它的前朝后代一样，从未怀疑过军队、战备、将才、后勤的关键意义及武力的作用。基于古罗马、中世纪欧洲、19 世纪的英国、20 世纪的德国等案例，马丁·范·克里费德（Martin van Creveld）告诉我们，典礼等展示活动在很久以前就已成为战争和军事文化的基本特征。[63]明廷供养了一支总数在百万人上下的军队，他们被编入三百多个卫所，卫所集中分布于京畿及北部边界，它们扩展了帝国的疆界。由于明朝幅员辽阔且十分多元化，因此不同时期和地域的军事制度差别极大。明代前期，世袭军户构成了朝廷军队的核心。但是当军事需要和社会经济发展状况发生变化时，募兵、民壮以及藩兵开始发挥越来越重要的作用。[64]明朝军队四处征战，每一处都有其特殊的后勤要求：从北方苦寒的边地，到南方的亚热带山地丛林；从东部广阔的大海、蜿蜒的海岸线和复杂的河网，到西部遥远而荒凉的平原和山区；以及各地间的复杂多变的生态环境。从几千人的分队到几十万人的大军，明军各支部队的人数不尽相同。他们在各地参与的战斗，持续时间短则几天或几周，长则数月、数年甚至数十年。他们抵挡着蒙古和女真的铁骑、安南的正规军及散兵游勇、日本海盗、土鲁番骑兵，还有大量的国内叛军。他们或骑马或徒步，或登陆或入海，或在平原或入山林。总之，明像其他大多数帝国一样，经常面临各种军事威胁，并且维持着规模庞大且多元化的军队和制度，以应对不断变化的需要。宫廷的尚武展示活动并不是实际军事行动的替代品，而是王朝对其物力的一种强力展示。观众们或许在军事的恰当地位及其与皇权关系的问题上有不同意见，但绝不会质疑其必要性。

　　本书的结构十分清晰。第一章和第二章将皇室田猎作为一个元素，放入明朝头个百年的宫廷生活、外交、王朝权力话语

26

中进行考察，还探究了皇室（尤其皇帝）和朝中大臣是如何

27　运用皇室田猎来构建和争论关于身份认同的认知的。第三章考
察了明朝初期在皇城内由皇帝主持举办的马球比赛、射柳等射
艺比武、骑术展示以及军事检阅等活动。第四章描述了明朝中
期对尚武展示活动的态度变化，揭示了文臣们对展示活动的批
评渐增，而皇帝热情不减。第五章展现了兽苑和猎苑如何同其
他展示活动一样，引发了激烈的争论并结出了丰硕的文化成果
（包括诗词、散文、绘画及题序），而这个问题只有在被置于
一场更大范围的有关统治权以及君主和文人在国家中的适当角
色的讨论中时，才能得到更好的理解。结论部分在回顾本书的
重要发现后，将明朝置于中国史以及亚欧史的大背景中进行了
重新思考。

注　释

1. 对前帝制及帝制时期的中原皇权和王朝意识形态的精准的评价，见
   Pines, *Everlasting Empire*, pp. 45 – 75。朝廷关于政权合法性的早期表
   达根植于哲学和历史论证，见 Knechtges, "The Rhetoric of Imperial
   Abdication and Accession"; Nylan, "The Rhetoric of 'Empire'"。
2. 孟凡人，《明代宫廷建筑史》。认为国都是统治者权力合法性的一
   种表现形式的论述，见 Steinhardt, *Chinese Imperial City Planning*。
3. Taylor, "Official Religion in the Ming."
4. 艾尔曼（Elman, "'Where is King Ch'eng'"）认为，明朝以道学
   （大家更熟悉的说法是宋明理学）为"幌子"来论证官僚权力和
   军事权力的合法性。相反，包弼德（Bol, *Neo-Confucianism in
   History*, pp. 117 – 152, esp. p. 119）及其他人强调，宋明理学有
   助于形成一种观察皇帝的普通人视角，这种视角主张统治者"通

过学习士人的风骨来陶冶自己"并为公众谋福祉。

5. 叶晔，《明代中央文官制度与文学》；郑礼炬，《明代洪武至正德年间的翰林院与文学》。

6. 明朝初期对这些事务的处理，见 Farmer, *Zhu Yuanzhang and Early Ming Legislation*。

7. 在传布一套预期永久奏效的帝国意识形态方面，罗马（及其继承者们）的作为见 McCormick, *Eternal Victory*。

8. 高寿仙，《明代宫廷的休闲娱乐》和《明代皇家饲养的珍稀动物和宠物》；李大明，《明代宫廷的端午射柳》。张勃将射艺和骑术比试视作宫廷节日活动的组成部分（《〈酌中志·饮食好尚纪略〉及其揭示的明代宫廷节日生活》，第 87 页）。

9. 关于明代军礼，见赵中男《明代宫廷典制史》，第 465 ~ 500 页。

10. 公开展示在明之前已经有很长一段历史。对战国时期和汉代的公开展示"是一种以互惠原则来平衡等级制度的方式"的讨论，见 Nylan, "Toward an Archeology of Writing," pp. 23 – 37。

11. 护卫的重要性很好地反映在 16 世纪晚期的一本描绘宫廷观众的画册之中。见余士和吴钺的《徐显卿宦迹图册》（1588），该画册的第八幅和第二十一幅转印于杨新的《明清肖像画》，见第 37 页和第 43 页。对于这幅画册的分析，见：朱鸿，《〈徐显卿宦迹图册〉研究》；杨丽丽，《一位明代翰林院官员的工作履历——〈徐显卿宦迹图册〉图像解析》。尽管余士和吴钺可能并非宫廷画工，但他们的画作一定是依据徐显卿提供的信息完成的，而徐显卿作为翰林学士，熟谙宫廷典制、服制及建筑布局。朱鸿和杨丽丽都忽略了画中暗含的要点；而对于徐显卿而言，军事符号构成了宫廷威严的一项基本要素，徐显卿珍视此种威严，并借此突出他个人的地位和独特的机运。

12. Wade, "The Zheng He Voyages: A Reassessment," esp. pp. 45 – 47.

13. 赵克生的观点较有争议性（并非很有说服力），他强调宫廷仪典花费巨大，在明朝晚期，此种花销比军队征战更能耗尽国库的钱财。但是，赵克生并未讨论与尚武展示活动相关的花费，他不重视军礼，将其视作偶尔才会举行的活动。见赵克生《明代宫廷礼仪与财政》。

14. Gommans，"Warhorses，" p. 15.

15. 胡钟达，《明与北元—蒙古关系之探讨》。

16. Chase，*Firearms.* 此处我并不是要否定火器的价值。使用火器也是明廷及诸省的军事检阅的特色。随着时间的推移，火器单位的重要性与日俱增。然而，对明代中国、莫斯科公国以及其他需要经常直面草原游牧势力的政权来说，火器的重要性并没有发展到可以立即代替弓骑兵的地步。对西欧人、土耳其人、斯拉夫人和中东势力来说，弓骑兵相对于火器的重要性，根据他们各自的军事需求而十分不同。

17. Gommans，"Warhorses." 大量关于明朝保护马匹之举措的文献条目的要点，见 Tani Mitsutaka，"A Study on Horse Administrationin the Ming Period"；Rossabi，"The Tea and Horse Trade"。更多分析，见 Serruys，(*Sino-Mongol Relations during the Ming III*) *Trade Relations：The Horse Fairs，1400 – 1600*。

18. Strong，*Splendor at Court*，p. 21.

19. Mitchell，*The Majesty of the State*，p. 1.

20. Evans，"The Court，" p. 485. 然而，在同一句话里，埃文斯观察到，那些"试图利用壮丽场面"的人，能够很好地平衡自己"受到限制的实际权威"。

21. 对近代早期欧洲宫廷的一项极具影响力的分析，见 Elias，*The Court Society*。重新衡量近代早期的君主与贵族之间的权力制衡的论述，见 Adamson，"The Making of the Ancien-Régime"。考量埃利亚斯对宫廷研究的影响的论述，见 Duindam，*Myths of Power*；以及短评 Duindam，*Vienna and Versailles*，pp. 7 – 10。马康·韦尔同样质疑埃利亚斯的如下观点："宫廷化的进程可使一名军事贵族转变成上流社会里的宫廷贵族。"见 Vale，*The Princely Court*，p. 17。

22. Duindam，*Vienna and Versailles*，p. 12.

23. Adamson，*The Princely Courts*，p. 40. 对认为宫廷仪式是"宣传"的西欧史学观的评论，见 Shaw，"Nothing but Propaganda？"感谢柯律格使我关注到了这篇文章。

24. Anglo，*Images of Tudor Kingship*，p. 3.

25. Sharpe，*Selling the Tudor Monarchy*，p. 36.

26. Halloran，"Text and Experience in a Historical Pageant，" p. 6.

27. "以国王为首的每一位参与者的特权及相对权力都须经由他人确认……个人的特权由其行为确认，若未被确认，这种特权就什么都不是。" See Elias，*The Court Society*，p. 101.

28. *Diodorus*，31. 16. 1，cited in Bell，*Spectacular Power*，p. 140.

29. 此处立即浮现在我们脑海里的是在罗马及其继承者的统治下，展示活动（马戏团、赛马、凯旋仪式等）与王权的相互作用（McCormick，*Eternal Victory*）。

30. 石康（Kenneth Swope）一贯强调万历皇帝（1573 ~ 1620 年在位）作为一名军事恩主的重要性。见 Swope，"Bestowing the Double-Edged Sword"。西方学界对清朝统治权的军事维度尤为关注，这种兴趣也许可以追溯至耶稣会士的宫廷见闻，并扩展到了最近几十年的大量优秀研究成果，它们包括但不限于：Spence，*Emperor of China*；Elliott，*The Manchu Way*；Waley-Cohen，*The Culture of War*；Chang，*A Court on Horseback*。

31. 关于这些观念是如何反映在画作和插画中的，见 Scarlett Jang，"Issues of Public Service" and "Form，Content，and Audience"。到明代时，以绘画形式展现君臣关系的做法已经有很长历史，例如在一些骏马图中，骏马的井然有序和精力充沛要归功于那位看不见的慷慨宽宏的君王。对于这个问题在元朝末期的讨论，见 Silbergeld，"In Praise of Government"。有分析认为识马是识人的隐喻，见 Harrist，"The Legacy of Bole"。关于人的品质对于履行公职的重要性的说教可追溯至早期儒家经典，见《尚书·周书·立政第二十一》。本书使用的是理雅各（Legge）的英译版本。

32. Myerly，"'The Eye Must Entrap the Mind.'"迈尔利在别处指出，当一个社会经济发生快速、扰人的变化时，很多人会认为尚武展示活动（以及军队管理、军事器械、军事范例等）有促使人们服从军令、严明纪律、培养无私精神、报效朝廷的价值（*British Military Spectacle*）。

33. Dardess，*A Ming Society*；Miller，*State Versus Gentry*. 官员与皇帝间的关系是决定官员的身份地位的一个关键要素。尤锐（Yuri Pines）写道："文人自愿依附统治者并为其效劳，这是他们最重要的选择。"（*Everlasting Empire*, p. 77.）

34. Geertz, "Centers, Kings, and Charisma."引文见第 152 页。依据唐太宗的事迹，陈威（Jack Chen）同样注意到，唐太宗"继承了一种关于君权的话语并且……改造了这种继承而来的话语"（Jack Chen, *The Poetics of Sovereignty*, p. 11.）。另外，陈威也注意到君王"总是受制于展现权力的那个舞台，因而他也不可避免地构成了其'受众'中的一部分"（p. 380）。

35. 对此，埃利亚斯补充道，宫廷与"整个社会结构中的其他部分相互依赖"（*The Court Society*, p. 20）。

36. 从严格意义上来说，洪武是在位年号，用来表述明朝开国皇帝朱元璋在位当政的时期。朱元璋也经常以其庙号"太祖"而被提及。为免混淆，我在全书一般以皇帝的在位年号（而不是其个人名讳或庙号）来指称他们。早期宫廷文化的鲜明特征以及王权的象征，如战车、玉器和青铜器，都借鉴了亚欧大陆腹地的做法。见 Sherratt, "The Trans-Eurasian Exchange"。正如毕梅雪（Míchele Pírazolli-t'Serstevens）曾告诫我们的，这些物品和意象的传播并不必然导致对"他者"的深度理解（"Inner Asia and Han China," p. 450）。

37. 将明王朝成功整合进有 2500 年历史的中国政治文化的分析，见 Pines, *Everlasting Empire*。

38. Vale, *The Princely Court*, p. 298.

39. 一项早期但具重要价值的经典研究，见 Schafer, *The Golden Peaches of Samarkand*。关于此的全面讨论，见 Lewis, *China's Cosmopolitan Empire*。

40. Farquhar, "Emperor as Bodhisattva"; Rawski, "Presidential Address"; Hostetler, *Qing Colonial Enterprise*; Berger, *Empire of Emptiness*. 这种更加重视清王朝的世界性的诠释已经开始出现在商业出版物之中，通常这是表明该观点的接受度不断提升的好迹象。见 Elliott, *Emperor Qianlong*。还有很多具有启发性的观点，如柯娇燕（Pamela Crssley, *Translucent Mirror*）提出了清朝皇权的"同时性"概念，尤其是在 18 世纪。

41. 有说服力的分析，见 Allsen, *Commodity and Exchange*; Allsen, *Culture and Conquest*。

42. 已故的黄仁宇教授是一位极具洞察力的历史学家，他精通明朝的文献，认为明朝是一个"内向和非竞争性的国家"（*China：A Macro History*，p. 169），"倚靠着文化上的凝聚力，也使明朝主静而不主动。各处少变化，这种形态阻碍了任何方向的进展"（p. 175）。

43. Sugiyama, *Mongoru teikoku no kōbō*, vol. 2, pp. 231 - 235；Sugiyama, *Dai Mongoru no jidai*, pp. 248 - 251.

44. Miya, *Mongoru jidai no shuppan bunka*, p. 568.

45. Rossabi, "The Ming and Inner Asia," pp. 246 - 258. 罗茂锐注意到，贸易从未完全停止，且"许多中国人知道并了解中亚人"（p. 253）。王赓武认为，15 世纪，"在中国历史上，对陆海开放的大门第一次（同时）关上了"，而且永乐帝死后，"中国稳步地与其周边的民族隔绝开来"。见王赓武《五百年前的中国与世界》，第 98 页。感谢戴英聪教授使我关注到了这篇文章。

46. 张勉治（Michael Chang）在其对清廷出游活动的分析中，讨论了田猎、骑术以及统治者作为军事统帅的象征性作用（*A Court on Horseback*）。

47. 对近代早期宫廷的系统性比较研究概述，见 Duindam, "Dynastic Centres in Europe and Asia"。亦可见杜因达姆在另一本书（*Royal Courts in Dynastic States and Empires*）中的导论。

48. 商传在《明代文化史》中相当详细地讨论了"宫廷文化"（第 101～130 页），陈宝良则系统性地将宫廷生活的一些元素整合进"社会生活"和"风俗"之中（《明代社会生活史》）。英文文献对明代文化的初步探索，见 Robinson, *Culture, Courtiers, and Competition*。对藩王府邸的简单介绍，见 Robinson, "Princely Courts"。

49. Bell, *Spectacular Power*, p. 249.

50. 这反映了丹尼斯·肯尼迪（Dennis Kennedy）在分析表演和观众时的发现，他指出"能指是不确定的、多样的，且它们所传递的信息是难以捉摸的"。Kennedy, *The Spectator and the Spectacle*, p. 11.

51. Robinson, "The Ming Court." 翰林院以及朝廷相关部门的官员认为，他们的作品不仅服务于皇帝，而且为整个帝国设定了文学和道德标准（叶晔，《明代中央文官制度与文学》；郑礼炬，《明代洪武至正德年间的翰林院与文学》）。

52. Graff, "Narrative Maneuvers." 引文见第 161 页。

53. 要注意文本和事件本身的区别，哈洛伦呼吁应更多关注这些文本产生时的物质条件（Halloran, "Text and Experience in a Historical Pageant"）。

54. 这些机构包括内阁、詹事府，詹事府下面还有左右春坊和司经局。翰林院的其他职位见 Hucker, "Ming Government," p. 86。强调翰林院在文学创作方面的作用的简洁讨论，见：简锦松，《明代文学批评研究》，第 21 ~ 36 页；黄卓越，《明永乐至嘉靖初诗文观研究》，第 4 ~ 23 页。也许最具权威性的是叶晔的《明代中央文官》，详见第 15 ~ 208 页。

55. 明朝后半期的文人经常将王朝前期的君臣关系理想化。黄佐（1490 ~ 1566 年）写道，洪武帝和永乐帝总是当着官员们的面命令他们作诗，但之后这种要求则由宦官代为传达了［黄佐，《应制诗文》，《翰林记》卷一一，第 9 页 b（《文渊阁四库全书》，第 596 册，第 977 页）］。叶晔，《明代中央文官制度与文学》，第 51 ~ 53 页。叶晔将由宦官传达的情况描述为翰林院官员们"机械地履行翰林职责"。

56. Na and Kohler, *The Emperor's Procession*；朱鸿，《〈明人出警入跸图〉本事之研究》；林莉娜，《明人出警入跸图》。

57. 一幅绘于 1053 年的画卷大约长 55 英尺，宽 1.5 英尺，以细腻的笔触勾勒了宋朝的一次皇室出游中的人、动物、武器、乐器、旌旗。相关讨论见 Ebrey, "Taking Out the Grand Carriage," esp. pp. 41 – 63。此画卷于元朝有一幅佚名仿作，现藏于中国国家博物馆，而此仿作后又以缩印的方式被复制（人物形象小到难以辨认），见符昂扬《中国古代书画图目》第一册，第 221 ~ 225 页。

58. 对这种看法的清晰讨论和有力驳斥，见 Johnston, *Cultural Realism*。

59. Mote, *Imperial China*, pp. 151 – 152.

60. Clunas, *Superfluous Things*；Clunas, *Elegant Debts*.

61. 12 世纪 40 年代女真人采用了《皇统制》这一简单复制唐制的

制度后，女真朝廷里才有了文武官职之分。见陈学霖《赵彦卫〈云麓漫钞〉之宋金史料》。类似的，当蒙古军队在 13 世纪上半叶占据中国北方后，汉化的契丹人和汉人谋臣强烈建议蒙古统治者采用明确区分文武官员的行政架构。

62. 见《帝制中国的军事文化》（*Military Culture in Imperial China*）一书中的文章，尤其是狄宇宙的导言。为理解军事文化，狄宇宙提供了一个试验性的由四个部分组成的框架：（1）武人的文化及行为；（2）战略文化；（3）决定社会对于战争和军事组织的倾向的价值观；（4）颂扬军事活动和赞美武艺高人的美学及文学传统（第 3～4 页）。

63. Van Creveld, *The Culture of War*, esp. chapters 1 and 4.

64. Robinson, "Military Labour."

第一章　明初的皇室田猎

　　　与亚欧大陆上的大多数统治者一样，明朝宗室也参与皇室田猎活动，对骑术有浓厚兴趣，而且主持阅兵大典。这些活动属于一项多元化的遗产，包括从远古时代的古老中原王朝（如商、周），到据有中国北方的非汉王廷（如北魏），再到包纳四夷的唐朝，以及更晚的辽、金、元政权延续下来的传统。就契丹人、女真人、蒙古人或满人而言，狩猎通常被认作一项界定地位和声望的政治、军事及文化机制；与他们的情况不同，明朝皇室的田猎历史却从未被系统性地研究过。[1]尽管常遭忽视，但狩猎在好几位明朝皇帝的自我认知中是一个共有的要素。他们支持并鼓励文臣创作纪念狩猎活动的诗词歌赋，也谕令画师为自己绘制搭弓射箭、逐鹿猎兽的肖像画。在画中，他们通常身骑骏马，衣着马褂，头戴毡帽，而马褂和毡帽都是流行于蒙古人统治时期的服饰。[2]

　　本章考察明朝初期，即从开国皇帝朱元璋（1368～1398年在位）到其曾孙宣德帝朱瞻基（1398～1435年，1425～1435年在位）这几位明初皇帝的当政时期，皇室田猎在明宫廷中的地位，包括它不断发展的意涵及功能——从培养君王和预备征战到展示王朝实力和助力外交。同时，本章也将探究明初的朝臣们是如何在诗词中描述田猎的（这是当时的人论述君王应当扮演怎样的角色时的一个切入口），他们如何看待自己在宫廷中的地位，以及皇帝和他的臣仆是如何以田猎和皇权的早期概念定位他们自己的。

托马斯·爱尔森在其权威著作《欧亚皇家狩猎史》中指出，纵观亚欧大陆，皇室田猎的规格和风格呈现出令人玩味的相似性。他进一步写道："田猎是国家间关系、军事装备、国内治理、通信网络以及寻求政治合法性的要素。"[3]爱尔森表示，在将近三千年的时间里（约前1300年～19世纪），从西欧到美索不达米亚，从中亚地区到北印度，从伊朗高原到中国、朝鲜和日本，皇室田猎都是宫廷的一个重要特点。对君主、其手下猎手和其他受邀参加角逐的人来说，狩猎代表着财富、权力和声望。正如爱尔森观察到的那样，"由成千上万的人参与的皇室田猎规模盛大，这是常有的事，并非个案，而且在这种狩猎形式中，他们的地位也被赋予了政治意义"。[4]田猎通常与旅行和"获取远方珍宝"有关。[5]向猎场进发的路途提供了一个获取地理、资源、民众和风俗方面的知识的机会。统治者利用这些知识来向盟友和敌人展示自己的特殊地位。

在亚欧大陆东端，契丹人、女真人、蒙古人以及满人因他们盛大的狩猎活动而闻名于世，这种活动是他们进行军事操演、物资筹备、政治宣示并加强社会联系的大好时机。最晚从商代开始，中原王朝也致力于王室巡狩并投入了大量资源。现存大约10%的商代甲骨文的内容都与狩猎有关。商周时期的精英们认为，狩猎是宗教和政治生活的一个核心元素，与基于原始崇拜的法统密不可分。[6]早期的历史和政治哲学典籍，如《左传》《论语》《孟子》等，时常提及王室巡狩。[7]

即使狩猎在祖先崇拜中不再居于中心地位，早期的王朝

30

仍在皇室田猎上靡费巨资。创建中国历史上第一个真正意义上的帝国的秦始皇建造了第一座禁苑——上林苑，以供狩猎之用，这也被看作他打造万世帝国之形象的宏伟工程中的一个要素。秦王朝只存在了短短的十五年，但是继承它的汉朝翻新了这座禁苑，保留了田猎项目，并且重新使田猎成为宫中的重要事项。[8] 前 11 年，一位汉朝皇帝举行了一场围猎活动，参加者包括 11000 多名士兵，他们的数量多到能够绕山一周。[9] 在西汉（前 206~25 年）和东汉（25~220 年），皇室田猎引发了相当大的争议，因为它们成了"一种盛会，展示皇帝至高无上的统治权，以及他通过汉朝的军事力量与上天的毁灭之力间的联系，获得的行使武力的权力"。[10] 唐太宗（599~649 年，626~649 年在位）曾作诗描绘田猎，提到了战备、统兵、土地等问题，这些都是明朝的文人常常论述的内容。[11] 尽管宋朝开国皇帝（宋太祖，960~976 年在位）在位时几乎每年都会举办一次田猎，但是继承其皇位的宋太宗（976~997 年在位）和宋真宗（997~1022 年在位）在对契丹用兵失败后，便停止了田猎，转而选择其他方式来获取政权合法性——前者格外追求勤政美德，后者则日益倚仗超自然神力。[12] 在所有案例中，皇室田猎都深嵌于宫廷的政治文化和典仪生活之中，明朝也不例外。

洪武帝和狩猎

以武力建立明王朝的洪武帝朱元璋似乎从未狩猎。官修的编年体史书《明太祖实录》最为翔实地记录了洪武帝在位期间的事迹，它从未提到他参与了皇室田猎。狩猎在这位皇帝的实录中并不显眼。① 但考虑到他出生于中部地区一个穷困潦倒的佃户家庭，并成长于一个血腥混乱的年代，洪武帝对狩猎兴味索然也就不足为奇了。朝臣们描述了洪武帝的态度以作为其道德优越性的明证。解缙（1369～1415 年）在通过殿试后不久（约 1388 年）便受到洪武帝召见。他提出了种种意欲使初创的明朝超越所有前朝的举措。解缙说：

> 不迩声色，不殖货利，不为游畋，皆远过汉唐宋之　　32
> 君，而无愧三代圣王。[13]

第一句里的两个要素——女色和私利几乎照搬自《尚书》。[14] 解缙又补充了一句关于狩猎的话，这大概是因为洪武帝个人认为真正的仁德之君从不沉迷于狩猎。[15] 另一位明初官员刘夏同样称颂了洪武帝，因为洪武帝对珍馐佳肴、狩猎纵乐、声色之娱不感兴趣。[16]

　　洪武帝也许想刻意彰显自己与蒙古统治者的不同，故而对他们的皇室田猎采取了轻视的态度。从某种程度上说，他通过谴责蒙古末代皇帝德行不足和玷污汉家礼俗，来论证自己夺取天下的正当性。通过发布一道道诏令，他在臣民中禁绝了蒙古人的语言、服饰、乐曲、婚嫁习俗以及称谓，试图以此恢复古代（通常意指汉唐）汉家风范，保证汉人的"纯洁性"。[17] 因此，洪武帝对狩猎缺乏兴致也许源于他的成长经历，但是这种

---

① 但是在《大明太祖高皇帝御制文集》卷二〇里，我们可以看到几首关于田猎的七言律诗，包括《海东青》和《蒐猎》。见《大明太祖高皇帝御制文集》卷二〇，收于《稀见明史研究资料五种》第三册，第 408～409 页。——作者补注

情况又恰与其反对蒙古人的立场相呼应。

33　　　然而，这位开国皇帝还是意识到了狩猎在军事演练方面的功用。[18]某次在南京的郊外（大概是郊外的一次设坛祭祀的活动），洪武帝及其随从望见远处有一只脱离雁群的孤雁，于是他命令随行的几个侍从搭弓射雁。唯一命中这只孤雁的侍从又被命令射下在天空中翱翔的另一只鸟。这位弓箭手再次一箭射中了猎物。[19]在描述了这段轶事后，相关文字接着明确指出这是一种明朝精英中的射箭演习，表明狩猎在此处就是一种军事训练或考核。

　　　正如我在下一章中会详细论及的，洪武帝坚持要求其子孙通过狩猎磨炼自己的骑术、箭术以及指挥才能。他在对子孙后代的训示《皇明祖训》中提出要求："凡王出猎演武，只在十月为始，至三月终止。"[20]皇帝命令每年秋冬，皇子们都要去遥远的边地巡察，那里也正是他们狩猎的地方："谓之肃清沙漠。岁为常。"[21]1391 年，他命令皇子齐王朱榑（1364～1428 年）率领卫队围绕北边的军事重镇开平巡狩。洪武帝认为这是一次军事训练，并且教导儿子要做好襄助傅友德将军（殁于 1394 年）的准备。[22]1392 年，洪武帝又下令称，当亲王卫队出外狩猎时，这几支装备精良的骑兵必须接受极其严格的训练，以适应边地作战的艰苦和战争的残酷。[23]

34　　　洪武帝之所以接受狩猎，是因为它有助于实现一个功能性目标——王朝的军事备战。同样，他也明白皇室田猎在宫廷文化中的地位。爱尔森业已指出，明朝初期的围猎深受蒙古人影响，[24]而事实上，这位开国皇帝的孩童时代就是在元朝度过的。尽管洪武帝从庄严肃穆的中原王朝传统那里汲取有益成分，尽管他也厉声谴责"可鄙虏寇"的危害，但他依然从蒙古人的先例中直接套用了许多内容（无论它们是积极的还是消极的）。[25]

永乐朝的狩猎

洪武帝将狩猎当作军事训练，他的儿子们却是在不同的期望和机遇中成长起来的。作为皇子亲王，他们接受了全套的经典教育，在战场上统率士卒，担负起行政职责，故而他们在运用特权时更为自适和得心应手。下一章会详细论述，由于是作为皇子而不是农人长大，所以他们对皇室田猎展现了更浓厚的个人兴趣。曾是皇子之一的永乐帝朱棣（1360～1424 年，1402～1424年在位）于 1402 年从其侄子建文帝朱允炆（1377～1402？年，1398～1402 年在位）手中篡夺了皇位。洪武帝于 1398 年驾崩，朱允炆在南京托洪武帝之福登上了皇帝宝座，不久后镇守北边的燕王朱棣便起兵造反。燕王朱棣的反叛，即靖难之役，是一个分水岭，不仅在中国北方毁坏了大量农田，而且带来了关乎忠诚和道义等影响深远的问题。

尽管接受名师大儒的经典教育，但同时，朱棣也被当作一名军人来培养。[26] 作为藩王，他驻守北京，承担了防卫王朝北境的重任。他弓马娴熟，十分享受狩猎。即位之后，面对漠北各路蒙古首领，他沿袭了其父积极进取的军事立场。事实上，永乐帝曾五次御驾亲征漠北，并于 1424 年在一次征讨蒙古的军事行动的班师途中驾崩。[27]

与亚欧大陆的其他君王一样，永乐帝也会在征战时狩猎。[28] 在 1410 年 3 月一个寒气逼人的日子里，永乐帝策马猎逐野兔，这一幕被一位重臣看到并记了下来。[29] 依照惯例，每当明朝军队向漠北进军时，高品秩的文臣要在延庆州和怀来等重镇附近侍驾随猎。阁臣胡广（1370～1418 年）以两首短诗记录了这些狩猎活动，给人以一种身临边地，直面蒙古大军进犯之感。[30]

永乐帝还将田猎纳入京城的宫廷生活。他定期在南京城南狩猎，同样让高官扈从，他们会记下狩猎活动以及自己的所见所闻。[31]一首纪事诗描绘了令人印象深刻的"烧山红"，几乎可以肯定，这指的是在山脚放火驱赶猎物到指定猎区的情形。[32]在永乐帝当政的大部分时间里，中国有两个都城：一个是南京，他的父亲立朝定都于此；一个是北京，它是前朝元的都城（大都），也是他被封作燕王后的府邸所在。[33]永乐帝最终还是将王朝都城迁到了北京，留下南京作为陪都。在从南京迁往北京的漫长旅途中，永乐帝边行进边狩猎，而侍驾在侧的胡广也再三谈及皇室田猎。队伍在北京以南的献县猎得一头鹿，胡广获赐一块鹿肉，因而在一首诗中表达了对皇帝的感激之情。[34]他也生动地回顾了在靠近山东滕县（今滕州）的一座山上，一群猎狗追逐一只发威的老虎的情状，并惊叹道："安得此犬在当时，盍驱猛虎食其肉。"[35]在靠近大运河的山东德州，有众多军士随驾的帝王组织了一场声势浩大的围猎。在他们的队伍中有"紫髯胡儿饲玄豹"。[36]蒙古人在永乐帝的核心集团中发挥了重要作用，他们担任皇帝的译官、使节、将领，还组成了备受重视的骑兵部队，对永乐帝的统治产生了深远影响。[37]胡广诗中的"紫髯胡儿"是永乐帝随猎人员中的一部分，他们是饲养"玄豹"等捕猎用猛兽和白隼（海东青）等猛禽的行家里手。在滕县和德州狩猎活动中出现的"玄豹"和猎鹰表明，永乐帝在往来于两京之间时，是有侍驾的随猎人员的。

如同元朝统治者每年往返于大都和上都之间的巡幸一般，田猎都是事先筹划妥当的，而非即兴作乐。哈烈国王进献的狮子以及来自海外的长颈鹿也同永乐帝一起往来于两京之间。[38]在旅途中，永乐帝设置了行营，可以组织巡狩、军事检阅以及异域珍禽异兽的展示等活动，而这一切均被朝臣们写入了诗词歌赋。翰林院官员梁潜（1366～1418 年）为这类作品写的一篇序就记载了此种情形："其道途所经山河之胜，行宫连营千乘万骑之壮，见于诗。"[39]在描绘永乐帝旅途中景象的其他诗作中，曾棨提到了狂野的骏马以及"锦鞲势鸟"（即用于狩猎的海东青）。[40]

在这些诗作于文人精英中流传开来的同时，明廷的势与权也得到了广泛的传播。[41]然而，这些诗作最初只为帝王而作，且通常是遵皇命而作。除拥有敏锐的政治嗅觉，熟谙治国理政之道及行军作战之法外，朝臣们还擅长即兴赋诗，且这些诗能准确地捕捉那些会影响其朝中地位的事件的精神和意象。曾棨就曾直言，文人们争相赋诗，描绘田猎的过程及恢宏气势。[42]

文人士大夫们还利用军事征战与田猎间的联系来达成文学和政治层面的目的。1414 年，永乐帝的先锋骑兵部队在结束了对抗蒙古人的军事行动后，于班师途中进行了一次狩猎。他们"一箭"射中了一只蒙古原羚（黄羊），然后将它呈献给皇帝。记录下这件事的朝臣将其与先前的军事行动相提并论：之前是"天颜扫除毒螫"，此时则是皇帝的神兵"扫清妖穴无豺狼"。[43]在记录 1414 年这场军事行动的前期诗作中，胡广就已经把抗击蒙古的战斗与狩猎猛兽放在一起描述。"出塞"之后，胡广的脑海中浮现了战争胜利的画面，于是写下：

38

荡涤净腥膻，

永以宁中夏。

豺狼自异类，

鼠雀恒迁化。

熏穴必殄灭，

焉谓匿旁蜉。[44]

39　　由此可见，胡广支持永乐帝对蒙古人用兵，从而为中夏（即中国）赢得长久和平。蒙古人如同豺狼，所以必须捣毁他们的巢穴，将其消灭，否则他们就会继续为非作歹。

　　另外，田猎为永乐帝提供了一个加深对疆域内外了解的机会，这一事实给他的大臣们留下了深刻印象。[45]当他还是燕王时，便已通过围猎体察了寻常农户的疾苦。[46]他对草原地理知识的掌握同样得益于田猎，而且他曾向文臣们指出他过去曾去狩猎的一些草原上的特殊地点。[47]1410 年 4 月的一天，在一场草原战斗中，永乐帝告诉大臣们，女真部族的地盘上有一座山，山上的水、植被、老虎以及豹子都是白色的，而这座山就是长白山。[48]还有一次他强调了现实情形与书本知识的差异。"汝等至此（伯颜山），方知塞外风景，读书但纸上见耳。"永乐帝还教导大家，刚刚所经之地（元朝中都）"最宜牧马"。[49]这位皇帝利用田猎来提醒文臣们，自己通过亲身实践掌握了他们所不曾拥有的那种经验性知识；当然，他也知道，文臣们的学识亦自有其用处。

　　高品秩的文臣视永乐帝的田猎活动为皇权光辉传统的一部分，而这种传统可追溯至上古时代。1412 年 12 月中旬，永乐
40　帝于南京城南狩猎。[50]几位随驾阁臣以赋诗作文的方式记录了

这次郊游。其中，翰林学士兼永乐帝的辅臣杨荣（1372～1440年）[51]写道：

> 臣窃惟古者天子岁三田，盖以奉郊庙，御宾客，充庖厨也。故春蒐、夏苗、秋狝、冬狩，各以其时。[52]名虽不同而所以为田除害之义则一。以是而观，诚非娱耳目心志之乐，夸畋游甲兵之盛。实所以顺天道，协人心。[53]

杨荣对狩猎的评价占据了他的《甘露诗》之序言的大部分篇幅，此诗以永乐帝及其扈从在南京城南乡下狩猎时逢天降吉兆为主要内容。杨荣（有时甚至是一字不差地）引经据典，包括《礼记》和《春秋左氏传》，将永乐帝的狩猎活动定位成正统君权的尊贵传统。[54]甘露以及其他吉利的天象都源于上天对善政，尤其是对君王仁德的嘉许。

爱尔森认为，"商代君王的一项主要工作就是将蛮荒之地带进文明，而在这样一项工程中，捕猎活跃于华北土地上的大量野兽起了最重要的作用"。[55]及至 15 世纪早期，在南京城郊，野兽对于人类的威胁已大大降低，但正如布罗代尔所言，在 19 世纪以前，荒野与人类居住地仍相距不远。[56]即便是在中国某些人口相对稠密的地区，这也是适用的。就此而论，上天理应赞许皇室的田猎活动。

杨荣把王朝威严、尚武展示、时令的和谐以及对百姓的爱护等主题汇于《甘露诗》：

> 圣皇车驾出九重，
> 狩猎屡驻钟山东。

41

龙旗黄幄照晴空，
羽林猛士气如虹。
经山越壑上巃嵷，
是时霜清十月中。
木叶脱落鸣天风，
黄金羁络玉花骢。[57]
万骑杂遝纷纭从，
锦袍羽箭控雕弓。
戈甲照日晴光融，
豪鹰健鹘筋骨雄。
劲翮直上摩苍穹，
崭豜殪兕射麋熊。
妖狐狡兔无遗踪，
鸳鹅鸷鸽势靡穷。
堕羽洒血相横纵，
欢呼得隽意气浓。
乃知圣主致治隆，
不以既治忘武功。
因时顺动习兵戎，
为苗驱害慰三农。
四郊自此乐年丰，
上天降祥福圣躬。[58]

42

杨荣描绘的这幅和谐的皇室田猎图景，消解了存在于帝王的德性修习与雷霆手段之间，战争破坏与仁政善治之间，流动狩猎与定居耕种之间，以及君王的娱乐消遣与臣仆的志趣之间

43

的张力。在这首为君王歌功颂德的诗中，杨荣尤为关注军队的情况，不仅记录了虎虎生威的禁军，描绘了"万骑"围猎的壮观场面，还提到了"锦袍"、"雕弓"以及寒光凛凛的刀剑盔甲。"豪鹰健鹘筋骨雄"同样按照皇帝之令"劲翮直上摩苍穹"，杨荣没有详细刻画猎物的凶猛、狡猾及速度，只是简单记录了它们被攻击、被杀死，直到"无遗踪"。猎物的结局并不是这场检验皇室神威的激烈战斗的结果与高潮，而是"堕羽洒血相横纵"。最重要的一点是，此次田猎活动是对永乐帝压倒性的政治控制的完美展现。由此我们似乎可以推测，杨荣对整个田猎活动的表述，准确地反映了永乐帝的兴趣和品位。

杨荣还援引了远古时代和近几百年的意象和措辞，从而把永乐帝放入那些贤德且进取有为的统治者的辉煌传说中。第十四行中提到的幼猪（豵）和犀牛（兕）出自《诗经》中一篇庆祝王室田猎的颂歌。[59]引文中的最后几行说明狩猎有助于农耕，不会造成妨害。最终，田猎的成果成了仁政善治的明证。若没有上天的恩赐，皇帝的猎物袋怎么可能填满？

朝臣们经常以他们共同见证的事件为作诗对象，这提醒我们赞颂君王的诗作具有社交维度。杨荣的同僚杨士奇（1366～1444 年）也是内阁大臣，在他的《甘露赋》中，他是这样描绘皇室田猎壮景的：

于是，金狸玉兔，赤豹青兕，麋鹿麇麑，白雁文雉，　44
仓煌怖慴，气夺魄褫。或跳踉而未已，或蒙茸其犹起。矢
不虚发，一发五殪。槊不虚掷，应掷遄毙。巧捷妙中，辟
翕变态。杀获生絷，盖不可为数计矣。天子既嘉雄武之

士，尤重三驱之义，乃下诏止焉。于是时也，物不穷杀，

农不妨耕，将悦骋志，士乐获盈，群情快适，笑欢沸腾。[60]

根据杨士奇的记述，田猎圆满结束之后，永乐帝下令拔营，班
师回京，旌旗猎猎，刀兵凛凛，整个随从队伍雄步行进。在皇
城大殿内，永乐帝受到文武百官、藩邦使节的热烈迎贺。在杨
士奇的描述中，群情激昂，山呼万岁。[61]

在《甘露赋》的结尾部分，杨士奇援引了汉代大才子司
马相如（前 179～前 118 年）所作《上林赋》中的内容。[62]但
在司马相如看来，皇室田猎"徒事争于游戏之乐，苑囿之
大"。杨士奇对此并不苟同，而是就司马相如写道：

> 彼安知圣皇至仁盛德，上契乎天心，天人协和，灵瑞
> 骈应者乎？臣职词苑，躬睹嘉祥，稽首陈赋……[63]

此处，杨士奇达成了一种绝妙的平衡：一边通过品评一篇古代
歌赋来为永乐帝辩护，以回应同时代的不具名质疑者，一边诉
诸更高的是非主宰者——苍天。紧接着，他将读者的注意力引
向了他自己与皇帝的私人关系上——他是神迹的见证者，并且
认为参与田猎活动是他作为"词臣"的职分所在。杨士奇在满
足永乐帝的文辞要求的同时，也巧妙地获得了声望，并规避了
责任。

诸多朝臣参与田猎活动并作了应制诗。[64]为永乐帝掌管银
钱，辅助他实现征战、屯垦以及大兴土木等诸种宏图伟业的大
臣夏原吉（1366～1430 年）写道：

阳山远在上林东，ㅤㅤㅤㅤㅤㅤㅤㅤ46

原隰匀匀兽所同。

万乘时田亲阅骑，

六师晓从竞腰弓。

霜飞玉盾连营白，

日照龙旂夹仗红。

较艺场中谁最胜，

驾前英卫万夫雄。[65]

这是应和胡广诗作的主题与韵脚的作品，它显示对朝中文臣来说，赞颂大明既是一种政治需要，也是一项社交活动。[66]

另一位明初诗人谢晋则记下了皇室田猎与乡村的联系：

銮舆晓出都门外，

狩猎平原为观稼。

千村鸡犬寂无声，ㅤㅤㅤㅤㅤㅤㅤㅤ47

万骑经过肃严戒。[67]

如同许多明朝文人一样，谢晋也强调皇帝随从队伍的庞大规模和纪律严明。在人们的想象中，当成千上万的骑士、驯兽师以及禁军，再加上猎犬、豹子及猎鹰，经过好奇甚至带有敌意的农夫的村落时，通常会造成嘈杂混乱；但谢晋诗中的景象，即"千村鸡犬寂无声，万骑经过肃严戒"，与此相反。这种庄重的笔调却与诗作主题"甘露"十分契合，而甘露显然因君王仁圣而降下。这次安静的行军凸显了永乐帝的治军严明。谢晋指出，正是由于永乐帝的英明统治，尽管有大规模的皇室田猎活动，百姓仍能够安居乐业、自由耕作。

　　虽然杨荣、杨士奇、胡广、夏原吉以及其他大臣认为皇室田猎属于中原地区的皇权传统，但永乐帝的作为也和后蒙古帝国时代中崛起的其他统治者相仿。[68]例如沙哈鲁（1377～1447年）曾多次向永乐帝赠送骏马。[69]作为中亚征服者帖木儿的儿子兼继承人，沙哈鲁以赫拉特①为都城，统治着波斯和河中地区的大部分土地。根据一份由沙哈鲁的使臣用波斯文写就的记录，永乐帝十分喜爱这些骏马。[70]永乐帝"听说在沙哈鲁苏丹陛下的帝国境内尽是良驹宝马，于是特地询问了帖木儿帝国的马匹情况"。[71]沙哈鲁的使臣并不总是能得到永乐帝的恩宠并陪伴其狩猎冒险，但是，当一匹骏马把永乐帝从马鞍上摔下，导致他龙颜大怒时，他们逃脱了受罚的命运。他们被告知："在狩猎时，沙哈鲁苏丹陛下赠送给皇帝的骏马将皇帝摔下。皇帝震怒，下令将他们收押于帝京的牢狱。"当时，宫内有一位穆斯林，以护全皇帝的美名为名义替他们求情，方才使他们幸免于难。"陛下您如果杀了他们，将不会对他们的国王造成任何损失，反而会让暴戾专横的指责玷污您宽厚仁德的英名。天下人会说您把罪责强加在这些使臣身上，况且囚禁监押他们也于教理不合。"[72]

　　尽管永乐帝没有邀请这些使臣参与主要的田猎活动，但他还是将其视作猎手并为他们赐下了十几只猎鹰。[73]在结束狩猎返回京城的途中，他邀请帖木儿帝国的使臣加入行进的队伍，与他一同骑行。就在这段旅途中，永乐帝还曾与一位使臣携鹰而猎。[74]

---

　　①　明廷称其为哈烈，故而称沙哈鲁的帝国为哈烈国。

爱尔森认为，这种皇室田猎体现了大部分亚欧贵族共有的价值观和礼仪。沙哈鲁苏丹的礼物受到如此珍视，以及这位君主的使臣被邀请加入扈从队伍的事实，说明早期的明宗室和帖木儿皇室有相近的传统。考虑到永乐帝对蒙古人的安抚以及对建立蒙古帝国般的王朝的憧憬，他对这些军事活动兴致盎然也就不足为奇了。

永乐帝深谙狩猎所蕴含的更广泛的外交价值。1404 年，他召见一位自母连河而来的女真使者并详细询问了女真人领地内的狩猎情况。使节离开后，永乐帝告诉大臣说，如果帝王希望确保使节的忠诚，那么表现出对他们的兴趣是至关重要的。大臣们很疑惑，不明白为什么永乐帝只向来使垂问"田猎之乐"，而对百姓的农耕和畜牧避而不谈。永乐帝回道："田猎是其性之所欲，若问其人民畜产，彼心必疑。"[75]此处，永乐帝用狩猎来构建与女真贵族的联系，同时向文臣展现自己对疆界以北的那个世界的卓越见解。永乐帝很巧妙地以一个合乎统治者身份的话题——狩猎来开启交谈，而没有直接从人口和财源等方面盘问使者，因为这会让人觉得明怀有进攻意图。

田猎也是在皇室成员之间增进联系的一种方式。[76]永乐帝的嫡孙，即未来的宣德帝，陪同永乐帝四处征战，学习军事谋略，体会军旅生活的艰辛。[77]在 1414 年的一天，当永乐帝和这位皇太孙在一座山丘上骑马行进时，一只野兔突然窜出了草丛，从他们的马前经过。永乐帝命爱孙用弓箭射杀野兔，皇太孙一箭便射中了它。于是，宦官把做好的兔肉放上皇帝的餐桌。为奖赏爱孙，永乐帝赐下一匹宝马。[78]

永乐帝的另一个儿子——汉王是一位更胜一筹的骑士兼射手。作为永乐帝田猎活动中的常伴，汉王在大部分比赛中拔得头筹。在一次郊游途中，这位王爷发现一对小鸟正并排栖息在一棵树的枝杈上，于是接连射出两箭，第一箭命中了一只鸟，第二箭也在另一只鸟有所反应之前射中了它。或许这仅是个传说而已，但汉王的表现使永乐帝深受震撼，他宣称自己的儿子可与古往今来的所有伟大射手相匹敌。[79]

如前所述，田猎是社交生活和宫廷礼仪中不可分割的一部分，很多王朝精英也同皇帝一样热爱田猎。1416 年颁布的一项禁令，即未得允许不得进入上林苑狩猎，说明天子极力维护其特权。这条禁令不允许任何人在上林苑内围猎，其惩处措施则表明，最有可能触犯此项禁令的就是王朝的精英们："有犯禁者，每人罚马九匹、鞍九副、鹰九连、狗九只、银一百两、钞一万贯。" 这条敕令还明确指出，"虽亲王勋戚，犯者亦同"。[80]这些处罚措施针对的是拥马匹、猎鹰、猎犬的"猎手"。只有既富且贵的人才养得起这些动物，所以也只有他们才胆敢在上林苑进行围猎。

狩猎也能教人以治国之法。1420 年 1 月，皇太孙（未来的宣德帝）于京郊围猎时，有一个士兵"害民"，他立即"以法"惩处士兵。对于爱孙的做法，永乐帝深感欣慰并预言称，如果爱孙继续这样做（指治军严明），将获得声望、部下的臣服及百姓的爱戴。[81]在《永乐宝训》中，狩猎被视作一项极具教育意义的活动。[82]1409 年，在一次从南京向北京进发的行军途中，永乐帝教育他的儿子兼继承人朱高炽（即后来的洪熙帝），经过农民的村社时，要密切关注他们的农具、穿着以及饮食状况。[83]前文也提到过，永乐帝自己就是在郊游田猎的过程中体察民情的。

高官朝臣也试图利用田猎来向统治者灌输广博的知识，教导他们什么是合宜的言行。1410 年，永乐帝的爱孙、未来的宣德帝自北京骑返南京，途中一只兔子突然自道路左边跃出。皇太孙对兔子紧追不舍，但他的老师、王朝重臣夏原吉告诫他，浓密的草丛后面可能地形险峻，或者匿伏着猛兽。夏原吉问道："今丰草中多狐鼠穴，纵骥驯御，孰能保不测之蹶乎？"[84]尽管皇太孙勉强接受了老师的劝诫，但是等他登基称帝后，他就很少能听进去了。事实上，在一首返回南京途中所写的诗里，夏原吉就记录了逐猎的刺激紧张之感：

> 野雉惊飞入半空，
> 皇孙驰马试雕弓。
> 一声金镝云间响，
> 五色离披堕晓风。[85]

在夏原吉另一首写作时间不明的题为《随侍猎高唐》的诗中，他把年轻的皇太孙刻画成一名强健的猎手：52

> 晓猎高唐露未干，
> 纷纷雉兔出林间。
> 龙孙舍矢真如破，
> 鹰犬相看愧素餐。[86]

在此诗中，夏原吉没有试图去约束这位争强好胜的年轻人，反而颂扬了他的勇武。正如永乐帝在晨光熹微时调遣随从和观众，皇太孙也在黎明破晓时逐猎。一旦猎物从丛林中现身，皇太孙便弯弓搭箭，矢无虚发。夏原吉强调，皇太孙在猎逐过程中表现惊人，不需要鹰犬的协助，它们只能无所事事，呆拙地立于一旁观望。这样的表述进一步凸显了皇太孙的本领和荣耀。[87]

与亚欧大陆上的诸多统治者一样，永乐帝会利用田猎来筹备战争。1422年，在向北境进发的途中，永乐帝诏令所有将领去狩猎。他向文臣们解释道："朕非好猎，顾士卒随朕征讨，道中惟田猎可以驰马挥戈，振扬武事，作其骁勇之气耳。"[88]在这次行动中，永乐帝还直接操练和检阅军队，旨在让将士们保持警惕。[89]几天后，永乐帝又观看了军队的箭术训练。一个士兵三发三中，皇帝于是奖赏他一头牛、一只羊、一百钱以及两只银碗，因为"赏重则人劝"。[90]

尽管皇室田猎并非一项边缘性活动，但是一位当时之人颠倒了田猎与抗击蒙古的战争之间的关系。邓林写道："永乐壬寅（1422年）秋七月，大选车徒将校猎。俄报边城得虏谍，遂蹂其巢捣其胁。"[91]通过把田猎描述成主要活动，邓林成功淡化了永乐帝在战争中的主动性。[92]这首诗也揭露出，田猎是一项规模宏大的王朝活动，很容易就可以转化为一场军事行动。

最后，田猎也是皇帝培养与将领的关系的机会。1421年，北境打响了一场反击蒙古人的小规模战役，在班师途中，永乐帝"临观"了几场由将领们组织的围猎。[93]观看狩猎是皇帝与将领打发时间的一种非正式安排，借此他们可以展现自己的骑射本领与指挥才能。永乐帝亲临也是一种恩赏，而一旦皇帝返回京师，开始处理日常政务，这种恩赏就将再难获得。

概括来说，较之洪武帝统治时期，皇室田猎的重要性在雄心勃勃的永乐帝统治时期发生了显著变化。洪武帝认为田猎的价值主要在于此类活动对其儿子们和将领们来说可充当军事训练，而永乐帝本人对田猎怀抱着更大的热情。永乐帝利用它来搞外交，这从女真首领和沙哈鲁使臣的事例中可见一斑；利用它来宣示自己统御四海的资格，这从他向文臣们强调自己对生活于边地之人的出众见解的事例中可以看出。永乐帝还利用田猎来增进自己与主要将领间的关系，不过这一点在现有文献中体现得不太明显。朝臣们认可皇室田猎的重要性，认为它证明了君王的英勇尚武、对军队的有效掌控，以及保护臣民免受野兽伤害的能力。最后，永乐帝显然还从狩猎、追逐、杀戮、享用猎物的过程中获得了快感。

尽管他们的诗作在细节上有所不同，但是杨士奇、杨荣、胡广及夏原吉等大臣，都不遗余力地在文采飞扬的诗文中赞颂永乐帝及这个新生王朝。他们的诗作都描绘了狩猎的壮景——成群的勇士、耀眼的兵甲、多彩的旌旗以及高超的箭术。除了在治国理政方面做出重要贡献，这些诗人还塑造了永乐帝作为威武君王的形象，并在更广阔的亚欧大陆舞台上传播该形象。他们将自己的政治前途系于永乐帝之身，皇帝的成败关乎他们的利益，皇帝的权势与声望决定了他们的庙堂身份（见后文）。然而，杨荣、杨士奇、胡广、夏原吉以及其他大臣也见证了永乐朝的终结，并且在下一位天子的朝堂中继续发光发热，在确保执政连续性方面扮演了重要角色。

宣德朝宫廷

1424 年 8 月，永乐帝病殁于征途，其子继位，改年号为洪熙。然而，未及一年，洪熙帝便英年早逝，永乐帝的孙子承继大统，改年号为宣德。洪熙帝因"以儒治国，并要求众臣照做"而闻名。[94]戴德（Edward Dreyer）认为，"尽管在一些特殊场合，从宣德帝身上可以看到他祖父永乐帝的影子，但从根本上来说，他深受其父洪熙帝的影响"。[95]陈学霖同样写道，15世纪的宣德帝作为尊奉儒学的君王精于文艺，致力于王道仁政。这种看法基本上是准确的。[96]

然而，宣德帝同样是一个狂热的"猎手"。宣德帝朱瞻基年少时，曾三次伴随永乐帝征战蒙古，那时他便因箭法高超而闻名。奉永乐帝之命，还是皇孙的他曾在南京城外练兵，以维持军队的锐气。与永乐帝一样，宣德帝也颇为欣赏骑射技艺。[97]在操练骑射的过程中，一位外戚表现神勇，宣德帝大喜，当众赐以"珍禽"。[98]

宣德帝定期在北京郊外的乡间田猎。在这种时候，他会指派他信赖的勋贵去巡察京师防务。[99]这些勋贵是那些因有功于明朝而被赐予爵位、金银及在朝中的特殊地位之人的子孙。宣德元年，即 1426 年，皇帝"巡边"，重臣杨溥（1372 ~ 1446 年）写了十首诗来记录这件事。他先是描述了扈从队伍行进时的场面（这种场面常常富有戏剧性），从而塑造了一种史诗般的背景。然后，他开始描述田猎的画面，写下了"登山可刺虎，入水可屠龙"等诗句。[100]在另一首诗中，杨溥清楚地提到一场山中的围猎。

在杨溥看来，整备军务和处理与漠北的关系具有同等重要的地位。"山川限南北，华夷有定疆。"杨溥以商、周等远古王朝"以德为保障"的边略为参照，指出了秦与隋边略的失败之处："秦隋勤远略，祸乱起萧墙。"回顾当时的情况，杨溥评论道："北去无遗虏，逸豫非保邦。"在这组诗的最后，他描绘了一幅凄凉的图景："山下有穷碑，犹记当时路。"此处的

"当时路"指的就是过去战败的军队所走的路。

在这首诗中，杨溥对田猎和军事活动的态度似乎与宣德帝的观点相左，且单就此而言，他也与同为臣僚的杨士奇、胡广的看法有矛盾。杨溥不否认宣德帝作为猎手的英勇神武，但是对田猎与王朝防御之间的关联性持怀疑态度。他认为，华夷当分界而治，武力只会导致灾难。杨溥似乎将宣德帝的"巡边"看作一种不能保卫王朝的"逸豫"。事实上，在下一句中，他写的是"轻黩亦招侮"。这种对田猎和王朝战争的消极态度，与和他同代的跟随君王出猎的臣子留下的作品形成鲜明对比。这组诗反映了朝廷重臣不认同皇室田猎、军事冒险的态度，也折射出君王重视这些军事活动的统治风格。

那么，我们可以视杨溥这种批判性的论调为一个征兆，认为它预示了文人对尚武展示、皇权乃至君臣关系的态度普遍发生了变化吗？事实上，杨溥在别处表示了对狩猎尤为赞赏的态度，比如说在他的《观猎》中，他写道：

> 六辔飞龙出禁林，
> 春园千里气萧森。
> 山川倏忽风云合，
> 草木微茫剑戟深。
> 万物以时资茂育，
> 三驱不诫失前禽。
> 车攻吉日存周雅，
> 王道谁云有古今。[101]

标题"观猎"反映了杨溥是一场皇室田猎活动的见证者，而他的表述展现了这项活动的不变特征。他没有提及任何皇帝的名字或者年号，"禁林"与"春园"泛指皇室苑囿与猎场。58 "飞龙"无疑表明这次田猎的主角是皇帝。因此，他观看的这场田猎，多半发生于宣德帝当政时期，它只是对有两千多年历史的传统的沿袭。

这首诗的后半部分化用了很多《易经》中的内容。第五行"万物以时资茂育"出自"先王以茂对时，育万物"。"三驱不诫失前禽"这句诗则借典自"王用三驱，失前禽，邑人不诫，吉。"这两则取自《易经》的卦象，都讲述了古代圣王以仁治国，与宇宙和谐共处的道理。三驱而猎背后的思想是，君王赐予百兽以休养生息的机会。稍微换个角度来说，这位君王使一部分动物得以生存繁衍；他是一位善良的农夫。

这首诗的结尾处把诗中涉及的所有主题编织在了一起。首先，杨溥将皇室田猎视为古代贤君的一项正当活动，这些贤君心怀悲悯，心系成效，在经典（国家以科举考试的形式支持这些经典）中备受赞誉。第七行提到的"车攻""吉日"出自《诗经·小雅》。最后一行则认为，"王道"是亘古不变的。他认为，不宜区别古今王道，因为王道始终如一。由此，该诗含蓄地指出，宣德帝的田猎活动与始自周代的王室田猎并不相悖。

那我们该如何理解杨溥在描写明朝田猎时的矛盾立场呢？也许答案部分在于田猎的多重性质。如本书之前内容所述，皇室田猎涉及皇权的诸多方面——从军事训练、对外关系、个人59 勇武，到畜养禽兽、保护臣民和治理疆土。[102] 前文最开始提到的那组诗的指责主要停留在田猎同军事与对外关系的联系的层面。与此相反，《观猎》则着重突出了猎手也就是皇帝作为精明强干的资源管理者的形象。

宣德帝本人也将田猎和边防联系起来，却是为了取得不同的成效。1428 年 9 月末的一天，他带领公侯勋贵及五军都督府的指挥使来到位于紫禁城中轴线上的奉天门。[103]他训诫道：

> 胡虏每岁秋高马肥必扰边。比来边备不审，何似东北，诸关隘皆在京畿。今农务将毕，朕将因田猎，亲历诸关，警饬兵备。卿等整齐士马以俟。[104]

在这里，田猎不再是一项个人嗜好。宣德帝召集军中宿将，训斥他们：朝廷面临军事威胁，边防过于薄弱，要保证正常水平的战备。[105]几天之后，他派出两员大将巡察京师驻军，并诏令从京畿地区的所有卫所拣选精壮士兵，以跟随他开赴北边。[106]在颁布第一道诏令的四天之后，宣德帝觉得有必要谕示此次巡边的目的：

> 朕此行岂为田猎？但以国家虽安不可忘武。况边境之民，每及秋则忧虏患。若在我有备，虏何能为患？朕为民故特因田猎阅武，遂饬边备耳。[107]

由于担心士兵们在深秋季节向北行军时会遭遇寒冷天气，宣德帝下令为每名士兵配给足月的干粮和一套及膝冬衣。宣德帝通过这种方式，展现了自己作为君王，唯一关切的就是百姓的安危。[108]他严禁才从附近卫所征来的兵士劫掠乡民；认为只要道路尚可通行，就不必征发当地百姓修路。[109]皇帝下命，自通州至遵化的各驿所应备足一天的粮草，朝廷武库应为士兵配备武器甲胄。[110] 皇帝还赏赐御马监的 1735 位勇士以"彩色绵布"。[111] 御马监是由宦官执掌的一个实权部门，他们不仅掌管了皇室马厩，还有牧场、谷仓、火器库及部分朝廷安全机构。在出发之前，皇帝嘱咐将领：要督促麾下士兵保持队列整齐、盔甲锃亮及刀兵锋利；要管束好部下，绝不能任他们侵扰当地百姓。他强调，将军对士兵应"爱之如子弟"，而士兵应"事将如父兄"。[112] 部分高级别的文臣武将要陪同皇帝外出巡行，[113] 留在宫内的官员则要承担起防卫京师以及处理日常事务的职责。[114]

对宣德帝来说，军事征战与狩猎之间并无明显界限。在回京途中，宣德帝收到一份奏报，称有"猛虎"在喜峰口附近出没"为害"。皇帝命一名武将前去擒虎。根据《明宣宗实录》的记载，

> 上从容与群臣往观。虎为壮士所围，方虓怒，上引弓一矢中之，遂为壮士所擒。上笑曰亦为生民除一患也。[115]

相信亚欧大陆上的所有统治者看见这一幕，都会立即认为宣德帝是在狩猎。对这只凶残的猛虎，健壮勇武的宣德帝并不感到丝毫困扰。面对近在眼前的危险，宣德帝反应迅速，立即调兵遣将擒捕这只猛虎。最后，宣德帝将擒捕猛虎视作为民除害，这显示了他对臣民的爱护。

宣德帝的臣民则对皇帝及其战利品充满了兴趣。1428 年 10 月末，宣德帝在京城东侧的齐化门外 20 里处过夜。据《明宣宗实录》记载，

　　自车驾入喜峰关至京，道路军民男女聚观。所得虏口　　62
驼马牛羊辎重，连属数十里不绝。皆喜跃叩首呼万岁。[116]

虽然此处并未提到朝廷是否下令刻碑勒石来纪念此次行动，但宣德帝的功绩还是传到了朝鲜国王的耳中。一名朝鲜属官取道辽东，护送一份宣告蒙古平定的诏书副本归国。忠心耿耿的世宗大王得到消息之后，立即遣使赴京，恭贺宣德帝取得的胜利。[117]

　　宣德初年，在一封向大学士杨士奇呈递的文书中，御史孙汝敬批评了皇帝的田猎活动：

　　伏见今年六月，车驾幸天寿山，躬谒二陵，京师之人　　63
瞻望咨嗟，以为圣天子大孝。既而道路喧传，礼毕即较猎
讲武，扈从惟也先土干与其徒数百人。风驰电掣，驰逐先
后。某闻此言，心悸胆落。夫蒐苗狝狩，固有国之常经。
然以谒陵出，而与降将较猎于山谷间，垂堂之戒，衔橛之
虞，不可不深虑也。执事四朝旧臣，二圣元辅[118]，于此不
言，则孰得而言之者？[119]

孙汝敬勉强承认田猎和军事训练在王朝传统中的地位。但他对宣德帝的批评在于，皇帝甫一结束谒陵尽孝，便与扈从策马驰骋。这种批评与16世纪的士大夫通常所秉持的姿态是不同的：孙汝敬的批评更为间接含蓄，而不是公开提出。孙汝敬还将攻击的矛头指向宣德帝那些危险的同伴。1423年，也先土干（卒于1431年）归降大明，获永乐帝赐名金忠，封忠勇王。自此，也先土干屡次为明朝征战，军功卓著。1428年秋，在

陪君王巡幸北边时，也先土干及其侄抓获几十个蒙古人，把他们献给了宣德帝。然而，孙汝敬劝谏皇帝，与也先土干及其随从在山川河谷间策马奔驰是极其冒险的决定。他还没有明确指出一种更大的风险——一次田猎事故，或者一场由几百个全副武装的蒙古新降士卒发起的叛乱。孙汝敬宣称杨士奇作为朝廷重臣，必须向皇帝奏明对皇帝行为的担忧。此次郊游出行的唯一可取之处在于它让皇帝尽了孝道，孙汝敬坚称这是让百姓们喜闻乐见的唯一一点，也就是说田猎、行军及尚武展示活动于百姓而言无足轻重。

然而，宣德帝在田猎与孝道之间取得了平衡。1430 年春，他将尽孝、检阅、田猎以及春耕巧妙地融合在一次精心筹备的为期两周的皇室展示活动中。1430 年 3 月 18 日，宣德帝携皇后和太后离京拜谒长陵（葬着永乐帝与徐皇后）及献陵（洪熙帝与张皇后的陵寝，但此时陵中只有洪熙帝）。其时正为清明节，家家户户都要去培修祖坟，并借此联络家族感情。太后时常叮嘱皇帝要遵行祖宗成法，励精图治，守好"祖宗之鸿业"。

宗室行孝礼是会牵扯成千上万人的大事。宣德帝诏谕诸位老臣，称自己决意遵从太后懿旨，拜谒皇考及皇祖的陵寝。他命令钦天监挑选一个黄道吉日，又命令受他宠信的将领——和往常一样也包括那些归降的蒙古人——率军护驾。皇亲国戚陪同圣驾离京，被选中的将领及朝臣则留下负责防卫京师。

皇帝、皇后及太后先将此行祭告奉先殿①，然后再率大队人马离开紫禁城。皇帝策马走在队伍的前面。《明宣宗实录》

---

① 即明朝的宗庙。

记载："时畿甸之民迎拜夹道，瞻望感悦山呼之声震动林野。"[120]也许，百姓们比孙汝敬所声称的更热衷于见到皇室巡行。

在向皇陵进发的第一天，宣德帝对大臣们说：

> 朕昔侍皇祖往来两京，每令朕过农家问其疾苦，盖欲知稼穑之艰难。自嗣位以来，凡昔皇祖教诏之言，未尝敢忘。今出都门望村落居民及其田作，追思往事，怆感之情，自不能抑。[121]

65

因此，遵守宗室义务在几个层面起了作用。此次谒陵之旅使得宣德帝的母后可以向她的公公尽孝道。而宣德帝安排此次出行，以满足母亲心愿这件事，也体现了他的孝心。除此之外，宣德帝及其母后还分别获得了向洪熙帝表达作为人子与妻子的情感的机会。宣德帝的一番话无疑表明，他想强调自己与祖父永乐帝之间的联系。这些表示关心百姓疾苦、感念耕作不易的常见说法，很好地表达了其对祖父的英明及治国之道的敬佩之情。

宣德帝于陵下建立了行营，这样可以方便他、太后、皇后及群臣谒陵。太后也获得机会，可以召见周围的村妇，询问她们的生活状况。太后赐下了一些帛布、钱钞及饮食，这些村妇无不"欢跃感戴"。

宣德帝在出行在外的一周间，持续收到来自京师的奏报，并对开平守将所奏的几件边务做了批复。他对随驾大臣说："今海内小康，惟残房叛服不常，古人制夷狄惟在守备。"他接着说，尽管他曾多次诫饬边将，要保证"城堡坚固，粮刍充足，士卒精练，哨瞭严谨"，但他们很容易骄矜自满。就在同一天，宣德帝还批准了一份奏请，同意给边地守兵分发武器。[122]

66　　或许出于对北边紧急军情的关切，宣德帝于 1430 年 3 月 26 日在营中"阅马"。他命军士在御前操练军马，并对近臣解释道：

> 军国之政，马为先务。今孽虏固当怀之以恩，亦不可不示以威。古人云事事乃其有备肆。朕于马政尤所用心。

考虑到此次出行的主要目的是谒陵尽孝，侍臣们回应道，朝廷现在马匹充足，幸赖"祖宗时加数倍矣"。宣德帝承认获得了祖宗庇佑，但也坚称，自己遵用成法"不敢少怠耳"。[123]

　　第二天，宣德帝依旧驻跸陵下，宦官们猎获而归。皇帝从所获猎物中挑出一些，命内侍们宰割，且亲自为太后准备膳食。待太后膳毕，皇帝又将其余猎物分赐给一众文臣武将，然后自己方才用膳。[124]《明宣宗实录》记载，"上始食"。

　　从好几个方面来看，这段插曲都值得注意。首先，正如后文将述及的，明廷宦官经常狩猎。不仅如此，他们还捕鹰、驯鹰、监管皇室兽苑，以及饲养亚欧大陆上各宫廷上贡的珍禽异兽。宦官群体对组织皇室田猎以及维持宫廷兽苑很重要。其次，当时使用的一些狩猎术语具有跨越时间与空间的连续性。《明宣宗实录》使用"飞放"一词来描述擎苍狩猎；它字面上的意思是放飞某物去追逐猎物，而且基本上只被用来指代皇室田猎。在蒙古人统治东亚的 13 世纪及 14 世纪，这个词被广泛使用。15 世纪时，中国及朝鲜文人仍在使用"飞放"这个表述，这说明在大明宫廷、朝鲜王廷和蒙古王公之间存在一些通用词，可能还存在对小至放鹰狩猎大到皇室田猎的共同认知。同样重要的是，明廷清楚，这些共同爱好虽然在政治领袖间建立了联系，但这种跨越疆界的联系并不会让疆界消失。[125]因此，以谒陵为名组织一次皇室出行的做法，既根植于中国的政治传统与道德传统，也是一种为朝鲜王廷、草原政权和明廷所共享的田猎模式。

通过1430年的这次出行，宣德帝把田猎融入了尽孝行祭的礼仪。皇室最信赖的奴仆——宫廷宦官利用猎鹰捕获猎物。宣德帝亲自为太后准备、呈献肉膳，表达了对母亲的孝心。接下来，太后享用这些精心选备的食物，然后是其他扈从人员获赐猎物。就这样，本应被斥为昏君之举的田猎及离京，被转化成一场彰显孝道的盛大仪式。驯鹰这个会唤起人们对元朝的记忆的术语，被纳入了一套价值体系，使它得以免受那些对虏寇流毒甚为敏感的士人的非议。

正如前文所指明的，宦官们作为皇族内侍知晓宫闱生活中最私密的方方面面，他们能够对皇室成员关系的维系起到重要作用。然而，这种与皇室的亲密关系容易滋生骄矜跋扈之气。1435年年初，一个宦官在京畿驯鹰时，将一个平民殴打致死。死者的妻子将此事告官，宣德帝盛怒之下，下令将该宦官即刻处死。[126]虽然皇帝会严厉惩处宦官，但在维护自己派遣宦官田猎的权力时，他的态度更为强硬。一则传到朝鲜王廷的故事称，1426年，曾有一位御史向皇帝控诉宦官在（奉命）田猎时祸害了百姓。这位御史写道："人主不食野兽，请毋使内史猎之，使其骄恣。"震怒的皇帝回道："尔使我勿食野兽，是野兽便于汝也。"由于这封奏折，宣德帝命人把御史与野兽关在一起，任由一头凶残的豹子撕咬他。豹子虽然攻击了御史，但并未致其死亡。随后，宣德帝下令对御史处以腰斩。[127]在这个事例中，宣德帝认为，对宦官的指斥就是对皇权的抨击，并残酷地镇压了这种大不敬的行为。在朝鲜人看来，这则故事的寓意在于，要提防阉宦之祸；他们的信息来源显示，御史之所以受此刑罚，是因为一个有权势的宦官（曾以明使身份出使朝鲜）构陷了他。

1434 年，即宣德帝在位的最后一年，他最后一次巡幸北边。此次巡幸的起因是鞑靼部（主要统治蒙古地区东部）重要首领阿鲁台兵败被杀。9 月 27 日，成批新近归降的蒙古人上报称，阿鲁台兵败被杀，其子及部众各自逃窜。[128]第二天，瓦剌首领脱欢遣使奏知明廷，阿鲁台为自己所杀，且自己愿将阿鲁台私藏的元朝"传国玉玺"献给明朝皇帝。[129]对宣德帝而言，阿鲁台之死既是机会，也是威胁。

69　　宣德帝的初步应对措施是"出榜于塞外"。他宣称："凡来归附者，悉与官职俸赐，处之善地。"皇帝对兵部说，鞑靼部流离失所，他十分怜悯他们。但他也警告兵部：这些蒙古人可能会孤注一掷，扰边犯境，因此要严加防范。[130]他同样诏谕边将：要提高警惕，增强巡逻；但是如果这些蒙古人真心来降，就要善待他们。最后，他推测，对阿鲁台的军事胜利会使脱欢膨胀自大，因此边防各军务必须做好充分的准备，以防自负的脱欢率军犯边。[131]

为了稳住漠北动荡的局势，宣德帝决定巡视北边。据《明宣宗实录》记载，宣德帝于 10 月 8 日下诏巡边，然后在 10 月 11 日先于军队动身离京。[132]这里的记载不太准确。据翰林院官员王直（1379～1462 年）为杨荣的诗集所写的序言，皇帝向文武大臣谕示其做决定的时间是农历八月，比《明宣宗实录》中的时间早一个月。[133]因此，皇帝至少花了几周而不是几天来调兵遣将。每位随驾军士都分得一件厚棉服、一条棉裤以及一双棉袜。[134]为了增加军官数量，皇帝还下令，在班师回京之前，对犯有除杀人罪以外的罪责的军官暂缓处置。[135]在战争期间，这些军官想必是有机会戴罪立功的。

在重阳节大宴文武百官之后，皇帝率军于 10 月 11 日离京。宣德帝一如既往地强调军纪，不许各军以樵采之名闯入道旁民居抢夺平民财物，如有违反将以死罪论处。[136]《明宣宗实录》中并未提及宣德帝的这支军队是何等规模，但是提到在两天之后，即 10 月 13 日，他们到达了居庸关，于岔道上过夜，此地距离京师不到 40 英里。[137]在接下来的两天，皇帝驻跸岔道，就地田猎。[138]又经过几天行军后，他们到达万全都司。10 月 23 日，阿鲁台之子阿卜只俺遣使觐见宣德帝，"请归附"。"上怜之"，派出一名宦官及一员大将前往"抚纳之且厚赐赉"。[139]

1434 年 10 月 25 日，在洗马岭这个距北边只有 6 英里（距京城 125 英里）远的地方，皇帝视察了城防工事并检阅了军队。得意于眼前所见，他告诉随驾的文武各官，在过去五年，北边的防务能力在他的督促下得到了很大提升。[140]

两天之后，皇帝率众田猎。部将奏知宣德帝，蒙古人时常在方圆不出 100 里（约 30 英里）的范围内组织围猎，并"密请"皇帝允准他们发动一次突袭。皇帝反问道："彼不为边患即已，可不听其围猎乎？"这些将军仍心存疑虑，劝道："此辈豺狼野心，终不能保其不为边患，失今不图，后将悔之。"皇帝嘉勉了这些忧心于王朝命运的将领，但也强调说，他此次巡行北边的目的在于加强边防，而非讨伐蒙古人。他进一步指出，发动一次突袭会破坏他在蒙古人中的信誉。用他的话说，就是"朕欲存大信耳"。[141]

随后，宣德帝召杨荣来商量对策，而杨荣赞同皇帝的判断。杨荣认为，蒙古人只要发现自己受到袭击，就会立即撤退，且不会遭受任何重创。这次突袭不仅会无功而返，而且将"失虏之心"。[142]在巩固了边防，与阿卜只俺建立了融洽关系之后，皇帝班师回朝；11 月 3 日，他回到了宫中。[143]

宣德帝的这次巡边之旅，阐释了田猎、帝王权势、明廷与草原部族的交流是如何联系在一起的。尽管《明宣宗实录》中很少提及与田猎有关的细节（如皇帝是否直接参与田猎、猎物的种类，以及参与田猎的人数），但是，皇室田猎在此书中完全与军队作战和朝廷防务相兼容。宣德帝与永乐帝如出一辙，都利用田猎加强与将领的关系。边将提出突袭蒙古人的请求则说明，一场皇室田猎活动可以演变为一次军事突袭。[144]这项突袭计划的制订有赖于将领对蒙古人的越境狩猎习惯的掌握，这与我们所知的人口、货物和信息在明朝与草原间的持续流动是完全相符的。[145]

这种业已存在的相互影响因宣德帝的举措进一步强化。面对草原上的动荡局势，他沉着以对，积极招纳蒙古人，扮演慷慨大方的恩主角色。宣德帝十分清楚，阿鲁台死于瓦剌首领脱欢之手，这意味着许多蒙古人将被迫重新思考他们的未来并寻找新的盟友。宣德帝立即采取措施，把自己塑造成宽宏而威严的领袖：对于阿鲁台，他表达了怜悯之情；对降明者，则许以官爵和赏赐；他还亲自巡幸北边。他不是一位神秘莫测的天子，幽居深宫，久不露面。相反，他率军在边界上宿营，频频田猎，遣使联络蒙古部族，款待蒙古新首领的使节。

　　我对上述事件的解读凸显了皇帝作为军事指挥官发挥的作用以及田猎的外交意义。由杨荣所作但创作时间不详的《围猎》则有不同的侧重点。

> 圣主宵严驾，
> 蒐田正及时。
> 郊原霜气肃，
> 关塞日光迟。
> 狐兔潜踪迹，
> 鹰鹯厉羽仪。
> 虞罗弥薮泽，
> 猎火亘山陲。
> 杂遝连千骑，
> 张皇饬六师。
> 弓弯明月满，
> 旗动晓云垂。
> 祝网龙舆驻，
> 归营凤跸移。
> 三驱遵古典，
> 千载示弘规。[146]

73

这首诗突出了田猎与农耕间的一致性、田猎的宏大场面，以及田猎对帝王德行的反映。诗中提到了"关塞"，说明杨荣描绘的是永乐帝或宣德帝在征战草原或巡幸北边时组织的皇室田猎。尽管其他类似的诗作都将田猎和讨伐蒙古人联系在一起，但杨荣将关注点更多地放在皇权这一主题上。"祝网"指代的是商汤的仁德。商汤出巡郊外，看到猎人四面设网。猎人祈祷道："自天下四方皆入吾网。"商汤下令将猎网撤掉三面，并重新教猎人祈祷道："欲左，左。欲右，右。不用命者，乃入吾网。"诸侯知道了商汤的仁德后，都称赞道："汤德至矣，及禽兽。"[147]因此，在田猎中彻底行使王权的能力，让商汤有机会展现他那"及禽兽"的宽厚美德。

田猎中"三驱"的实践源自远古时代的圣君。汉朝时期，"三驱"被视作一种向百官万民展现帝王权威的方式，类似的还有"行步有佩玉之度，登车有和鸾之节"。杨荣认为，永乐帝或宣德帝组织的田猎遵从了传统理念。杨荣在最后一句"千载示弘规"中进一步说明，明朝皇帝遵循了人们普遍认可的、流传千载的为君之道，且这在明初的皇室田猎里得到了恰到好处的体现。[149]对杨荣来说，田猎不只是竞逐与捕杀，还体现了理想中的为君之道。同时，杨荣的诗也提醒我们一点，那就是大臣们可以有意识地在赞颂田猎的诗中注入自己的理念，并在这个过程中掩饰他们认为不妥的地方（例如与将领们制订策略以及与蒙古王公和谈）。

皇帝的臣子们

前面各节的讨论以多种文献为基础，这些文献的创作遵照了不同的传统，意图实现不同的目的。杨荣、杨溥、杨士奇、夏原吉、曾棨这类大臣，还有其他一些人的地位都仰仗于朱棣和朱瞻基的登基称帝。政治站队对于依赖君王宠幸的朝臣来说固然重要，但是，本章提到的好些人是在残酷的内战结束之后才选择加入篡位成功的永乐帝一方的。他们中的一些人原本效命于建文帝，在永乐帝取得军事胜利之后才改换门庭；还有一

些人则在内战结束之后才身登高位。[150]无论如何，他们的才华 75
很好地帮助了永乐帝争取正统性及天下士人的拥戴。[151]本杰
明·艾尔曼（Benjamin Elman）、戴彼得（Peter Ditmanson）还
有其他人都曾表示，不是做了皇帝就能理所当然地获得这种拥
戴。事实上，就有几位效忠于建文帝的重臣拒不承认永乐帝为
合法的天子，而这种抗拒也让方孝孺（1357~1402 年）等人
付出了生命的代价。[152]

　　因此，在对皇帝和朝廷的空洞刻板的称颂背后，隐藏的是
对道德及政治合法性的急迫追求。作为皇帝的臣子，杨士奇、
杨荣、夏原吉及其他大臣需要这种合法性获得确立，这既是为
了他们的君主，也是为了他们自己。如果皇帝只是一个凭借武
力掌权的大逆不道的篡位者，他的臣仆也不太可能受人景仰并
流芳后世。臣子们对自己名声的爱惜是可以理解的。后一辈的
一些有一定影响力的大臣，如李贤（1409~1467 年），后来就
曾挖苦胡广、杨士奇等人，说还是燕王的永乐帝兵压南京帝宫
时，他们没有以身殉节，向建文帝尽忠，而是摇身一变，做了
篡逆的臣子。李贤讽刺了他们的说辞，即他们活着是为了给那
些用生命对建文帝尽忠的人树碑立传。[153]因此，向新君表忠、
对名利的追逐、寻求自保，以及相互间的明争暗斗，成了他们
争相写诗作赋以称颂永乐帝的田猎的动机。

　　如导言部分所述，杨士奇和其他人效仿前人的文体，赋诗 76
作文来恭颂新朝。他们都读过以王室田猎、猎苑、王城及大量
其他内容为主题的古典诗赋。为了赢得天下士人的认可及尊
重，他们诉诸文学作品，效仿的通常是司马相如、扬雄等人写
的赋。[154]他们还利用臻于成熟的文学辞藻以及统治观念，将田
猎时的所见、所闻、所感转化为散文和诗作。尽管他们有一定

的选择空间，但那并不是无限大的。他们的作品得符合格式要求，如要押韵、对仗，还要使用意象，这些意象包括好几个世纪都没有出现在中原王朝大地上的黑犀等动物。

通常认为，杨士奇、杨荣、杨溥等人与被称为台阁体的文学体裁密切相关。[155]从文学鉴赏的角度来说，台阁体的特点在于语言庄重朴实。与此文风相关的作者，即翰林院及负责修史、撰写行政文书及相关文本的其他在京部门的官员，常常歌颂王朝兴盛、社会安定及天下归心。[156]然而，简锦松、郑礼炬、叶晔等人的近期研究表明，台阁体只是一种不精确的泛称。没有学者能确信地说，翰林院官员千篇一律，以同一种方式写作，或者每个翰林院官员在其作品中都发出了同样的声音，或关注了同一个主题。[157]台阁体这个名词真正指的是由一些翰林院官员在某些场合中创作的文学作品，而这些场合通常适合用来吟诗作赋，以多种多样的表现形式歌颂王朝和皇帝之荣光，具体的称颂对象可能是一座庄严的宫殿、一场宏大的庆典、合乎仁君之道的行为，或是田地里安居乐业的农夫。这些文人完全明白他们在做什么，并且清楚这种作品与那些没有在翰林院等政府部门中任职的士人所作诗文的区别。翰林院的官员们认为这些应制作品既可服务于国家利益，又可服务于道统（明显与程朱理学的理念相关）的维护，还可服务于他们自己的利益，他们并不觉得这三个目标间有任何冲突。[158]他们对皇室田猎这样的尚武展示活动的赞颂，只是这类作品的部分内容。

当代学者对台阁体的评价褒贬不一，这种体裁通常也被称为应制诗，也就是受皇帝之命而作的诗。大部分学者认为台阁体作品内容浮浅，属于政治宣传，缺乏感情深度和文学价值。[159]近期一位学者认为，这些作品的奴性达到了前所未有的程度，洪武帝和永乐帝残酷的清洗运动彻底震慑了文人，使他们失掉了自尊和自信。考虑到他们的近臣身份，除了创作这些赞歌以阿谀逢迎洪武帝和永乐帝外，他们别无他法，拒不合作的人会大难临头。在方孝孺拒绝承认永乐帝正统地位的著名历史事件中，皇帝处决了方孝孺以及他的弟弟、其他亲属、朋友、弟子，还有一些人被发配边疆。[160]"三杨"中只有杨荣完全躲过了牢狱之灾，而杨士奇曾两次下狱，杨溥则被监禁了十年。夏原吉也曾入狱。按照这一思路，明初诸多作品中对"圣主"宽宏仁慈的反复强调，恰恰反映了当时恐怖的政治生活和士大夫人格的退化——大部分人都在寻求自保。[161]

还有些人持相反意见，坚信这些大臣有更为复杂的创作动机。[162]一项近期研究极具说服力地提出，杨士奇的诗反映出他对皇帝和明朝有很强烈的认同感。做了四十二年内阁大臣的杨士奇一定既自豪又自得，因为他自己作为高官重臣恪尽职守，而且至少与两朝天子（洪熙帝和宣德帝）关系密切。此外，作为元末乱世的见证者，他必定认为，明朝的统治恢复了秩序与繁荣。因此他对皇帝的感戴、对王朝的歌颂，更可能是发自内心，而非惺惺作态。[163]

尽管诺伯特·埃利亚斯研究的是近代早期西欧宫廷里的一些具体情况，但他对亲近君主之重要性的观察还是相当值得借鉴的。

　　一个人如果成长于一个重名轻利的社会，在这个社会中，能够接近国王的人（按照既有的权力结构）可在社会价值体系中拥有格外高的地位，那么他在设定个人目标时多半要遵从这些社会价值和规范，并且会为了争取这种

机遇而加入竞争，这种冲动是很难克服的……[164]

在明朝，贵族头衔确实不如在西欧社会中那样重要，然而埃利亚斯的观点，即亲近君主会带来积极的社会价值，听起来也适用于明朝宫廷。对那些将台阁体等同于阿谀奉承或卑躬屈膝的观点，它提供了一个有用的替代选项。凯斯琳·李斯柯姆（Kathlyn Liscomb）认为，胡广、曾棨以及"三杨"曾命人绘制瑞应图以及朝中大事图，这些画作可能会在精英阶层中流传，从而成为一种特殊宣传方式，宣传对象是他们"与皇帝的特殊关系，而在所有领域的活动中，这种关系对他们的身份都十分重要"。[165]只有在大部分人都持有类似的看法时，以诗歌、散文及画作（更不必说经常在私人谈话中提及帝王）的形式宣扬自己与皇帝的亲近程度才可行。在15世纪的头几十年中，这些大臣作为声誉斐然的大学士所具有的政治地位，以及作为皇帝谋臣和"词臣"所发挥的作用，都与他们的诗作在士人圈子里的受看重程度息息相关。[166]

杨士奇、杨荣及其他大臣还负责监管永乐朝和宣德朝的实录编纂工作。[167]本章多处引用且接下来还会提及的《明实录》着眼于宫廷，特别是在位帝王的言行。从一个层面上看，《明实录》就是明朝皇室的历史，旨在为在位帝王及其谋臣提供参考。《明实录》记载的是前代皇帝（一般是新君之父）的德行和政绩。实录编纂是朝中大事，通常需要八至十二个月才能完成。当实录稿成，被呈给君王时，便会有志贺诗文、精心筹备的庆典以及皇帝的赏赐来纪念这样的场合。尽管具体的细节可能会随时间的推移而有所变化，但《明实录》取材自保存于内廷、京师各部以及地方各省的文档，这保证了一定的内容准确性。此外，实录还反映了编者的视角和关切。[168]尽管《明实录》记载的内容以帝王为绝对的中心，但是各部院大臣及翰林院官员的活动也得到了详细描述。[169]

在永乐帝及宣德帝当政期间，各部院大臣和翰林院官员皆以随驾征伐及田猎为荣。我们从一些颂词和其他作品中可知，这种殊荣受到时人追捧。[170]在杨士奇的诗集序言中，陈循（1385～1464年）反复提到杨士奇随侍永乐帝巡狩征战及"参预军机"。提及杨士奇"参预军机"与展现杨士奇的文才并无多大关系，这样做只是想提醒读者，杨士奇深受皇帝宠信，和帝王关系亲近。[171]同样，曾棨亦为军事行动染上了英雄主义色彩，以彰显随同永乐帝出征的大臣（此处指胡广）的荣光。[172]在一首送别诗中，曾棨还清楚提到，胡广随军征战是永乐帝赐予的"宠恩"。受命赋诗作文向皇帝庆贺田猎及征战的一个好处在于，随驾的文臣们可以借皇帝的光来荣显自己。[173]

最后，并非所有作于田猎期间的诗都以称颂帝王为主旨，猎逐的激烈、统御骑兵的场面以及打斗的喧嚣等内容也受到重视。一些诗还反映出有些文臣并不太享受田猎，因为田猎让他们不得不于拂晓时分步行离城，直面霜冻和侵骨寒风。[174]对另一些大臣来说，出行却是一个机会，可以借此游历乡村，欣赏怡人的风景，与质朴憨厚的农人打交道，与同僚把酒言欢，留下可在之后与家人分享的宝贵回忆。[175]

小　结

也许是在明初的政治环境、文学品位和宫廷活动的共同影响下，才产生了这么多描述皇室田猎的散文和诗赋。皇帝和大臣为适应确立王朝正统性的需要，在很多领域都投入了大量精力。14 世纪，明朝想要摆脱蒙古人的阴影，洗刷王朝创建者朱元璋作为与民间教派有渊源的反叛者的污名。对于永乐帝来说，这种需求更为迫切。他把这个国家拖入了残酷的内战，篡夺了皇位，然后为铲除异己，针对士人及其家族发动了血腥镇压。朝中重臣充分发挥他们的过人才智，挑起了为朝廷赢取政治合法性和稳定性的重担。除了发挥他们在官场和政治领域的智慧外，他们还利用自己的文才来为这个王朝，特别是洪武帝、永乐帝及宣德帝增添英雄主义色彩，把他们描绘成儒家经典所推崇的最理想化的君王。他们用诗歌和散文来为帝王形象增色，由此产生的关于皇室田猎的文本证据数量可观且种类丰富，这种情况在明朝统治下的其他时期再未出现。这些朝臣进行文学创作的动机因人而异，但通常不外乎争恩夺宠的个人野心、对朝中权位的争夺、对忤逆和冒犯天子的恐惧、对皇帝或王朝之成败得失的感同身受，以及对皇帝的感恩戴德等。

最后，出于不同的原因，洪武帝、永乐帝和宣德帝都认为田猎对宫廷文化和统治的维护来说必不可少。虽然洪武帝很少田猎，并且口头上将其贬斥为劳民伤财的活动，但是他又看重田猎作为军事训练的重要作用，并要求儿子们也就是明朝未来的统治者定期田猎。对狂热的狩猎爱好者永乐帝和宣德帝来说，田猎有利于培养与军队尤其是将领的关系，搞外交，展现自己关于外邦人和边地的过人见识，凸显天子之威和王朝之势，进而彰显帝王在军事行动中扮演的角色。他们善于利用田猎来增强王朝和个人的权力并不意味着他们的目的完全是功利化的，永乐帝、宣德帝以及至少部分臣仆同时也充分地享受了田猎带来的乐趣。[176]

注　释

1. 爱尔森在《欧亚皇家狩猎史》一书中广泛援引了蒙古人和女真人的例子。而辽代的皇室田猎通常与皇帝的四时捺钵密不可分。Wittfogel and Feng, *History of Chinese Society Liao*, pp. 131 - 134. 关于辽代田猎的更为广泛的讨论，见 Wittfogel and Feng, *History of Chinese Society Liao*, pp. 119 - 120。对于满人而言，弓骑兵发挥了决定性作用（通常在田猎的语境下），对此问题的讨论，见 Mark Elliott, *The Manchu Way*, pp. 182 - 187。欧立德（Mark Elliott）写道，"狩猎的能力和驭马及使用弓箭的能力一样，是满人'生活方式'的一项标志"（第 183 页）。张勉治注意到，康熙帝（1654～1722 年，1661～1722 年在位）和乾隆帝（1711～1799 年，1736～1795 年在位）通常会在出游时田猎，并将此实践视作"清朝高级政治文化的核心表现形式"。Chang, *A Court on Horseback*, p. 7. 乾隆帝曾反复提及其先祖皇太极（1592～1643 年，1626～1643 年在位）在征战及田猎中所使用的那张弓，并以此为主题作了几首诗。北京故宫博物院的藏品中就包括几张清朝皇帝曾使用的弓。见毛宪民《清代射箭与"弓力"问题》，第 144～146 页。

2. 对这些画像的讨论，见 Robinson, "The Ming Court and the Legacy of the Yuan Mongols," pp. 386 - 393。

3. Allsen, *The Royal Hunt in Eurasian History*, p. 12.

4. Allsen, *The Royal Hunt in Eurasian History*, p. 8. 对这些田猎的规模的进一步讨论，见 pp. 29 - 33。

5. Helms, *Craft and the Kingly Ideal*, pp. 153 - 157, esp. p. 156.

6. Lewis, *Sanctioned Violence*, pp. 17 - 19.

7. Lewis, *Sanctioned Violence*, pp. 251 - 252n5.

8. Lewis, *The Early Chinese Empires*, p. 94.

9. Allsen, *The Royal Hunt in Eurasian History*, p. 28.

10. Lewis, *Sanctioned Violence*, p. 152.

11. Jack Chen, *The Poetics of Sovereignty*, pp. 198 - 201. 正如陈威注意到的那样（本章所讨论的那些明代文人也注意到了），太宗皇帝通过其对田猎解释权的控制来为它辩护正名，"用先王的事迹来掩饰自己的行为"。

12. Kubota Kazuo, "Sōdai no 'tenryō,'" pp. 488 - 499. 久保田和男将皇室田猎在宋朝的废除置于政治文化的框架下解读，而这种政治文化日益强调正统性以非军事属性为基础。丸桥充拓（Maruhashi Mitsuhiro）把皇室田猎视作唐宋过渡时期的政治秩序观发生变迁的信号（"Tō Sō henkakki no gunrei tochitsujo"），而这一观点也已引起了学界的注意。

13. 引自杨士奇《解公墓志铭》，《东里文集》卷一七，第 254 页。一个略有不同的说法见解缙《大庖西封事》，《解学士文集》，收于陈子龙《皇明经世文编》卷一〇，第 1 册，第 73 页。

14. 最初出现在《尚书·商书·仲虺之诰》中："惟王不迩声色，不殖货利。"本书使用的是理雅各的英译版本。

15. 关于之后解缙在营造永乐帝良好形象上的作用，见 Chan, "Xie Jin（1369 - 1415）as Imperial Propagandist"。

16. 刘夏，《为天旱火灾陈言》，《刘尚宾文续集》卷四，第 4 页 b（《续修四库全书》，第 1326 册，第 151 页）。

17. Farmer, *Zhu Yuanzhang and Early Ming Legislation*.

18. 一些立下开国之功的将领通过狩猎习得了骑技。见王英《张公墓志铭》，《王文安公诗文集》（《续修四库全书》，第 1327 册，第 354～355 页）。

19. 见杨士奇《平江侯谥恭襄陈公神道碑铭》，《东里文集》，第 189 页。这位名为陈瑄的军官以其无可匹敌的箭术而闻名。

20. Translated in Farmer, *Zhu Yuanzhang and Early Ming Legislation*, appendix 1, p. 144.

21. 沈文，《圣君初政记》，第 1 页 b。这道诏令似乎发布于洪武帝当政的头两年。

22. 《明太祖实录》卷二〇八，第 3 页 a，洪武二十四年三月丙辰。

23. 《明太祖实录》卷二二六，洪武二十六年三月乙卯。洪武帝做如此安排，是为了防备在军队中服役的蒙古人反叛。

24. Allsen, *The Royal Hunt in Eurasian History*, p. 214.

25. Taylor, "The Yüan origins of the *wei-so* system."

26. Tsai, *Perpetual Happiness*, pp. 20 – 29.

27. 永乐帝离京期间，皇太子（即未来的洪熙帝）监国摄政，只有两项事务是例外——与其他政权的关系和藩王相关事务。离宫在外时，永乐帝十分谨慎地控制着对政权至关重要的这两个方面。杨士奇，《蹇公墓志铭》，《东里文集》卷一九，第 278 页；梁潜，《梁用之墓碣铭》，《泊庵先生文集》卷一六，第 31 页 a ~ b（《北京图书馆古籍珍本丛刊》，第 100 册，第 557 页）。

28. 对莫卧儿皇帝的做法的简短评论，见 Ansari, *Social Life of the Mughal Emperors*, p. 156。16 世纪的奥斯曼统治者苏莱曼大帝经常在出征或凯旋途中狩猎。苏莱曼大帝狩猎的图像在不同版本的 *Süleymanname* 中都有体现，见 Atil, *Süleymanname*, plates 10, 11, 16, 38, 39, and 46。

29. 金善（对他更常见的称呼是金幼孜，1368 ~ 1432 年），《北征录》，收于邓世龙《国朝典故》，上册，第 296 页；谈迁，《国榷》卷一五，第 1036 页，永乐八年二月辛亥。

30. 胡广，《随猎隆庆州》和《随猎怀来遇大风寒甚》，《胡文穆公文集》卷八，第 5 页 a ~ b（《四库全书存目丛书》，集部 28，第 582 页）。基本可以确定，因抄写错误，"延庆州"成了"隆庆州"。

31. 《明太宗实录》卷一三三，第 2 页 b，永乐十年十月戊辰；谈迁，《国榷》卷一五，第 1082 页，永乐十年十月戊辰；《明史》卷六，第 90 页，本纪第六·成祖二·永乐十年十月戊辰；谈迁，《国榷》卷一六，第 1122 页，永乐十三年十月甲申。亦可见：曾棨，《扈从校猎武冈和胡学士韵》，《巢睫集》卷三，第 9 页 b（《北京图书馆古籍珍本丛刊》，第 105 册，第 18 页）；曾棨，《刻曾西墅先生集》卷四，第 12 页 a（《四库全书存目丛书》，集部 30，第 132 页）。

32. 曾棨，《扈从校猎阳山和胡学士韵是日甘露降》，《巢睫集》卷三，第 9 页 b（《北京图书馆古籍珍本丛刊》，第 105 册，第 18 页）。

33. Farmer, *Early Ming Government*.

34. 胡广，《猎后蒙恩赐鹿》，《胡文穆公文集》卷二〇，第 16 页 b ~

17 页 a（《四库全书存目丛书》，集部 29，第 173 页）。

35. 胡广，《滕县随猎观犬啮虎》，《胡文穆公文集》卷二〇，第 10 页 a ~ b（《四库全书存目丛书》，集部 29，第 170 页）。

36. 胡广，《德州随驾观猎》，《胡文穆公文集》卷二〇，第 5 页 a ~ b（《四库全书存目丛书》，集部 29，第 168 页）。

37. Robinson, *In the Shadow of the Mongol Empire*：*Ming China and Eurasia*, Cambridge University Press, 2020.

38. 曾棨，《西域哈烈国王所贡狮子歌》，《刻曾西墅先生集》卷五，第 35 页 b（《四库全书存目丛书》，集部 30，第 159 页）。

39. 梁潜，《扈跸集序》，《泊庵先生文集》卷七，第 22 页 b（《北京图书馆古籍珍本丛刊》，第 100 册，第 470 页）。

40. 曾棨，《途中即事》，《巢睫集》卷四，第 1 页 a（《北京图书馆古籍珍本丛刊》，第 105 册，第 28 页）。翰林文士在他们自己的文采比试与他们所描绘的尚武展示中的骑术比试间做了类比，见：吴宽（成化八年科举考试的状元），《端阳进呈射柳诗》，收于王锡爵《增订国朝馆课》卷一三，第 11 页 b（《四库禁毁书丛刊》，集部 92，第 421 页）；胡广，《端午侍从御苑击球射柳应制》，《胡文穆公文集》卷四，第 18 页 a ~ b（《四库全书存目丛书》，集部 28，551 页）。本书第三章还将讨论《端午侍从御苑击球射柳应制》。

41. 我们想要多了解当时的文人对这些诗作的反应。皇室田猎的一些方面可能在饱学之士间引起了共鸣。举例来讲，在一首似乎与皇室田猎并不直接相关的诗中，解缙描述海东青为自由而威武地翱翔天际的"灵禽玉爪"，还将其与天马、凤凰和云鹏做比较。见解缙《海东青》，《文毅集》卷五，第 14 页 b。

42. 曾棨，《扈从狩阳山次韵答胡学士（时有甘露降）》，《巢睫集》卷三，第 9 页 b（《北京图书馆古籍珍本丛刊》，第 105 册，第 18 页）。百年后，毛伯温（1482 ~ 1545 年）也做出了类似的评论："雄赋争夸大史才。"见毛伯温《圣驾视牲和答亭溪张大史》，《东塘集》卷八，第 17 页 a（《北京图书馆古籍珍本丛刊》，第 107 册，第 89 页）。

43. 胡广，《回师出三山峡》和《渡饮马河东行离河南行入山》，《胡文穆公文集》卷二〇，第 54 页 a 与第 56 页 a（《四库全书存目丛书》，集部 29，第 192~193 页）。

44. 胡广，《出塞偶然作》，《胡文穆公文集》卷二○，第 47 页 a（《四库全书存目丛书》，集部 29，第 189 页）。感谢黄启江教授帮我翻译此诗。

45. 关于莫卧儿皇室田猎，乔斯·戈曼斯观察到，"田猎有助于调查和搜集当地民情，也有助于征服难以统辖的地方"。见 Gommans, *Mughal Warfare*, p. 111。

46. 《明太宗实录》卷三七，第 2 页 b，永乐二年十二月丙戌。

47. 金善，《北征录》，收于邓世龙《国朝典故》，上册，第 301 页；谈迁，《国榷》卷一五，第 1039 页，永乐八年三月乙酉。永乐帝的其他随从，包括宦官，也在征战时狩猎（《北征录》，第 300 页）。

48. 谈迁，《国榷》卷一五，第 1039 页，永乐八年三月壬辰。

49. 谈迁，《国榷》卷一五，第 1038 页，永乐八年三月癸酉。

50. 《明太宗实录》卷一三三，第 2 页 b，永乐十年十月戊辰；谈迁，《国榷》卷一五，第 1082 页，永乐十年十月戊辰；《明史》卷六，第 90 页，本纪第六·成祖二·永乐十年十月戊辰。

51. See Charles Hucker, *DMB*, pp. 1519 – 1522.

52. 杨荣在此处引用了《左传》。在这里，我引用了理雅各的英译，见 *The Ch'un Ts'ew with The Tso Chuen*, vol. 5 in *The Chinese Classics*, bk. 1, year 5, p. 19。略微不同的翻译，见 Lewis, *Sanctioned Violence*, p. 18。

53. 杨荣，《甘露诗》，《杨文敏公集》卷一，第 1 册，第 6 页。

54. 古代宫廷靠克里斯玛来维持广泛的吸引力。魏朴和（Wiebke Denecke）注意到，日本平安时代的作家之所以在汉诗文中提到周朝宫廷及其与诸侯国首领的关系，是为了提升日本宫廷的地位（人们可能会进而认定天皇的特殊性），尤其是其相对于新罗和渤海国宫廷的地位（"Chinese Antiquity and Court Spectacle in Early *Kanshi*," pp. 117 – 120）。

55. Allsen, *The Royal Hunt in Eurasian History*, p. 185. 进一步讨论，见 pp. 164 – 185。

56. Allsen, *The Royal Hunt in Eurasian History*, p. 166.

57. 此意象也许更为明确。杨荣援引了唐太宗爱驹"玉花骢"的名字。

58. 杨荣，《甘露诗》，《杨文敏公集》卷一，第 1 册，第 7~8 页。

59. 尽管犀牛曾生活于史前时代的中国北方，且在较早的历史时期或许还得到它们的踪迹，但唐代及之后，它们就只生活于长江以南（Schafer, *The Golden Peaches of Samarkand*, p. 83）。

60. 感谢黄启江教授帮助我弄清此诗中的几处语句。

61. 杨士奇，《甘露赋》，《东里文集》卷二四，第 358 页。

62. 《上林赋》的具体内容见萧统《文选》卷二，第 73~114 页。

63. 杨士奇，《甘露赋》，《东里文集》卷二四，第 358 页。

64. 胡广，《冬日扈从猎阳山》，《胡文穆公文集》卷七，第 1 页 a（《四库全书存目丛书》，集部 28，第 572 页）。

65. 夏原吉，《和胡学士扈从猎阳山诗韵》，《夏忠靖公集》卷四，第 14 页 b（《北京图书馆古籍珍本丛刊》，第 100 册，第 690 页）；《忠靖集》卷四，第 12 页 b~13 页 a（《文渊阁四库全书》，第 1240 册，第 516 页）。

66. 胡广的诗见《扈从再猎武冈》，《胡文穆公文集》卷七，第 1 页 b（《四库全书存目丛书》，集部 28，第 572 页）。胡广诗的题目表明，皇帝此前在武冈至少狩猎过一次。胡广的诗也涉及宇内安定及麒麟等瑞兽现身的主题。

67. 谢晋，《甘露瑞应诗》，《兰庭集》卷下，第 33 页 b~34 页 a（《文渊阁四库全书》，第 1244 册，第 461~462 页）。

68. 《胜利书》（*Zafar-namah*）的一份抄本中有一幅描绘帖木儿 1370 年登基典礼的插图，图中"他的猎手带着猎豹和猎鹰整齐地排列在那里"。见 Allsen, *The Royal Hunt in Eurasian History*, p. 85。

69. 在这段时间，明朝与中亚和西亚的政权及民族保持着广泛联系。张文德的《明与帖木儿王朝关系史研究》立足于中国的文献，对明与帖木儿帝国间的关系做了细致的探讨。廉亚明在《明与帖木儿帝国的政治与贸易往来》（*Politik und Handel Zwischen Ming und Timuriden*）中利用了中国和波斯的资料。对帖木儿帝国与明朝间礼物交换的简评，见 Kauz, "Gift Exchange between Iran, Central Asia, and China"。后来的萨非王朝定responsible向莫卧儿王朝呈送阿拉伯骏马，以此作为外交往来的一项必要内容。见

Schimmel, *The Empire of the Great Mughals*, p. 74。

70. Bretscheinder, *Mediaeval Researches*, vol. 2, p. 283n1106.

71. Naqqash, "Report to Mirza Baysunghur," p. 287.

72. Naqqash, "Report to Mirza Baysunghur," p. 294.

73. Naqqash, "Report to Mirza Baysunghur," p. 293.

74. Naqqash, "Report to Mirza Baysunghur," p. 295.

75. 《明太宗实录》卷二八，第 2 页 a，永乐二年二月丁丑；谈迁，《国榷》卷一三，第 925 页，永乐二年二月丁丑。

76. 苏莱曼大帝和儿子一起狩猎。见 Atil, *Sülemanname*, plates 38, 39, and 59。

77. 《明太宗实录》卷一四九，第 3 页 a，永乐十二年三月庚寅。大臣们被命令继续为皇太孙教授经史课程。见佚名《夏忠靖公遗事》，收于夏原吉《忠靖公附录遗事》，第 22 页 a（《文渊阁四库全书》，第 1240 册，第 547 页）。此事被娄性放在《皇明政要》"重储贰"目下，见卷五，第 14 页 a～b（《四库全书存目丛书》，史部 46，第 228 页）。

78. 《明太宗实录》卷一四九，第 4 页 b，永乐十二年三月庚子；谈迁，《国榷》卷一六，第 1100 页，永乐十二年三月庚子。

79. 祝允明（1461～1527 年），《野记》，收于邓世龙《国朝典故》卷三二，上册，第 538 页；周延儒，《年谱》，收于解缙《解学士全集》卷首，第 39 页 a～b。1425 年，汉王欲谋反自立，未遂。

80. 沈世星，《上林苑监》，《大明会典》卷二二五，第 6 页 a（第 5 册，第 2975 页）。

81. 《明太宗实录》卷二〇九，第 3 页 a，永乐十七年十二月丁亥；谈迁，《国榷》卷一七，第 1165 页，永乐十七年十二月丁亥。

82. 吕本，《明太宗宝训》卷一，第 39 页 b～40 页 b（《皇明宝训》）。

83. 娄性，《皇明政要》卷一七，第 6 页 a～b（《四库全书存目丛书》，史部 46，第 308 页）。娄性似乎弄错了时间。当永乐帝于 1409 年初出游北京时，其子朱高炽（即未来的洪熙帝）被留下镇守当时的都城南京（《明太宗实录》卷八八，第 1 页 a，永乐七年二月甲戌）。

84. 佚名，《夏忠靖公遗事》，收于夏原吉《忠靖公附录遗事》，第21 页 b（《文渊阁四库全书》，第 1240 册，第 546 页）。

85. 夏原吉，《随侍太孙殿下回南京途中观射雉》，《夏忠靖公集》卷六，第 44 页 a（《北京图书馆古籍珍本丛刊》，第 100 册，第705 页）。此诗并未被收入《四库全书》。

86. 夏原吉，《随侍猎高唐》，《夏忠靖公集》卷六，第 48 页 b（《北京图书馆古籍珍本丛刊》，第 100 册，第 707 页）；《忠靖集》卷六，第 8 页 a（《文渊阁四库全书》，第 1240 册，第 516 页）。1411 年 12月，朱瞻基被正式立为皇太孙，因此也极可能是未来的皇帝（谈迁，《国榷》卷一五，第 1068 页，永乐九年十一月丁卯）。

87. 高唐位于大运河以东约 25 英里的山东东昌，这进一步证明了永乐帝曾在北京和南京的行军途中狩猎。永乐帝的随从官员之一胡广经过高唐时，也作了一首诗。见胡广《过高唐州》，《胡文穆公文集》卷二〇，第 4 页 b（《四库全书存目丛书》，集部29，第 167 页）。然而，胡广没有提及朱瞻基的狩猎成果。

88. 《明太宗实录》卷二四九，第 1 页 b，永乐二十年五月乙丑；谈迁，《国榷》卷一七，第 1191 页，永乐二十年五月乙丑。为了提振士气，永乐帝还作了三首以击败蒙古人为主题的曲子，并下令全军唱诵（《明太宗实录》卷二四九，第 1 页 b，永乐二十年五月戊辰）。

89. 《明太宗实录》卷二四九，第 1 页 b，永乐二十年五月丁卯；谈迁，《国榷》卷一七，第 1191 页，永乐二十年五月丁卯。亦可见谈迁《国榷》卷一七，第 1191 页，永乐二十年四月乙卯。

90. 《明太宗实录》卷二四九，第 1 页 b，永乐二十年五月戊辰。

91. 邓林，《平胡诗》，《退庵邓先生遗稿》（《四库全书存目丛书》，集部 26，第 400 页）。

92. 1422 年农历七月，永乐帝已征战于草原。

93. 谈迁，《国榷》卷一七，第 1206 页，永乐二十一年十月甲子、丙寅。

94. Dreyer, *Early Ming China*, p. 223.

95. Dreyer, *Early Ming China*, p. 225.

96. Chan, "The Chien-wen, Yung-lo, Hung-hsi, Hsüan-te reigns," p. 303.

97. 一个1412年的例子见杨荣《甘露诗》，《杨文敏公集》卷一，第1册，第5~6页。

98. 李贤，《镇国将军锦衣卫都指挥同知孙公墓志铭》，《古穰集》卷一七，第11页a（《文渊阁四库全书》，第1244册，第665页）。此处的外戚指孙显宗，他是会昌侯孙继宗的弟弟。

99. 武定侯郭玹的事例，见罗亨信《镇朔将军总兵官武定侯郭公墓志铭》，《觉非集》卷四，第8页b、第10页a（《北京图书馆古籍珍本丛刊》，第103册，第116~117页）。

100. 杨溥，《宣德丙午扈驾巡边途中感兴十首》，《杨文定公诗集》卷二（《续修四库全书》，第1326册，第469页）。

101. 杨溥，《观猎》，《杨文定公诗集》卷五（《续修四库全书》，第1326册，第510页）。

102. 正如爱尔森在《欧亚皇家狩猎史》中指明的，皇室田猎的多面性，包括存在于统治者的个人逸趣和职责之间的张力，长期以来都吸引着亚欧大陆上的知识分子。

103. 它更广为人知的名字是太和门。

104. 《明宣宗实录》卷四六，第6页a，宣德三年八月癸巳。亦可见谈迁《国榷》卷二〇，第1355页，宣德三年八月癸巳。杨荣在《平胡纪行诗》（《杨文敏公集》，第1册，第52~53页）中也提到了这段文字中的一些母题。

105. 几天后，兵部回应了皇帝对"关隘"（皇帝用的就是这个词）防务松懈的斥责。兵部尚书认为，防务之所以松懈，是因为兵士缺员，未能得到及时补充。他认为问题出在丁户登记制度与"路引"制度的执行不力。他尤其提到了寺庙收容逃兵及其他人的现象。见《明宣宗实录》卷四六，第7页b，宣德三年八月乙未。

106. 《明宣宗实录》卷四六，第6页b，宣德三年八月乙未。

107. 《明宣宗实录》卷四六，第8页b，宣德三年八月丁酉。

108. 《明宣宗实录》卷四六，第8页b，宣德三年八月丁酉。

109. 《明宣宗实录》卷四六，第9页b，宣德三年八月壬寅。

110. 《明宣宗实录》卷四六，第9页b，宣德三年八月壬寅。

111. 《明宣宗实录》卷四六，第10页a，宣德三年八月癸卯；方志远，《明代的御马监》。

112. 《明宣宗实录》卷四六，第 10 页 b，宣德三年八月甲辰。

113. 《明宣宗实录》卷四六，第 9 页 b ~ 10 页 a、10 页 b，宣德三年八月癸卯、甲辰。

114. 《明宣宗实录》卷四六，第 9 页 b ~ 10 页 a，宣德三年八月癸卯。

115. 《明宣宗实录》卷四七，第 4 页 a，宣德三年九月丙寅。

116. 《明宣宗实录》卷四七，第 5 页 a，宣德三年九月壬申。

117. 《世宗大王实录》卷四二，第 13 页 a ~ b（第 3 册，第 153 页），世宗十年十一月壬子；卷四二，第 22a ~ 23 页 b（第 3 册，第 157 ~ 158 页），世宗十年十二月戊戌。

118. 元辅指丞相或者首辅等朝中高级行政官员。见贺凯（Charles Hucker）所作杨士奇传（*DMB*, p. 596）。

119. 《明史》卷一三七，第 3959 ~ 3960 页，列传第二十五·孙汝敬传。

120. 《明宣宗实录》卷六三，第 9 页 b ~ 10 页 b，宣德五年二月乙未。引文出自第 10 页 b。

121. 《明宣宗实录》卷六三，第 9 页 b ~ 10 页 b，宣德五年二月乙未。引文出自第 10 页 b。

122. 《明宣宗实录》卷六四，第 1 页 a ~ b，宣德五年三月壬寅。引文出自第 1 页 a。

123. 《明宣宗实录》卷六四，第 1 页 b，宣德五年三月癸卯。两处引文皆出自第 1 页 b。

124. 尽管这些明朝文人没有描写或评论分肉的过程，但这种行为在古代是有先例可循的，尤其是在祭祀的场合中。在周朝，分肉被当作一种加强贵族间关系的方式；而在明朝，皇帝的赐肉之举应被放在皇室恩赏的语境下理解，即它象征了皇帝对臣仆的尊重。对肉在周朝的赠送与消费的讨论，见 Lewis, *Sanctioned Violence*, p. 30。

125. Robinson, *Empire's Shadow*.

126. 《明宣宗实录》卷一一五，第 4 页 a，宣德九年十二月庚戌；谈迁，《国榷》卷二二，第 2 册，第 1480 页，宣德九年十二月庚戌。

127. 《世宗大王实录》卷四一，第 15 页 a（第 3 册，第 143 页），世宗十年九月丁巳。

128. 《明宣宗实录》卷一一二，第 7 页 a，宣德九年八月戊辰。

129. 《明宣宗实录》卷一一二，第 7 页 a，宣德九年八月己巳。以初明与元的关系为背景讨论国玺问题的研究，见 Robinson, *Empire's Shadow*。

130. 宣德帝反复向驻守甘肃的明军主将刘广诏示这些方针原则。见《明宣宗实录》卷一一二，第 7 页 b，宣德九年八月庚午。

131. 《明宣宗实录》卷一一二，第 7 页 a，宣德九年八月戊辰。

132. 《明宣宗实录》卷一一二，第 11 页 a，宣德九年九月庚辰；卷一一二，第 12 页 a，宣德九年九月癸未。

133. 王直，《赠少傅建安杨公扈从巡边诗序》，《抑庵文集》卷六，第 17 页 a（《文渊阁四库全书》，第 1241 册，第 124 页）。根据王直的描述，皇帝从"武德"这一儒家经典中的概念出发，解释出征是为了"保大安民"。面对皇帝的谕示，"群臣皆顿首称善"。在翰林学士徐有贞（1407～1472 年）为一首歌颂皇帝亲赴边境的诗而撰写的题序中，也能找到相同的主题。见徐有贞《车驾巡边颂》，《武功集》卷二，第 11 页 b～13 页 b（《文渊阁四库全书》，第 1245 册，第 50～51 页）。

134. 《明宣宗实录》卷一一二，第 11 页 a，宣德九年九月庚辰。

135. 《明宣宗实录》卷一一二，第 11 页 a，宣德九年九月辛巳。

136. 《明宣宗实录》卷一一二，第 12 页 a，宣德九年九月癸未。

137. 《明宣宗实录》卷一一二，第 12 页 a，宣德九年九月乙酉。

138. 《明宣宗实录》卷一一二，第 12 页 a，宣德九年九月丙戌、丁亥。

139. 《明宣宗实录》卷一一二，第 13 页 a，宣德九年九月乙未。

140. 《明宣宗实录》卷一一二，第 13 页 a，宣德九年九月丁酉。

141. 吕本，《宣德宝训》卷五，第 42 页 a～b（《皇明宝训》）。

142. 《明宣宗实录》卷一一二，第 13 页 b，宣德九年九月己亥。

143. 《明宣宗实录》卷一一三，第 1 页 a，宣德九年十月丙午。1567 年，莫卧儿皇帝阿克巴以一场狩猎活动开启了对奇托尔的征服战争，"为的是让忠诚的首领们前来觐见，而不必承担被迫前来的恶名"。见 Gommans, "Warhorses," p. 16。

144. 对蒙古人来说也是数次。在 1441 年和 1442 年，三卫（通常被明朝文人统称为兀良哈）"假射猎屡犯边"。谈迁，《国榷》卷二五，第 1618 页、第 1631 页，正统六年十一月丙午、七年九月丁卯。1441 年，参与围猎的骑士超过三百人（《明英宗实录》卷八五，第 11 页 b，正统六年十一月丙午）。

145. Robinson, "The Ming Empire."

146. 杨荣，《围猎》，《杨文敏公集》，第 1 册，第 179 页。亦可见杨荣另一首以《围猎》为题的诗（《杨文敏公集》，第 1 册，第 258 ~ 259 页）。

147. 司马迁，《史记》卷三，第 91 页，殷本纪。

148. 班固等，《汉书》卷二七上，第 1319 页，五行志上。

149. "弘观"于《明实录》中出现了多次，通常出现在强调选定皇位继承人以延续国祚或尊崇先皇的重要性的语境下。

150. Kawagoe, "Eiraku seiken," pp. 42 – 43, 50. 川越泰博强调永乐帝的"官僚集团"成分复杂，是由在建文帝时期被流放、降职、遣返原籍、下狱或褫夺名位的官员组成的。川越泰博认为，永乐帝很看重这些人（川越泰博称他们为"技术专家"）的能力（pp. 50 – 53）。

151. 艾尔曼称他们是"投敌的儒士"（Confucian collaborators），对于转投新君没有"任何道德上的不安"（Elman, "'Where is King Ch'eng,'" p. 49）。

152. Elman, "'Where is King Ch'eng'"; Ditmanson, "Fang Xiaoru." 在 15 世纪和 16 世纪曾有人尝试为殉节者恢复名誉，见 Ditmanson, "Venerating the Martyrs"。

153. 李贤，《天顺日录》，收于邓世龙《国朝典故》卷四八，第 1162 页。

154. 早期的赋通常是语句生动、常采用夸张手法的长篇。它们通常被作来呈递给皇室，偶尔也暗含一些劝谏的元素。见何沛雄（Kenneth Ho）的评论，收于 Nienhauser, *The Indiana Companion to Traditional Chinese Literature*, p. 389。对于明朝翰林院官员不断演变的文学偏好的讨论，见郑礼炬《明代洪武至正德年间的翰林院与文学》。对明代的赋的讨论，见孙海洋《明代辞赋述略》。

155. 李斯柯姆将台阁体翻译为"Eminent Court Official Style"

（Liscomb，"Foregroundingthe Symbiosis of Power，"p. 139）。对这种廷臣在谨慎考虑体裁、当时的文学理念、政治影响后创作的文学作品的进一步分析，见叶晔《明代中央文官制度与文学》。正如叶晔指出的，台阁体、台阁之文、馆阁体、翰林体等表述并非中立或静态的，而是会经历周期性的再定义，还常常被注入与不断变化的文学品位和政治斗争相关的价值判断（第 87～99 页）。最近几十年，学者们不仅忽视了这些表述背后的修辞成分，也没能够清楚定义他们使用的术语，这导致了问题的复杂化。

156. 对此的简洁介绍见白润德（Daniel Bryant）的评论，收于 Nienhauser, *The Indiana Companion to Traditional Chinese Literature*, pp. 744－745。台阁体也是一种书法风格（Liscomb，"Foregrounding the Symbiosis of Power，"p. 139）。对翰林院臣僚的文学活动的论述，见叶晔《明代中央文官制度与文学》，第 51～80 页。

157. 黄卓越注意到，这些作者在官方和非官方场合都会创作诗文，而且主题、笔调和风格会随作诗情景发生变化（《明永乐至嘉靖初诗文观研究》，第 9～10 页）。文学史领域的学者们在台阁体持续时间的问题上有分歧。从其最宽泛的定义来讲，台阁体作为翰林院臣僚的创作是与王朝的命运相关联的，他们不断创作这种体裁的作品，直到王朝崩解。更常见的看法是，15 世纪初至 16 世纪初是这种体裁的全盛期。还有一些人认为台阁体是 15 世纪上半叶才有的一种现象。

158. 黄卓越，《明永乐至嘉靖初诗文观研究》，第 49～67 页。郑礼炬一贯强调儒家德操与文学创作之间的联系（见《明代洪武至正德年间的翰林院与文学》）。

159. 陈庆元，《杨荣与闽籍台阁体诗人》；Yoshikawa, *Five Hundred Years of Chinese Poetry*, pp. 122－123；游国恩，《中国文学史》，第 56 页。

160. Robert Crawford, Harry Lamley, and Albert Mann, "Fang Hsiao-ju," pp. 306－307. 15 世纪中叶，李贤将方孝孺及其家族的命运写入了他对天顺朝政局的体会中。见李贤《天顺日录》，第 70 页 a～b（《续修四库全书》，史部 433，第 231 页）。

161. 陈传席，《台阁体与明代文人的奴性品格》。

162. 近期一项研究重新考察了自汉代至五代（约前 200~960 年）的应制诗的"边缘化位置"，见程建虎《中古应制诗的双重观照》。

163. 张红花，《解读明代台阁体领袖杨士奇的应制诗》。王昊同样认为杨士奇的诗作不仅反映了其关注统治者仁德和百姓生计的儒士情操，而且展现了用寥寥几笔生动传达事物本质的卓越技巧（《试论"台阁体"诗人杨士奇的诗歌》）。正如许多人观察到的那样，效力于朝廷是文人在道德层面实现自我价值的常规路径，无论这条路是荣耀的还是艰难的。

164. Elias, *The Court Society*, p. 75. 埃利亚斯认为在西欧，尤其是法国，决定精英阶层的自我价值和身份认知的是宫廷生活。他指出，"他们的社会存在及个人身份受限于"他们在宫廷中的地位（p. 99）。但对明代文人来说情况似乎并非如此。对于中国文人与君主间复杂关系的更为综合的讨论，见 Pines, *Everlasting Empire*, pp. 93 - 104。

165. Liscomb, "Foregrounding the Symbiosis of Power," p. 135. 李斯柯姆在别处提出，胡广、杨荣以及其他人命人绘制《北京八景图卷》，以表达他们支持永乐帝迁都北京的决定。见 Liscomb, "The Eight Views of Beijing," esp. pp. 130 and 149。这种表达支持的方式无疑也是一种含蓄宣示他们在宫廷中的特殊地位的方式，因为只有和他们地位相当的人所表达的支持才不是无足轻重的。窦德士（John Dardess）也注意到了这种"与明朝宗室的私人关系"之于杨士奇和其他出身于江西泰和的大臣的重要性（*A Ming Society*, pp. 178, 184 - 185）。尽管窦德士认为，这种态度源于他们（相较于君王）的弱势地位，然而事实上，很多官员都珍视接近统治者的机会。

166. 李双华，《论明代台阁体的政治文化基础》。李双华强调作为对明初皇帝专制权力的回应，台阁体作品具有阿谀的性质。

167. 谢贵安，《明实录研究》，第 207~208 页。

168. 英文文献关于《明实录》的最为详细且极富洞察力的讨论，见 Wolfgang Franke, *An Introduction to the Sources of Ming History*, pp. 8 - 23；Wolfgang Franke, "Historical Writing during the

Ming,"pp. 737 – 755。

169. 钱茂伟，《〈明实录〉编纂与明代史学的流变》，第 111 页。对翰林院的臣僚来说，无论其资历是深是浅，其作为站在王朝文学金字塔顶端之人的地位都不容置疑。他们创作的诗赋将引导王朝的书作、政治及道德的发展（叶晔，《明代中央文官制度与文学》，第 322 ~ 323、341 ~ 342 页）。他们构成了一个具有自觉而又排外的精英群体。

170. 在其关于翰林院的记载中，黄佐提到一个皇帝与翰林院主官互动的故事，讲述了白天皇帝邀请宠臣共游禁苑的事［《侍游禁苑》，《翰林记》卷六，第 10 页 b ~ 15 页 b（《文渊阁四库全书》，第 596 册，第 919 ~ 921 页）］。黄佐还用了一整卷讲述皇帝赐给翰林院官员的各种荣宠，从驾幸翰林院和他们的私宅，到赏赐食物、衣物、药物等［《翰林记》卷一六（《文渊阁四库全书》，第 596 册，第 1029 ~ 1039 页）］。在黄佐看来，被允许观赏马球比赛、射柳比武、驰马和骑射比武等活动，是对大臣们的特别恩典［《翰林记》卷一六，第 19 页 b ~ 21 页 a（《文渊阁四库全书》，第 596 册，第 1038 ~ 1039 页）］。

171. 陈勋，《少师杨公诗文》，《芳洲文集》卷一〇，第 23 页 b ~ 24 页 a（《续修四库全书》，第 1327 册，第 609 页）。

172. 曾棨，《送胡学士扈从北征》，《巢睫集》卷二，第 3 页 a（《北京图书馆古籍珍本丛刊》，第 105 册，第 8 页）。

173. 曾棨也命人绘制了瑞应图，并在图上题了他应永乐帝之命而作的诗。正如李斯柯姆指出的，"曾棨的画卷让那个时代及之后的人，只要看见它并读到上面的诗，就会承认曾棨是朝中重臣，且永乐朝出现的祥瑞之兆证实了此人的美德"。（"Foregrounding the Symbiosis of Power," pp. 146 – 151. 引文出自第 151 页。）

174. 唐文凤，《秋晓陪驾出猎用锺伴读韵》，《梧冈集》卷三，第 20 页 b ~ 21 页 a（《文渊阁四库全书》，第 1242 册，第 573 页）。

175. 例如可参见金善的《春日随驾出郡世偶过田家》（《金文靖公集》，第 150 ~ 151 页）、《扈从车驾巡边过裴村田舍与杨少傅共酌》（《金文靖公集》，第 158 页）、《九日侍从车驾出南郊登高》（《金文靖公集》，第 205 页）、《九月十八日扈从车驾出居庸关外校猎》（《金文靖公集》，第 205 页）。亦可见黄淮《和胡学士从狩阳山韵》，《黄文简公介庵集》卷二，第 13 页 b ~ 14 页 a（《四库全书存目丛书》，集部 26，第 542 ~ 543 页）。《明史》里的胡广传（卷一四七，第 4123 ~ 4125 页，列传第三十五）和杨士奇为胡广写的墓志铭《胡公神道碑》（《东里文集》卷一二，第 176 ~ 178 页）未提及田猎盛会，但它们清楚地显示了出征在外时，永乐帝时常找胡广谋划策。胡广和蹇义的庆贺诗讲述了他们在陪同永乐帝外出田猎时，顺道去了南京城南牛首山上的一间寺庙。见陈田《明诗纪事》卷四，第 639 页。夏原吉也在同一场合作诗三首。见夏原吉《和胡学士冬至后六日扈从猎龙山同蹇尚书诸公游牛首山佛窟寺诗韵》，《夏忠靖公集》卷四，第 1 页 b（1500 年版的复本，收于《北京图书馆古籍珍本丛刊》，第 100 册，第 684 页）；《忠靖集》卷四，第 1 页 b ~ 2 页 a（《文渊阁四库全书》，第 1240 册，第 510 ~ 522 页）。夏原吉作的诗应和了胡广诗作确立的主题和韵脚。他们都更关注寺庙而不是田猎。胡广在此次旅途中的诗还有《佛窟寺……》（诗题中的其余部分缺失）〔《胡文穆公集》卷七，第 1 页 a ~ b（《四库全书存目丛书》，集部 28，第 572 页）〕。在这个版本中，此诗有部分内容缺失。曾棨也参与了诗歌创作。见曾棨《冬日扈从猎龙山同游牛首山佛窟寺和胡学士韵》，《巢睫集》卷三，第 9 页 a（《北京图书馆古籍珍本丛刊》，第 105 册，第 18 页）；《曾西墅先生集》卷四，第 10 页 a ~ b（《四库全书存目丛书》，集部 30，第 131 页）。郑礼炬注意到，王英十分享受在路途中陪同永乐帝的时光（《明代洪武至正德年间的翰林院与文学》，第 185 ~ 186 页）。

176. 埃利亚斯的观点令人信服，他认为，对精英们而言，田猎令人兴奋快乐（Elias, "The Quest for Excitement in Leisure"）。他还提出"在某种程度上，和平时代的狩猎和猎杀动物带来的刺激与战争年月里取人性命带来的快感是相通的"，但这个观点是否正确就是另一个问题了。见 Elias, "An Essay on Sport and Violence," p. 161。

第二章　皇室田猎的诸般形象

随着宣德帝于 1435 年驾崩，明初时具有开拓进取精神的
帝王及王朝的显著尚武气质逐渐让位于权力渐长的文人官僚集
团。[1]宣德帝之子兼继承人朱祁镇于七岁时继位，年号正统，正
统帝（1427~1464 年）成了明王朝的第一位幼年天子。每日
的百官朝会一直是天子勤政治国的重要标志，然而这一仪式被
简化了：午朝直接取消，早朝则只准陈奏八件事。[2]作为正统帝
的祖母，太皇太后张氏（15 世纪中叶的一位文人称其为"女
中尧舜"）率以"三杨"为代表的能臣贤吏及几位掌事太监监
国摄政。[3]在危乱时期，这个团队确保了朝廷高层人事的连续
性。随着太皇太后和"三杨"于 15 世纪 40 年代前半期相继
离世或去职，宦官王振成为炙手可热的人物。[4]

在正统帝的一生之中，明朝经历了连续不断的政治混乱。
1449 年，受王振怂恿，正统帝亲率大军迎战凶悍的瓦剌部首
领也先（亡于 1455 年），结果却是明军损失惨重，明朝军事
实力严重受损，皇帝被俘，受禁于漠北长达一年之久。[5]这个事
件通常被称作土木堡之变，是以明军溃败、皇帝被俘时所在的
小型军事堡垒命名的。被放还后，成为太上皇的朱祁镇在其异
母弟景泰帝朱祁钰主政的七年里一直被幽禁于深宫之中。[6]1457
年，朱祁镇通过一场宫廷政变重登皇位；1461 年，一场未遂
的政变险些使其再度失位。[7]正统帝当政时期的朝局混乱及太监

王振的擅权导致后世有人指出明朝的衰弱始于此期，而正统帝也作为一个无能帝王留名后世。[8]

正统帝在位期间的文献记录与其父祖的大相径庭。也许因在幼年即位，他从未在大臣间建立如洪武帝、永乐帝甚至宣德帝那样的威信。也许因为明朝在他当政期间经历了多次宫变和藩王叛乱，也许因为文人的观念与政治风尚发生了变化，《明英宗实录》中记载了大量批评，矛头直指正统帝的作风、帝国境内非汉民族的地位以及军队的作用。

87　　本章第一节旨在探究田猎在宫廷内的地位于正统帝及其继承人成化帝（1447～1487 年，1464～1487 年在位）和弘治帝（1470～1505 年，1487～1505 年在位）当政期间发生的变化。第二节探究在帝王画像这种与政治权威、统治理念以及王朝实力密不可分的绘画体裁中，明朝皇帝是如何塑造他们自己的猎手形象的。第三节考察分布在地方的宗室藩王所组织的田猎活动。最后，为了更清晰地认识明代皇室田猎的作用，第四节简要审视狩猎在皇族群体之外的发展动态，尤其是在军官及士人间的受欢迎程度。文人墨客视狩猎为区分武夫与文人、华夏与夷狄以及明朝与外部世界的标志。同皇室田猎一样，对广义的狩猎的议论也有力地传达了评论人的身份和地位。

正统帝与田猎

因为正统帝七岁登基，所以其在当政的最初几年没有驾幸南海子不足为怪。南海子是一处大型保留区，位于北京城正南，由永乐帝建造，供皇帝狩猎、练习骑射、组织操演以及从繁忙的国事中抽身休息之用。[9]正统帝对南海子仅有的评价可在《明英宗实录》关于他 1443 年 10 月驾幸南海子的记录中找到。

在一份颁布给都察院诸官的诏令中，皇帝评论道："南海子，88
先朝所治，以时游观，以节劳佚。"随后他写道，往时的禁令
得到严格遵守，但现在执行力度有所松懈："此来守者多擅耕
种其中，且私鬻所有，复纵人与牧。"朝廷对这些行为的禁止
也被证明是无效的。最后，正统帝下令，捣毁南海子围墙附近
的农舍，迁走农户的坟墓，并且破坏他们的庄稼，这想必是为
了重新控制此地。[10]

正统帝明白，南海子是其祖业的一部分，但是在此处，他
并未提及任何与骑御、田猎或军务有关的事。他仅将南海子描
述成一处供帝王怡情休养的地方。他意识到，在自己当政期
间，过去那些用来禁止非法使用这处苑囿的命令已经失效。[11]
然而，《明英宗实录》的记载并未说明他怎样看待这些新情
况，或者他怎样看待皇室田猎。但几年之后，正统帝开始参与
皇族内部的尚武活动。1448 年，在去皇陵献祭的途中，正统
帝检视了军队并且进行了田猎，这些事被随驾的翰林院官员倪
谦（1415～1479 年）以两首诗的形式记载下来。[12]但此事并未
见于《明英宗实录》，这提醒我们，现存档案文本远未完备。
正统帝把孝道、田猎和军事检阅结合在一起，这不禁使我们回
想起第一章中其父宣德帝的类似做法。

正统帝于 1449 年 9 月 1 日被瓦剌部首领也先俘获，后羁 89
留漠北长达一年。[13]他渐渐适应了蒙古人的生活习性，与有权
势的蒙古贵族一起用餐并且互换礼物。他品尝过马奶酒，与随
从们一起睡过毛毡帐篷，还曾多次骑马。然而，他没有与蒙古
人一同狩猎。一个名叫杨铭的穆斯林身兼正统帝的贴身内侍和
译官，他曾痛哭道，皇帝在自被俘以来的九个月间"不曾来
打围看景"。[14]正统帝深知蒙古精英皆擅长狩猎。正统帝曾住在

伯颜帖木儿①的帐中，有一次伯颜帖木儿放鹰归来，赠给正统帝一壶酒并说道："我今日放鹰得了一个野鸡。我若得两个时，特进一个来。我得了一个，我自家特来皇帝上进酒散闷。"[15]每次伯颜帖木儿和也先狩猎归来，都会赠送部分猎物给正统帝。[16]几个月之后，杨铭和伯颜帖木儿同也先商讨与明廷的谈判，那时也先正在放鹰狩猎。正统帝应该知晓此次会面及也先活动的详情。[17]1450 年夏末，释放正统帝一事最终敲定，于是他离开了伯颜帖木儿的营地。在明军的护卫下，皇帝踏上了归途，向南朝着万全卫进发，从他身后传来隆隆马蹄声。一位蒙古首领曾托皇帝的"洪福"捕获一头"野兽"，于是，他派遣手下的几十名骑手献上猎物以为皇帝送行。[18]

这段草原上的经历改变了正统帝对田猎的态度。1457 年重登帝位之后，他定期驾幸南海子。如果说先前正统帝没有认识到田猎与政治声望、军事实力、社会地位以及帝王权势间千丝万缕的联系的话，那么蒙古人则让他认识到了。这些蒙古人先是重创他的军队，之后又饶他性命，在猎获归来后他们还不忘与他共享所得。

正统帝曾经就狩猎活动解释道："比先我出来，非为游猎私己之事，乃为天下生灵"。[19]永乐朝和宣德朝的政治话语当中没有以个人享乐为目的的游猎的容身之地，但正统帝养成了对田猎的长期兴致。然而没有人公开质疑皇帝的这份热忱，因为文臣们都明白，出席皇帝的田猎活动能令他们仕途得意。

1458 年 11 月 15 日，正统帝归国几年之后，大概也是他

---

① 此人为也先之弟。

复辟约两年后，他率一众文武大臣至南海子田猎。[20] 一位士人　91
有幸参与其中，指出了这次狩猎与过往的联系："自太宗定都
以来，岁时蒐狩于此。"[21] 事实上，正统帝之所以想凸显自己对
狩猎的兴致，背后的一个原因是他想借此昭示他本人是永乐帝
和宣德帝这两位热衷于狩猎的君主的正统继承人。田猎能够帮
助正统帝重获存在于王朝初期的那种自信和荣耀，进而巩固其
在朝廷中的权力。[22] 皇帝沿着中心甬道进入御苑，群臣分列左
右缓缓跟进。即便这是一次宫墙之外的出游，宫廷礼仪仍不可
废。整个猎团都集合在按鹰台下。午后时分，

> 长围渐合，羽毛毕集，上亲御弓矢，命中，勋戚武将
> 应诏驰射，获辄献之。既毕，赐酒馔，以所获分赉从臣，
> 命之先归，上御飞轿后至。[23]

另一位随行人员（也是阁臣之一）彭时认为能分到皇室田猎　92
中的猎物是一种荣誉。"是日，扈从官皆蒙颁赐獐鹿雉兔"，
他记道，"而内阁三人比诸人差厚云。"[24]

　　回京途中，天朗气清，皎月逐升，原本疲乏的众人精神不
觉为之一振。翰林学士刘定之（1409～1469 年）以诗的形式
记录了这个场面：

> 圣明天子中兴年，
> 大阅军容故卜旴。
> 射雁得书卑汉武，
> 贯鱼入咏迈周宣。
> 追风玉勒从晨出，

吹月金笳及暮旋。

有获应为王者佐，

属车命载着先鞭。[25]

93 刘定之并未提及千军万马捕猎时旌旗猎猎、兵甲闪闪的景况，也未如杨荣、杨士奇等人那般在诗中强调田猎的场面。他在相对朴素的叙述中，关注的是郊游队伍的行进、由阅兵到田猎的转变以及早出晚归的景状。与永乐朝和宣德朝的大臣一样，刘定之也赞咏皇帝，称其远胜古代那些有名的君王。也许刘定之在此也平衡着相互冲突的需求。作为正统帝田猎队伍里的高品秩文官，刘定之无疑感受到了压力，需要创作一首诗来纪念此次田猎，以展示他诗律方面的文采，并向皇帝致贺。然而，从刘定之的其他诗作中可以看出，他并不认为田猎尚武对帝王来说是最重要的事务。在本诗中，刘定之颂扬了正统帝这位猎手，却极少提及田猎活动本身。

一个令人好奇的问题是，正统帝和其他随猎人员如何看待刘定之诗中提到的汉武帝和周宣王。声言正统帝胜过两位古代明君几近于嘲讽皇帝，是十分危险之举。正统帝遭受了自明朝开国以来最为惨重的军事失败。他也是中国历史上唯一一位在战斗中被蒙古人俘虏的在位帝王。在被羁押于瓦剌一年之后，他又被软禁于皇宫内院长达七年之久。他重登皇位（完全依靠他人之功）距刘定之写诗纪念的这场田猎仅有一年半。

自 1458 年至 1461 年，正统帝驾幸这座位于京师城南的猎苑共十几次，使得田猎成为一个进行政治角逐的重要战场。由于监管着皇室兽苑的日常事务，包括饲养诸如鹰犬等猎兽，宦官们也与田猎这项活动紧密相关。有时，他们甚至滥用职权以博得皇帝的欢心。1458年，鹰坊的宦官们在多次奏请皇帝后，终于可以组织一场围猎，但是他们不能滋扰当地百姓。皇帝警告这些宦官自己会监督他们的所作所为。当此次田猎以失败告终时，地方官员为了巴结逢迎这些宦官，命令当地百姓捕捉獐子、雉鸡、野兔。之后，宦官们假装这些猎物是他们自己的田猎所得，将它们呈献给皇帝。但是，皇帝兑现了之前做出的承诺，派人调查田猎的实情，知晓了这些猎物的来历。于是，正统帝重重责打了这些宦官，降了他们的职级，严禁他们再参与任何田猎活动。[26]

　　由于田猎之于王朝实力、声望以及皇权的重要性，武人所提出的一些事关皇位稳固性的问题，能激起皇帝的强烈反应。1458年12月，一名低级军官向皇帝抱怨，由于轮值当班，他错过了护驾巡幸南海子的机会，因而"恐有奸党猝生变"。正统帝龙颜震怒，命锦衣卫将此人投入大牢，调查清楚"奸党"的具体所指。最终，锦衣卫确定，这名军官所言为子虚乌有。于是，皇帝责打了他一百大板，并把他流放至南丹卫。[27]1459年11月初，当正统帝为田猎驾幸南海子之时，一名侍卫官请求恢复宣德帝当政期间的做法——凡意欲进入猎场的人都需要持有皇帝诏谕或者特殊关牒。皇帝命令御用监调查此事，并要求这位侍卫官提供私人猎场的事例来证明他观点的合理性。皇帝有些严厉地写道："朝廷自有制度，信乃敢轻薄烦扰如此。"正统帝命令锦衣卫将侍卫官捕入监牢审问（这通常意味着一次严刑拷打，有时甚至会采用更重的刑罚）。[28]鉴于正统帝先后因宫闱密谋失位又复位，也难怪他对任何可能在田猎期间威胁其皇位的事或"奸党"如此敏感了。[29]他可能也恼怒于这些人

94

95

自以为是，冒失地触碰到了他的底线。

正统帝也通过打击王朝精英来捍卫他的地位。1459 年 3 月末的清明时节，一位勋贵前去皇陵拜谒。祭拜甫一结束，他便立即沿神道驰回。这条神道位于陵寝之前，道路两旁通常立有石仲翁（文臣武将形象的石像），他们或牵着猎犬，或擎着猎鹰。当勋贵在神道上疾驰的消息传出之后，京师官场一片哗然，官员们纷纷对其大加批判。然后，锦衣卫于御前审讯了他。他依律当被施以绞刑，但幸免于难，仅受到皇帝的申斥，让他不得再行此等僭越之举。[30]

上述事件显示了正统帝如何借田猎来惩处那些胆敢挑战其意志和地位的宦官、武将以及勋贵。此外，他还利用田猎来向藩邦君主宣示其权力。1460 年初，正统帝向朝鲜国王颁布了一条措辞严厉的诏谕：

96

> 昔尔先王，克笃忠爱，敬事朝廷，每岁于常贡之外，又以海青来进。自王绍位以来，修贡虽勤而海青未尝一进，岂以此鸟为微物而不足贡乎？抑以为非中国所需不之贡乎？大抵此物乃鸟之猛鸷者，力能搏击，讲武蒐猎之际，时或用之。王自今以后，仍照尔先王时例，每岁或贡三、五、七连以备应用。[31]

一周后，朝鲜宫廷派出一名使臣，携一对海东青入朝进贡。[32]朝鲜王国多次向明朝皇室进献猎犬及猛禽等贡品，此外，他们还密切关注皇帝的喜好。[33]朝鲜国王全然明白王室田猎在国内和国际两个层面的政治意义。他也定期组织并主持田猎活动，邀请王族成员、大臣及女真头领前来参加。[34]1452 年，他向景泰帝进献海东青，尽管景泰帝明显对田猎意兴索然。[35]

在讨论正统帝的继承人之前，不妨先简单谈谈正统帝和他对田猎的态度。谢贵安认为，田猎和其他形式的娱乐消遣构成了一种心灵避难所，在这些活动中，厌倦政治风浪的正统帝可以纵情逸乐。[36]此说确实有道理。与此同时，正统帝在被羁押蒙古期间以及在处理勋贵对其权力的挑战时，才真正认识到田猎其实是一种尚武展示活动。土木堡之变后，正统帝再也没有率军出征过，由此，田猎与征战之间的联系减弱了，也许它的规模和气势也都减弱了。然而，纵使境况大不如前，田猎依然是各方激烈角逐的"战场"，关于地位、特权及身份的斗争在此上演。朝廷重臣们仍旧看重参与田猎一事，借机创作诗赋赞咏皇帝作为猎手的英勇，炫示他们接近天子的特权。凡有宦官、文臣或武将辜负他的宠信，质疑他的裁决，或是违命失礼，正统帝就会借田猎活动施以严厉的处置。当正统帝因海东青一事申斥朝鲜国王时，他通过这项他们都理解且看重的活动，提醒朝鲜世祖李琔（1455～1468年在位）不要忘记对明朝皇帝的义务，并且将这种义务个人化了。正统帝甚至有一次谕示李琔，"待王国有同亲藩"，即把李琔当作明宗室成员。[37]接下来的章节将会述及，在国际关系的语境下，要准确甄别组织田猎是出于皇帝的职责还是个人兴趣，有时是有难度的。

成化年间的变化迹象

1464年，正统帝之子朱见深继位，年号成化，这昭示着明王朝的田猎历史翻开了新的一页。成化帝（及其子弘治帝）对田猎的兴致不高。1464年2月28日，新登基的成化帝颁布了一纸长令，这标志着他的即位就是处理积弊以及实施新政的

97

开始。此外，他还大赦天下，废除不合理的税赋，斥责官员的腐败。[38]同一天，皇帝还下令，"今后，不许进贡马匹、花木、鸟兽、水陆品味及本处所产物件"。[39]我们不知道诏令背后的动因为何，它似乎是要终结作为王朝正统性象征的朝贡制度。尽管明廷颁布了诏令，但朝鲜宫廷依旧向新君成化帝进贡海东青。据朝鲜《世祖大王实录》记载，在 1464 年 12 月中旬至 1467 年 1 月中旬的 26 个月中，朝鲜宫廷至少 10 次向明廷进献海东青及其他猛禽。[40]有一次，朝鲜国王在不到两个月的时间内借由各种名目三次进献海东青和白鹊。

　　1467 年，在大臣姚夔的力劝下，成化帝谕斥朝鲜国王无视宗主国号令。[41]姚夔认为，朝鲜人不应妄加揣摩，认为"朝廷所尚者，珍禽奇兽"。通过援引《尚书》中的"不宝远物"，明廷明确谕知朝鲜国王不要再呈献"白鹊"或"海青"。[42]先前曾有一份内容基本相同的诏令于 1435 年 3 月，即正统帝当国不久时颁布，上面写道："今后，鹰犬及珍禽异兽等物不许进献。"[43]正统帝的即位诏书直接宣告了捕获并进献鹰禽异兽之举的终结，对花木、虫鱼及玉石的采集也是一样，掌管这些事务的人员随即被召回京师。[44]然而，也正如上一节所述，在 1460 年时，正统帝曾直接要求朝鲜国王进献猎鹰，而这需要朝鲜人大费周章地去确保它们不会受到女真人的猎捕。[45]而且，朝鲜宫廷曾安排到访朝鲜王城的明廷使臣郊游放鹰，并在他们面前表演箭术。[46]

　　1467 年 4 月中旬，成化帝颁布给朝鲜国王的一份诏书透露了明廷的最新立场：

　　　　朕即位之初，已诏各处不许进贡花木鸟兽，况白鹊瑞异之物，海青羽猎之用。朕以稽古图治为用，得贤安民为瑞，于瑞物、羽猎淡然无所好焉。今于王所献，置诸闲处而已。劳王诚恳，良非敬上之所宜，今后勿复尔也。只宜遵守常礼进贡。况王罗致此物，岂不劳民，取其嗟怨，亦非临下之所宜。昔者周武王慎其德而四夷咸宾，无有远迩，毕献方物。然惟受其服食器用，于旅獒则却之。朕所法也。王诗书礼义之国，岂其未尝知此古训乎？王其忱念之。[47]

尽管朝鲜王廷遣使入明，叩谢皇帝免除海东青及其他猛禽等贡礼的圣恩，但是他们仍旧不清楚，成化帝为何如此强烈地抗拒这项可以追溯至14世纪的家族传统。

即使是最亲近明廷的人，也认为这些诏令并不代表成化帝的真意。朝鲜籍宦官姜玉在明廷当差，并定期以明使身份出使朝鲜。1468年5月，他又一次出使朝鲜，向朝鲜人索要贡物，然后进献给皇帝。这些贡物是"土豹黄鹰黄狗"。朝鲜国王欣然应允，下令咸州郡守官搜寻"土豹"并在全国范围内捕捉鹰犬。[48]一周后，朝鲜王廷得知，姜玉为向新皇邀宠而自作主张地提出了这些要求，它们代表的是姜玉的个人投机行为，而非成化帝的诏命。事实上，另一位代表大明出使朝鲜的朝鲜籍宦官曾提醒朝鲜王室，成化帝先前已颁布诏令，禁止进献珍禽异兽，并警告称："若又进，则中国恐贱我国也。"[49]即便如此，朝鲜王室还是认为双方都不好开罪。于是，他们提醒姜玉，皇帝已有禁献的诏令，但他们还是决定准备一些海产及幼犬赠予姜玉，作为他们向皇帝进献的礼品，并强调称这不是朝鲜进献

101　给成化帝的贡品。[50]朝鲜王廷赠给姜玉七只细狗，包括两只"玉鼻"及一只纯白的细狗。[51]

明宫廷与朝鲜宫廷之间的互动说明了家族传统、宫廷礼仪以及帝王身份是如何与皇室田猎产生关联的。成化帝及其谋臣通过拒受猎兽，在国际舞台上明确地宣示了皇帝的地位及皇室的威严。然而，这个过程并不是一帆风顺的。即使是紧跟北京新形势的朝鲜王廷，在面对成化帝对其家族狩猎传统的拒斥时，也有些措手不及。成化帝的新命令体现了明廷朝贡安排的两个方面：一是对王朝正式规章的遵循，二是每位君王的个人喜好。

画像、田猎与身份

田猎不仅构成明廷作为亚欧大陆东端统治者的形象的一个方面，它还是紫禁城内关于皇族身份和孝道的"内向"话语中的要素。本节试析明代皇帝命人绘制的帝王肖像画，探究这些画作与人们对皇权的多样看法之间的联系，并追问为何在明朝画像的特性中，一些元素显得如此突出，而另一些则被边缘化。明朝皇帝积极采用产生自宋元时代的塑造皇室形象的手段，把他们自己既刻画成端坐龙椅、身着礼服的深居简出的圣王，又刻画成驰骋郊野、弯弓搭箭、追逐猎物的神勇猎手。

最迟自宋代开始，皇族通常会命人在显要宗亲死后为其作画立像。这些画像发挥了好几项功能，最重要的一点是它们是皇族祭祀先人时的中心物件。据经崇仪考证，在明代，在（皇帝）个人或者举国敬奉开国先祖的仪式中，这些画像是祭拜对象，它们起初被供奉于太庙，之后（从 1371 年开始）被
102　移至奉先殿。正如经崇仪所写，"对洪武帝来说，这些宗亲画

像是个人和家族祭祀尊奉的对象，并不在朝廷大臣的职责范围之内……"[52] 她认为，这种家族祭祖的仪式"对维护血统和皇权是必不可少的，与谁能看到这些画像却关系不大"[53]。之后的永乐帝、宣德帝、正统帝及嘉靖帝利用这些画像的方式则更为公开，允许朝臣们在加上谥号仪①中瞻仰开国先祖们的风采。[54] 经崇仪指出，明初的创业帝王们利用这些画像来增强新朝的正统性；因正德帝没有留下血脉的特殊情况而继位的嘉靖帝则不同，在此事上他有更为私人的目的。他命人以帝王的标准为其父兴献王作画，画中的兴献王身着龙袍、端坐龙椅。经崇仪认为，"这幅画像就是展现他要将个人意志凌驾于百官物议之上的决心的一个直观证明"，而事情的起因则在于朝廷百官强烈抵制嘉靖帝为其死去的生身父亲追授只有帝王才能获得的尊荣。

皇室肖像画界定并维持着宗室的身份，包括宗亲成员资格、内部等级以及正统性和权力的来源。[55] 洪武帝通过阴谋和血战夺得天下之后，便为自己披上了一件道德模范的外衣——权力的获得基于他那能够顺天应时进行革新的品德。[56] 最为人熟知的那些皇室肖像画传递了和平、繁荣和稳定的感觉，而和平、繁荣和稳定是通过有德之君的修身与统治实现的。画中，宋明两朝的皇帝身穿礼服，端坐在龙椅之上，身处一个并不确切的室内场景。通过皇帝的身形、服饰的选择以及细节的设定，这类肖像画展现出一种理想化的皇权模式，即古代贤王尧舜的"垂拱而天下治"。尽管这一观点或许是个"理想化的虚构故事"，但仍极具吸引力。[57]

103

---

① 加上谥号仪为一种礼制名称，是中国古代帝后死后被追封谥号的仪式。

　　根据这种统治模式，皇帝的首要责任是待在宫墙之内，发挥仪式性作用，陶冶个人品行，以及采纳重臣谏言并让他们来掌控整个朝廷的官僚体系。[58] 16 世纪初，当正德帝巡幸北边，意欲震慑犯边的蒙古军队时，杨慎便进谏道，"此将帅之责，非警跸之所亲也"。[59] 1539 年，嘉靖帝计划驾幸湖北，祭祀自己的父亲，消息一出，王廷相就上疏劝诫皇帝，称自己担心龙体羸弱难以适应旅途的劳顿。"登顿于山原不如深宫大廷雍容之为安，"他劝谏道，"触冒乎风尘不如逸神静志逍遥之为乐。"[60]

　　帝王肖像画也具体体现了不断变化的皇权观念。如经崇仪所证，在弘治帝的肖像画中，皇帝所穿的龙袍上满是权力与统治者身份的象征符号，特别显眼，以至于观众丝毫感受不到他躯体的存在。唯一可以看得到的肉体部分只有弘治帝的脸，它如同一个毫无表情的面具，上面只有眼睛、鼻子、嘴巴以及须眉，几无血色，看不出任何特点（见图 4）。这种肖像风格似乎证实了对天子的上述理解，即他已经成为一种统治权力的象征。

　　然而，事情远没有那么简单。明朝皇室吸收借鉴了历朝皇室的多种方式来展现他们自己的身份及意趣。如上所述，帝王肖像画始于宋代皇室，其中诸多元素被明朝君主所吸收。当然，明朝也借鉴了前朝元的传统。随着成吉思汗建立的蒙古汗国不断征服亚欧大陆的大部分地区，蒙古人也逐渐吸收了各地的工艺、治国之术、宗教、文化及商业传统。作为蒙古汗国支系的元朝则不仅利用了东亚地区的物质、政治及文化资源，还利用了来自西方和中亚的各种资源。[61] 由于对祖先的尊崇对于蒙古人来说很重要，且他们对雕像有浓厚的兴趣，所以不出所料，忽必烈及其子孙命人绘制自己及祖先的画像，并把画像供奉于大都和上都的宫殿里以及京城和周边地区的那些由朝廷出资建造的藏传佛教寺庙中。[62]

现存的画像充分反映出蒙古帝国的多元化。后代的元朝统治者诏命尼泊尔知名画家阿尼哥（1244～1306年）为忽必烈和察必皇后绘制画像。[63]从这些及其他流传至今的半身像册页中，我们可以一窥中国帝王画像的诸多惯例——画面中只有一人，此人端坐于龙椅之上，身着可以表明品秩及地位的冠服。然而，如艺术史学家景安宁所指出的，这些画像由于采用了喜马拉雅地区的双色工艺，更侧重于凸显人物的正面（瞳孔位于画纸的中心），更为注重整齐对称，而有着与众不同的风格。景安宁认为，这些风格上的差异更多是源于喜马拉雅地区的佛教艺术传统。[64]

蒙古人还在制作绣像上下了功夫。制作这种绣像需要娴熟的技艺，费时又昂贵。举例来说，阿尼哥曾对照画像，为忽必烈、察必皇后、他们过世的儿子兼法定继承人真金（1243～1286年）及其王妃弘吉剌（亡于1300年）织造肖像。[65]绣像深受藏文化影响。一直到14世纪中叶为止，元朝皇室在祭祀时还继续使用绣像。蒙古统治者及其配偶的形象被编织进曼荼罗中，紧挨藏传佛教大师、佛陀、菩萨及其他宇宙意象。[66]另一种基于藏族传统的画作是漆画，它是用自西藏传入的颜料及其他材料绘制的。[67]至少有九座受过元朝皇室慷慨资助的藏传佛教寺庙供奉了这些画像及绣像；僧人们每月花四天时间，或在特殊节日中，为这些肖像诵经祈祷。[68]景安宁注意到，这些藏传佛教寺庙在行政上是归奉祀署管辖的。[69]正是出于其重要性，这些画像随政治兴衰经历了沧桑变化。元惠宗妥懽帖睦尔1340年终于在混乱的朝局上建立了一定程度的实权统治，他

106

的第一条命令就是公开宣称图帖睦尔于 1329 年谋害了他的父亲和世㻋，即曾短暂在位的元明宗。妥懽帖睦尔下令将图帖睦尔的灵牌和画像移出太庙及图帖睦尔所建的寺庙。随后，妥懽帖睦尔在大天源延圣寺中放了一幅和世㻋的画像。[70]

107　　为了调动境内资源达成国祚绵长的目的，蒙古人改变了他们的传统品位及风俗。与此同时，蒙古人在满足自己的兴趣爱好时，也使得他们的品位及相关工艺在亚欧大陆上得到广泛传播，除中原地区，波斯帝国、俄国以及其他许多地方也受到了影响。蒙古人乐于跨越文化边界，吸纳祖先崇拜的元素以及汉族和藏族传统的工艺就是典型的例子。同样，早期的明廷也吸收了蒙古帝国的诸多方面来构筑王朝对内和对外方面的正统性根基。

　　除了上文提到的多种帝王肖像外，元朝及明朝的皇帝还命人绘制另一种形式的帝王画像。《元世祖出猎图》（见图 5）描绘的场面被放在一望无际却又地名不详的户外背景之中，画中的忽必烈身材壮硕，旁边的女伴（也许是察必皇后）面如白玉，他们身穿名贵的丝绸及毛皮，骑在装饰华丽的马的背上，观赏八名骑手弯弓射猎。猎手们外面套着窄袖的狩猎短衣，里边穿着看起来略显宽松肥大的长袍。其中有两名猎手肤色黝黑，也许代表色目侍从。如果说宋明帝王端坐像体现了宋明理学所秉持的观念，即君王以德治理四海，那么《元世祖出猎图》则提供了另一番脱胎于体力活动、军事指挥以及财力炫耀等传统的景象，而皇室田猎是这一切的缩影。

　　明朝皇帝喜欢将自己描绘成驰骋于郊野的猎手。[71]大部分这种题材的画作得到了宣德帝的支持。知名作品包括商喜的《明宣宗行乐图》、绘制者不详的《明人画朱瞻基射猎图轴》

（见图2）和《猎骑图》。另外还有几幅画大概创作于15世纪晚期至16世纪。依据风格题材，艺术史学家王正华推测，周全绘《射雉图》中的主人公是弘治帝或者正德帝。[72]另有一卷绘制者失考的水墨绢本画（高约42英寸，长约49英寸），描绘了五名猎手策马奔驰、猎逐飞禽的景象（见图6）。[73]画中每一名骑手都配了一张弓和一个装满箭矢（每一支都清晰可辨）的箭筒，它们分别在骑手的左右大腿旁边。画中的核心人物明显要大于他的同伴，骑着一匹栗色骏马。在这些勾画细致的图卷中，汉人皇帝都头戴一顶蒙古毡帽，身穿蒙古窄袖狩猎短衣，或骑在装饰华丽的骏马上，或立于马旁，或纵情于田猎，或由众骑随侍郊游。

上述肖像画彰显出两种帝王模式——一种是勇武的猎手，另一种是平静的圣王。这是两种截然不同的呈现风格，但关于这种鲜明对比的探讨很少见。尽管有研究强调，皇帝田猎图所展现的内容真实性更高，更符合史实，但考虑到翔实文本记录或可供佐证的实物资料（如陵墓或寺庙内的石像）的相对缺失，[74]我们很难肯定地说田猎图就更加接近真实情况。有几位艺术史学家已经注意到，明朝皇帝们的服饰深受蒙古人影响，但他们大多没有去追问为什么明朝皇帝会选择让画中的自己（或是列祖列宗）呈现出草原骑士的模样。[75]班宗华（Richard Barnhart）和王正华已经注意到，皇帝们必定是经过深思熟虑后，才选择了合意的图像和色调，甚至也包括田猎的场景。[76]通过展现瑞兽（通常是双鹿、锦鸡、野鸭、野兔及白鹤），以及柔和的色彩、晴朗的天气、健硕的人物、总体上的物质充盈（从服装、鞍辔及马匹上可见一斑）等意象，这些画像意欲传达一种繁荣、稳定及和谐之感。可以说，这一类帝王肖像画就

108

109

是视觉层面的"台阁体"。

然而，以何种方式以及对何人而言，皇室田猎意味着和谐稳定呢？天子的马上猎手形象是否反映了更宽泛的视觉文化？假如说这种帝王画像与我们更熟悉的那种皇帝被描绘成端坐的圣贤的画像，都是深思熟虑的产物，那么它们背后的动机到底是什么？宣德帝及其子孙是想通过塑造一种身强体健、威武神勇的形象，来补充他们以德治国的圣君形象吗？

当然，还有其他值得深思的问题。我们无从得知有多少同类画作在几百年的历史中失传了。也许由于后来的审美偏好重"文人"绘画而轻专业画工的那种细致、相对自然、色彩丰富的风格，那一时期的宫廷绘画中只有很小一部分流传至今。胡聪创作的高约 75 英寸、长约 48 英寸的立轴画卷《春猎图》，同样描绘了一位穿戴蒙古服帽的骑手，他左手拉弓，右手搭箭，正在逐猎一只逃命的野兔。[77] 这位猎手的黑须长髯十分引人注目，且他面色的红润程度与永乐帝及宣德帝坐像中的唇色不相上下。与几幅宣德年间的画作一样，此画中的骏马也是以细腻的笔触勾勒而成，甚至还能看到一副豹皮鞍垫。

110   还有其他因素也妨碍了我们对明代皇室田猎的视觉细节进行重构。几乎没有详细记录明代皇室田猎装束的文本被保留下来。1420 年，在永乐帝结束田猎回京的归途中，由帖木儿帝国苏丹沙哈鲁派出的一队使臣受邀与皇帝同骑（第一章提到了这件事）。其中一位波斯使臣记录了当时的情景：

        皇帝身着一件金线织就的红色短衣，头戴一顶黑色绸缎风帽。皇帝身后是七顶坐着妃嫔、由轿夫肩抬的轿子。还有一顶 70 人齐抬的大轿，其宽度大概有一支箭的射程那么长。众多骑士步调一致，依序行进。排与排之间相隔约 20 尺。[78]

有可能波斯使臣所记录的"金线织就的红色短衣"，与上文提到的那幅绘有五名猎手的画有关，在那幅画中我们可以看到，红衣靠近肩膀的部分绣有金龙。这也使人想起在 14 世纪初西亚的《列王记》的彩色插图中，骑士及猎手同样穿着这种骑猎短衣，或许也是受到了蒙古帝国皇室田猎文化的影响。[79]

在大臣杨荣的两首诗中，他都用了"戎衣"这个词来描述皇帝参加阅兵及田猎时的穿着。我们不知道杨荣的描述是否属实，但他无疑是在讲装束。"圣主戎衣"和"戎衣躬御"分别出现于两首诗的第一行。1409 年，在另一首祝贺永乐帝战胜蒙古人的颂词序言中，杨荣写道："皇上躬御戎衣，以临六军。"[80]皇帝的装束表明，阅兵与田猎都具有军事性质。[81]明朝皇帝会在诸如领军作战、登台拜将、太庙奏凯及献牲祭旗等场合，穿上"皮弁服"和"武弁服"，但这种现象从 16 世纪起才逐渐制度化。[82]虽然说我们很少会注意明朝统治模式的尚武元素，但考虑到服饰在仪式、文化及政治方面的重要性，重臣写诗称颂皇室田猎的事实（在前文及第一章讨论过），以及获得公认的军事力量对王朝兴衰的重大意义，田猎图与将帝王描绘为圣贤的坐像一样，也可以用来宣示皇帝的权力和威严。

学者们早已指出这些帝王画像就是为了向朝臣及更多的观众传递信息。关于《元世祖出猎图》，洪再新认为：

> 对我们来说，很难不把这幅画看作忽必烈在不忘本的同时，为整合不同文化之间相互冲突的元素所做的努力。

111

不管画家是谁，他无疑对他的皇帝主子希望借这幅特殊的画作传达的内容心领神会：对蒙古人和西方及中亚的盟友来说，它展现了蒙古统治者作为众汗之汗的风采；而对于汉人来讲，它象征忽必烈试图为他的帝国披上一层优越的中华文化的神圣外衣。创作这样的作品是忽必烈做世界之主的宏图伟业中的一个重要组成部分。[83]

112 然而，把洪再新所说的忽必烈整合"不同文化之间相互冲突的元素"的尝试和此画用来向帝国内特殊群体传递特殊信息的观点拆分来看是有益的。帝王画像可以用来传递种种信息给类型多样的观众：高官、武将、外邦使节，以及平民百姓。然而，有的画的主要观众仅限于皇室宗亲本身。

想要全面认识这些画像（或者任何图像、文本、表演等），就需要准确把握其创作背景及观众群体的具体情况。但是许多基本问题仍然存在，只有部分得到了解答。这些画像放于何处？用途为何？何人在何种情况下能够看到它们？[84]伊佩霞（Patricia Ebrey）、王正华及经崇仪为解决这些问题做出了重要贡献，提出了重要见解。比如说，伊佩霞和经崇仪已经清楚地阐明了帝王坐像的制度和礼仪背景（见后文）。然而，大量问题仍没有明确答案。尽管这些学者对帝王画像其他鲜为人知的变体的风格与内容进行了小心求证，如上文提到的《元世祖出猎图》或所谓的"行乐图"（见后文），但我们仍对它们的源起，即它们是如何以及为何而作的，知之甚少。[85]对于它们在何时、何地以及向谁展示，我们同样所知无多。

皇室命人绘制（在位或者亡故）皇帝的端坐像以供尊奉之用。宋朝宫廷制作了皇帝与皇后的画像和雕像。伊佩霞发现，与定期供群臣瞻仰的雕像相反，"画像……呈现的皇帝形象是皇帝在自己的宫殿里面对亲人时的样子。这些更为私密的追思王朝列祖列宗的方式，使得在位的皇帝能够如普通百姓一般，在没有大臣或太多观众参与的较随意的氛围下祭祀祖宗"。[86]这种对家族的关心，以及宋元时期以可视化的形式进行追思的传统延续到了明朝。

113

皇帝、皇后以及朝臣时常会把他们获得的政治权力以及国家的安定归功于王朝列祖列宗的荫庇。15世纪初期的一段简单对话看起来是在解释王朝的繁荣，实际上体现了皇家的核心地位。宣德帝手下的重臣与他的母亲不仅互相恭维，还颂扬祖宗，从"祖宗垂祐""法祖""上由祖宗积善垂庆""祖宗神灵昭鉴在上"这些话中可见端倪。[87]

如同士人看重孝道一般，皇朝宗室也建立了自己与列祖列宗之间直接的个人联系。洪武帝为其亡故的父母追加了谥号，还命人为他们修筑了奢华的陵墓。[88]在奉先殿中，他亲自主持"家礼"祭祀父母（不是他作为开国皇帝所主持的那种盛大典礼），并且每天都会在父母像前焚香祭拜，确保新鲜的食物能在特定的日子供奉于祭台上。[89]16世纪中期的《太常考》解释道，因为季节性地前往太庙祭祀尚不足以体现孝心之诚，故而朝廷又另在宫内修建了奉先殿。一言以蔽之，太庙代表外朝，奉先殿代表内廷。[90]为了让父母的亡灵"吃得好"，这位开国皇帝还详细规定了每个月要供奉的时令菜肴。[91]当国都迁到北方，一座新的奉先殿落成后，相关条规也被及时制定出来以确保王朝列祖列宗不会挨饿。那些易腐败变质的食物通过冰镇的方式保鲜，运送它们的专设快船从南方通过大运河北行。在沿途所有的关隘与税卡，这些快船都享有优先通行权。[92]

114

在敬祖这件事上，洪武帝的曾孙宣德帝同样认真。当得知祭台上的酒器及安放在先皇画像前的金纱因历经岁月而失去光泽之后，皇帝回应道："祖宗神御所用皆宜鲜好。"于是，他命令工部不要吝惜节省，将相关器物全部换新。[93]

洪武帝命人为父母绘制了画像，他们是中国社会最底层的穷困且不通文理的农民，但画中的他们穿上了丝制袍服，平静地端坐在御座上。如经崇仪所说，朝臣偶尔才会看到这些画像，毕竟它们是为皇室宗族绘制的。在明朝宗室的祖先崇拜中，更为私人、普遍的元素和极尽奢华的元素结合在了一起，前者源自通行于中国社会其他地方的家庭传统，后者则是世上最富足的帝国统治者的专享。

对一些皇帝来说，参拜奉先殿确实构成日常生活的一部分。1458 年即正统帝复位的次年，他向一位大臣抱怨政务的繁重，并列举了他每日需要做的事情。他需要在五更起床更衣，向天祷告，之后开始批阅各地呈送的奏折。在上早朝会见文武百官之前，他还要先到奉先殿去祭拜一下列祖列宗。[94]

恪尽孝道的一个重要方法就是效法先祖。在《论语》中，孔子反复提及师法父母的重要性。"子曰：'父在，观其志；父没，观其行；三年无改于父之道，可谓孝矣。'"[95]总而言之，如果视父母及祖先为楷模，画像（以及牌位）就是一个实体对象，能够为仪式和感情提供一个具体的焦点，这在某种程度上和佛像类似。忧虑于自己打下来的江山的延续问题，洪武帝耗费大量时间、精力及笔墨来为下一代清除任何潜在的社会及政治威胁，他亲自教育自己的孙子们，并为子孙后代订立了清晰的行为准则，即《皇明祖训》。他期望自己的子孙哪怕不如自己阅尽世故，也能够体谅寻常百姓的疾苦，遵守并继续推行他所制定的政治、社会及文化政策。[96]

朝臣们经常劝谏皇帝要铭记太祖宝训。1468 年，刘定之上书奏陈了四件涉及皇族事务及举止的事。为了让他的立场更有说服力，他提到了古代的明君贤臣。他写道：

> 伊傅告商嗣王必法成汤，旦奭告周嗣王必法文武。我太祖皇帝德业隆盛。臣愿皇上取其御制诸书及史臣所纂宝训与大学衍义贞观政要相间进讲，以比商周子孙取法文武成汤。[97]

此处，刘定之把历史典故运用得恰到好处：他明显将自己比作古时那些影响深远且极有声望的贤臣；把自己的君主与古代圣王相提并论，让所奏之事更易为皇帝接受；同时含蓄地把本朝开国皇帝比作极具传奇色彩的商周开国君王，以示敬意；还为自己及一众文臣同僚在王朝统治中设定一个正当且事实上必要的任务——传承太祖宝训，以此教育太祖皇帝的子孙后代。刘定之的言外之意是，明朝列祖列宗的典范及训诫仍是王朝特性中的一个重要因素，后代的帝王对其不应也不能小觑。

下面这个 16 世纪初期的事例令人玩味：

> 国家可谓金瓯无缺[98]，万世之基。而陛下乃自坏之。岂不思祖宗受荆棘暴霜露以成一统之难哉。[99]

尽管皇帝已经学会对此类谏言充耳不闻，但这些谏言绝不是空话套话。祖宗们的面容还未淡去，他们的画像仍然挂在奉先殿内。

117

洪武帝多次利用图像给子孙灌输勤勉、节俭、谦逊及孝顺等正确的价值观念。他命令学士们编纂丛书，并配上过去那些亡国之君的插图作为反面教材。[100]在宫内，他又命画工绘制了"古孝行及身所经历艰难起家战伐之事"的彩绘。[101]这位开国皇帝还命人给他的主要文臣武将绘制了画像。[102]这种姿态相当于对过去的功劳进行奖励，并许以将来的荫庇。作为明初更为宽泛的宫廷视觉文化中的要素之一，这些画像被用来帮助当时及未来的观者追忆那些曾为明朝的开创立下汗马功劳之人。这位开国皇帝担忧他的子孙长于深宫，"惟见富贵，习于奢侈，不知祖宗积累之难"。[103]洪武帝借助皇室画像，既想传达自己作为统治者和王朝的大家长所要表达的内容，又希望为子孙后代树立典范。因此，这些皇室画像的首要目标群体是皇室宗亲，绘画是一种代际交流的形式。

那么，他想要传递给子孙后代的信息是什么呢？首先，他是一位明君，可以当之无愧地跻身于那些伟大的开国雄主之列。其次，他的功业得自天助、个人努力，以及对家族的热爱与奉献。最后，他的子孙应当绳其祖武。洪武帝命人为前代君王绘制图像并收入其宝训，着重描绘他们作为英主的一面，对他来说这是灌输上述观念的一个具体可见的长久之计。他为教育子孙付出了大量心血，这一点在洪武帝痛苦地得知自己的儿子犯下了诸多罪行时尤为明显。在一份给儿子秦王朱樉（1356～1395年）的诏书中，洪武帝写道："今朕见在，尔不晓人事，蠢如禽兽，朕加尔以责罚，庶可无疑。设若朕身后日久，尔蠢若是，非是为兄者之过，乃尔自取之也。"[104]

于祖宗画像前进行日常供奉是一个通过表达尊敬、感激之情及蒙恩之感，与列祖列宗保持联系的机会。这种供奉加深了皇族的整体认同感，同时也在宗室内划出了一条更为严格的界线——只有即位称帝的皇族成员才有资格行使上述权利。零星有证据表明，文人也认为画像是一种跨代传递正确价值观念的方式。魏骥（1375～1472 年）在为某位官员的画像题词时指出，著名教育家及集程朱理学思想之大成者朱熹（1130～1200年）每隔十年便会为自己绘制一幅画像。此外，许多官员会在每次获任新职时为自己绘制画像。

> 计必欲为子孙者于公百年后见其像则起其思，起其思则其居处、志意、笑语、嗜好，从之而可得以副其春雨霜露之感。由是推之，则公之像诚有助宏义为子孝亲之心也。[105]

明代帝王的狩猎图对宗室成员而言意义非凡。它们尽管看起来没有被完全纳入王朝礼制，但也是宫廷文化中的重要组成部分。这些画作提醒我们明初的几位帝王是如何掌权的。如果说端坐像代表了皇权在一定程度上要保持相对神秘的观念，那么田猎画像就代表了另一种统治模式。皇帝常常被要求待在深宫高墙之内接受保护，将日常事务委托给那些教养良好、才智过人、资历丰富的臣子；而描绘先祖持弓搭箭、策马田猎、身着一套与儒臣丝毫不沾边的装束的画卷，就是这类永无休止的吁请的一个强力替代。由至少两幅作于 15 世纪下半叶或 16 世纪初的现存田猎图所表明的事实来看，田猎这一皇族传统并非只是作为一段仅供远观的记忆。正德帝（也许还有其他后代帝王）希望亲身践行这些传统，以此体现自己的孝心。

如上所议，帝王画像首先是一件家事，但它们也产生了更为广泛的影响。作为日常供奉列祖列宗的主祭以及宗庙、奉先

120

殿和紫禁城内所有祭祀用具的主要管理人员，宦官们能够经常看到这些画像。上文也提到，宋、元、明的一些帝王也恩准文武大臣偶尔瞻仰祖先的画像。然而，画像的影响远不止于此。

为了有效传递信息，图像被越多人看到越好，这种观点有几分道理。依循这一逻辑，明代帝王的画像本应给更大的观众群体瞻仰以发挥其政治效用。这是罗马统治者所采用的一个众所周知的模式：奥古斯都、哈德里安、君士坦丁都曾为了增加自己作为政治及文化领袖的合法性，以自己的名义修筑凯旋门和神庙，另外还命人按自己的形象制作钱币、勋章、半身像及石像。

然而，为了加深对帝王画像的理解，也许更有益的做法是把它们与佛像进行类比。佛像具有的或阈限性质的或超自然的力量，源于它们大多数时间不出现于人前的事实。它们的存在也许已为大家所知，直接接触它们却是被严格限制的。这种排他、神秘的特点营造了一种庄严肃穆之感。在当代日本，每年一度的浴佛节表明，即使在这样一个市场发达且获取图像空前便利的时代（和地方），这种力量依然有效。

121　　因此，与其他历史时期和其他王朝统治者一样，当明朝皇帝命人绘制自己及父母的画像时，他们想要达成几个目的。他们在庆祝王朝的繁荣昌盛及个人的成功的同时，还宣示了皇权和身份，并增强了皇室宗族的凝聚力。这些画像反映了不断变化的情况及挑战，无疑也以这些统治者未曾预见的方式被理解和感受着；但它们是一种自我展现的方式，既展现皇帝们希望别人如何看待他们，又展现他们如何看待自己。如果我们仅仅关注帝王着丝袍、坐龙椅，扮作安静的圣贤的图像，而忽视将其描绘为英勇猎手的画像，我们就会曲解明廷的皇权观念及明王朝的特性，并且低估宫廷为创造及传播其不断演化的皇权观念所付出的努力。

藩王府的田猎活动

正如帝王画像能让我们深刻理解明朝皇室参与田猎活动的情况，考察皇族在各地的代表，即明代藩王及其府邸也有所助益。借鉴元朝的做法，洪武帝分封诸子为王，派遣他们镇守国家的各处战略要地，并赐予他们大量军队，以及管理地方事务和征税的权力。他的目的是让他们成为王朝军事和政治力量的补充。永乐帝发动靖难之役篡位夺权，成功做了皇帝之后，就开始系统性地削弱诸位藩王及其子孙的军事和行政职权。但是作为宗室成员，他们仍旧风光无限。各地藩王府的设置在诸多方面与北京的皇宫（及陪都南京的宫廷）保持一致。[106]宫廷中的仪仗队、宦官内侍、宫殿建筑风格等，以及对严格规定的服制及皇室标识的使用，在藩王府邸中也能找到。有时候，皇宫的锦衣卫也会充当藩王的侍卫。[107]朝廷还会大规模地为藩王府邸选配宦官侍从，1536年被选配的人数达到近三千。[108]与皇宫一样，藩王府也扮演了文化消费者的角色，供养了一批画家、书法家、剧作家以及音乐家，同时还提供了役工、银钱及土地，并通过勒石刻碑这种可以看见的宣传方式，推动寺庙、祭坛及其他宗教建筑的建设。[109]有零星的证据显示，藩王府邸在庆祝佳节方面，会采用与皇宫差不多的方式。例如，每年春天，皇宫都会以马球比赛和骑射竞技等盛行于元朝时的活动来庆祝端午佳节（详见第三章），而各地的藩王府也会举行同样的庆典活动。[110]

代表皇室威严的盛大展示——皇室田猎，也在藩王府邸得到推广。洪武帝规定藩王每年要组织一场征猎活动，希望借此作为对他们的军事训练。[111]一首创作于洪武朝但具体时间不详的诗里，提到了一位供职于某位亲王府邸的军官：

123

> 锦袍白马金连钱，
> 骑将校猎城南边。[112]

诗中并未言明，这位军官是随其主公一起田猎，还是在独自狩猎。

另一首由刘璟（亡于 1402 年）作于 14 世纪晚期的诗，则生动地描绘了一次携鹰出行：

> 海青一片雪，
> 飞来馁肉墩。
> 君着解条去，
> 惊破豺狼屯。[113]

尽管这首诗清楚地描绘了携海东青出猎的情景，但是诗作背景仍不清楚。刘璟是王朝初年的杰出人物刘基（1311～1375 年）之子。刘璟曾在南京朝廷中任职，不过具体时间不详。之后，他出任谷王府长史，追随年仅十二岁便就藩北边重镇宣府的谷王。刘璟在靖难之役中站在了失败者建文帝一方，并于 1402 年在狱中自杀。[114]看起来他是在与谷王一起沿边界征猎时有感而发，创作此诗。在一首题为《梦校猎》的诗中，刘璟多次提到，自己作为一名谋臣，具备在马背上探讨文学问题的本事。这说明，田猎也是统治者与侍从之间就各种话题进行交流

124 的一个机会。[115]

　　刘璟清楚地知道洪武帝意欲让包括谷王在内的诸子来承担应对草原威胁的防御重任。在一篇诗作中，他写道："吾王镇边遏夷狄。"[116]在另一首题为《神马图》的诗中，他也附和了当时的常见说法，即蒙古人桀骜不驯，不肯臣服于统御四海的明朝：

　　　　梯航万国尽臣服，
　　　　独放枭骑阴山陲。

　　仅在几行诗之后，刘璟便吁请皇帝让贤明的大臣和勇猛的将领借助王朝规模庞大的铁骑粉碎蒙古人的威胁：

　　　　愿选此类数万疋，
　　　　扫取遗孽成功归。
　　　　漠北无复胡尘飞，
　　　　一劳永逸苏疮痍。[117]

　　有几位给刘璟作传的人都曾提到他对军事的浓厚兴趣和他作为军事参谋的身份。刘璟经常说，自己是一名为行政和军事事务提供建议的文官。考虑到他的军事兴趣，他作为谷王府长史的职责，他对藩王在王朝防御格局中的作用的理解，谷王封地靠近边境的位置，以及记录谷王纵鹰狩猎的诗作等，刘璟很可能知道各种要素是如何在皇室田猎中发生关联的，只不过他没有明说罢了。

　　管时敏（大致生活于14世纪）曾在楚王府（武昌）中担任要职长达二十五年，他的诗赋更加清楚地反映了田猎在洪武

125

朝诸藩王府邸中的地位。[118]在《敬赋白鹰》一诗中，管时敏提到白鹰珍贵难得，并且明确指出它产自"海东"，也就是朝鲜。他也赞扬了驯鹰师对它们的饮食及活动的悉心照料，对此他写道"臂擎不敢离朝夕"。在这首诗中，管时敏描写了秋野放鹰的景象：

> 十月平原百草枯，
> 野马山牛俱辟易。
> 出笼一脱红锦鞲，
> 随人指顾无虚掷。

但是，他也明显对楚王的放鹰嗜好感到担忧，并试图为楚王对远道而来、精心驯养的猎鹰的个人兴致辩护。在诗中，他继续写道：

> 吾王育之岂为事游田？
> 要激猛士于疆场。[119]

　　管时敏的处境是微妙的。作为楚王府邸的官员，他不得不在诗中描述海东青那引人注目的外表及捕猎时的凶猛，以迎合楚王对海东青与田猎的兴致。与此同时，毫无疑问，他觉得将这些嗜好描述成顺应皇帝心意之举是较为明智的做法。田猎为的不是安逸享乐，而是训练备战。

　　在《射鹿行》一诗中，管时敏的描述同样平衡了田猎的紧张之感和训练之意：

> 吾王一岁一游田，

麝香名马青连钱。
紫丝垂缰黄金勒，
红锦裁鞍白玉鞭。
骑来猎场世稀有，
马首忽惊山鹿走。
老麋鼓勇独当前，
群麖牂牂总随后。
彤弓满引与月同，
白羽出插生腥风。
回身连发踣双鹿，
左臁右髃毛血红。
妙手穿杨古无比，
啧啧欢声溢人耳。
林深伏虎莫敢行，
木末穷猿号不已。
茄鼓喧阗催解围，
千万人中得隽归。
行庖吹香出翠釜，
从官缕割夸鲜肥。
大府分封镇荆楚，
农隙年年须讲武。
太平武备不可无，
万载千秋作藩辅。[120]

127

管时敏的这首诗道出了田猎之于楚王的重要性。楚王的自我节
制在开篇即已言明，管时敏以田猎一年只举办一次的描述，打

消了读者的顾虑。然而，管时敏密切关注楚王坐骑的华丽外饰——"青连钱""紫丝垂缰""黄金勒""红锦裁鞍""白玉鞭"。这些表明对于自己高贵威武的马上猎手形象，楚王是引以为傲的。

然后，管时敏开始描写猎物。一头雄鹿表现得很高尚，鼓起勇气要保护鹿群。然而，此次田猎的结果几乎是没有悬念的。在接下来的几行，管时敏转而开始描述楚王作为射手的高超技艺——他一下子便射倒了两只鹿。管时敏提醒我们，当他自己作为诗人用文字为更多的读者描绘一幅图景时，楚王也在被人观察。一种观众是那些陪侍楚王深入秋野的猎手及官员，他们以"啧啧欢声"赞颂他高超的技艺。另一种观众更为模糊，就是诗中提到的"穷猿"，应该将此理解为潜在的威胁，这种威胁或是针对皇权，或是针对楚王的地位，因为宗室内有手足相残的前车之鉴，而一些人深深忌惮于楚王的骑射本领。之后，楚王显示了其作为藩王的威权，宣布了围猎的结束。在最后几行，管时敏强调了适度狩猎和楚王于王朝防务的贡献，似乎是要给另一类读者，即那些从道德角度质疑田猎的人吃定心丸。管时敏以对楚王慷慨大度的描述为结尾。炖煮出的肉香弥漫在空气中，楚王大方地将猎获的成果分赐众随从。他们割下一片片鹿肉品尝，并对肉味的鲜美赞不绝口。[121]

这首诗的结尾明确指出田猎不是无聊的消遣。皇帝赐予楚王以土地，便是要其承担起保卫楚地的职责。在洪武朝，因国都设在南京，荆州便以"国之西门"而著称。[122]每年一次的田猎活动就相当于王朝所倚重的常规军事训练。"太平武备不可无，万载千秋作藩辅"这一声明表明皇室田猎对明代藩王来说是一项无可挑剔的安排。他们组织并参与田猎是为了履行对家族和朝廷的职责。与此同时，管时敏对服装器具、楚王的猎物、他无与伦比的箭法以及野外餐宴等的仔细描述也表明，其主公楚王是以极大的热情来完成这项使命的，而不是机械地履行义务。管时敏的诗说明他全然领会到了皇室田猎的种种功能，他强调了皇室田猎的一个又一个方面，它们各不相同却又相互补充。

管时敏将皇室田猎当作明朝宫廷文化中必不可少的要素来理解，这与洪武帝的思路完全吻合。管时敏还在另一首诗中记述了洪武帝将一匹西域进贡的"西马"转赐给楚王。[123]洪武帝的赏赐既代表荣宠，又代表责任。赏赐来自中亚的珍贵贡品是宠信眷顾的标志，而礼尚往来的行为则是值得用诗和庆典来纪念的事件。在《敬赋天马歌》一诗中，管时敏列举了骏马的不俗之处——"白玉"光泽、醒目的毛色、高大的体形、惊人的速度和耐力。他还通过指出此马为异国使者进献而来，以表明此马与皇帝的关系。[124]洪武帝的诏命与厚赐同至，他要求楚王代表自己领军出征。楚王奉诏讨伐靖州"南蛮"，在那里，他率领的骑兵大展神威，对敌人造成了致命的打击。管时敏以诗纪念此次胜利，写道："千群铁骑蹴寒山。"[125]

因此，对于明初的藩王来说，田猎构成了宫廷文化的一项重要内容。洪武帝坚信田猎是一种军事训练，规定诸王要经常参与其中。管时敏这样的诗人可以通过描绘藩王的田猎以示自己对朝廷的忠心。如上文事例所表明的那样，洪武帝把得自中亚的贡马赏赐给儿子以示荣宠，这进一步激发了他们提升自己田猎、骑御本领及军事才能的热忱。最后，管时敏的诗作表明，像他的主公楚王一样的诸王都能从田猎活动本身，其壮观的场面，盛大的庆祝仪式，包括对超群箭法的展示、[126]对良驹宝马的占有、内嵌于围猎活动中的政治表演、对猎物的分赏，以及对亲王权威的宣示中获得满足感。[127]

130　　管时敏关于皇室田猎的经过美化和理想化的叙述，偶尔也会与令人烦扰的现实情况相冲突。如前文所述，洪武帝完全知晓儿子们令人发指的滥用职权行为，包括责打仆役、擅杀官员、虐待妃嫔，等等。洪武帝甚至造册记录他们的罪状，其中有两本——《太祖皇帝钦录》和《御制纪非录》流传至今。在《御制纪非录》中，洪武帝列举了第八子朱梓（1369～1390年）所犯下的十八条罪状。朱梓受封潭王，王邸位于长沙。他犯下的几条罪状与野兽和田猎有关。他曾将一名士兵关在围笼内，命其赤手空拳与猛虎搏斗，招致洪武帝痛责。他还曾在长沙附近的山中猎得一只豹子，然后在外城城墙内放走它，导致数人受伤，有人甚至差点重伤身亡。潭王还曾在拒受卫士献给自己的鹿时显得"不仁"。这位王爷下令将鹿放掉，要求他们生擒一只猛虎作为替代。天色将晚，但卫士们没有等到猛虎出没的迹象，于是潭王又下令，要求他们把几个时辰以前放归山野的那只鹿重新捕回。[128]

　　尽管藩王的政治影响力减弱了，但至 15 世纪时，他们仍

131　参与田猎活动。1404 年，即永乐二年，周王朱橚（1361～1425 年）在位于今河南省境内的钧州狩猎时，无意中发现一只"驺虞"。周王是永乐帝的弟弟，时常有谣言说他有不臣之心。他将这只异兽献给了王朝的新君，让它作为永乐帝圣德得到上天认可的祥瑞之兆。[129]传说驺虞虎身狮头，生性慈悲，从不吃活物。在朝堂上，二十多位文臣即兴赋诗庆贺此事。根据他们的描述，一位学者推测，这只备受瞩目的动物很可能是一

头被驯服的猎豹,它的"发现"是赢取圣心的一种方式。[130]不管这只动物是什么,宫廷画匠还是用画笔记录了这一祥瑞的时刻。根据丝帛上描绘的驺虞的外形风格来判断,此画似乎仅供宫内之人观赏。[131]曾棨私下命人绘制的《瑞应图八篇》中就有驺虞。[132]

田猎这一话题有时会成为藩王与中央朝廷争论的焦点。1417年,在大名府围猎期间,周王的一个侍宦被控搜刮当地百姓。永乐帝强烈反对一个宦官以藩王的名义率领人马闯入京畿,这很可能是因为此举侵犯了皇帝的势力范围,而且可能被用来伪装军事政变。[133]

洪武帝第十六子朱㮵(1378~1438年)以好学有文闻名,但也同他的兄弟们一样喜好狩猎。1393年,他已以庆王的身份在宁夏的封地就藩,那里恰好是明位于西北边陲的战略要地。据15世纪初的《宁夏志》记载,在永乐朝和宣德朝的不同场合,庆王先后猎获了一只海东青、一只白隼、一对白鹰以及另外一只白鹰,它们都被他当作贡礼呈献给了皇帝。[134]几只猎鹰和豹子同宁夏地方官员进献的常规贡品一起被送往京城。[135]在书中的其他地方,庆王还回忆了一段插曲:有一次,他在宁夏西部的莎罗模山狩猎时碰上了暴风雪,幸得上苍眷顾,他率领的狩猎队伍才脱离险境。[136]1438年,庆王请求皇帝批准自己在农历八月前往韦州祭祀祖陵后,能"于牧养处飞放",正统帝"悉从所言"。这再次表明,在明朝初期,皇室宗亲并不认为遵行孝礼与田猎两者之间是必然冲突的。[137]

及至15世纪中叶,朝廷开始更为严格地禁止各地藩王出城游玩,藩王及其亲属被限制在王邸所在的城内。但藩王们继

132

133

续田猎。1452 年，蜀王一系的华阳王"尝率舆宫人并军丁百余出城围猎"，且狩猎持续了五天。这位王爷没有奏请朝廷恩准就擅自组织田猎；事实上，他的弟弟已将这件事写入向皇帝参劾他罪状的奏折。[138] 1453 年，为示宠信，景泰帝允准襄王的儿子一年"出城"三五次并"猎取禽兽"。[139] 朝廷清楚这些活动十分重要，故而在这件事上没有硬性要求诸王。考虑到各藩王经常无视祖宗宝训对其言行的规范，他们很可能继续组织田猎，即使这些行为并没有被记录在《明实录》等史料之中。[140]

田猎也可以成为一个平台，帮助新君协调与各地宗亲的关系，塑造他们对皇权的认知。1488 年即弘治元年深秋，弘治帝的叔父也就是封地位于北方大同镇的代王，献给新君一份应时的贺礼——海东青。然而，大学士刘吉（1427～1493 年）及其他大臣认为此贺礼不仅不合宜，而且危害深远，堪称"圣德之累"。[141] 在奏陈过程中，刘吉首先颂扬了弘治帝，赞其"纳谏如流，求贤若渴，留神政务，注意经史"。刘吉指出，鉴于弘治帝丝毫不贪图享乐，也不骄奢淫逸，他们惊诧于代王进献海东青作为贡礼一事，尤其是这事还发生在弘治帝的即位诏书早已明确禁止"进贡"的情况下。刘吉认为，海东青"不过以供田猎之用，无益于国，有损于人"。这位大学士还将弘治帝是否应该接受代王贺礼的决定置于一个历史维度中，详述了古代明君是如何英明地拒受有损他们圣德的贡礼的。

然后，众大臣开始着眼于将来。如果弘治帝接受猎鹰并以银钱和服饰奖赏代王，"诚恐天下之人从此窥见圣意所在，莫不争投所好，以希宠利"。他们还向弘治帝保证，他只要退还海东青并索回赏赐之物，就将赢得后世的长久赞誉，而且他的德行将比肩那些古代圣王。这位新君采纳了大臣们的建议，并且在答复代王的书信中采用了大学士刘吉及其他大臣所拟的主旨和措辞。[142]

大臣们视此次献鹰事件为一个契机，可以借此来增强这位十八岁新君的威信（也很有可能是他们确立自己对弘治帝影响力的契机）。大臣们深信年轻的弘治帝的正统性应该基于他对一种统治愿景的尊奉，在这种愿景中，勤勉、持重及文治等要素的地位应高于游猎、表演及武功。这件事显示帝王的行为模式和明朝初期相比发生了变化，尽管刘吉等人通过把弘治帝与古代明君的统治放在一起讨论，掩盖了这种变化。

弘治帝与大臣们无疑也将这件事视作一个强调皇帝的叔父在皇室中的相对地位的时机。毕竟，皇室田猎历经一个多世纪，早已成为皇宫及藩王府生活的一个重要组成部分。明朝开国皇帝规定他的儿子要经常田猎。永乐帝也通过皇室田猎向子孙反复灌输领导和服从的观念。在东亚各统治家族之间以及明朝各宗室成员之间，互相赠送骏马、猎犬以及海东青等都是很常见的。

然而，弘治帝和大臣们不仅因贺礼及其所承载的价值观念而斥责代王，还要在天下百官面前昭示这种拒绝。《明孝宗实录》显示，皇帝起先接受了代王贺礼并且回赐了一些礼物，但之后大学士刘吉规劝他的君王要从代王那里收回赏赐之物。皇帝与藩王之间礼尚往来是长期以来的仪制，而大学士们置此于不顾，并将对海东青的处理变为一场政治表演。在此之前，年轻的弘治帝大概无论如何也没有觉察到这份贺礼会有何不妥。

135

要将进献海东青定性为违抗皇命，还需要进行类似的重新解读。收入《明实录》的弘治帝即位诏书中未有只字片言提及藩王或者其他宗室成员进呈贡礼。[143] 诏书写道："今后不许额外进贡，沿途扰害军民卑隶。"[144] 这项禁令之前的文字提到了"在外镇守、分守、守备内外各官"以进献贡物为借口，向地方百姓和下级官员索要财物。弘治帝手下的重臣将此视为一个政治机会，于是他们稍稍改动了一下这份即位诏书。代王进献的贺礼提供了一个绝佳契机，绝不可错过。

作为新君的弘治帝必须在皇族内部建立自己的权威。[145] 就在回绝代王的同一个月，弘治帝与分布各地的其他宗室成员进行了互动。在登基大典上，弘治帝接见了代表藩王入朝贺喜的属官，接受了他们进献的贺礼及贺词，并奖赏了他们。[146] 之后，他派遣朝臣奔赴各地藩王王陵，祭祀列位先王。[147] 针对朝廷的规章没能得到遵守的报告，他下令为皇室宗亲及姻亲家中供养的奴仆登记造册。[148] 他还下令调查所有"仪宾"，也就是宗室之婿越制妄用奴婢的具体情况。[149] 与此同时，弘治帝也展现出宽仁大度的姿态——他宽赦了皇亲国戚的罪责，重新议定俸禄，赐予皇族成员诰命冠服。[150] 如同君王需要文臣武将以及人民认同他的权力和威严一样，他们也必须努力获得来自皇室内部的服从和尊重。

随着此时北京城内的君臣对田猎改了态度，王侯对田猎的看法也发生了变化。在对辽王朱宪㸅的描述中，徐学谟（1521 ~ 1594 年）是这样记录这位王爷对田猎的热忱的："恣行渔猎于其国，国人苦之。"[151] 徐学谟曾在湖广荆州府为官，通晓辽王之事，这里他用辽王对田猎的喜爱，来证明此人无法克制自己的欲望。这还只是反映辽王滥用权力、缺乏人性的事例之一。[152]

1558 年，陕西巡抚张瀚（1510～1593 年）向皇帝参劾前韩王，称他"常出郊田猎，以致宗人相慕效之"。[153] 从张瀚撰写的这份奏折的内容来看，这位韩王为其家族成员树立了一个先例，这意味着宗室出城郊游田猎在此之前已经很罕见了。与徐学谟一样，张瀚的论调毫无疑问也是贬抑的。与明初那些普遍庆贺皇室田猎的记录形成对比，明朝中晚期对田猎的叙述通常持否定态度。这种立场与 15 世纪晚期及 16 世纪的文人在描述皇帝参与田猎一事上的变化是一致的（见第四章）。然而，文人对田猎的不满也显示出，直至明朝中期，田猎依然是众多藩王府邸的一种标志性活动。

138

皇族之外的田猎活动

终明一朝，田猎都不只是皇族的专属活动，因为军官武夫、有打猎嗜好的文人以及职业猎户，在不同情境之中出于不同的目的，也都爱好或从事这项活动。本节探讨北境内外和军官武夫的田猎活动，还有文人对田猎的看法。在明代，不少人时常将北边附近的狩猎与安全及身份问题联系起来：一方面，在田猎中收获颇多通常会吸引草原上的蒙古人靠近明朝边境；另一方面，明朝臣民进入蒙古人的地盘逐猎的现象也毫不稀奇。一些人因此总结道，田猎将草原蒙古部族与明朝子民之间的距离拉近至一个非常危险的程度，为蒙古人靠近边境提供了托词，让他们有可能在那里突然发动袭击，对明朝的臣民进行劫掠。还有一些明朝文人担心，小的事故也许会演变成一场军事冲突。

边界两边的人民共享田猎文化中的某些要素，知晓彼此在何地及如何狩猎；也许正因为有这种理解，担负北方边防重任的明朝将领有时会将田猎与外交联系起来。前一章也提到过，永乐帝和宣德帝早已深谙此道。但与他们相反，其他人则用不同的眼光去看待田猎，他们把田猎当作一个标志，用来将蒙古人和明朝臣民区分开来：前者为猎人，而后者是农夫。这种划分不仅显示了双方文化和生活方式的差异，而且涉及领土统治权问题。

田猎活动让政治边界变得模糊，这令一些人极为担忧，对其他人来说则天经地义。1392 年，洪武帝对大臣们讲，要"以十万之众捕猎塞上"。猎户及手无寸铁的农民对蒙古人毫无防御能力，他们需要朝廷军队的保护，尤其是在秋天这个蒙古人频频袭击的季节。[154]之后在 1392 年末或者 1393 年初，大同镇的一位明军军官游览了丰州（位于今内蒙古呼和浩特）的白塔，还给那里的寺院捐了香火钱。14 世纪 70 年代初期，尽管明王朝在丰州初步确立了政治存在，但并未完全控制该地。相反，丰州还处在向北元摇摆的状态之中。这位军官携僚属去丰州围猎的事，与此次捐赠一同被记录在碑文之中。[155]狩猎可以让政治和文化的界限模糊化，譬如这些明军可以在"敌人"控制的土地上进行田猎而浑然不觉他们违反了王朝法令或者文化意义上的人臣之道。

田猎还可以掩护全副武装的骑兵移动。明朝初年，洮州卫（位于甘肃南部）三副使阿都儿借田猎之名勾结一位前元军将领，领兵劫掠了超过 60 英里外的两个州县，因而被控以谋逆罪。[156]这表明一些军官，至少是蒙古将领，经常外出田猎，所以时人并没有注意到有任何异常。1436 年，密云卫（位于北京以北约 45 英里）指挥使未经批准便组织了一场围猎，在此过程中一只猛虎还咬伤了一名士兵。[157]对武将究竟是否需要皇帝授权才能组织这样的围猎我们不得其详，但这条记录表明他们无论如何还是进行了田猎。

1452 年，宣府守将在查验瓦剌部蒙古人的通关文牒时遇到困难，这些人宣称自己是出使明朝的使节，要去往京城。边将派人去请京营三卫中的蒙古人来帮忙打破僵局，却发现他们早已移走了帐篷，到小黄河牛头山围猎去了。这个事例说明，明朝与蒙古人盟好，在边境管理上保持了互通；同时它也从侧面表明，时人对蒙古人的围猎习惯有所了解。[158] 在《天顺日录》① 中，李贤认为，北边基本稳定，这些蒙古人的狩猎队伍虽经常出没于北边，但其规模不大，构不成大的威胁。[159] 在其他事例中，狩猎则表现得更具威胁性。1445 年末辽东守将收到情报称，由于当年发生了灾荒，也先计划派人沿明朝边界组织围猎，这使人们感到恐慌，害怕他会趁机劫掠汉地。[160] 由于存在田猎转变为劫掠犯边的军事行动的可能性，其所带来的恐慌始终困扰着当地的军民，这也构成了北方边境地区的一个长期特点。

丁养浩（1451～1528 年）则认可田猎与战争之间的联系，并庆贺了对蒙古作战的胜利：

> 杀尽胡儿力未疲，
> 归来战马尚啼嘶。
> 燕山九月黄云靖，
> 正是将军较猎时。[161]

---

① 天顺是明英宗朱祁镇 1457 年复位后采用的新年号。

丁养浩只用"杀尽胡儿"四个字,便几乎轻轻松松地解决了蒙古的军事威胁。他强调明朝兵马杀敌之后没有丝毫疲惫,在从边境班师的途中甚至忙里偷闲地利用秋令时节就地田猎。

朝廷偶尔会试图禁止武将及普通百姓在边境田猎。1436年,兵部命一位镇守大同的宦官统领一支五百人的骑兵队伍。朝廷告诫这位宦官,军队是用来"杀贼"的,"毋得私役出猎"。[162] 1481年,巡抚山西都御史奏劝皇帝禁止明朝臣民冒险越境去采集薪柴或者狩猎。他认为,明朝臣民易被蒙古人掳去当向导或谋士,从而损害大明的利益。[163] 限制跨境人口流动的禁令从侧面证实了上文的观点,即人们从事越境活动是一种常态。[164]

当时文人对明朝与蒙古间的近距离且双方都爱好田猎的现象的看法可以说是见仁见智:有人强调这种情况的危险性,也有人认为这些因素促进了双方之间的交流互动。在一首应制诗中,许宗鲁(1490~1559年)提到,一位在辽西领兵的张姓将领经常去喜峰口打猎。他会带上官印及一些黄金,与某些草原"部族"会面,这些蒙古人还分了他一些酒肉。许宗鲁记道:"自从将军来北州,天子全消东顾忧。"[165] 同样,1572年,有一位任职于西北边陲战略要地宁夏的文官"托猎"独自出行,去见欲与明朝开边互市的蒙古首领。蒙古首领们对此情形心领神会,邀请他进帐饮酒食肉、欣赏音乐。[166]

还有一些文人则视田猎为区分草原社会与农耕社会,或区分蛮夷和华夏的标志。16世纪初,一位文官在视察开原的武备情况时,发现军队实力远低于预期水平,且开原城防体系中的城墙、炮台及塔楼年久失修、破败不堪。开原位于辽东地区最北部,是明朝与女真部落相互往来的要地。这位文官的结论是开原守将不知体恤、保护驻守城外的兵士。他写道："沿边延袤数百里，皆为夷虏射猎之区。"[167]换句话说，当地守将早已将边界控制权拱手让给了女真人。[168]

在其关于西北边陲的评论中，何景明（1483～1521年）同样利用田猎来区分草原与耕地。他写道："射猎之地为桑田。"他还进一步强调了游牧民族和华夏民族间的分歧及差异，他观察到，"熟羌卖马常入塞，将军游骑不出边"。[169]另一位文人丁奉（1508年登进士）在他对靠近边境的游牧民族的简洁描述中提到了狩猎——"五花猎骑随猎狗"。[170]欧阳铎（约1481～1544年）同样认为对"弋猎"充满热忱且对耕织缺乏兴趣使得广西人有别于中原人。[171]

有时，田猎还界定了文官和武将的权力。李纪（1441～1515年）曾在位于西北边陲的临洮为官，在给他写的墓志铭中，何景明叙述了李纪是如何与朝廷同僚建立良好关系的。他与文官一同出席宴会、饮酒行令、纵情声乐。与武将在一起时，他就改变策略："时与卫官拥旌旄、伐金鼓，出城行射较猎。"[172]对于驻守西北的明军官兵来说，田猎早已成为生活的一部分；但文官只要愿意，也可以参与。[173]

大约在1470年，一位名叫韩雍（1422～1478年）的文官赞扬了两位擅长狩猎的大将。在一篇祝贺彰武伯杨信的作品中，韩雍写道，只要时间允许，杨信就会带上弓箭去田猎。[174]韩雍还为赵良佐写过两首短诗，诗中指出了赵良佐作为猎手的娴熟技艺及作为将军的指挥才能。[175]在《观猎歌》中，陶谐（1477～1546年）记叙了一次随军官外出鹰猎的经历。陶谐先是描述猎鹰的凶猛及不俗的捕猎能力，继而赞颂这位军官的指挥才能，最后写到其能够平定胡人的韬略。[176]与陶谐同时代

143

144 的王九思（1468～1551 年）将鹰猎与逐猎等活动都写入了其描述周将军一门的贺诗。周将军家族的前后几代人皆研习兵法，投身行伍，且都对朝廷忠心耿耿。[177] 大约同时期的吴俨（1457～1519 年）在为即将赴任西宁的一位将军作的送别诗中写道，"校猎平原秋草碧"，显示出这位军官喜爱田猎。[178] 刘绘（1535 年登进士）将猎鸟刻画成那些士兵在取得对蒙古军的胜利后，"缓辔"归来途中的一项轻松的活动。[179] 在刘绘的文集中，他至少有五六次提及武人和年轻平民的田猎活动。文人也许会用田猎来区分文士与武夫或是华夏与夷狄，但是对身处北方边境的许多人来说，它只是日常生活中寻常的享乐活动罢了。读书人不仅会在与武将们的互动过程中写下有关田猎的作品，也会为了与文人同僚的交流而创作。

同样，箭术常常与军士和田猎发生关联，但非武人的专属。有一位驻守西安前卫的陈姓副将在田猎中练就了一手远近闻名的好箭法。当他善射的消息传到当地府衙之后，地方官员安排灵州（位于今宁夏）将校来与其一较高下，并许诺胜者将有银钱奖励。[180]陈副将常胜不败，以至于其他人都对比赛失去了兴趣和信心。同样引人注意的是，陈副将以其赢得的赏钱作为奖励，鼓励士兵们切磋箭法。根据陈副将的传记，最终，这些士兵也练出了极为娴熟的箭法，以至于草原上的蒙古人不敢与他们交手。[181] 在《赠七十翁都督孙先生序》中，王维桢（1507～1556 年）讲述了如下故事：有一次，在其姻亲（也是军人）组织的酒宴中，一位六十岁的老将于酒过半酣时提议145 比试箭法。他手持一张重弓，连射一百支箭而"不少倦"。[182]这则轶事本是用来证明这位将军宝刀未老的，但它表明射箭也是一些武官的休闲活动。

在 16 世纪早期，吕柟（1479～1542 年）具列了一位官员肩负的职责，这位官员被任命为河南这个战略要地的兵备道。除了仔细监督军队的士气、操练、选将、屯田、资产及战斗力状况外，这位官员还调查了士兵们对田猎的满意度。军官们也许因克扣军饷、缩减军需、课征田税、压榨劳力、妄自尊大及虐待马匹等问题，让士兵们离心离德。还有一条罪状是"私获所以败猎也"。[183] 至少在河南，田猎是卫所士兵日常生活的固定内容，也很可能成了当地经济的一部分；记录在吕柟作品中的军官们的集体渎职行为包括对士兵们的经济压榨。

田猎在明朝军事人员，尤其是驻守北边的那些人中很流行，对他们来说，这既是军事训练，也是一项收入来源。后一因素显然解释了田猎对居住于北边内外之人的重要性。如我们所见，明朝文人用不同的方式定性北边的田猎活动：它是有害于明朝臣民的活动，是蒙古人（和女真人）及明朝臣民所共享的生活方式，是开启战事的托词，是开展非正式外交的契机；最后，它还是一个标志，从文化上区分了游牧民族和农耕民族、"他者"和"我们"。

田猎也会被用来评论社会规范和道德教化的问题。14 世纪末，据说梓潼县（位于四川）学生"好驰骋射猎"。新到的教谕引经据典以"化之"，即让他们放弃这种陋习。[184] 在《猎戒》中，胡俨（1360～1443 年）讲述了一次失败的猎犬出猎。正当这条猎犬将要捕到一只野兔的时候，一只鹿突然从灌木丛中跑了出来。这条猎犬马上开始追逐新猎物，但那只是白费力气。甚至在他为猎物设置障碍来帮助这条猎犬后，仍是一无所获。最终他总结道，田猎只会分散人追求更重要目标的精力。[185]

146

同样，在《少年行六首》中，王廷陈（1493～1551 年）将骑射、狩猎、饮酒及赌博归为年少狂骄的几种表现。[186] 王维桢也认为北方赵地的众多擅长骑射的年轻人在虚掷生命，不成体统，受"争市以博利"的社会氛围影响而误入歧途。[187] 在一篇关于出游的诗文中，著名文人何景明细致地描绘了一次绝妙的田猎经历所带来的乐趣：一望无际的辽阔平原足以让骏马车驾奔驰；盛大的游行中，旌旗绚烂多彩，兵刃、弓箭闪闪发光；野地里尽是鹿和野兔、熊和犀牛、豹子和野猪；捕获的猎物堆得如土丘一般高；一场奢靡的田猎晚宴。面对"斯较猎之盛也，子将从游乎？"的询问，他笃定地回应："吾闻骋田猎令人志荒，非所愿游也。"[188]

147　　由此可见，对一些读书人而言，田猎极具吸引力。如果拒斥田猎所带来的这种刺激、荣耀和权力，能够让何景明的读者产生一种正义感的话，那么这恰恰证明了田猎具有强大的吸引力。然而，一些明朝文人还找出了其他理由来反对田猎，其中之一是它涉及屠戮动物。在《戒猎者》中，蔡瑗（1529 年登进士）记述了一支体面的田猎队伍，由衣着考究的骑手偕同鹰犬组成。在一次冬猎中，他们收获颇丰；归途中，他们意气风发，扬扬自得。然而，这幅景象令蔡瑗心中不快。对无害动物的捕杀不仅没有在这些猎人当中激起片刻的反思及懊悔，还产生了一种粗俗的趣味。蔡瑗猛烈抨击道："上天好生，汝好杀。"[189] 只有少数人认同蔡瑗对猎杀动物的深恶痛绝，但这种观点在 16 世纪末 17 世纪初得到了更广泛的传播。[190]

在 15 世纪和 16 世纪初，有几位文人把田猎与抵抗朝廷统治联系在一起。罗玘用对田猎的喜好程度来标记统治难度，认为"飞鹰、走犬、弯强、用长、带剑之民"对朝廷官员来说预示着重大的挑战。[191]另一位北方官员在列举"难治"的屯垦军户后代的罪责时，也提到了沉迷箭术、骑术以及鹰猎。[192]在同时期，知名官员林俊（1452～1527年）曾用"犬发鹰纵"来比喻一群脱离国家控制之人的掠夺罪状。[193]

另一方面，田猎可以成为一种增进王朝利益的纪律手段。1485年，在一份要求增强北方边境防御力量的奏报中，一位官员建议为新近安置的男性移民登记造册，并且鼓励他们"射猎以习战斗"。[194]在他看来，田猎可以把这些人磨炼成对皇帝有用的子民。一篇写于16世纪的传记记载了一位都督在年轻时是如何频繁地在余姚郊外的荒野以弓箭狩猎的："飞鸟走兔不敢过其前。"[195]传记作者还讲述了1550年那场令人震惊的由蒙古首领俺答汗（1507～1582年）发动的针对明朝京师城门的攻击，这也使人们认识到有另一位年轻人，他没有修习课业，而是将全部时间都投入与燕赵"侠客"的骑射练习中，一点也没有虚度光阴。[196]

明朝文人的诗词频繁提到田猎及使用相关意象，显示出他们对此的兴趣经久不衰，即使这和他们的日常生活有一定的距离。然而，田猎活动在明代文人中间的普及程度仍不明晰。[197]翰林院官员孙蕡曾写下一首题为《射虎词》的短歌：

射羊得羊食，

射虎被虎伤。

始知学射虎，

不如学射羊。

村前村后腰我弩，

148

149

但愿逢羊莫逢虎。[198]

一篇相对罕见的关于个人狩猎经历的作品，是 15 世纪中期的官员李贤（1409～1467 年）的《猎说》。他讲述了当他还在乡学时亲眼见过的一次郊外田猎活动，之后，他就发现自己总是在思考该如何设置陷阱，以及真正捕捉到一只猎物会是怎样一种感觉。是惊险？是刺激？到那时，"欲猎之心，愈不可制"。利用年底休课的时间，李贤和朋友们兴致昂扬地动身出外田猎。他们到达某个村庄的北面，在一处草丛密集的地方，迎着风设置了陷阱，然后点火将猎物驱赶出来。几只鹿及野兔跑了出来，可它们全都避开了陷阱，这让这些书生大失所望。于是，他们转移到西面，再次尝试。

然而，他们无意中闯入了张家的地盘，而张家人一看见火苗，就拿起棍棒来追赶这些"冒牌"猎人。之后，与伙伴们失散的李贤勉强逃脱了张家儿子的一顿毒打。李贤在他的说理部分中总结道："自是，好猎之心遂绝。"李贤还在结尾处评论说，"张氏子，我师也"，只不过是那种会挥棒暴打的严师。[199]这个故事的寓意大概就是，随着一个人不断成长并脱去稚气，对田猎最初的那种痴迷也会逐渐消失。

最后，田猎也许还作为一门陌生的学问吸引文人。郎瑛曾记录了自己在 1592 年的经历。那年，他遇到了丹徒县（今镇江市丹徒区）一位知名的捕虎猎人，而这位猎人宣称自己杀过三十多只老虎。此人分享了大量关于老虎习性的见识，郎瑛则试着将这些内容与他先前从各种书上搜集到的知识一一对照。[200]就这件事来说，郎瑛和 16 世纪的一些文人很相似，他们都会整理并刊印从工匠、庖厨、郎中及各种手艺人那里搜罗来的一手知识，以飨读者。

小　结

明朝的读书人在做书生、文臣或学士的时候，接触到了田猎及射箭等活动。一些人对此避之不及，将其描述成属于武夫和蛮夷或者道德败坏之人的东西；其他人则承认田猎的魅力及其在社交与外交方面的功用。即便是那些没有直接参与的人，对田猎及射箭也足够熟悉。它们提供了话题，可以用来阐述各种关于身份、品德及学识的看法。由此观之，皇室田猎就是一种规模盛大的活动，对其观众来说它既可被理解成一种生活方式，又可被理解成一种文学修辞。因此，与皇帝田猎活动相关的诗歌、画像及评论也许关注的是皇帝的权势与威严，但朝堂之外的各种群体都能理解它们所传达的信息。

同样，皇室田猎提醒我们，明朝宗室已经扩散到了地方。在明朝初期，田猎作为一种军事训练和地位象征，构成了各藩王府邸的一个显著特点。这种尚武气质符合开国皇帝的构想，他希望各地藩王能够成为一道道拱卫朝廷的藩屏，而不是像人们对藩王的一般印象那样，只是文化消费者、土皇帝或者阴谋篡逆者。田猎是京师及地方的宫廷文化中的一个共有要素。

151

如果我们把视线聚焦到北京皇宫，那么皇帝的田猎图就向我们提出了皇室内部如何进行自我呈现的问题。描绘皇帝田猎的肖像画让当时及后世的观者，尤其是皇室宗亲，意识到一件非常重要的事情——对皇室的权力而言，文德与武德同样重要。虽然还有诸多问题有待进一步研究，但皇帝的坐像突出强调了皇权的特质和皇族身份，同时也凸显了我们再熟悉不过的内容，如坚守宫廷礼制、道德教化以及依靠有学识的大臣等。然而，不管是我们对过去的中国的大部分理解，还是我们对明廷宗室的认知，都受到了文人的作品及观点的影响。

正统朝的皇室田猎不同于先前几位帝王的统治时期，而且皇室田猎于正统帝在位期间发生了明显转变。与洪武帝、永乐帝或宣德帝统治时期相比，《明英宗实录》里记载了更多批评性的片段及编者评语，但实录中很少有针对皇室田猎的明显异议。这几朝的文集和碑文汇编中也没有反对田猎的谏言。与此同时，从现存史料来看，作于永乐朝及宣德朝的那种赞美皇室田猎的作品，在正统朝大幅减少了。进一步来说，正统朝几乎所有关于田猎的宫廷诗都是在 1457 年后才写成的。时人对此变化并无解释。前文已经指出，正统帝在羁留蒙古的那段时光中加深了对皇室田猎重要性的认知。另外，他或许也希望如祖宗那般，通过展现一种勇武和健壮的形象来捍卫他的权力。但是，他的朝臣们对此反应淡漠。

正统年间的文人的确写诗作文，但很少使用戏剧化的语言来描写皇室田猎。他们通常颂扬皇帝，但略过田猎过程中的杀戮行为，而这种描写在历仕永乐朝及宣德朝的"三杨"的作品中是很明显的。永乐朝和宣德朝的文人不仅接受而且歌颂这种神武果断的帝王典范，但到了正统年间，文人们便逐渐对此加以排斥了。李贤的回忆录《天顺日录》在陈述正统帝复位时，一次都没有提到这位皇帝曾使明初的永乐帝和宣德帝所确立的皇室田猎惯例重获新生。在文本中出现次数的减少也许还反映了这样一个事实：正统帝将其田猎活动限制在南海子猎苑之内，偶尔也会在拜谒皇陵的路上打猎。土木堡之变后，他再也没有巡幸北边，也没有率军深入草原，因而征战与皇室田猎之间的联系松动了。因此，就皇室田猎的空间、规模以及文臣们对其的接受程度而言，正统朝、景泰朝、天顺朝的情况与

15 世纪初期相比都大不相同了。

　　成化帝和弘治帝对田猎缺乏兴趣，也许可以解释为明初统治模式的进一步转变。在早期统治模式下，武人享有突出的地位，皇帝也作为一名统帅治国，宫廷文化推崇尚武展示活动。越到后来，皇室越缺乏明初的尚武精神，这种"演化式"观点十分常见，但或许也有人会说在成化朝和弘治朝，田猎在宫廷中的地位下降是皇帝的个人偏好所致。16 世纪中叶，尽管田猎长期存在于俄国宫廷，已经形成一种文化，但俄国沙皇伊凡·瓦西里耶维奇（即伊凡雷帝，1533～1584 年在位）仍是将其禁了二十多年。[201]毫无疑问，王朝先例、家族传统、时人预期以及既得利益等制度性因素，都直接或间接地影响了统治者的行为。然而与此同时，我们绝不可低估皇帝及其大臣所扮演的个人角色。皇室田猎在成化朝及弘治朝似乎处于边缘地位，但这也是一个暂时现象，只是对长期惯例的背离，而不是出现新模式的迹象。如果考虑到田猎在藩王府邸及文人武夫中间并没有消失，我们就可知皇室田猎及其所代表的统治模式仍为明朝中期政治文化中不可忽视的组成部分。正如第四章将会讲到的，16 世纪见证了皇室田猎势头强劲却又极富争议性的复兴。

注　释

1. 戴德已充分地、极具说服力地表达过这种观点（Dreyer, *Early Ming China*）。王天有在讨论明朝政府机制变迁，尤其是 15 世纪 30 年代设置的巡抚和总督职位时，提出了类似的观点（《明代政治论纲》，第 128～129 页）。

2. 王天有，《有关明史地位的四个问题》，第 2～3 页。王天有注意到，明朝的朝会频率远高于以往的任何朝代，并强调朝会在明朝政治语篇中的象征性作用。

3. 李贤，《天顺日录》，第46页a（《续修四库全书》，史部433，第217页）。

4. 正统朝前期的事，见 entry by Lienche Tu Fang and Chaoying Fang in Goodrich and Fang, *DMB*; Twitchett and Grimm, "The Chengt'ung, Ching-t'ai, and T'ien-shun reigns," pp. 305 – 309。王振的经历，见 Hammond, "The Eunuch Wang Zhen"。

5. Mote, "The T'u-mu Incident of 1449."

6. De Heer, *The Caretaker Emperor.*

7. Okuyama Norio, "Sō Kin no ran no ichi kōsatsu"; Robinson, "Politics, Force, and Ethnicity."

8. 赵毅和罗冬阳写道，正统帝"使明王朝步入了由盛转衰的困难时期"。赵毅、罗冬阳，《正统皇帝大传》，第2页。

9. 宣德帝于南海子狩猎的频率是未知的。金善的一首写作日期不明的诗记录了他陪同皇帝狩猎于南海子的事。胡广也参加了此次狩猎。由于金善于1431年亡故，他在诗中提到的君王应该是永乐帝或宣德帝。我的猜测是宣德帝，因为金善在宣德帝当政时期获得了更好的仕途发展。见金善《金文靖公集》，第221页。此诗也收于孙承泽《天府广记》卷四三，第715页。在正统帝年少时，苑囿中的各桥梁都得到了修复（《明英宗实录》卷八八，第8页a，正统七年正月丁亥；卷一○五，第10页b，正统八年六月辛丑；卷一五五，第7页a，正统十二年十一月己丑）。实录中只记录了正统帝在南海子的一次狩猎（《明英宗实录》卷一三三，第3页a，正统十年十月丙午；谈迁，《国榷》卷二六，第1692页，正统十年十月丙午）。

10. 《明英宗实录》卷一○九，第1页b~2页a，正统八年十月壬午。

11. 《明英宗实录》卷一○八，第8页b，正统八年九月戊寅。恰好在此之前，一批勋贵和高官大臣因于南海子的猎场上私放牲畜、抢夺草料而被下狱。

12. 倪谦，《侍阅军容》和《银山从猎》，《倪文僖集》卷七，第14页a~b（《文渊阁四库全书》，第1245册，第295页）。正统帝于 3 月 30 日离京，4 月 4 日返回。见《明英宗实录》卷一六三，第 9 页 b，正统十三年二月壬午；《明英宗实录》卷一六四，第 1 页 a，正统十三年三月戊子；谈迁，《国榷》卷二七，第 1737 页，正统十三年二月壬午、三月戊子。

13. 1436～1449 年为正统朝；1457～1464 年为天顺朝。但为避免混淆，本书统一以正统帝指代朱祁镇。

14. 杨铭，《正统临戎录》，收于邓世龙《国朝典故》卷二八，上册，第 452 页。杨铭为汉名，其蒙古名的汉译为"哈铭"。关于杨铭（哈铭），见 Serruys，"Foreigners in the Metropolitan Police，" pp. 76 - 77；马建春，《"土木之变"与回回人》，第 162 页。

15. 杨铭，《正统临戎录》，收于邓世龙《国朝典故》卷二八，上册，第 453 页。

16. 刘定之，《否泰录》，收于邓世龙《国朝典故》卷三〇，上册，第 480 页。

17. 另一次，当杨铭去寻找也先时，也先正远离营地在外狩猎。见：李时，《李侍郎使北录》，收于邓世龙《正统临戎录》卷二九，上册，第 470 页；刘定之，《否泰录》，收于邓世龙《国朝典故》卷三〇，上册，第 484 页。嘉靖朝的李时记录版本与邓世龙《国朝典故》中的版本有很大出入。见李时《虚庵李公奉使录》（《续修四库全书》，第 444 册，第 156～183 页，尤其是第 163 页）。

18. 杨铭，《正统临戎录》，收于邓世龙《国朝典故》卷二八，上册，第 457 页。在《正统临戎录》中，这里的蒙古首领是锁那俺。在刘定之对此事的记录中，这里的蒙古首领是昂克（刘定之，《否泰录》，收于邓世龙《国朝典故》卷三〇，上册，第 485 页）。李贤也提到，昂克派遣了五十个骑手向正统帝送上自己猎得的一头鹿。李贤没有提及"饮食所余"或是任何狩猎成果同正统帝个人之间的联系。见《天顺日录》第 57 页 a～b（《续修四库全书》，史部 433，第 223 页）。

19. 李时，《李侍郎使北录》，第 465 页。基本类似的表述可见：刘定之，《否泰录》，收于邓世龙《国朝典故》卷三〇，上册，第 483 页；李时，《虚庵李公奉使录》（《续修四库全书》，第 444 册，第 156～183 页）。

20. 实录记载了此次驾幸南海子，但未记载更多信息。见《明英宗实录》卷二九六，第 3 页 a，天顺二年十月甲子。农历十月是正统帝最常去南海子狩猎的月份。在 1458 年至 1461 年的每一年，他都会这么做。

21. 黄瑜，《双槐岁钞》卷七，第 128 页。

22. 韩慕肯（Kenneth Hammond）注意到，正统帝在 15 世纪 40 年代打响朝麓川之战以及在 1449 年远征蒙古都是为了效仿他的祖父永乐帝的勇武（Hammond, "The Eunuch Wang Zhen," pp. 152 - 153）。

23. 黄瑜，《双槐岁钞》卷七，第 128 页。亦可见：刘侗，《南海子》，收于刘侗、于奕正《帝京景物略》卷三，第 134 页；于奕正，《城南内外》，收于刘侗、于奕正《帝京景物略》卷三，第 134 页。

24. 彭时，《彭文宪公笔记》，收于邓世龙《国朝典故》卷七二，下册，第 1588 页；彭时，《可斋杂记》第 5 页 b（《四库全书存目丛书》，子部 239，第 342 页）。

25. 黄瑜，《双槐岁钞》卷七，第 128 页。感谢黄启江教授帮我理清诗中的几句话的含义。

26. 《明英宗实录》卷二九六，第 3 页 a，天顺二年十月丁卯；李贤，《天顺日录》卷一九，第 19 页 b（《续修四库全书》，史部 433，第 204 页）。也许宦官们正是因为参与皇室田猎，才赢得了善于狩猎的名声。叶盛（1420～1474 年）曾讲述了一个擅长使弓狩猎且从无失手的宦官的故事。这个宦官发现了一头成年野猪，但未能将箭镞射入它的皮内。"一老胡"告诉他，如果其他猎手一齐喊叫，这只野猪就会抬起头来，届时就可以通过它暴露出来的喉咙射杀它了（叶盛，《杀虎及射野豕法》，《水东日记》卷二八，第 278 页）。

27. 《明英宗实录》卷二九七，第 3 页 a，天顺二年十一月辛丑。

28. 《明英宗实录》卷三〇八，第 4 页 b，天顺三年十月己未。

29. 陈宇赫（《南海子与明代政治》，第 109 页）曾合理地指出，正统帝对田猎的热情源于在朝廷政治气候不稳定的情况下，其对训练军队的渴望。

30. 《明英宗实录》卷三〇〇，第 8 页 b，天顺三年二月庚辰。

31. 《世祖大王实录》卷一九，第 4 页 a（第 7 册，第 363 页），世祖六年正月壬午。

32. 《世祖大王实录》卷一九，第 4 页 a（第 7 册，第 363 页），世祖六年正月己丑。

33. 如 1458 年皇太后的册立仪典和皇帝的生辰，见《世祖大王实录》卷一一，第 20 页 b～21 页 b（第 7 册，第 257～258 页），世祖四年闰二月乙丑；卷一三，第 41 页（第 7 册，第 257～258 页），世祖四年八月壬午。

34. 《世祖大王实录》卷一三，第 35 页 a（第 7 册，第 289 页），世祖四年八月甲子；卷一三，第 35 页 a（第 7 册，第 290 页），世祖四年八月甲戌；卷一四，第 8 页 b（第 7 册，第 296 页），世祖四年九月辛亥。

35. 《明英宗实录》卷二一七，第 6 页 a，景泰三年六月甲申。

36. 谢贵安，《儒家伦理与皇帝私欲的冲突与折衷——明英宗与明代宗的宫廷娱乐生活》，第 41 页。

37. 《世祖大王实录》卷一九，第 2 页 a（第 7 册，第 362 页），世祖六年正月壬午。

38. 《明英宗实录》卷一，第 6 页 a～12 页 a，天顺八年正月乙亥。

39. 引自姚夔《礼部为进鹰事》，《姚文敏公遗稿》卷一〇，第 72 页 b（《四库全书存目丛书》，集部 34，第 596 页）。这道特殊的命令没有出现在成化帝的实录关于 1464 年 2 月 28 日的记叙中，但姚夔作品集中的文本表明，这道圣旨是在这天发布的。

40. 中国的史料只记录了很少一部分。关于海东青和白鹊的记载，见谈迁《国榷》卷三五，第 2226 页，成化三年正月辛未（1467 年 2 月 8 日）。

41. 徐贯（1457 年登进士第），《故太子少保兼吏部尚书赠荣禄大夫少保谥文敏姚公行实》，《徐康懿公余力稿》卷六，第 80 页 a～b（《四库全书存目丛书》，集部 37，第 253～254 页）。

42. 引自姚夔《礼部为进鹰事》，《姚文敏公遗稿》卷一〇，第 73 页 a（《四库全书存目丛书》，集部 34，第 597 页）。明廷于 1467 年 2 月 25 日发布命令，严禁朝鲜王国再进贡猎鹰（谈迁，《国榷》卷三五，第 2227 页，成化三年正月戊子）。

43. 为给正统帝之母及祖母加尊号并册立他的三个兄弟，朝廷颁布了二十一道诏书,阻绝进贡这些鸟兽的禁令只是其中之一。诏书由杨士奇执笔。见杨士奇《上两宫尊号诸王诏》,《东里别集》,第476页。亦可见《明英宗实录》卷二,第6页b,宣德十年二月辛亥。

44. 《明英宗实录》卷一,第7页a,宣德十年正月壬午。杨士奇草拟了这道诏令(见杨士奇《即位诏》,《东里别集》,第468页)。

45. 《世祖大王实录》卷一九,第4页a(第7册,第363页),世祖六年正月己丑。1428年,有官员奏谏世宗大王,称向女真部族索要海东青将引发对方的强烈怨恨。见《世宗大王实录》卷四二,第15页a(第3册,第154页),世宗十年十一月己未。

46. 1464年的事例,见《世祖大王实录》卷四一,第10页a(第3册,第141页),世祖十年八月戊戌;卷四一,第12页b(第3册,第142页),世祖十年八月戊申。1468年,另一位代表明廷出使朝鲜的朝鲜籍宦官对在朝鲜都城外狩猎表现了强烈的兴趣(世祖十四年四月甲辰)。

47. 《世祖大王实录》卷四一,第19页b~20页a(第8册,第64~65页),世祖十三年三月乙亥。

48. 《世祖大王实录》卷四六,第7页b~8页a(第8册,第179页),世祖十四年四月丙午。

49. 《世祖大王实录》卷四六,第10页a~b(第8册,第180页),世祖十四年四月辛亥。

50. 《世祖大王实录》卷四六,第21页b(第8册,第186页),世祖十四年五月丁丑。

51. 《世祖大王实录》卷四七,第4页b(第8册,第201页),世祖十四年七月丁卯。

52. Ching, "Tibetan Buddhism," pp. 333 – 334. 引文见第334页。还可见 Ching, "Visual Images," p. 182。

53. Ching, "Visual Images," p. 181.

54. Ching, "Tibetan Buddhism," pp. 334 – 335, 356 – 358; "Icons of Rulership," pp. 118 – 120, 172 – 173.

55. 这种事并非中国或是明朝所独有。莉萨·巴拉班利拉(Lisa Balabanlilar)曾分析莫卧儿帝国(以及早期的帖木儿帝国)的皇室肖像画对创造、接受以及传递宗族身份和记忆的重要性（*Imperial Identity in the Mughal Empire*, pp. 60 – 67）。奥斯曼帝国的策略见 Necipoǧlu, "Word and Image"。帝制初期的中国尽管存在复杂且丰富的帝国意识形态和展示传统，但并未使用肖像画。Nylan, "The Rhetoric of 'Empire,'" pp. 59 – 60; Pirazolli-t'Serstevens, "Imperial Aura," pp. 300 – 302.

56. 此策略并非无先例可循。宋朝开国皇帝是武将出身，靠篡位登基，但画像中的他是一位身着丝制长袍、平静地端坐于龙椅上的圣主。

57. Vinograd, "Brightness and Shadows," p. 184. 文以诚（Richard Vinograd）主要对林俊的画作进行了品评，但他的观察明显是切中肯綮的。

58. 作为统治者，洪武帝拒斥消极无为。他说，虽然"尧舜圣人，处无为之世"，但他们仍忧心天下。"无为"指如果没有强加的或是出乎意料的情况发生，事物就会依循一定轨迹自行完善。洪武帝坚信，如此多的子民带着关于内战、毁灭和不安定生活的记忆，仍只能勉强维持生计，这让他既无法把这一切当作理所当然，也不能不施以援手。见余继登（1544～1600年）《（皇明）典故纪闻》卷一，第 19 页。关于如何定义统治者作用的争论贯穿了整个明代的政治史和知识史，并且未曾得到完全解决。本书第四章考察了明代中期皇帝与文人间的紧张关系。一些简单的评论，见 Robinson, "The Ming Court"。对宋朝期间该问题的讨论，见 Bol, "Whither the Emperor?"; Bol, "Emperors Can Claim Antiquity Too"。

59. 杨慎，《丁丑封事》，《舒杨二公集》卷一，第 13 页 b～14 页 a，收于陈子龙《皇明经世文编》卷一七一，第 2 册，第 1754 页。

60. 王廷相（1474～1544年），《乞留圣驾南巡疏》，《浚川奏议集》卷九，《王廷相集》，第 4 册，第 1351 页；《圣驾南巡思献愚忠疏》，《王肃敏公奏疏》卷一，第 4 页 a，收于陈子龙《皇明经世文编》卷一四八，第 2 册，第 1469 页。至于嘉靖帝扈从的规模，见赵中南《明代宫廷典制史》，第 2 册，第 455～459 页。

61. 相关学术作品卷帙浩繁，且数量与日俱增。最初的一些精彩观点，见 Allsen, *Commodity and Exchange*; Allsen, *Culture and*

Conquest。还可见一些文章，收于 Komaroff and Carboni, *The Legacy of Genghis Khan*。

62. 简要讨论辽、金、元宫廷中帝王画像的著述，见 Ching, "Icons of Rulership," pp. 69 – 72, 78 – 80。

63. Jing, "The Portraits of Qubilai Khan," pp. 71 – 74.

64. Jing, "The Portraits of Qubilai Khan," pp. 74 – 78.

65. Jing, "The Portraits of Qubilai Khan," pp. 53 – 54.

66. Watt, *When Silk Was Gold*, pp. 95 – 99.

67. 相关原材料在《元代画塑记》中"御容"条目下有记载。关于供奉帝王画像的大殿的建设，创作帝王肖像画所用的材料，以及皇室对寺庙的赞助的详细论述，见 Nakamura Jun, "Gendai Daito no chokukenjiin"。此文的第 67 页提到了西藏色料。

68. 参见 Nakamura, "Gendai Daito no chokukenjin"。此文的第 65 页有一张图表，记录了寺庙、出资修建它们的人、修建日期以及它们供奉的画像等内容。关于祭拜供奉的内容在第 67 ~ 68 页。亦可见陈高华《元代大都的皇家佛寺》，第 5 页。

69. Jing Anning, "Financial and Material Aspects of Tibetan Art," p. 234.

70. 陈高华，《元代大都的皇家佛寺》，第 5 页；Nakamura, "Gendai Daito no chokukenjiin," p. 76。掌权后，图帖睦尔拒绝在也孙铁木儿（元泰定帝，1323 ~ 1328 年在位）修建的寺庙供奉其画像。纪念画像是政治合法性不可或缺的一部分，而对画像不予供奉是政治斗争的一种表现形式。

71. 经崇仪写道，"描绘骑在马背上打猎的皇帝的画像在宋元时期是有前例的"，但并未展开详细阐述（Ching, "Icons of Rulership," p. 160）。对宫外创作的洪武帝画像，以及强调他的"奇异"之处，把他同"传奇君王、圣人和超世之人"挂钩的画作的讨论，见 Ching, "Visual Images," pp. 183 – 189, and "Icons of Rulership," pp. 104 – 115。

72. 对这些画作的全部论述及相关图片，见 Robinson, "The Ming Court and the Legacy of the Yuan Mongols," pp. 386 – 393。

73. 该画卷藏于北京故宫博物院，以下作品中有这幅画的副本：Li and Knight, *Power and Glory*, p. 209。该书的目录编者认为此画创作于 1450 年至 1550 年，这是一段很长的时间。其具体创作日期和出处还有待进一步研究。

74. Barnhart, *Painters of the Great Ming*, p. 123.

75. 穆益勤，《明代的宫廷绘画》；单国强所作条目，收于杨新《故宫博物院藏明清绘画》，第 124 页。我曾在别处指出，在整个 16 世纪，明朝皇帝都在很大程度上继承了蒙古统治者留下的遗产，甚至可以说他们把可汗的名头放到了他们的皇室 "档案盒" 中（"The Ming Court and the Legacy of the Yuan Mongols"）。对这种观点的反对，见潘敏德的评论文章，载于《汉学研究》第 28 卷第 4 期（2010 年）；以及萧意茹的评论文章，载于《故宫学刊》第 6 辑（2010 年），第 378 页。

76. Barnhart, *Painters of the Great Ming*, p. 57; Wang Cheng-hua, "Material Culture and Emperorship." 同样的观点见 Ching, "Icons of Rulership," pp. 161 – 162。

77. 聂崇正，《读明代宫廷绘画胡聪之〈春猎图〉》。

78. Ghiyathuddin Naqqash, "Report to Mirza Baysunghur on the Timurid Legation," p. 295.

79. Hillenbrand, "The Arts of the Book," pp. 150 – 167.

80. 杨荣，《平胡颂》，《杨文敏公集》，第 1 册，第 356 ~ 362 页。

81. 杨荣，《阅武》，《杨文敏公集》，第 1 册，第 56 页；《赐观猎》，《杨文敏公集》，第 1 册，第 60 页。

82. 赵中南，《明代宫廷典制史》，第 2 册，第 768 ~ 770 页；周锡保，《中国古代服饰史》，第 378 页；董进，《大明衣冠图志》，第 9 页及第 17 页的插图；黄能馥、陈娟娟，《中华历代服饰艺术》，第 336 ~ 338 页，包括一张自鲁王朱檀墓中出土的皮盔的照片。董进依据大量田猎画像重构了明朝皇帝的 "戎服"（《图说明代宫廷服饰（五）——皇帝戎服》）。

83. Hong Zaixin with Cao Yiqiang, "Pictorial Representation," p. 198.

84. Burke, *Eyewitnessing*.

85. 对这种体裁的讨论，见 Ching, "Icons of Rulership," pp. 158 – 165。经崇仪认为，此种绘画的 "创作是为了留下皇帝活动的历史记录"，但是命人创作（想来还会占有）这些画作的行为本身，就是一种权力的宣示（p. 165）。

86. Ebrey, "The Ritual Context of Sung Imperial Portraiture," p. 89. 司美茵（Jan Stuart）曾评论说，"不像欧洲人，中国人认为肖像作品只适合让近亲或密友观赏"。见 Stuart and Rawski, *Worshipping the Ancestors*, p. 38。

87. 《明宣宗实录》卷六三，第 11 页 b ~ 12 页 a，宣德五年二月己亥；郑晓（1499 ~ 1566 年），《今言》卷三，第 222 条，第 127页。在一些明朝作品中，"祖宗"一词指的只有洪武帝（太祖）和永乐帝（太宗）。例如，黄佐使用过如"祖宗以来"［《翰林记》卷六，第 18 页 b（《文渊阁四库全书》，第 596 册，第 923页）］和"祖宗时"［《翰林记》卷七，第 1 页 a（《文渊阁四库全书》，第 596 册，第 926 页）］等说法。"二祖"是宗室表达洪武帝和永乐帝之重要性的另一种方式。晚明的例子见方逢年（1541 年中进士）《平夷赋》和孙之獬《平夷赋》，分别收于《新刻壬戌科翰林馆课》卷五，第 3 页 a 和第 8 页 a。

88. 洪武帝早年曾痛悔自己虽实现了名位和财富方面的抱负，但"欲致敬尽孝，为一日之奉，不可得矣"。见娄性《皇明政要》卷六，第 1 页 b（《四库全书存目丛书》，史部 46，第 230 页，洪武二年四月）。让洪武帝缺少这种机会的大概是其作为统治者的责任。他也曾因未能奉养双亲而抱憾，他们早在他掌权之前便已过世。见《皇明政要》卷六，第 2 页 a（《四库全书存目丛书》，史部 46，第 231 页，洪武二年四月）。他曾命人于父母墓前立碑刻书，也曾亲自撰文纪念祖父母、父母及他自己的青年时光。见郎英《皇陵碑》和《朱氏世德碑》，《七修类稿》卷七，第 1 册，第 78 ~ 85 页（明朝的版本收于《四库全书存目丛书》，子部 102，第 501 ~ 504 页）。

89. 王圻，《续文献通考》卷八〇，第 3510 ~ 3511 页。

90. 洪武帝反复强调侍奉祖先和神明时要心诚。只有全然心诚方能感动他们。

91. 《明太祖实录》卷三〇，第 9 页 b，洪武元年二月壬子。

92. 当时，滥用这些享有优先通行权的船的现象日渐增多。见马文升的控诉，收于王圻《续文献通考》卷八二，第 3536 页。

93. 《明宣宗实录》卷一四，第 7 页 a ~ b，宣德元年二月壬午。

94. 娄性，《皇明政要》卷二五，第 6 页 b（《四库全书存目丛书》，史部 46，第 297 页）；李贤，《天顺日录》，第 16 页 b ~ 17 页 a（《续修四库全书》，史部 433，第 202 ~ 203 页）。

95. 《论语》中表达同样观点的还有："曾子曰：'吾闻诸夫子，孟庄子之孝也，其他可能也；其不改父之臣与父之政，是难能也。'"

96. 从其即位的元年元月开始，洪武帝便为其子孙能否担负治理国家的大任而焦虑。他担心大部分子孙"生长富贵，泥于安逸，军旅之事，多忽而不务，一有缓急，罔知所措"。见娄性《皇明政要》卷五，第 8 页 a（《四库全书存目丛书》，史部 46，第 225 页）。洪武帝坚信军事训练对他们的成长至关重要。

97. 引自谈迁《国榷》卷三五，第 2251 页，成化四年五月丁卯。

98. 这是一种形容王朝统一或疆域完整的比喻说法。

99. 汪应轸（1517 年登进士），《谏止南巡疏》，《汪青湖集》卷一，第 3 页 a ~ b，收于陈子龙《皇明经世文编》卷一九一，第 3 册，第 1975 页。

100. 余继登，《（皇明）典故纪闻》卷一，第 8 页。对这些指导言行举止的配图文本的细致探究，见 Murray, *Mirror of Morality*。

101. 《明太祖实录》卷三一，第 7 页 a ~ b，洪武元年三月戊申。宣德帝也曾命工匠依据其命"儒臣"所作的诗，来为宫廷绘制男耕女织的画作。见娄性《皇明政要》卷一七，第 9 页 a（《四库全书存目丛书》，史部 46，第 310 页，宣德七年九月）。谈迁（《国榷》卷二二，第 1441 页，宣德七年九月庚辰）提到了关于织妇的诗作，却没有提到宫廷中的图画。

102. 夏燮，《明通鉴》"前编"，第 1 册，第 104 页，元至正二十四年九月辛巳。

103. 余继登，《（皇明）典故纪闻》卷二，第 24 页。

104. 这段内容实出自《太祖皇帝钦录》，英文翻译文本转引自 Chan, "Ming Taizu's Problem with His Sons," p. 60。

105. 魏骥，《广西左部政使夏公画像题辞》，《南斋先生魏文靖公摘稿》卷七，第 47 页 a（《北京图书馆古籍珍本丛刊》，第 109 册，第 893 页）。

106. 对于中国的相关学术研究的有益综述，见：胡凡，《八十年代明代宗藩研究述评》；闫海青，《九十年代以来明代宗藩研究综述》；顾锦春、叶剑飞，《近二十年来国内学界对于明代宗藩的研究综述》。对日本主要相关著作的综述见 Satō Fumitoshi, *Mindai Ōfu*, pp. 11 – 33。亦可见 Robinson, "Princely Courts"。

107. 例如，1392 年，李真被选为锦衣卫校尉带刀旗手，在那个职位上为朝廷效力超过十年。1408 年，当沈简王（洪武帝第二十一子朱模）就藩山西潞州时，李真被任命为沈阳中护卫右所百户。见王廷相《故沈阳中护卫右所百户李公墓志铭》，《王廷相集》卷三一，第 2 册，第 567 页。沈简王亡于 1431 年，见《明史》卷一〇二，第 2781 ~ 2782 页，表第三·诸王世表三。

108. 《明世宗实录》卷一八八，第 1 页 b，嘉靖十五年六月壬辰。桂萼建议将年轻健壮的宦官发配到不同品秩的藩王及勋贵府中。桂萼，《修省十二事疏》，《文襄公奏议》卷三，第 29 页 a ~ b（《四库全书存目丛书》，史部 60，第 92 页）。

109. Richard Wang, *The Ming Prince and Daoism*.

110. 陈高华，《宋元和明初的马球》，第 294 ~ 295 页。

111. Allsen, *The Royal Hunt in Eurasian History*, p. 215.

112. 孙蕡（1334 ~ 1389 年），《题高彬白云山房手卷》，《西庵集》卷五，第 3 页 b（《北京图书馆古籍珍本丛刊》，第 100 册，第 33 页）。

113. 刘璟，《海青》，《易斋稿》卷一（《续修四库全书》，第 1326 册，第 405 页）。

114. 陈中，《谷王府左长史青田刘公璟传》，收于焦竑《国朝献征录》卷一〇五，第 3 页 a ~ 5 页 a（第 8 册，第 4708 ~ 4709 页）；《忠节录·谷府长史刘璟》，收于焦竑《国朝献征录》卷一〇五，第 5 页 a ~ 6 页 a（第 8 册，第 4708 页）；《明史》卷一二八，第 3783 ~ 3784 页，列传第十五·刘基传。

115. 刘璟，《梦校猎》，《易斋稿》卷三（《续修四库全书》，第 1326 册，第 415 页）。

116. 刘璟，《送戎医玉液子徐文显还檇李》，《易斋稿》卷五（《续修四库全书》，第 1326 册，第 429 页）。

117. 刘璟，《神马图》，《易斋稿》卷五（《续修四库全书》，第 1326 册，第 432 页）。

118. 见吴勤和胡粹中为管时敏的文集《蚓窍集》写的序。

119. 管时敏，《敬赋白鹰》，《蚓窍集》卷五，第 7 页 a～b。

120. 管时敏，《射鹿行》，《蚓窍集》卷五，第 8 页 a～b。

121. 在其他诗作中，管时敏叙述了楚王从其亲自射杀的老虎身上割下肉，做成虎肉馒头分给僚属。见管时敏《谢赐虎肉馒头》，《蚓窍集》卷六，第 10 页 a。

122. 刘夏，《赠孟荆州序》，《刘尚宾文集》卷五，第 1 页 a（《续修四库全书》，第 1326 册，第 92 页）。

123. 管时敏，《御赐西马》，《蚓窍集》卷六，第 3 页 b。

124. 管时敏，《敬赋天马歌》，《蚓窍集》卷五，第 6 页 b～7 页 a。

125. 管时敏，《参侍平靖州诸蛮次李翔韵》，《蚓窍集》卷六，第 4 页 a。

126. 楚王在其府邸举办的射柳比武与永乐帝、宣德帝和正统帝在北京禁苑中所举办的类似。见管时敏《观射柳赠陈金卫琰》，《蚓窍集》卷六，第 5 页 a。

127. 1396 年，楚王猎杀了一只为害武昌南部山中的老虎。管时敏认为他有责任写诗记下这件事。见管时敏《射虎行》，《蚓窍集》卷七，第 3 页 a～b。诚如爱尔森所指出的，消除野兽的威胁是贯穿亚欧大陆狩猎活动的一项核心要素（*The Royal Hunt in Eurasian History*, pp. 168 – 175）。

128. 转引自陈学霖《明太祖〈纪非录〉书后》。对于这些史料以及相关二手资料的进一步讨论，见陈学霖《关于〈明太祖皇帝钦录〉的史料》。

129. 梁潜，《驺虞诗》，《泊庵先生文集》卷一，第 1 页 a～b（《北京图书馆古籍珍本丛刊》，第 100 册，第 317 页）；《明太宗实录》卷三四，第 2 页 a～b，永乐二年九月丙午；谈迁，《国榷》卷一三，第 940 页，永乐二年九月丙午。尽管《明太宗实录》和谈迁都没有提到这只瑞兽是于田猎期间发现的，但翰林院官员黄佐做了这样的记载［黄佐，《进呈书诗文序》，《翰林记》卷一一，第 15 页 b（《文渊阁四库全书》，第 596 册，第 980 页）］。永乐帝郑重宣告不要因发现此"瑞兽"而骄矜自满。见娄性《皇明政要》卷一八，第 16 页 b～17 页 a（《四库全书存目丛书》，史部 46，第 320～321 页）。

130. 王颋，《明代"祥瑞"之兽"驺虞"考》。1531 年，郑王向嘉靖皇帝进献了两只白鹊，之后它们作为供品被送入奉先殿。根据谈迁的记载，有许多大臣赋诗记录这个场合（《国榷》卷五五，第3449页，嘉靖十年八月癸未）。

131. 蓝御菁，《〈明内府驺虞图〉之研究》。蓝御菁认为，绘者从《山海经》木版画中得到了灵感，然后画出了驺虞的形象。

132. Liscomb, "Foregrounding the Symbiosis of Power," pp. 146 – 151. 《瑞应图八篇》中有五幅现存至今，其中不包括驺虞的那幅。周王朱橚长子朱有炖（1379～1439年）之后创作了一出戏来纪念这件事。

133. 见《明太宗实录》卷一九四，第4页a，永乐十五年十一月戊戌。目前尚不清楚有多少明朝藩王有自己的私人猎苑。据说周王府邸中有多座花园，以及一座养了鹿、山羊、鸟及老虎的兽苑。据王士禛（1634～1711年）的《池北偶谈》记载，这些老虎被驯化得可以吃豆腐而不吃肉。转引自苏晋予《周王府的老虎吃豆腐》。生活于16世纪前期的蜀王朱让栩就曾描述自己的花园长春苑，不过未提及任何鸟兽。见朱让栩《长春苑记》，《长春竞辰稿》卷一，第16页a～17页a（《北京图书馆古籍珍本丛刊》，第107册，第131～132页）。对非同寻常的禽鸟的玩赏并不意味着对狩猎的兴趣或是保有一座兽苑。见朱让栩作于1540年的《禽瑞歌》，它的描述对象是一只发现于山中并由侍宦呈送至王府的小瑞鸟［《长春竞辰稿》卷一二，第8页a～b（《北京图书馆古籍珍本丛刊》，第107册，第203页）］。朱让栩在此鸟与猛禽间做了直白的对比，认为此"瑞禽"宜静赏。

134. 朱栴，《宁夏志》卷上，第39页b。

135. 朱栴，《土贡》，《宁夏志》卷上，第9页b。

136. 朱栴，《山川》，《宁夏志》卷上，第4页b。在关于土产的部分，庆王朱栴详细地列举了二十多种可作为狩猎对象的动物以及几种猎禽（卷上，第8页b）。1404年，庆王命一位学者作文记录这件事，之后又将文章刻在石碑上。见王逊《宁夏莎罗模龙王碑记》，收于朱栴《宁夏志》卷下，第14页b～17页b。

137. 飞放指携鹰出猎。见《明英宗实录》卷四二，第3页a～b，正统三年五月甲午。

138. 《明英宗实录》卷二一二，第 5 页 b～6 页 a，景泰三年正月甲寅。

139. 《明英宗实录》卷三一四，第 6 页 a，天顺四年四月壬申；谈迁，《国榷》卷三三，第 2103 页。

140. 藩王对狩猎的热忱一直延续到了 15 世纪。朱祐材于 1490 年承袭了襄王之位，以"好鹰犬"而闻名。见《明史》卷一一九，第 3629 页，列传第七·诸王四·仁宗诸子。

141. 《明孝宗实录》卷一九，第 6 页 b，弘治元年十月庚戌；谈迁，《国榷》卷四一，第 2575 页，弘治元年十月庚戌；《明史》卷一六八，第 4528 页，列传第五十六·刘吉传。

142. 《明孝宗实录》卷一九，第 6 页 b～7 页 b，弘治元年十月庚戌；谈迁，《国榷》卷四一，第 2575 页，弘治元年十月庚戌。

143. 朝鲜王廷及其使臣并不能确定新皇关于进贡的严格禁令的真实性。是否皇帝口头上表示厌恶"玩物"就意味着相关政策的永久改变？对此，他们希望得到书面证明。见《成宗大王实录》卷二一〇，第 1 页 b～2 页 a（第 11 册，第 268～269 页），成宗十八年十一月戊辰。

144. 《明孝宗实录》卷二，第 5 页 a～b，成化二十三年九月壬寅。

145. 在其父成化帝驾崩后，弘治帝便开始行动了。弘治帝拒绝了德王和代王以悼念先帝和恭贺新君为借口前往京师的请求（《明孝宗实录》卷五，第 2 页 a，成化二十三年十月乙酉）。几天后，他谕示晋府庆成王和永和王守在府中（《明孝宗实录》卷五，第 6 页 a，成化二十三年十月庚寅）。他还向另外几位藩王下达了同样的谕旨（《明孝宗实录》卷六，第 1 页 a～b，成化二十三年十一月戊戌）。

146. 《明孝宗实录》卷一九，第 4 页 a，弘治元年十月甲辰。

147. 《明孝宗实录》卷一九，第 3 页 a，弘治元年十月庚子。

148. 《明孝宗实录》卷一九，第 1 页 b～2 页 a，弘治元年十月乙未。

149. 《明孝宗实录》卷一九，第 3 页 b，弘治元年十月壬寅。关于弘治帝慷慨对待各地藩王，尤其是他自己的兄弟的讨论，见赵中南《弘治时期藩王赏赐与国家财政初探》，发表于 2011 年 6 月柯盖德大学的学术会议学术会议"Ming Provincial Courts Conference"。

150. 《明孝宗实录》卷一九第2页a，弘治元年十月乙未；第4页 a~b，弘治元年十月丁未；第4页b，弘治元年十月戊申；第9 页b~10页a，弘治元年十月己未。

151. 徐学谟，《辽废王事纪》，《归有园稿》卷四，第12页b~13页a （《四库全书存目丛书》，集部125，第489~490页）。

152. 但徐学谟也为辽王辩护，他认为关于辽王谋反的指控是不实 的。见 Lienche Tu Fang, *Dictionary of Ming Biography*, pp. 585~ 587。

153. 《明世宗实录》卷五五八，第6页a，嘉靖四十五年五月戊午。 转引自雷炳炎《明代宗藩私离封地与越奏问题述论》，第13页。 雷炳炎用这件小事来说明藩王们都有违反出城禁令的倾向。

154. 《明太祖实录》卷二二三，第1页a~b，洪武二十五年十二月 戊申；娄性，《皇明政要》卷二〇，第3页a~b（《四库全书 存目丛书》，史部46，第333页）。

155. 相关记录出自呼和浩特白塔的碑文《万部华严经塔题记》。见 曹永年《从白塔题记看明初丰州地区的行政建置》，第97页。

156. 谈迁，《国榷》卷五，第489页，洪武六年七月己巳。

157. 《明英宗实录》卷三一，第2页b~3页a，正统二年六月丁卯。

158. 于谦，《兵部为边务事》，《于谦集》，第40页。

159. 李贤，《天顺日录》，收于邓世龙《国朝典故》卷四八，中册， 第1159页。

160. 《明英宗实录》卷一三四，第7页a，正统十年十月己未。

161. 丁养浩，《刘杲太监射猎图》，《西轩效唐集录》卷八，第2页a （《四库全书存目丛书》，集部44，第592页）。

162. 《明英宗实录》卷一五，第7页a，正统元年三月癸未。这位 太监监军是郭敬。

163. 《明宪宗实录》卷二一五，第3页b~4页，成化十七年五月 乙未；谈迁，《国榷》卷三九，第2448页，成化十七年五月乙 未。这位官员是何乔新。

164. 举一个1452年发生于宣府的事例：一位宦官因越边狩猎而遭 到斥责。见《明史》卷一七七，第4711页，列传第六十五· 李秉传。

165. 许宗鲁，《云中将军歌》，《少华山人前集》卷五，第4页a

（《北京图书馆古籍珍本丛刊》，第 103 册，第 501 页）。

166. 潘士藻，《尚宝司卿汪公文辉行状》，收于焦竑《国朝献征录》卷七七，第 13 页 b（第 5 册，第 3250 页）。

167. 《明世宗实录》卷八，第 2 页 b～3 页 a，正德十六年十一月癸丑；《明史》卷一九九，第 5264 页，列传第八十七·李承勋传。在《明史》中，"夷虏"一词被换成了更为中性的"部"，"部"其实是元朝语境下的封地。吴晗援引《明史》中的这段文字来说明卫所制度的崩解。见吴晗《明代的军兵》，第 173～174 页。

168. 一些描绘蒙古人狩猎的画作会使用一种带有历史性质的设定，采用诸如"单于"之类的表述，而单于是汉代时对匈奴首领的称呼。见陈沂（1469～1538 年）《单于出猎图》，《拘虚集》卷一，第 14 页 a～b（《北京图书馆古籍珍本丛刊》，第 102 册，第 803 页）。

169. 何景明，《陇右行送徐少参》，《何大复集》卷一二，第 167 页。

170. 丁奉，《边城曲》，《南湖先生文选》卷二，第 12 页 b（《四库全书存目丛书》，集部 65，第 2177 页）。

171. 欧阳铎（1487～1544 年），《便民图纂序》，《欧阳恭简公文集》卷五，第 13 页 a（《四库全书存目丛书》，集部 64，第 52 页）。

172. 何景明，《李公墓志铭》，《何大复集》卷三六，第 622 页。

173. 陶谐作了一首短诗，讲述一位文人随同一位将军观赏射艺比武的事情。见陶谐《和崆峒观赵都阃射》，《南川漫游稿》卷四，第 10 页 b～11 页 a（《四库全书存目丛书》，集部 48，第 301 页）。

174. 韩雍，《凯还图为总兵官彰武伯杨公题》，《韩襄毅公家藏文集》卷二，第 8 页 a。

175. 韩雍，《韩襄毅公家藏文集》卷八，第 13 页 b～14 页 a。

176. 陶谐，《观猎歌》，《南川漫游稿》卷四，第 20 页 a～21 页 a（《四库全书存目丛书》，集部 48，第 306～307 页）。

177. 王九思，《周将军歌》，《渼陂集》卷三，第 3 页 a（《四库全书存目丛书》，集部 48，第 25 页）。

178. 吴俨（1457～1519 年），《送西宁兵备潘以正》，《吴文肃公摘稿》卷二，第 8 页 a～b（《文渊阁四库全书》，珍本，第 3 丛）。

179. 刘绘，《出塞歌赠固原总兵魏时》，《嵩阳集》（《四库全书存目丛书》，集部 103，第 28 页）。

180. 有一大批在明军中效力的具有蒙古血统的人在灵州卫居住。

181. 王九思，《怀远将军传》，《渼陂集》卷一六，第 5 页 b ~ 6 页 b（《四库全书存目丛书》，集部 48，第 162 页）。

182. 王维桢，《赠七十翁都督孙先生序》，《槐野先生存笥稿》卷四，第 6 页 a（《四库全书存目丛书》，集部 103，第 116 页）。这位军官还训练了"千余"使用弓弩的士兵。

183. 吕柟，《送张子汝祯任河南丘副序》，《泾野先生文集》卷一三，第 14 页 b（《续修四库全书》，第 1338 册，第 17 页）。

184. 王英，《教谕吴君墓表》，《王文安公诗文集》卷五（《续修四库全书》，第 1327 册，第 363 页）。

185. 胡俨，《猎戒》，《胡祭酒集》（《北京图书馆古籍珍本丛刊》，第 102 册，第 119 页）。

186. 王廷陈，《少年行六首》，《梦泽集》卷二，第 10 页 b ~ 11 页 a（《文渊阁四库全书》，珍本，第 182 册）。

187. 王维桢，《赠济南太守项君序》，《槐野先生存笥稿》卷三，第 6 页 b（《四库全书存目丛书》，集部 103，第 99 页）。王维桢承认了这些人在军事危机期间所发挥的重要作用，但是也抱怨称他们很少有人会亲事农耕。

188. 何景明，《七述》，《何大复集》卷五，第 33 页。

189. 蔡瑗，《戒猎者》，《浚滨蔡先生文集》卷一〇，第 4 页 b ~ 5 页 a（《北京图书馆古籍珍本丛刊》，第 107 册，第 333 ~ 334 页）。

190. 晚明时期，一些人认为夺取任何形式的生命，包括动物的生命，都是错误的。参阅 Handlin Smith, "Liberating Animals"。

191. 罗玘（亡于 1519 年），《监察御史邓君考绩序》，《圭峰集》卷三，第 20 页 b ~ 21 页 a（《文渊阁四库全书》，第 1259 册，第 43 页）。

192. 《广平府志》卷一一，第 11 页 b，转引自 Robinson, *Bandits, Eunuchs, and the Son of Heaven*, p. 57。

193. 林俊，《送罗漳南考绩序》，《见素集》卷三，第 3 页 a（《文渊阁四库全书》，第 1257 册，第 22 页）。这件事的发生地在漳平，位于现漳州市北部。

194. 《明宪宗实录》卷二五六，第 6 页 b，成化二十年九月丁酉、成化十七年五月乙未；谈迁，《国榷》卷四〇，第 2494 页，成化二十年九月乙酉。这位官员是李晟，他做出此评论的背景是灾民欲离开受灾严重的陕西，向荆襄地区转移，而他意欲阻止灾民的流动（《明宪宗实录》卷二五七，第 5 页 a，成化二十年十月庚午）。兵部尚书余子俊（1429~1489 年）则表达了对流民与外夷勾结在一起的担忧（《明宪宗实录》卷二五七，第 5 页 b，成化二十年十月庚午）。

195. 王维桢，《赠七十翁都督孙先生序》，《槐野先生存笥稿》卷四，第 5 页 b（《四库全书存目丛书》，集部 103，第 115 页）。

196. 王维桢，《白公墓碑》，《槐野先生存笥稿》卷九，第 2 页 b（《四库全书存目丛书》，集部 103，第 149 页）。

197. 尽管远远超出本研究的涉及范畴，但狩猎在明代通俗文化中的地位确实值得进一步调查研究。举例来说，二郎神镇压山怪通常被描述成一种超自然蒐猎。关于此，现有一幅藏于山东省博物馆的不知绘制者的画作《搜山图》（见《中国古代书画图目》第 16 册，第 198 页，图 1–5）。

198. 孙蕡，《射虎词》，《西庵集》卷三，第 5 页 b~6 页 a（《北京图书馆古籍珍本丛刊》，第 100 册，第 23 页）。

199. 李贤，《猎说》，《古穰集》卷九，第 3 页 b~4 页 b（《文渊阁四库全书》，第 1244 册，第 571~572 页）。

200. 郎瑛，《周锦》，《七修类稿·事务类》卷四四，第 2 册，第 540 页。只因为读书人在诗文和画作中描绘了狩猎、猎鹰、老虎和其他动物，就判定他们亲眼看过一次马球比赛或是一只大型猫科动物，这种想法是不准确的。陆粲（1494~1551 年）曾讲述，某天一位当地人看见他在画虎，便要求他再题一首诗。诗中，陆粲坦陈，自己作为住在城里的人，之前对老虎没有丝毫了解，直到被流放至贵州，才看到了被猎杀的老虎尸体。见陆粲《画虎行》，《陆子余集》卷八，第 2 页 a~b。

201. Halperin，"Royal Recreation."感谢托马斯·爱尔森向我推荐这篇文章。

第三章 骑术与箭术

153　　除皇室田猎外，明廷还组织了几项只有具备精湛骑术之人方能参与的尚武展示活动。正如在导言里提到的，在进入近代早期之前，纵观整个亚欧大陆，弓骑兵都是一个王朝的军事力量所必不可少的组成部分。王朝的统治者们通过马球比赛、骑射竞技、阅兵大典等活动来展现军事实力。当然，通过这些活动也能看出统治者作为军事统帅和慷慨的军队供养人所具备的敏锐洞察力。这些尚武展示活动的主要观众基本上是朝中权贵，他们沉浸其中的同时也细心观察着一切，不仅评判骑手的技艺，更对皇帝作为统领与裁判的表现打分。明朝的士人以参加在皇城举办的这些尚武展示活动为荣，并把它作为展示自己的身份地位以及天子对自己的宠幸亲近的标志。此外，骑术表演并非宫廷专属。在皇城之外，很多人都对这种竞技性的驭马技感兴趣并擅长于此，宫廷的活动则为他们提供了一种参考。

　　本章考查了明朝第一个百年的马球比赛、骑术表演、射艺比武等尚武展示活动，以及士人笔下对这些活动的描述，并揭示了这些活动的举办同国内外政治动态的关联。在本章最后，我们会对评价明朝尚武活动在朝中之地位的诸多观点进行探讨，并研究这些活动与统治者之权力的关系。

马　球

154　　知名历史学家刘子健曾在其文采斐然的文章《南宋中叶

马球衰落和文化的变迁》中指出，马球比赛作为一项标准的体育娱乐活动，在唐、辽、金的宫廷曾盛极一时，到了宋代则被"斯文优雅、彬彬有礼、地位尊崇"的士大夫们视为"不合时宜、毫无意义、有害甚至危险"的活动。[1]他认为，这些士大夫与其说受儒家思想的束缚，"倒不如说是受到富足的城市文化价值的熏陶，而这种城市文化则是同庞大的农业人口基数一起出现的。在这种情况下，追求举止优雅、彬彬有礼的文化变迁势必会发生在宫廷和民间"。[2]刘子健还注意到：接下来的元朝统治者似乎也对马球比赛兴致索然；及至明朝初年，这项比赛作为一种象征性仪式还在苟延残喘，但参与其中的大多是些社会与政治地位低下的武夫，而非士人精英。

刘子健在文章中还提到了一首未注明具体创作时间的诗，来佐证他的看法，即明朝初年马球比赛仅作为仪式存在。

> 葵榴花开蒲艾香，都城佳节逢端阳。
> 龙舟竞渡不足尚，诏令禁御开球场。
> 球场新开向东苑，一望晴烟绿莎软。
> 万马奔腾鼓吹喧，五云缭绕旌旗展。
> 羽林年少青纶巾，秀眉丰脸如神人。
> 锦袍窄袖巧结束，金鞍宝勒红缨新。
> 纷纭来往尤迅速，马上时看藏马腹。
> 背挽雕弓金镞鸣，一剪柔条碎新绿。
> 忽闻有诏命分棚，球先到手人夸能。
> 马蹄四合云雾集，骊珠落地蛟龙争。
> 彩色球门不盈尺，巧中由来如破的。

> 剃然一击电光飞，平地风云轰霹雳。
>
> 自矜得隽意气粗，万夫夸美声喧呼。
>
> 摐金伐鼓助喜色，共言此乐人间无。
>
> 鸾舆临幸天颜喜，宴赐千官醉蒲醑。
>
> 光禄尊开北斗傍，箫韶乐奏南薰里。
>
> 微臣何幸遭盛明，清光日近多恩荣。
>
> 呈诗敢拟长杨赋，万岁千秋颂太平。[3]

155　尽管皇帝没有亲自披挂上阵，但从诗中我们还是可以看出皇室对马球比赛的大力支持：比赛在皇城校场举办；皇帝亲自下令筹备这场赛事；马匹都盛装上阵。这首诗大致作于永乐年间，当时，作者王绂（1362～1416 年）正在内阁制敕房当差。[4]诗的题目《端午赐观骑射马球侍宴》显示，皇帝亲自主持了这场盛大的仪式。能够出席此类宴会是一种荣宠。在永乐朝，马球并不是一项由身份低下之人来完成的边缘性活动，而是宫廷文化中的重要组成部分，它将皇室威望与奢华服装结合在一起，而且很明显与军事有联系。它是空前盛大的尚武展示活动。

　　人们会在每年的农历五月初五庆祝端午节。[5]但在永乐朝初年，对宫廷如何庆祝这一节日，《明太宗实录》中记载寥寥，要么是类似于大宴文武百官的只言片语，要么就干脆只字不提。[6]例如，永乐帝曾邀请"文武群臣，四夷朝使及在京耆老聚观"。

156　　1413 年端午节的早上，东方既白，一阵和风拂过，却丝毫没有扬起校场上的尘埃。将士们齐聚东苑这座正在扩建的皇家园林。这场活动并不是仓促组织的，也没有莽撞粗鲁的将士只为个人荣誉而战。永乐帝已经诏令礼部精心筹备这场马球比赛，提前做好了妥善的安排。校场左边的队伍由驸马袁容统率，这位将领在靖难之役中为永乐帝立下了汗马功劳，新近获封广平侯。右边的队伍则由以骑射技艺精湛而闻名的陈懋统率。他曾于靖难之役中在永乐帝的军中效力，后远征漠北鞑靼，之后又在西北戍边部队里做过监军，再后来统领过京城五军都督府中的中军都督府。他的女儿是永乐帝的丽妃。同袁容类似，陈懋也因功获封宁阳侯。[7]

如果说马球比赛以像袁容和陈懋这样骑技高超的军士的参与为特征的话，参加射艺比武的则主要是京城的权贵们。"自皇太孙（朱瞻基，未来的宣德帝）而下，诸王大臣以次击射。皇太孙击射，连发皆中"，永乐帝大喜，随即宣称：

> 今日华夷之人毕集，朕有一言。尔当思对之。曰：
> "万方玉帛风云会。"皇太孙即叩头，对曰："一统山河日
> 月明。"[8]上喜甚，赐马、锦绮、罗纱及蕃国布。诸王大臣
> 以下击射中者，赐彩币夏布有差。遂命儒臣赋诗，赐群臣
> 宴及钞币。[9]

157

赋诗的众臣当中有位叫王英的作了两首七言律诗。其中，第一首"先看圣孙来试马，指麾兵阵合天机"提到了"圣孙"朱瞻基。在端午节这天，"圣孙"跃马校场，指挥军队，排兵布阵。王英在第二首诗的结尾处写道"射生今已静胡沙"，[10]这一描述间接表明，高超的箭术对平定漠北功不可没。通过描写藩邦来使及异国贡品，展现明朝一统天下的主题，突出前途无量的皇位继承人，这首诗向我们明确传达出，马球和射艺比武

绝不只是皇帝的娱乐消遣那么简单。[11]这些由皇亲国戚、深受信任的内侍，以及京中高官精心组织的宫廷盛事，不仅对明朝的官员来说是重要的政治场合，对藩邦使节也很重要。[12]

　　如果去查阅中国之外的文献资料，那么这些宫廷盛事的"国际维度"就展露无遗了。据朝鲜王朝主要的编年体史书《李朝实录》记载，李氏朝鲜密切关注永乐帝的动向。1413年4月11日，据一位从明辽东地区返回的朝鲜臣僚禀报，永乐帝正计划由南京出巡驾幸北京。太宗大王（1401～1418年在位）立即遣使去"恭请圣安"。[13]几天之后，朝鲜国王从一位自明朝返回的遣使口中得知，由于倭寇最近袭扰中国沿海，永乐帝正在筹划一场针对日本的军事反击行动。[14]关于这件事情会对朝鲜产生何种潜在的军事政治影响的问题，在朝鲜王廷中引发了激烈的争论。日本室町幕府随即派遣使者到汉城试探朝鲜人对永乐帝计划的态度。之后（4月27日），朝鲜人借贡马二十匹之机，派遣一个使团到北京搜集情报。[15]

　　8月14日，朝鲜使团返回汉城，他们回禀朝鲜国王称，永乐帝盛情款待了他们。然而令他们坐立难安的消息是，永乐帝计划组建一支"百万大军"，然后亲自发动一场针对北元汗廷的战争。[16]对于如何应对这种情况，朝鲜王廷议论纷纷，并对以下问题忧心忡忡：明朝是否会征用养在济州岛的马匹？是否需要为明朝远征军讨伐日本组建舰队？是否需要增强汉城的防御力量？是否需要巩固和女真部族的关系，以免他们趁明朝专注于对日本和北元作战时来骚扰朝鲜边境？[17]

　　所以，永乐帝特意举办盛大、奢华的端午庆典以展现明朝的实力，他对皇位继承人的信心（也就是他这一支血脉的未来），军队的超强战斗力，以及他作为一位富有且权威的供给者的慷慨大方。永乐帝利用这种场合来巩固他在明廷，在朝廷重臣、军队将领以及功勋权贵间的权力。同时，他更希望外邦使节能够将大明的威名传播至朝鲜、日本、女真、北元乃至更远。

对马球比赛的文学描述

永乐朝至少有十几首描述宫廷马球比赛的诗流传下来。[18]但是，我们很难确定这些诗在原有的那些描述马球比赛的文本中占多大比重。《明太宗实录》显示，除了上文提到的 1413年端午节于东苑举办马球比赛和射艺比武之外，永乐帝还于1415 年和 1416 年举行了同样的节庆活动。[19]在他统治期间，曾有几年的端午节他正率军征战漠北。在永乐帝在京的其余年份里，实录仅仅记载他宴请百官，或是赐扇于他们。令人诧异的是，在其孙子宣德帝（他登基之前曾陪同永乐帝三次出兵漠北，并同样热衷于狩猎）当政时期，实录中记载端午节活动的部分竟一次也没有提过马球。[20]然而，不管这是因为马球比赛在宫廷记录中被删除了，还是因为它们不再是宫廷中的一项重要活动，与骑射技艺有关的盛大展示活动仍是紫禁城生活的显著特点（详述见后文）。

描写永乐朝举办于皇城校场的马球和射艺比武活动的现存诗赋，几乎全部由翰林院官员创作。这些极具文字天赋的官员作诗写赋，起草诏令，还经常充任皇室宗亲的侍读和老师。翰林学士金善（通常以金幼孜之名而为人熟知，1368～1432 年）就曾至少三次以举办于皇城校场的马球及射艺比武为对象赋诗。[21]作为"词臣"，翰林院官员的责任就是将宫廷活动的场面和气氛转化成文字，以迎合当时的文学品位及皇帝的个人意趣。文字作品作为一种协商妥协的复杂产物，在全世界的宫廷

160

中都很常见。在技巧层面，翰林院官员力求满足如韵律和辞藻等文学体裁方面的要求。他们还力求迎合为更广大的士人群体所共享的审美观。这些要求有时说白了就是舞文弄墨，例如当描绘奔驰的骏马、技巧娴熟的骑手以及勇猛的武士时，该用哪一种明喻和暗喻。

除了把握文学创作的尺度，大臣们还得学会揣度圣意。在皇族内，在朝堂上，乃至在更长的历史周期中，皇帝如何看待自身的地位？哪些历史典故更符合统治者对本人及其雄图伟略的定位？马球比赛可以显示出皇帝的英武、身为王朝统治者的权力、从臣民中选贤举才的洞察力、作为慷慨君王的气度、能让他跻身古代圣王之列的才干，或者面对王朝继承人他扮演骄傲的父亲或祖父角色的方式。几乎在所有场合，皇帝希望听到的都不是一种单调的声音，而是一组能够在观众中激起各类反响的和弦。

最后，翰林院官员需要决定应在多大程度上满足皇帝的意愿。诸如洪武帝、永乐帝和嘉靖帝等明代帝王会公开品评这类文学作品，并为所有作品排出一二三等的优劣顺序。[22]获得皇帝的评价也被视作一种政治和文化资本。曾经有一位官员叫王汝玉（1349～1415？年），关于他的传记中忠实地记录了他与同僚如何应制同作《神龟赋》（神龟指在修建明孝陵期间发掘的一块龟形岩石）。之后，皇帝宣布王汝玉的作品排第一，解缙排第二。[23]这种文学竞赛也是宫廷文化的一部分，通过它，文臣们可以谋求更大职权及影响力。事实上，沈德符认为，同僚对王汝玉的妒忌导致其身陷囹圄并最终惨死。[24]众臣也试图避免在他们的同僚眼中表现得过于逢迎。最后，如朱鸿林及其他人所说，百官之间其实存在共同利益，而这一利益不是靠曲意逢迎皇帝来增进的。[25]因此，尽管他们描述马球的诗赋或许满足了一种特殊诗体的格式要求，并展现了与他们的翰林院官员身份相符的渊博学识和文学天赋，但是仍旧没有让皇帝感到满意。出于以上原因，接下来我将考查的诗作并未平铺直叙地记录骑术及箭术；相反，它们揭示了这些作品就复杂性而言早已超出了固有的文学传统，还反映了官员们对个人利益的计较，以及世上最有权势的恩主之一——天子那不断演变的需求。

章敞（1376~1437年）、金善及其他文官尽职地借这些事件颂扬皇帝的圣德仁慈。金善在一首诗的结尾处表达了对皇帝寿数及王朝国运的长久祝愿：

> 圣德同天地，
> 恩光被草莱。
> 风云俱际会，
> 文武属良材。
> 北斗尊宸极，
> 南山进寿杯。
> 太平歌，
> 既醉忝，
> 窃愧非才。[26]

在另一首进献给皇帝的描绘马球和射柳比武的诗中，金善在结尾处写道："神功圣德不可名。"[27]对金善以及朝中诸多大臣来说，马球及射柳的出色技艺显示了天子的权力、荣誉及圣德。朝堂上那些位极人臣的官员获邀观赏这一盛大活动，皇帝则命令那些文才出众的大臣作诗志贺。

163

除了作为娱乐消遣及向皇帝道贺的平台外，马球比赛和射艺比武还是军事检阅的一种变体，可以用来检验精锐部队的骑技和箭术。章敞写道："嘉节开东苑，宸游阅虎貔。"[28] 通过提起"万骑""雕弓""阅武""虎贲"，章敞和其他人都把握住了这些比赛的军事维度。杨荣也认为，马球比赛是军事训练的一种形式。[29] 杨荣还进一步强调称，皇帝夸耀本朝文治武功已胜于古代君王。

马球比赛增强了天子与军事事务的联系，凸显了皇帝作为最高统帅的身份，并为个别武士提供了一个赢取皇帝赏赐及个人名声的机会。对此，章敞写道："材官争献艺，谁得主君知？"[30] 尽管文人们不会直接点明，但举行于御苑内的端午节庆活动昭示了天子与其部队之间的紧密联系，而这一切被包括功勋贵族、军中大将以及重臣阁僚在内的京城精英尽收眼底。此外，至少还有一首诗写道"杖外千官列"，这显示观众是在由禁军围成的圈子之外观赏比赛的。[31]

164　　　大臣胡广则发出了些许不同的声音。这提醒我们，即使是明朝官员的应制诗，也并非千篇一律。在一首具体创作时间不详的诗中，胡广是这样描述端午节的：

> 晓侍銮舆阅教场，
> 锦衣小校列成行。
> 勇士材官俱俊逸，
> 打球射柳骋飞黄。[32]

在这首诗中，马球只是由皇帝举办的用来庆祝端午佳节的几项活动中的一项。与上述那些描写 1413 年端午节的马球和射艺比武的相对详细的记录有所不同，胡广的观察看起来更贴近刘子健对明宫廷马球的定义。胡广未像实录那般概括性地记录京城社会精英阶层的参与，而是只提到了居于明军中下阶层的军官——"锦衣小校"和"材官"。他也没有清楚地点出比赛是否举行于御苑之内，而只是含糊地顺带提到一次发生于"教场"的检阅。

在胡广的另一首应制诗中，他突出了马球和端午节的壮观场面：

> 五月五日庆端午，
> 御苑晨开看演武。
> 玉殿东头侍明主，
> 卫士如云列貔虎。
> 羽林万骑翘赤缨，
> 彩旗绣服分两朋。
> 马球决胜各争能，
> 摐金伐鼓何訇訇。
> 盘旋走马跶复兴，
> 翻身捷疾飞电惊。
> 一点欻度奔流星，
> 但闻得隽欢声腾。
> 回首却顾喜欲矜，
> 万人辟易目眩瞠。
> 意气轩昂谁落后，
> 又挽雕弓驰射柳。
> 分骏控箭裂两肘，

一发剪白风拉朽。

当场较艺夸好手,

罚筹更觉成愧负。

纪昌学瞬目若瞑,[33]

视小如大虱悬牖。[34]

百发奇中随引彀,

矢锋相触棘端掊。

兵贵练习方赳赳,

呼吸变化随左右。

虎跳豹躅舒蜿蟉,

锦绮散地竞逐取。

兔蹲鹘攫忘跕蹂,

阅阑赐宴尝粽糅。

文臣命以纸笔授,

各赋诗章逞鳌臼。

群奏球磬臣拊缶,

惭以瓦砾杂琼玖。

九重进献拜稽首,

圣皇功德被宇宙。

义为干橹仁为守,

太平乐事无不有。

万物熙熙在灵囿,

麒麟凤凰出郊薮。

臣愿沧海成春酒,

一杯一祝万年寿,

海水杯量共长久。[35]

166

167

胡广详细描述了骑士队伍的庞大规模（"卫士如云""羽林万骑"）、他们出众的骑射技艺，以及热情且老于世故（虽然诗中未曾如此表述）的比赛观众。胡广从"玉殿东头"，亦即皇帝的左边，远远地观看比赛，全神贯注于武夫们的规模和凶猛程度，赞赏竞技者的迅捷。在明朝的大部分时间里，左的地位高于右，故而观众中的文臣们在宫殿内向左一字排开。胡广观察并记录马球和箭术的竞技，但并未参与其中。与关于1413 年端午节的描述形成对照的是，胡广的这篇诗作完全没有提到那些骑射手的名字或是身份地位。在诗中，这些因素都被抹除了。

然而，胡广十分清楚地知道，尽管自己拥有待在皇帝左边的尊崇地位，但在皇帝面前，他也在表演。在享用完粽子冷粥等食物后，这些文臣被供以纸笔，并接到命令要作诗记录这个时刻。正如骑士们"各争能"，大臣们也"各赋诗章"。对"各"字的重复使用表明，胡广认识到文臣也处于直接的竞争之中，从某种程度上来讲，他们与那些骑手和射手是有关联的。接下来，胡广恰到好处地做出自谦的评价：自己的文才远逊于他人。然后，他以对永乐帝，也就是作为所有出席者的中心人物的那位"圣皇"的赞颂及祝愿作结。

正如胡广清楚地将自己的地位与那些骑手和射手的地位相联系，他也明确地把当日的景象与王朝的支柱相联系。他将箭术置于更大的背景——王朝防御之中，在诗中写道"兵贵练习方赳赳"。骑射手在校场上比武是军事训练的一种形式，这也是为永乐帝及其他皇帝所熟谙的事实。这些尚武展示活动就是用来告诉士人们，对明朝而言，英勇尚武和身怀技艺必不可少。

168

同样重要的还有一种观念，即这些成功举行于端午节的展示活动印证了皇帝那无与伦比的圣德和功业。永乐帝建立了超凡的功业。在人类社会层面，骑手和射手们的高超技艺显示了皇帝作为军队统帅及人才培养者的成就。在自然与超自然层面，皇家苑囿内动物的旺盛繁衍以及诸如麒麟和凤凰等瑞兽的出现，有力地证明了永乐朝的壮丽辉煌。在一首纪念端午庆典的诗中，永乐朝的翰林院官员王璲（即王汝玉）应和了宇内和谐这一主题："欣遇太平全盛世，河清海晏天地宁。"[36]

如果说描绘端午节的宫廷应制诗将骑术与箭术的专长置于王朝防御和皇帝出众品德的大背景下讨论，那么这些尚武展示及赞美它们的诗文也许就传达了更为特殊的信息。例如，在一首可能作于永乐朝的诗中，金善就清楚地将节日庆典与新都北京及皇帝参与军事训练的事联系在一起：[37]"霓旌凤盖天边来，禁苑清晨张御幄，腾腾虎士尽貔貅，剑戟相摩耀锋锷。"[38] 惨烈的内战不久前才结束，皇帝仍然担心有野心的皇族成员会挑战皇权，因此有了这样的众军士以皇帝为中心紧张备战的场面（尽管社会崇尚礼乐，并以"华夷"之分来映衬皇帝美德、社会安定、富足繁荣）。如上文对1413年那次马球比赛和射艺比武的讨论所表明的，这些活动的信息是传递给明朝内外的目标群体的。明廷把马球和箭术作为媒介来传递明朝秣马厉兵、操练不懈的信息，而这是建立在蒙古、女真、帖木儿帝国以及朝鲜的精英能够领会的假设之上的。靠夺权登位的朝鲜太宗大王也经常打马球，《李朝实录》中关于他的记载提到王室举办的马球活动不少于44次。如此说来，这些亚欧大陆的君王都共享同一套法则。

回到刘子健所宣称的马球逐渐没落的观点。对此，我们该如何解释这些由永乐帝举办、朝臣及外使出席的盛大马球比赛和射艺比武呢？是永乐帝效仿（并超越）其父而为之，还是说他有别的灵感源头？同皇室田猎一样，马球存在于明朝开国皇帝的宫廷内的证据也是有限的。文化名人杨基曾留下一首创作时间不详的《球场曲》，但它描写的这类活动的所属时期似乎是唐朝。[39]也许对洪武朝宫廷组织的马球比赛描写得最为详细的当属管时敏。前文提到，管时敏不在南京的朝中任职，而是在洪武帝第六子，也就是受封于武昌的楚王[40]府邸当差。管时敏的诗作题目为《题蔡将军春击球图》，诗中事件发生在临濠（今安徽凤阳）的中都，诗中还记述了端午节。这首诗的部分内容如下：

> 诸王阅武出东华，
> 打球又是常年约。
> 宫扇齐分五色云，
> 天人坐拥青丝慎。
> 虎士严屯十卫兵，
> 球场千步平如削。
> 彩门远处放球来，
> 万夫马上俱欣跃。
> 半轮缺月地中生，
> 一点流星天际落。
> 众皆努力向前趋，
> 苦心独取仍难掠。
> 武昌将军称绝奇，
> 胆气从容有经略。

> 等闲一击过球门，
> 四面腾声总惊愕。
> 中官传旨催赐金，
> 一派铙歌半空作。[41]

　　和前文考察的那些诗作一样，管时敏的作品清楚地说明了皇室权威、军事战备、展示活动以及统治者的慷慨气度之间的紧密联系。管时敏开头便点明"诸王"，即洪武帝的儿子，自东华门出发去检阅朝廷军队。中都因设有一座皇城而地位很高，这座被高墙围绕的皇城位于城中央，用以供皇室居住，然而它未曾竣工。[42]通过提及诸王及皇城，管时敏揭示出，下令举办此次马球比赛的是宗室。正如第二章所提到的，通过相同的展示方式和军事身份（这种身份在藩王与居于京城的皇帝间建立了联系）的构建，尚武展示活动在明朝初期促成了一种集体认同感。

　　马球是一种军事训练，也是检阅军队的机会，而这种转变是毫不违和的。洪武帝的几个儿子年轻时曾在临濠磨炼自己的军事才能，现在才成了统领千军万马的统帅。在诗中靠后的部

172 分，管时敏又回到了军事相关内容，即"虎士严屯十卫兵"。军事检阅和马球比赛不仅是检验朝廷军队的武艺、装备及纪律的机会，还被用来维系宗室与军队之间的联系，展现军队的尚武气质，宣扬统治者权力的正当性。

　　最后，管时敏谨慎地记录了皇族慷慨大度的姿态。端午节这天，皇帝分赐扇子给京城百官，以示荣宠，而唯有享有更隆厚圣恩的高官才能获邀和天子共享一些食物。马球比赛则是京城文武群臣都能观赏的活动。诗中，管时敏在好几处描述了观

众的全情投入——他们聚精会神地观看，发出惊奇之声以及喝彩。同样激情澎湃的还有宫里的宦官。当武昌将军（大概是楚王麾下的一名军官）击中一球时，他们立即奔过去，依诏赏赐他银钱。当众宣布恩赏体现了皇帝的慷慨大方，同时也表达了对展演者技艺的认可。

总而言之，管时敏的诗在某种程度上预示了赞颂永乐朝的尚武展示的应制诗的诞生，显示洪武帝的儿子们支持在中都校场上组织马球比赛，且时人用文字记录赞颂的马球活动被分享给广大的读者群体。然而，《明太祖实录》中并没有关于马球的记载。洪武朝的大臣也极少提及马球等活动。这似乎意味着朱元璋并不十分重视这些活动。虽说如此，在《大明太祖皇帝御制集》（卷二一）中，我们仍可以找到朱元璋写下的《端午日观马球》，这是一首描写洪武年间的马球比赛的诗。

> 铁骑珠缨嵌宝鞍，
> 少年英俊马球丸。
> 胡尘已被薰风卷，
> 公子争驰诚可看。[1]

这首诗有助于我们进一步了解洪武年间宫廷马球活动的面貌。第一，洪武帝用赞同的口气描述马球，连这个勤奋非凡的皇帝也觉得马球有其价值。第二，参与马球比赛的是所谓的"少年英俊""公子"，即精英分子，这与下面将讨论的永乐朝皇

---

[1] 《大明太祖皇帝御制集》（卷二一），收于《稀见明史研究资料五种》第三册，第446页。

室马球活动的特征基本吻合。第三，或许最令人玩味的是，《明太祖实录》没有提到马球，《大明太祖皇帝御制集》却收载了上述史料。是前者的描述更加接近史实，还是后者更准确地反映了洪武年间宫廷文化的现实情况呢？其实，如何理解洪武年间的宫廷马球活动，直接关系到我们应该如何看待永乐年间的马球活动。18 世纪时《明史》的编纂者们指出，"永乐时有马球射柳之制"。可是朱元璋不仅写了《端午日观马球》，还写了《端午日晴明射柳吟》，后者同样被收载在《大明太祖皇帝御制集》中。可见，"马球射柳之制"并非始于永乐年间，而是可追溯到洪武年间。那么，退一步思考，如果要了解明初的尚武展示活动，到底应将其追溯到什么时间才比较合适呢？[43] 那些熟谙中国文化传统之连续性的人，很自然地就会把永乐帝的行为解释成对唐太宗的一种有意识效仿，而唐太宗的政治影响力遍及草原和中土，这也使其至少在部分突厥人中赢得了"天可汗"的美誉。另外，如诸多学者所言，明朝的开国皇帝时常宣称自己致力于恢复唐代的仪规典制，以作为其为肃清蒙古人对华夏之影响的一种努力。因此，我们也许可以得出结论：永乐朝的宫廷马球活动有机地取材自长期存在的汉人传统。

然而，另一种解释同样值得玩味：永乐朝的宫廷借鉴了蒙古人在大都宫廷的传统。

马球消亡于宋元皇族手中的说法是不符合事实的。陈高华指出，到 13 世纪中叶时，马球比赛依然盛行于南宋军中。蒙古贵族也十分喜爱这项活动。1221 年，南宋朝廷派遣赵珙出使蒙古建立联系并借机搜集情报。当赵珙到达后，蒙古人邀请他参与一场马球比赛。赵珙起初拒绝，声言其并未收到任何来自成吉思汗的邀请。蒙古军队统帅木华黎（1170～1223年）轻斥他道：“你来我国中，便是一家人，凡有宴聚打球，或打围出猎，你便来同戏，如何又要人来请唤。”[44]正如陈高华指出的，马球与宴会、田猎享有同等地位，而后两者是蒙古社会和政治文化中的核心要素，马球比赛既是一项招待贵客的活动，也是建立私人联系和构筑政治联盟的重要机会。

蒙古人征服中原并定都大都之后，马球的地位依然重要。　174
在14世纪初收入大都地名的志书《析津志》中，有一段描述蒙古宫廷马球活动的记录，其部分内容如下：

> 马球者，今（金）之故典，而我朝演武亦自不废。常于五月五日，九月九日，太子、诸王于西华门内宽广地位上（下?）召集各卫万户、千户，但（及?）怯薛能马球者，咸用上等骏马……[45]

京城之外的蒙古王公们也会组织马球比赛，为蒙古效力的汉将对马球活动同样满怀热情。[46]另外，明初由洪武帝孙子朱有炖编纂的《元宫词百章》中有一首诗清楚地指明，射柳及马球比赛就举行于原来元朝的御苑校场上。[47]

考虑到这些因素，马球在永乐朝宫廷中的流行，就显得不那么令人费解了。皇族及显要亲贵们对马球的兴趣，它在国际外交中的作用，举办于御苑校场上的比赛，其与端午庆典的联系，甚至举办马球比赛的同时配以射艺比武的惯例，这些都明显在蒙古宫廷中有前例可循。也有可能永乐帝纵向跨越了七个　175
世纪，横向跨越了九百六十多公里，从唐朝宫廷获得了灵感。但是，考虑到他身边的蒙古族臣属、他生活在元大都宫殿遗址上的经历，以及蒙古败亡距其当政不过几十年光景的事实，得出明初宫廷深受蒙古人影响的结论，似乎更为合理。[48]

最后，让我们回到刘子健关于马球和中国文人观念变迁的论点上。他认为，唐代以后，马球作为一项娱乐消遣，逐渐被边缘化。这也许是错误的，但上一节中的几首诗作可告诉我们，他是如何得出这一结论的。如果一个人能够依据一些明代文人的诗作来推断马球的地位，那么其他人也能够轻易地总结出，马球只不过是一种"仪式化表演"，或贵族时代的特殊遗留物。也许更为准确的表述应为：马球在元和明（明朝最初五十年）的宫廷中持续占据着一个重要的位置，而且文臣们对此态度暧昧。文臣们出席天子在御苑内举办的活动，并享受由此带来的社会和政治地位。他们忠诚地赋诗庆贺展示活动，以溢美之词恰到好处地描绘了王朝勇士们的技艺、敏捷及雄伟之姿。然而，许多人在描绘这些东西时刻意保持了一定的距离感，因为这样可以确保一种独立有时甚至是超然的视角。哪怕程度很轻，他们也在自己的作品中传达出了这种感觉。考虑到他们堪称完美的文学技巧，这种效果似乎不太可能是无意间产生的。

以明宫廷研究为学术志趣的历史学家，不应该把这些文学作品的内容当作客观中立的叙述来进行分析。正如前面的讨论所指出的，胡广、杨士奇、杨荣和金善这些人，是在一个特殊的时间点上，以特殊的体裁为一个特殊的群体（或者更确切地说是为多种观众群体）赋诗作文的。尽管他们的诗作为我们提供了对永乐宫廷马球活动最为详细的记录，但他们也必然将复杂的社会现实放在了这种表达形式中，从而满足他们主子的诉求，展现他们对这种特殊文学体裁的精通，追求自己的政治前途，以及赢得朝廷内外士人同僚的认可。他们主掌文辞的这种特殊地位，确保了我们在对宫廷做通盘考查时，绝不敢忽视他们留下的作品。但是，我们也必须牢记，马球、箭术及骑术具备明朝文人的笔所不能捕捉到的重大意义。

图绘马球

如果说文人对马球的描述存在问题的话，那么以马球为题材的画作同样是不够清晰的。关于明代宫廷的马球活动，唯一已知的案例存在于一幅名为《朱瞻基行乐图卷》的彩绘长卷（长约 20 英尺）中，但是如艺术史学家王正华所认为的那样，这幅画描绘的很有可能是成化帝的宫廷（因此我将称其为《宪宗行乐图卷》）。[49]这幅画卷的背景被设定在紫禁城内，成化帝在宦官们的陪侍下，处于一种轻松的氛围之中，观赏着一系列比赛性游戏——箭术、足球、马球、"高尔夫"以及投壶（见图 7）。[50]

在这幅展现马球活动的画中，成化帝位于中心，身着一件深棕色衬褶袍，头戴一顶黑毡帽，坐在一把位于室外的简易无背便椅上。紧挨皇帝左右的是两群宦官，他们各着蓝色和绿色丝袍。位于成化帝及其侍从面前的是两名骑士，他们身着与宦官类似的蓝色和绿色衣袍，骑在飞驰的骏马（一匹为白色，另一匹为棕色）上。位于画卷最右边的骑士右手挥舞着一面红色短杆撑起的橙色小旗。位于画卷左边的骑士明显是在追赶他，而且刚刚用右手中的球棍击打了一颗红色马球。最后，在皇帝左前方有一扇简单的画屏，它大概有 10 英尺高，被安放在一个用实心红木构筑的框架中，上方还插有两面小黄旗，小旗间还有一块代表太阳的黄色装饰物。这扇画屏上绘有六位正在打马球的骑士，他们分为两列三层，每层的两人都是处于不同的场地。位于画屏中央的可能是一个红色的球洞。

《宪宗行乐图卷》描绘的这幅宫廷马球的景象与刘子健和我上文中的解读都有出入。这幅画将马球作为一项"生活化"的活动呈现出来——只由几名内侍在宫内进行，供皇帝及一群受宠信的宦官消遣。没有大臣，没有武将，更没有发出山呼海啸般的呼喊声的人群，因而没有传递出一种皇家的雄壮之感。高耸的砖墙、巍峨的楼宇以及通向殿阁的石阶，出现在这幅画卷的各个情景之中，表明皇帝身在宫中，被稳稳地护在紫禁城的宫墙之内。也许创作时代背景和个人取向方面的不同能够解释这种差异。15 世纪初，马球是一项尚武展示活动；等到 15 世纪末，它就只是一项娱乐消遣活动了。作为骑士、猎手兼武士，永乐帝和宣德帝重视马球，把它当作一项可以兼顾娱乐和训练的活动，以及一个可以辨识和展示军事才能的平台。而作为一位对田猎、骑马、射箭或现场指挥都缺乏兴趣的帝王，成化帝对于马球兴致不高，更不用说加以利用了。不论是作为一场近在眼前的现场表演，还是作为一幅长卷或者画屏上的场景而被展现出来，于成化帝而言，马球都只是供个人观赏的娱乐活动，而不是展现王朝权势及军事实力的盛景。

此外，表现的媒介也很重要。马球明显的生活化趋势可能是成化帝的个人偏好所致，但是画工采用的绘画风格加深了这种印象。《宪宗行乐图卷》展现出来的只是一种有限的动感，与第二章所讨论的那些皇帝田猎图形成了对比。画中的大部分人物是静止不动的，他们或是笔直地站着，或是端正地坐着。此外，明暗色差以及阴影也使用得很少。虽然人和物的描绘都色彩鲜艳、细节丰富，但它们几乎就像是贴上去的，与背景中的紫禁城极不相称。这种静态也许代表的是成化帝的个人品位，不应该被看作马球活动的终结（见第四章）。实际上，这提醒我们，对尚武展示活动的所有观感都基于以下三种要素之间不断变化的相互作用：长久的制度实践、统治者的个人偏好，以及特殊的表现形式。

骑射检阅

在明朝的最初五十年中，几乎每一位皇帝都会在皇城校场、京城郊野，有时也会在离京出征的途中，检阅将士们的骑射水平。[51]如此多面化的尚武展示活动既是宣示皇权的方式，也是皇帝用来栽培文臣武将的机会。同时，它们也凸显了军事战备的重要性。正如前一节所说，明朝宫廷中的这种特殊骑射形式通常与早前辽、金、元宫廷的做法有诸多相似之处。

洪武帝经过多年的浴血奋战才赢得天下，然而终其一朝，军事检阅没有在宫廷文化里扮演显眼角色。但在 1365 年 2 月，即明朝建立前，他组织了一场军事检阅，检阅内容包括打斗演练，它十分逼真，以至于几个士兵在演练中受了伤。此次检阅似乎采用了小规模战斗的形式，并且获胜的队伍可以得到十两赏银。那些在打斗中受伤却坚持下来而没有撤退的人同样获得了赏银。[52]这位开国皇帝注意到，如果士兵不精通骑射，其进攻就会失败。[53]1388 年，洪武帝在（南京）西苑对勋贵及诸将进行了检阅。[54]尽管他可能也举行过其他的军事检阅，但现存资料显示，在其统治观念中，他并不希望这种活动扮演重要角色。

与其相反，永乐帝在京师秣马厉兵、备战蒙古人的过程中，以及在巡幸北边的途中，曾多次举行军事检阅。[55]他尤其希望将军们能够保持骑射水平。1422 年于营地中，永乐帝命他们中的十几个人一边骑马，一边展示箭法。他解除了其中几个失准之人的指挥权，并提醒他们说："弓马便捷，所向无敌。"[56]

明朝大部分的军事检阅活动都是在京城或是京师周边地区举行的。1411 年，在一次出击漠北前的备战阶段，永乐帝视察了驻扎于新都北京东面的军队。面对此类场合，大臣们和往常一样出席并赋诗赞颂皇帝的荣耀和权势，以及他所组织的这场活动。夏原吉就献上了如下这首把军事检阅描绘成尚武展示的诗：

180

> 羽书飞召四方兵，[57]
> 百万貔貅集帝城。
> 赫赫气横鱼丽阵，
> 桓桓威称虎贲名。[58]
> 銮舆晓阅霜凝盖，
> 铁骑云屯风飐旌。
> 此去腥膻应尽扫，
> 薇垣长见泰阶平。[59]

在这首短诗中，夏原吉提到了由皇帝召集的大批剽悍勇士，并描绘了召集者那令人生畏的目光，以凸显明军的实力。和一些
181 关于皇室田猎的描述一样，永乐帝在早晨霜冻还未融化时的严寒中检阅他的军队。夏原吉在诗中结尾部分，预言称此次对蒙古作战的胜利将会扫尽"腥膻"并缔造一个长久和平的时代。尽管夏原吉没有着重描写永乐帝作为军队统帅的角色，但他通

过赞颂朝廷举办的这次尚武展示活动，表达了对此次征战的支持，而这次尚武展示活动最终还是以皇帝，也就是兵力集结者、军队检阅者以及对敌作战的策划者为核心的。

正如长长的诗题所显示的那样，夏原吉作此诗是为了应和金善，而后者先作了一首应制诗。因此，夏原吉在写作此诗时有回应君王的需求、描绘军事检阅的细节、预测这场战争的前景、与同僚比试文采，以及在皇帝面前与其他文臣争名夺位等诸多考量。如果只将此类应制诗贬斥为一种低劣的宣传手段，就会忽视潜藏在作品中的那些政治、文学及个人层面的考量。毫无疑问，夏原吉想要增进的不只是王朝的利益，还有他个人的利益。

永乐帝和宣德帝也曾在北方边境的草原上举行军事检阅。1410 年初春，永乐帝亲自率领超过 30 万人的大军讨伐蒙古首领阿鲁台。在兴和（今天的张北）这座位于"口外"的边防重镇附近，永乐帝组织了一场对步兵与骑兵的检阅。随驾的大臣胡广作了一首诗，认为此次检阅与征战是明廷对不肯臣服的阿鲁台的一种回应："四海自混一，小丑乃不庭。"[60]这首谈不上最能代表胡广文采的诗，却为明朝皇帝第一次御驾亲征草原投入的巨大经济及政治资源，提供了有力的辩护。

与皇室田猎的情况一样，明初的皇帝们认为，皇室军事检阅也是培养接班人过程中必不可少的组成部分。1385 年，洪武帝命第十子蜀献王朱椿（1371～1423 年）于中都检阅军队，这位王爷同时还邀请了一众学士参加。[61]宣德帝更是早在登基之前，便开始组织军事检阅了。大臣杨荣于 1412 年末记载道："皇太孙率卫士演武于近郊以示安不忘危之意。"[62]上天降下甘露于方山，即检阅的地点，以示对明朝统治的认可，一部分露

182

水被收集起来，献给了永乐帝。朝臣们尽职地献上诗赋，向皇帝表示祝贺。[63] 1414 年尚为皇太孙的朱瞻基陪同永乐帝检阅军队时，他的祖父就告诫他，绝不能成为骄纵的、对外部世界不闻不问的君王，要懂得体恤民间疾苦。[64]

正如第二章所述，在土木堡之变前，正统帝对田猎、驭马及箭术的兴趣相当有限。[65] 但是，他并没有完全忽视它们。事实上，从正统朝最初几年的几个小插曲可以看出，军事检阅与皇权及朝廷恩典仍保持了紧密联系。1435 年春，即年幼的正统帝即位的第一年，一道诏令（无疑由摄政者①构思并起草）颁布下来，宣布要在武将台举行一场军事检阅。坐落于朝阳门外的武将台，是先帝进行军事检阅的地方。在文武百官面前，权宦王振监督了此次以骑射比武为主要内容的检阅。来自隆庆右卫的指挥佥事纪广第一个获得了王振的奖赏，之后被擢升为都指挥佥事。几十年后，黄瑜对此事的描述是，纪广技艺及资望平平，却深受王振赏识，"舆论鄙之"。②

现在，我们很难猜测出时人对这种皇室检阅的接受程度如何。但是，潜藏在这份记录表层之下的，无疑是对宦官通过检阅军队僭越皇权的控诉。洪武元年，开国皇帝曾下令禁止宦官指挥军队。[66] 尽管这道诏令被写进了《皇明祖训》并不时在朝堂上引发限制宦官权力的尝试，但我们仍不清楚官员们是在反对违背洪武帝遗训的行为，还是因为注意到王振权势煊赫而被迫做出回应。[67] 也许更真实的情况是，这种批判揭示了存在于 15 世纪文人中的一种无可争议的观念，即军事检阅是统治者

①　前文提过，此时摄政的是张太后、内侍宦官和以"三杨"为代表的能臣贤吏。

②　原文出自《双槐岁钞》卷五，第 83 页。

183

的重要象征和一种明确的皇权符号，也是对皇帝是否具备识人之明的检验。然而，到 16 世纪末甚至更早以前，许多文人就已不再视检阅王朝军队为天子之责。

1436 年，九岁的正统帝亲自登上武将台，观看军官们展示骑射本领。此次检阅有一万多人参与，但只有驸马井源表现不俗并得到认可，在人群中引起欢声雷动——"万人喝彩，声彻天地"。黄瑜记录道，观众们对井源的惊人表现及其无可匹敌的骑射技艺十分赞赏，以至于大家都称其为"福将"。正统帝看到井源的表现也十分兴奋，为其赐酒一杯以示殊荣。

之后，黄瑜记录道："观者又相谓曰：'往年太监阅武，纪广骤升三级，今日万乘阅武，岂但一杯酒耶？'"人们替井源鸣不平，认为他应该得到更为令人瞩目的奖赏。然后，黄瑜尖锐地对比了纪广与井源命运的截然不同。纪广不断得到升迁但并未向皇帝尽忠尽责，井源却为救圣驾壮烈殉国。井源死后，井家家道中落，宅第尽失，而且井家人还眼睁睁地看着自家田产被重新分给宫里的宦官。最后，黄瑜以一段评论为井源的故事作结，认为井源不应当遭此命运。

黄瑜笔下的秘闻野史展现了 15 世纪末时人们对王朝军事检阅的认知。所有行为都被京师的一些人看在眼里，并被计较、评论着。"舆论"认为王振对一个技艺低下之人的公然偏袒，违背了骑射比武的一个重要初衷——选练优秀的将才。黄瑜没有详细说明"舆论"具体指什么，但是它大概包括了在京城有品秩之人的观点。这些更为广泛的观众不仅评议王振的行为，而且品评皇帝作为"恩主"的表现。在这种情况下，年轻的正统帝无疑是不合格的，他亲眼见识了井源的才能及本

184

领，却未能给予恰当的奖赏。

185　　不论对方是文臣还是武将，都要能够做到选贤任能，这是杰出君王所应具备的素质。因此，当皇帝们主持军事检阅，考核以及赏赐提拔兵勇时，他们是在履行自己识人辨才的职责。也许最引人注目的，就是广大的京师观众群体在品评皇帝的所作所为时持有的立场。当黄瑜将这段故事及相关评价放入自己的故事集时，他其实也是在表达自己的立场和观点，而这甚至是在跨越了几十年的光景的情形下。然而，我们不清楚黄瑜的读者会对皇帝的所作所为做何感想，是褒是贬就全凭他们个人的喜恶了。

　　最后，黄瑜理所当然地认为，皇室军事检阅对于皇帝的重要性，就在于培养武将对皇帝个人及王朝的忠诚。王振的所作所为之所以令人不快，是因为他僭越了皇帝作为最大"恩主"的权位，皇帝的权力被他滥用来提拔一名资质平平的人，此人对朝廷只有尺寸之功。[68] 在另一个层面上，也可以说正统帝是失败的。他发现了有才具的勇士，却没能够以一种最有益于自己或王朝的方式提拔该人才。虽然皇帝作为政治恩主明显是失败的，但井源的忠贞还是值得钦佩，因为他献出了自己的生命。黄瑜没有言明却又再清晰不过的逻辑是，辨别并奖赏人才便能够获得他们的忠诚和爱戴。读者之所以对纪广和井源的故事感兴趣，是因为他们的经历与当时广受认可的政治道德准则不符，即获得封赏的纪广没有拼死卖命，而只得一杯赐酒的井源却战死沙场。

　　暂且不论正统帝作为裁判和恩主所存在的明显不足，就在土木堡之变前夕，文官们还在继续倡导训练戍边部队，从而提高其骑射能力。[69] 勋贵们也被要求接受骑射训练，但是皇帝压下了此事。1445 年 11 月，成国公朱勇（1391 ~ 1449 年）呈奏了一份包括十几名驸马及勋贵在内的名单，参劾他们"俱偷惰，不奉诏习骑射"。[70]这段插曲反映的是，尽管也 186许已无人能够领会永乐朝及宣德朝尚武方面的要旨和期冀，但在正统年间它们并未被遗忘。正如第二章所说的，田猎、驭马及射箭等活动在正统帝于 1457 年再度掌权之后，明显得到了复兴。[71]

箭术与射柳的历史遗产

《明实录》第一次提到射柳，是在描述 1391 年端午节庆的开场活动时。这天清晨，皇帝在宫中的奉天门宴请百官。之后在龙光山，洪武帝检阅了"公侯子弟及将校射柳，中者赏彩帛"。[72]此后直至 1413 年，射柳作为端午节庆活动的一部分才再度被提及。[73]最后一次提到它是在 1415 年，当时东苑举行了射柳与马球比赛，之后它就从《明实录》中消失了。[74]

零星的证据显示，永乐帝及宣德帝都曾亲身参与射艺比 187武。正如本章开头所描述的 1413 年的那个案例，当自己最喜爱的皇孙，即后来的宣德帝，在京城最有权势的"观众"面前展现了高超的箭法之后，永乐帝龙颜大悦。那些观赏尚武展示活动，阅读应制诗，以及听别人转述活动情况的观众的反应，是尚武展示中一个不可或缺的部分。当时的有识之士已全然领悟到这些精英观众的重要价值。

有一个人名叫纪纲，曾深受永乐帝宠信。他曾是诸生，后凭借过人的骑射本领赢得了皇帝信任。靖难之役中，他在永乐帝帐下效力，但随着时间的推移，他的野心也一步步膨胀起来。他利用自己锦衣卫指挥使的身份，积累了巨额财富且有了巨大的影响力。据传，他豢养了一批武士随从，还私设了一个军械库，里面藏有刀剑、盔甲、劲弩等器具。[75] 有一年，他决定要通过观察端午节射艺比武的观众群体的反应，来评估自己权势的强弱。永乐帝第一个射向柳树。当轮到纪纲时，他指示锦衣卫中的一名亲信欢呼造势，即便是在他故意射失时。无人胆敢指明刚才所发生的一切，纪纲对此喜不自胜。他把这件事当作无人敢挑战他的明证。《明史》的编纂者们写道，纪纲在端午节上实现了对观众们的掌控，这使他确信自己可以开始图谋不轨了。[76]

与大部分类似事件一样（尤其是在明初），几乎没有任何关于纪纲"不轨"的详细记录留存下来。我们不清楚他有多少支持者，以及这些人的身份为何；也不知道他成功的概率有多大，他最终的目标是什么，或是指控其谋逆的证据为何。我们只知道，在1416年8月8日，纪纲及其心腹们因"有罪"而被处决。他们的财产被罚没充公，家眷被流放到边塞卫所服役。[77]

永乐帝作为一名射手参与端午节比武这条不常见的记录，其真实性是存有疑问的，这件事几乎是《史记》中秦朝宦官赵高指鹿为马这一著名典故的翻版。[78] 如果记录属实，那么这条关于永乐帝以骑射手的身份参与端午节庆活动的记录，就可与辽金王朝男性皇族成员在射柳方面所发挥的核心作用相提并论了。

对于契丹人和女真人来说，射柳是一种军事训练，一项重要的社交活动，以及宫廷宗教生活中不可分割的一部分。[79] 射柳还是瑟瑟仪①的一部分，在此仪式中，契丹人会先搭设百柱天棚，然后皇帝在向先帝遗像献祭后会射柳两次。之后是亲王及群臣依次射柳。射中之人会披上没有射中之人的衣袍，而落败之人向胜者敬酒之后，方可索回自己的衣袍。[80]另外，射柳通常还与田猎出游一同进行。[81]

金朝宫廷则会在拜天时组织射柳，通常是在农历五月的第五天（端午节）、七月的第七天以及九月的第九天（重阳节）举行。[82]1163 年，太子、诸王及百官轮流射柳。[83]在金朝宫廷，射柳与马球通常是一同举行的活动，[84]有时它们会于西苑举行。[85]《金史》的编纂者们注意到，射柳及马球是辽代的风俗，"金因尚之"。[86]偶尔，金朝宫廷也会允许平民百姓前往观看御苑校场上举行的射柳比武。[87]

在唯一一篇就此主题进行比较的文章中，李大鸣认为，辽金元宫廷将射柳视作军事训练，而明廷只把它当作娱乐消遣。尽管与辽金王朝的契丹人和女真人相比，射柳在明朝皇室宗亲及政治精英的宗教或礼仪生活中并不居于核心地位，但正如我们在上文中看到的那样，不同时期的这种活动还是存在共性的：三朝宫廷生活中都有射柳活动，且射柳经常与马球比赛一起举办；射柳都被用来庆祝一些节日，尤其是端午节和重阳节；各朝都会在御苑校场上组织射柳，以此表明皇室的赞助或支持；[88]最后，射柳能给贵族及其他精英提供一个机会，使他

① 瑟瑟仪为辽代的重要仪式之一。相传此仪式为遥辇氏苏可汗开创。天旱时，辽人就选择吉日，举行瑟瑟仪祈雨。仪式前先搭设百柱天棚。仪式开始后的第一日，皇帝向先帝遗像致奠，然后射柳，皇帝射两次，群臣各射一次。第二日，植柳于天棚东南，巫师用酒醴、粮食供奉所植柳枝，诵祝词，皇帝、皇后祭东方，皇室子弟射柳。如三日内降雨，奖赏掌礼官；如无雨，则用水泼掌礼官。

们可以在皇帝和众大臣面前展现自己高超的武艺。

然而，解释这种共性为何存在就不那么容易了。是明廷有意识地效法辽金宫廷，还是有意识地恢复了元廷的做法（间接也借鉴了辽金宫廷）呢?[89] 其实，北宋时，曾有几位皇帝在骑射手们"射柳枝"时，对他们做了评价。[90] 难道射柳早已被完全整合进体现宫廷文化的活动之中，故而明廷顺势地把这项习俗纳入端午节传统，并对其源于哪族或是哪朝丝毫不感兴趣吗?

对其来源的疑问偶尔会在那些明朝时局见证者的记录和关于骑术表演的历史论述中出现。在 1459 年 3 月的一份详细记载中，就时人如何看待这些活动，彭时提供了一些线索：

> 五月五日，赐文武官走骠骑于后苑。其制：一人骑马执旗引于前，二人驰马继出，呈艺于马上，或上或下，或左或右，腾踔矫捷，人马相得，如此者数百骑，后乃为胡服臂鹰走犬围猎状，终场，俗名曰走解。而不知所自始，岂金元之遗俗欤？令每岁一举之，盖以训武也。观毕，赐宴而回。[91]

彭时将骑术表演放到一套复杂的历史与文化关联体系中。他指出，这或许是金元两朝活动的遗产。他的观点可能也反映了时人的看法，即这种比武在很大程度上受到异域风俗影响。彭时描写这些猎手身穿"胡服"。但是，如第二章所说，在仅仅几十年前，帝王画像就描绘了田猎中的宣德帝及其近侍身着蒙古服饰，所以我们想知道彭时是如何看待"胡服"的。彭时的简短描述也将皇族与田猎同"走解"联系起来。最后，彭时还将骑术表演与田猎（包括猎人肩擎猎鹰及摆出围猎阵势）同军事训练联系起来。

在 16 世纪上半叶的作品中，胡侍（1492~1553 年）同样试图探寻他口中的"北方五月五日驰马射柳"的历史根源。胡侍描述了射柳在匈奴人、吐蕃人及女真人的祭天仪式中的地位。在秋季祭天的传统仪式中，吐蕃人会去一片空地，竖起柳树枝杆，骑士们环绕目标射击三次方才停歇。他还援引了 13 世纪中期的《大金国志》及《庬庭事实》中关于女真人所组织的端午射柳的内容。[92]

彭时和胡侍抱持的看法都是，明廷的骑术表演借鉴了辽金的先例。接下来这段关于"春秋大射"的记录，是由极具影响力的朝鲜王廷大臣梁诚之（1414~1482 年）给出的，它揭示了为何要说明廷尚武展示活动中的一些要素属于亚欧大陆东部的共有实践模式。梁诚之写道：

> 盖金人承辽俗，于三月三日、九月九日拜天、射柳。此虽非中原之制，亦藩国之盛事也。我东方雄据海东，自三国至于前朝，郊天缫帝，无不为之。今固不能悉遵其旧，稍仿辽金故事，于三月三日、九月九日亲幸郊外，行大射礼，岁以为常。如是则庶几张皇我武，士气亦增，而自成一国一代之风俗矣。[93]

192

与胡侍一样，梁诚之也在辽金宫廷中探寻射柳的起源，但除此之外，他还认为有必要在与中原王朝及北方政权的关系中，调整朝鲜王廷的定位。他承认射柳不是一项中原传统，不过他也认为自从吸收借鉴射柳活动后，历代朝鲜王廷都受益匪浅，即实现了"张皇我武"和提振士气。另外，梁诚之还用"大射"这个可以追溯至遥远的周代的传统，来指代被他公开描述为源自契丹人和女真人而不是中原王朝的射柳惯例。

与朝鲜的描述和彭时的记载有所不同，大部分关于正统朝射艺比武和骑术表演的记录没有提到与辽金宫廷的联系。相反，它们关注的是明廷中作为尚武展示活动的射箭与驭马，以及进入皇帝专享空间的权利和随驾观赏等问题。1459 年，正统帝精心挑选了一些京城的王朝精英（包括高官大臣），邀请他们去位于万寿山前、皇城正北方的御苑校场观赏骑术表演。韩雍在受邀之列，并留下了一份对此事的记录。

韩雍长于北京城西。他在考中进士后于多处出任地方官，善于处理急难之事，后于 1458 年被召回京师担任太常寺少卿及右佥都御史。[94]在他的诗作《天顺己卯端午节赐游后山观走解有作》（天顺己卯即 1459 年）中，韩雍将"走解"（即骑术表演）描述成皇帝在太平年代保持军队锐气及震慑包藏祸心之邻邦的举措。该诗的大部分内容都在细致地描述勇士们惊人的驭马英姿——他们的技艺有多高超，他们的速度有多惊人，以及他们的身手有多敏捷。韩雍夸张地表示自己从未见过如此景象，而且见证这一景象使得皇帝与朝臣们都情绪高涨。在该诗结尾部分，韩雍描述了正统帝与文臣间融洽的关系。皇帝宴请群臣并赐下美酒供他们尽情享用，这一姿态被韩雍当作"圣王道"现世的证明，因为它彰显了君王与臣民同享丰乐。[95]在最后一行，韩雍谦虚地感喟自己的文采不足以报答君王的浩荡皇恩。[96]

曾拥护正统帝复位的高官姚夔（1414～1473 年）也作了一首诗来记录 1459 年的骑术表演及射艺比武。[97]该诗以七言古诗风格写就，在赞颂尚武展示方面与韩雍的诗有诸多相似之处。姚夔也认为，这是一个河清海晏的时代，因为"南蛮北狄尽宾服"于大明王朝。与韩雍一样，姚夔强调称正统帝勤于治国，即便是在太平年代也密切关注武备事宜。在详述端午节的骑术与箭术表演之后，姚夔不出意外地将关注点转向了皇帝赐酒宴款待朝臣。姚夔还注意到，正统帝意欲恢复已经没落的"祖宗故事"。[98]

考虑到当时的背景，可以认为姚夔想要说的是正统帝对曾举行于紫禁城（确切来说，于万寿山前）的尚武展示活动的恢复。因此，姚夔明确地把皇帝于紫禁城内举办的骑术表演及射艺比武当作一项没落的王朝传统（约一百年后，张居正及其他人在隆庆大阅一事上也利用了此主题）。不论是韩雍还是姚夔，他们的诗都完全没有提到女真或是蒙古与"走解"或射柳的联系。

六个月后，即 1460 年 11 月中旬，当皇帝要在西苑检阅将军们的骑射技艺时，彭时及另外四位大臣被邀请一同前去。在其评价的最后部分，皇帝告诉李贤：

> 为国莫重于武备，练武莫先于骑射，为将领者必皆骑射精熟而后可以训练士卒，否则众无所取法矣。今所阅精熟者多而不及者少，姑存之以励将来，若再试不进则黜罚加焉。[99]

在李贤及其他大臣对皇帝关于王朝防务的深谋远虑深表感激之后，皇帝赐宴文武群臣，并给每人赏赐一千钱。皇帝还宣布，依据射手们在检阅中的表现进行赏赐（少于一千钱）。

在此次检阅中，有几个要素是值得讨论的。首先，皇帝认为检阅不是娱乐消遣，而是延续其家族传统所必需的军事训练。从他的话中，我们可以清楚地看出，他理解骑射对于武备，对于军官，最终对于王朝国运的重要性。其次，皇帝试图获得上层社会的支持。他特意邀请高官大臣及那些有丰富领兵经验的受宠勋贵与他一同参与举行于西苑禁地的这场盛事。他的目的在于借这些人影响当时的京城舆论，提升皇室尤其是皇帝的形象。最后，正统帝的方法看起来奏效了——大臣们完全认同他关于统治者、军事检阅、骑射及王朝国运间联系的看法。

15 世纪的官员将获准进入西苑看作一种社交和政治资本，因为这能证明一个人亲近皇帝并受到宠幸。西苑坐落在皇城内的紫禁城正西，其历史可以追溯到金代。13 世纪时，忽必烈重新扩建了西苑。之后，作为北京城改造工程的一部分，这座御苑在永乐帝治下再次得到修缮。这座苑囿的范围包括今天的北海公园及中南海。被统称为"太液池"的三个相互连通的湖泊，占据了这座苑囿的大部分。

在明朝，西苑作为皇室禁地并不对公众开放。在这里，明朝历代帝王都举行过马球比赛、射艺比武、骑术表演以及军事检阅。兽苑及检阅的校场都位于西苑的北部。[100]西苑的设施包括可泛舟的小湖、亭台楼榭、藏有珍草奇石且得到精心打理的花园、假山、富丽堂皇的宫殿，以及大理石桥。

除了作为举行尚武展示活动的场所，西苑还为皇帝满足自己的兴趣爱好创造了机会。16 世纪中叶，嘉靖帝将西苑改造成一座"可供自己过上神仙般生活的长生不老之地"。他修建了道坛及道观，重新给已有建筑取了有道教风格的名字，还铺张地举行道教仪式以求长生不老、王朝强盛或祈雨。[101]嘉靖帝试图利用皇城里的实际空间来回避礼法和先例的制约，对西苑的改造只是这种实践的部分内容。嘉靖帝会定期在氛围更为轻松的西苑内召见大臣。在 1533 年春季的某日，几位受宠的大臣被嘉靖帝召至苑内，他们观看了皇帝驾驭一匹新驯服的骏马的过程，享用了皇帝赏赐的酒食，还（应皇命）赋诗纪念了这件事。[102] 嘉靖帝谈道，与在早朝时会见群臣不同，在西苑召见大臣时可以采用更接近于"家礼"的行为模式。[103]

大石隆夫（Ōishi Takao）认为，实现了明朝中兴的嘉靖帝曾希望利用西苑来弥合天子与臣仆之间的鸿沟。通过创造一个相对富有活力的社会空间并共享"士大夫文化"，嘉靖帝希望能够延续宣德帝和弘治帝在位时的那种君圣臣贤的融洽关系。声名狼藉的正德帝曾在紫禁城外修建豹房。在那里，他也许可以更无拘束地召见武将、藏人、中亚人、蒙古人及其他通常不能够随意接近天子的人。[104] 正德帝还建有一座用于检阅军队的射苑。[105] 纵观 15 世纪，几位明朝皇帝先后利用包括西苑在内的空间来修建藏传佛教寺庙，这同样可以作为一种逃脱紫禁城内的束缚及群臣之监督的方式。[106] 因此，西苑被明朝皇帝用来培养自己与大臣、僧侣及武士们的私人关系，以及突出一些皇权的要点，这些要点在紫禁城内的早朝中是不容易表现出来的。

和西苑一样，军事检阅和骑射也有好几种功用。骑射技艺的娴熟意味着将领有高强的武力，还可以为其加官晋爵铺平道路，例如一名年轻军官曾凭借精湛的骑射本领和高水平的临场发挥被提拔为正统帝的贴身侍卫。根据王直为陈仪撰写的墓志铭，陈仪在文臣考校军官时"骑射从容，上马引弓，连发中之。诸军皆大呼称快。同就试者皆自以为不可及。遂擢为勋卫，曰带刀侍从"。[107] 当宣德帝还是皇太孙时，陈仪便开始在其

198

卫队中效力，后来还追随他到过北境，并且曾作为三千先锋队伍中的一员与蒙古人交战。很明显，陈仪在骑射方面的骁勇使他有资格出任官职，且他在皇帝面前堪称传奇的表现使他获得了文臣及武官同僚的直接认可。[108]

199

然而，也有一些官员反对朝廷过分看重检阅与骑射。1445年末，北部边境重镇大同的守将石亨（亡于 1457 年）上奏皇帝，要求朝廷加大军事人才甄选工作的力度。石亨认为，许多"通于兵法"的人事实上依靠的只是对武经七书的死记硬背，而"熟于弓马者，不过匹夫之勇"。[109]在土木堡之变后不久，大臣李时勉（1374～1450 年）便在奏疏中间接批判了射艺比武和骑术表演。在一段关于武备的讨论中，李时勉于不经意间揭露了京城中一个普遍存在的与骑术有关的经济和亚文化现象。他写道：

> 臣见今武臣子弟袭职惟走马跳沟射箭而已。京师无赖之徒多买快马教习以规厚利，就使试中。问以兵法皆不能对。[110]

200 李时勉认为，熟练的骑射本领只适用于单打独斗。军官不同于普通士兵，他们应当成为"万人敌"，只有真正领悟军事经典的要义，方能精通排兵布阵、行军动员以及策略谋划。[111]李时勉并不否认皇帝举办的射艺比武及骑术表演的功用，但是考虑到土木堡之变那场灾难所带来的巨大损失，他清醒地觉察到，是时候调整遴选军事人才时的优先考虑事项了。

上文提到的大学士彭时尽管担忧朝廷过分看重军事检阅，但仍然将参与军事检阅看作拥有显赫声名及尊崇地位的标志，并且将此次检阅记入了他的杂记。他的记录着重描写了参加此次皇室检阅的队列的意气风发。当然，他自己和作为直接参与者的皇帝也在队列中：

> 所阅皆侯、伯、都督、指挥。指挥隶三营把总，管操者总兵官。会昌侯孙继宗、广宁侯刘安、怀宁伯孙镗、都督赵辅，具名籍进呈。令逐一驰马射箭，以三箭为率，上亲按籍记中否。有中二箭或中一箭者，其有不中而引弓发矢可观者，比中例。试毕，赐钞有差，而总兵泊时五人各赐钞一千贯。[112]

在接受检阅的人当中有一些权势煊赫的大人物。孙镗曾在北边抗击蒙古人，还在1449年镇压了浙江处州的叛乱，并于同年率军抗击也先来犯，保卫了北京城。随后在1457年，他帮助正统帝重新登上皇位。1461年，他原本要率军去陕西讨伐蒙古人，但在他出发前发生了宫廷政变。在平定这场危急的叛乱的过程中，他发挥了关键作用。孙继宗是宣德帝妻子孝恭章皇后的兄长，是显赫一时的国戚。正统帝去世后，孙继宗、孙镗与其他几位文臣武将及宦官在1465年一同成为成化帝所倚重的谋臣顾问，构成了事实上的摄政集团。[113]

1460年12月，皇帝在西苑又举行了一场针对骑射技艺的检阅。这一次他考察了亲军卫的军官以及作为王朝卫队后备力量的武士。皇帝再次邀请了统领京军三大营中五军营的孙继宗及心腹谋臣李贤出席此次检阅。[114]亲军卫、三大营以及文官大臣代表了支持皇帝复位的三个最为关键的支柱。[115]

此次大检阅的时机选择也耐人寻味。恰在此时，宫廷中正在进行一次大规模的权力洗牌，其结果是曾在 1457 年"夺门之变"中帮助正统帝复位的军事将领获罪伏诛。诸如石亨和石彪等权势熏天的将领并未在关于检阅和皇室田猎的现存记录中出现，也许是记录者碍于他们声名狼藉的"反贼"身份而选择在事后隐去其姓名。当然，事实也可能是石亨根本没有被邀请参与田猎及检阅。如果这是真相的话，那么皇帝及其亲信也许试图借此次检阅凸显他们的军事实力，营造一种团结之感，以做好应对潜在的军事冲突的准备。最终，石亨毫无反抗，束手就擒。另外，还有一位凭借 1457 年"夺门之变"获得巨大权力的将领因心怀怨愤和恐惧，在 1461 年试图突入紫禁城西华门厚重的木门之内，向皇帝实施报复。他密谋推翻正统帝并以一位较为软弱的皇室成员代之，然而仅与朝廷军队在京师内的街道上激战了一天，他的阴谋便被挫败了。被烧得残破不堪的西华门仍然矗立在那里，成为这场差点发生的灾祸的无言见证者。[116]

能够参与这些仅有少数人有资格加入的盛事，标志着一个人在明廷享有很高的人望和政治地位。陆容在其 15 世纪末的作品中记道：

> 朝廷每端午节赐吃糕粽于午门外，酒数行而出。文职大臣仍从驾幸后苑，观武臣射柳。事毕皆出。[117]

陆容对尊卑的把握极为敏锐。文臣们依照品秩高下在午门前排列，皇帝赐酒的方式也反映了这种秩序。同样明显的还有普通官员与高官重臣之间的区别。只有高官才享有进入"后苑"，也就是只属于皇室成员而通常不许外人进入的社交空间的资格。

　　然而，这种社交及政治上的排他性，只是举行于皇城内的骑射检阅的一个方面。如前所述，明朝皇帝也借此训练、培养朝廷军队的技艺本领。另外，前文也说过，正统帝曾亲自检阅、考校诸将及勋贵。这些皇城内的检阅让在皇帝面前表演骑射的人获得了巨大的荣光，同时也促使他们勤于练习，练好基本功。1459 年末或 1460 年初，正统帝对御马监的勇士进行了考校，他们展现了自己的骑射本领。彭时记载道，因为皇帝的检阅，"将士咸感德畏威，知所奋励云"。[118] 对彭时这样的人而言，皇帝的用意是明显且值得颂扬的，而且至少从短期来看是有成效的。

　　皇帝对勇士们（的骑射技艺）的这种兴趣，以及这些勇士通过皇帝获得的影响力，都反映在《明英宗实录》1458 年的一段记录中：

　　　　时御马监官军人等多以善骑射被宠，然怙势多犯法。上敕三法司，今后御马监都指挥、指挥千百户并勇士小厮，但为事者，不分轻重罪名，俱录情词以闻，取自上裁。[119]

这段文字说明，皇帝对骑射的兴趣导致一些人在御马监掌权，并且四处作威作福。这段文字的内容也具有启发意义。《明实录》的编纂者们交代了皇帝下诏的背景。编纂者们宣称，皇恩荣宠导致一些军士滥用职权，皇帝下达给三法司官员的敕令成为这些军士有罪的证明。然而，从一种略微不同的视角出发，我们也可以看到皇帝在试图管束自己的臣下。也许更为重要的是，通过传递皇帝亲自过问案情的信息，正统帝意在强调，只有他而不是文官大臣，才有权裁决武人的罪案。

临界点

总的来说，纵观 15 世纪的前六十年，诸如田猎、军事检阅、射艺比武以及骑术表演等尚武展示活动，构成了皇族生活重要且广受接受的一部分。永乐帝、宣德帝及正统帝定期田猎并在皇城校场上组织骑术及箭术表演，高级将领及外戚参与了这些比武。受邀参与这些盛事是文臣梦寐以求的殊荣，而且会被他们大肆宣扬。不过，他们中的一些人也注意到这些比武源自蒙古人（及金人）。在 15 世纪上半叶，皇帝们亲自监管这些比试，通过这些规模盛大的活动展现其权势、气度以及志趣。当宦官向普通百姓勒索猎物，或者皇亲国戚违越礼制时，文官们也许会抨击与田猎相关的权力滥用问题，但对王朝统治者举办田猎、驭马及射箭等活动再自然不过的这一观点，很少有人胆敢反对。事实上，礼部甚至一度将"弓马"纳入王朝继承人的必修课程。[120]正如后面的章节将会说明的，到明朝中期，对此类活动的态度发生了戏剧性转变，诸多士人抗拒这些存在已久的惯例，他们认为这些行为并不符合天子的身份。

注　释

1. James T. C. Liu，"Polo and Cultural Change．"引文出自第 204 页。一种易于理解的基于装饰艺术和随葬品的关于唐代马球的论述，见 Bower，"Polo in Tang China"。

2. James T. C. Liu, "Polo and Cultural Change," p. 224.

3. 王绂,《端午赐观骑射击球赐宴》,《王舍人诗集》卷二, 第 23 ~ 25 页 (《四库全书珍本》版)。转引自 JamesT. C. Liu, "Polo and Cultural Change," p. 224。现在有一版王绂诗集是可以查阅的。见王绂《友石先生诗集》(《北京图书馆古籍珍本丛刊》, 第 100 册)。正文引用的关于马球和箭术的诗, 见卷二第 19 页 b ~ 20 页 a (第 263 页)。

4. 王绂也是一位画家。见 Liscomb, "Wang Fu's Contribution"。王绂在朝中的微妙位置导致了其人生的不幸:作为画家, 他的水平获得了高品秩的大臣, 如杨荣和胡广的认可 (事实上也有对他的利用), 但其在文人圈子中的地位远远低于他们。见 Liscomb, "The Eight Views of Beijing," pp. 148 – 150。

5. 按照公历来算, 这天是 1413 年 6 月 3 日。

6. 端午节的庆祝活动随地区、社会阶层、宗教信仰以及时期的不同而有所变化。对明朝端午节庆的讨论, 见陈宝良《中国风俗通史(明代卷)》, 第 993 ~ 998 页。萧放认为, 明朝时期京城人家中的端午节庆活动变得越来越强调性别差异以及家庭层面, 宫廷中的端午节庆活动也变得不再具有那么强的社交功能了 (《北京端午礼俗与城市节日特性》)。

7. 李贤,《陈懋神道碑》, 收于焦竑《国朝献征录》卷七, 第 45 页 a ~ 48 页 a (第 1 册, 第 244 ~ 245 页)。在陈懋超长的仕宦生涯中, 他先后服侍了五位君王;迟至 1448 年, 他还于福建领导了镇压邓茂七叛乱的军事行动。1426 年, 作为宗室一员, 新君宣德帝委托给袁容一个微妙的任务, 即调解自己与皇叔赵王之间的紧张关系, 当时很多人认为后者计划发起一场政变。见杨士奇《圣语录》,《东里文集》, 第 406 页。

8.《明太宗实录》卷一四〇, 第 1 页 b ~ 2 页 a, 永乐十一年五月癸未。

9.《明太宗实录》卷一四〇, 第 1 页 a ~ 2 页 b, 永乐十一年五月癸未;沈德符,《宣宗击射》,《万历野获编》补遗卷一, 下册, 第 790 页。

10. 王英,《端午日赐射柳》,《王文安公诗集》卷四 (《续修四库全书》, 第 1327 册, 第 280 页)。

11. 可参阅李大鸣《明代宫廷的端午射柳》，第 174 页。李大鸣把 1413 年的马球比赛和射柳比武看作娱乐消遣。在唐朝，马球偶尔也是一种外交手段，例如 709 年，吐蕃使臣在长安与唐的宫廷人员开展了一系列马球比赛（Bower, "Polo in Tang China," p. 26）。

12. 这一场面在黄瑜 15 世纪晚期的笔记中有生动的描绘。见《双槐岁钞》卷四，第 62 页。

13. 《太宗大王实录》卷二五，第 14 页 a（第 1 册，第 665 页），太宗十三年三月庚寅。

14. 《太宗大王实录》卷二五，第 16 页 b（第 1 册，第 666 页），太宗十三年三月己亥。

15. 《太宗大王实录》卷二五，第 18 页 b（第 1 册，第 667 页），太宗十三年三月丙午。

16. 《太宗大王实录》卷二七，第 5 页 a（第 1 册，第 678 页），太宗十三年七月乙未。

17. 《太宗大王实录》卷二七，第 5 页 a（第 1 册，第 678 页），太宗十三年七月乙未；第 5 页 a（第 1 册，第 678 页），太宗十三年七月丙申；第 7 页 b~8 页 a（第 1 册，第 679 页），太宗十三年七月癸卯。

18. 对接下来的章节将要讨论的诗作的补充，见：夏原吉，《午日赐观击球射柳诗》，《忠靖集》卷四，第 14 页 a（《文渊阁四库全书》，第 1240 册，第 517 页）；曾棨，《侍从东花观击球射柳应制》，《刻曾西墅先生集》卷五，第 32 页 a~33 页 a（《四库全书存目丛书》，集部 30，第 158 页）（诗题中的"花"也许是笔误，实际上可能是"苑"）；章敞，《端午赐内苑观击球射柳应制》，《明永乐甲申会魁礼部左侍郎会稽质庵章公诗文集》（《四库全书存目丛书》，集部 30，第 293 页）。然而，现在没有关于明朝时期马球活动的实物证据。渤海镇（黑龙江宁安）曾发掘出一颗马球，其年代初步估计可追溯到渤海国时期（698~926 年）。它重达 7 盎司（约 200 克），直径为 2.3 英寸（约 6 厘米）。这颗马球很明显由骨头制成，表面上有朱砂绘线的模糊痕迹。见王勇《渤海上京城出土的马球与渤海人的马球运动》。

19. 《明太宗实录》卷一六四，第 1 页 a，永乐十三年五月辛丑；谈迁，《国榷》卷一六，第 1117 页，永乐十三年五月辛丑；《明太宗实录》卷一七六，第 1 页 a，永乐十四年五月丙午；谈迁，《国榷》卷一六，第 1129 页，永乐十四年五月丙申。

20. 我在《国榷》和《明实录》中查阅过宣德帝当政期间每一年的内容。《明实录》提到了颁赐扇面和于京师中宴请文武群臣，但未再提供更多细节。

21. 金善，《端午内苑赐观击球射柳》，《金文靖公集》，第 177 页。亦可见金善《端午赐宴观击球射柳》，《金文靖公集》，第 149 ~ 150 页；《重午日侍从内苑观击球射柳应制》，《金文靖公集》，第 114 ~ 115 页。

22. 例如可参见：叶晔，《明代中央文官制度与文学》，第 55 ~ 56 页；郑礼炬，《明代洪武至正德年间的翰林院与文学》，第 10 ~ 11 页、第 49 页。正如郑礼炬所指出的，洪武帝对其臣工诗作的评定，也是他试图使当时文风迎合自己个人品位的手段。

23. 《明史》卷四〇，第 4191 页，志第十六·地理一。然而，解缙文集的编者们强调称，其他大臣跟不上解缙作诗的速度（《解学士全集》卷首，第 21 页 b）。无论如何，御前各大臣作诗竞争一事是明确的。

24. 沈德符，《宫寮超赠》，《万历野获编》卷一〇，下册，第 273 页。同样的结论见无名氏为王汝玉撰写的墓志铭［《春坊赞善王公汝玉传》，收于焦竑《国朝献征录》卷一九，第 52 页 a ~ b（第 2 册，第 787 页）］。导致王汝玉身死的更有可能是其与解缙的亲密关系。

25. Chu, "The Jiajing Emperor's Interaction," pp. 225 – 228.

26. 金善，《端午内苑赐观击球射柳》，《金文靖公集》，第 177 页。

27. 金善，《重午日侍从内苑观击球射柳应制》，《金文靖公集》，第 115 页。

28. 章敞，《端午赐内苑观击球射柳应制》，《明永乐甲申会魁礼部左侍郎会稽质庵章公诗文集》（《四库全书存目丛书》，集部 30，第 293 页）。

29. 王璲（也就是王汝玉）在提到马球比赛和射艺比武时，明确称其为"阅武"［王璲，《端午应制》，《青城山人诗集》卷三，第 30 页 a，第 141 页（《北京图书馆古籍珍本丛刊》，第 100 册）］。

亦可见：杨荣，《赐观击球射柳》，《杨文敏公集》，第 1 册，第 63 页；杨荣，《端午赐观击球射柳》，《杨文敏公集》，第 1 册，第 84 ~ 86 页。

30. 章敞，《端午赐内苑观击球射柳应制》，《明永乐甲申会魁礼部左侍郎会稽质庵章公诗文集》（《四库全书存目丛书》，集部30，第 293 页）。

31. 章敞，《端午赐内苑观击球射柳应制》，《明永乐甲申会魁礼部左侍郎会稽质庵章公诗文集》（《四库全书存目丛书》，集部30，第 293 页）。

32. 胡广，《端午即事》，《胡文穆公文集》卷八，第 29 页 a（《四库全书存目丛书》，集部 28，第 594 页）。该诗是作于端午节的四首诗之一。胡广在第一首诗中写道，"去岁从征北伐胡"。

33. 古代著名射手纪昌的故事可见《列子·汤问》。下一行诗与这个故事紧密相关。故事中，纪昌在与其师父对决前练习不眨眼，把视力练到哪怕是微小的东西（例如一只虱子）也能看得很大。师徒两人对射彼此，势均力敌，以至于箭头在半空中相撞。当纪昌再射一箭时，其师父仅用一根小棍便将箭挡下。但胡广没有提到比赛结果：徒弟和师父立誓将相待如父子，并绝不外传此技于他人。（此为本书作者解读，与中文原文所述有出入。——编者注）

34. 1750 年版用"风"字代替"虱"字，这明显是一个笔误。

35. 胡广，《端午侍从御苑击球射柳应制》，《胡文穆公文集》（《四库全书存目丛书》，集部 28，第 551 页）。

36. 王璲，《端午应制》，《青城山人诗集》卷三，第 30 页 a（《北京图书馆古籍珍本丛刊》，第 100 册，第 141 页）。

37. 金善将尚武置于统治者对礼乐的关注、明的转变、异族人口和丰收的语境之中。

38. 金善，《重午日侍从内苑观击球射柳应制》，《金文靖公集》，第 115 页。

39. 杨基，《球场曲》，《眉庵集》卷四，第 10 页 a ~ b。

40. 即朱桢（1364 ~ 1424 年）。

41. 管时敏，《题蔡将军春击球图》，《蚓窍集》卷五，第 5 页 a ~ b。

42. 近来关于明中都的研究成果，包括考古发现，见王剑英等人的《明中都研究》。

43. 编者们在关于军礼的条目，确切来说是在"大射"的题目之下收入了这一小段关于射柳的文字。《明史》卷五七，第 1441 页，志第三十三·礼十一·大射。

44. 赵珙，《蒙鞑备录》（见王国维《蒙鞑备录笺证》，《王国维遗书》，第 13 册，第 19 页 a）。转引自陈高华《宋元和明初的马球》，第 291 页。关于宋使的使命，见 Herbert Franke，"Song Embassies"。对赵珙使命的简评，见 Peterson，"Old Illusions and New Realities," p. 219。关于木华黎的一段有用的传记性说明，见 de Rachewiltz，*In the Service of the Khan*，pp. 3 – 8。

45. 《析津志辑佚》，第 203 页。标点及校订见陈高华《宋元和明初的马球》，第 292 页。

46. 陈高华，《宋元和明初的马球》，第 292 页。亦可见：史卫民，《元代社会生活史》，第 326 ~ 327 页；陈高华、史卫民，《中国风俗通史（元代卷）》，第 411 ~ 415 页。陈高华发现，一种用脚踢的马球在元代更为流行（见《中国风俗通史（元代卷）》，第 415 ~ 416 页）。

47. 朱有炖，《元宫词百章》，第 20 页。转引自陈高华《宋元和明初的马球》，第 292 页。

48. 陈高华也强调，"明初马球比赛之所以存在，恰恰是因为明朝承袭了元代的惯例"。他详细阐述道，"可以说从唐代起，经过辽、宋、金和元，一直到明初，马球都是一项流行的竞技形式"（《宋元和明初的马球》，第 295 页）。尽管陈高华的研究十分有益，但这种观点掩盖了几个重要问题，包括传承的具体情况、民族融合的作用，以及时人对马球的政治和文化意义的态度。

49. 现藏于北京故宫博物院。

50. 《宪宗行乐图卷》彩色复制品，见 Li and Knight，*Power and Glory*，fig. 115，pp. 207 – 208。

51. 地方上的文武官员也会定期举行军事检阅。对一场举行于开封城外的检阅的描述，见李祯《汴城阅武歌》，《运甓漫稿》卷二，第 34 页 b ~ 35 页 b［或 1459 年版的卷二，第 30 页 b ~ 31 页 b（《文渊阁四库全书》，第 1242 册，第 444 页）］。此段描述的具体出现日期不明。

52. 王圻，《续文献通考》卷二六，第 17 册，第 10012 ~ 10013 页；

史继偕，《大阅》，《皇明兵制考》卷中，第 250 ~ 251 页。考虑到王圻和史继偕作品的创作日期，我们想知道嘉靖、隆庆和万历三朝的大阅是否塑造了晚明人对洪武帝行为的看法。洪武帝也在河边的战斗中训练他的士兵。

53. 《明太祖实录》卷一六，第 3 页 b，乙巳年正月乙酉。

54. 徐学聚，《校阅》，《国朝典汇》朝端大政卷一七，第 2 页 b（第 362 页）。

55. 提到 1410 年于抗击蒙古人的战场上举行军事检阅的文献有：金善，《北征录》，收于邓世龙《国朝典故》卷一六，上册，第 296 ~ 299 页；谈迁，《国榷》卷一五，第 1037 页，永乐八年二月乙卯、甲子、乙丑；谈迁，《国榷》卷一五，第 1038 页，永乐八年三月乙亥。提到 1414 年在抗击蒙古人的战斗中举行军事检阅的文献有金善《北征后录》，收于邓世龙《国朝典故》卷一六，上册，第 317 页。其他战争期间的检阅活动，见：《明太宗实录》卷一五一，第 1 页 a，永乐十二年五月癸酉；谈迁，《国榷》卷一七，第 1204 页，永乐二十一年八月丙寅；谈迁，《国榷》卷一七，第 1209 页，永乐二十二年三月戊戌。在 1424 年的军事检阅活动（于永乐帝最后一次征战草原的前夕举行）中，至少有三位有爵位的将领是为明廷效力的蒙古人，他们是忠勇王金忠、安顺伯薛贵、恭顺伯吴克忠。见杨荣《北征集》，收于邓世龙《国朝典故》卷一八，上册，第 322 页。杨荣称检阅日期为 1424 年 3 月 31 日（永乐二十二年三月丁丑），然而实录中记载的却是 4 月 1 日。见《明太宗实录》卷二六九，第 1 页 b ~ 2 页 a，永乐二十二年三月戊寅。

56. 《明太宗实录》卷二四九，第 2 页 a，永乐二十年五月庚午。

57. 羽书中的羽毛表示军令紧急。

58. 对于"虎贲"的英文翻译依循了康达维（David Knechtges）的译法（"Western Capital Rhapsody," in Xiao Tong, *Wen xuan*, vol. 1，p. 128，line 246），他将他们视为在《周礼》和《尚书》等经典中有过记载的皇家卫队。

59. 夏原吉，《永乐辛卯将用兵于沙漠二月大阅于北京城东时翰林金侍讲有诗因次其韵》，《夏忠靖公集》卷四，第 14 页 a ~ b（《北京图书馆古籍珍本丛刊》，第 100 册，第 690 页）；《忠靖集》卷四，第 12 页 b（《文渊阁四库全书》，第 1240 册，第 516 页）。《文渊阁四库全书》的编者们以"烽烟"代替了"腥膻"，因而明显改变了诗句的韵脚。最后一行诗使用了和天体有关的意象。"薇垣"是内阁的别称（Hucker，p. 557），又暗指紫微垣（大熊星座）。"泰阶"似乎指的是太微垣（大熊星座）。只有在太微垣太平时，宇宙（包括人间）方能太平。"泰阶"也被用来指代宫廷。

60. 胡广，《侍从阅武鸣銮成》，《胡文穆公文集》卷二〇，第 22 页 b（《四库全书存目丛书》，集部 29，第 176 页）。

61. 胡广，《中都阅武》，《双槐岁钞》卷三，第 21 页。

62. 杨荣，《甘露诗》，《杨文敏公集》卷一，第 1 册，第 6 页。

63. 《明太宗实录》卷一三三，第 2 页 a，永乐十年十月丁卯。

64. 娄性，《皇明政要》卷五，第 14 页 b ~ 15 页 a，永乐十二年五月（《四库全书存目丛书》，史部 46，第 228 页）。永乐帝在率军与蒙古人作战的过程中，于杨林举行了此次检阅。

65. 正如刘珏（1410 ~ 1472 年）那首不知创作时间的《端午观兵》所指明的，军事检阅与端午之间的联系并不只见于朝廷。见刘珏《端午观兵》，《重刻完庵刘先生诗集》卷上，第 9 页 b ~ 10 页 a（《四库全书存目丛书》，集部 34，第 443 页）。诗中引用的内容表明检阅举行于山西，而刘珏作为按察司佥事在山西任职了一段时间。焦竑的《国朝献征录》[卷九七，第 97 页 a（第 7 册，第 4278 页）]中关于刘珏的毫无特色的传记文字并未提供朝廷下达任命的日期。刘珏在结尾处对诗的主旨做了清楚的表述："太平未敢忘征伐，要使狂胡尽胆寒。"

66. 《明太祖实录》卷三一，第 9 页 b ~ 10 页 a，洪武元年四月丙辰。

67. 朱元璋，《论治道》，收于吕本《洪武宝训》卷一，第 3 页 b，洪武元年四月丙辰（《皇明宝训》）。在明王朝末期，官员们把违反洪武帝关于宦官统兵的禁令也算作权宦魏忠贤的诸多罪状之一。见杨涟《纠参逆珰疏》，《杨忠烈公集》卷一，第 12 页 b，亦收于陈子龙《皇明经世编》卷四九六，第 5 册，第 5496 页。

68. 时人很可能都将此事看作王振在官场上培植私人势力的举措之一。关于王振的政治恩惠，见 Hammond，"The Eunuch Wang Zhen，" p. 149。

69. 周叙，《正统己巳奏疏》，《石溪集》卷二，第20页a（《北京图书馆古籍珍本丛刊》，第102册，第41页）。

70. 《明英宗实录》卷一三四，第4页a，正统十年十月庚戌。

71. 1447年，正统帝在京师周边组织了一场军事检阅。襄城伯李隆的墓志铭记录了这场检阅，李隆在此次检阅中指挥自己的部队展现了实力。但这份墓志铭并未记录检阅的精确日期。见王直《襄城伯李公墓志铭》，《抑庵文集》卷一〇，第13页a（《文渊阁四库全书》，第1241册，第210页）。然而，《国榷》并未提到此次检阅。李隆死于1447年12月2日。见谈迁《国榷》卷二六，第1730页，正统十二年十月癸未。谈迁记录的是，皇帝于1438年在安定门外举行了一场军事检阅（《国榷》卷二四，第1548页，正统三年二月丁巳），但《明实录》只说了"安定门外地为训练军士之所"，并未提到任何检阅或是皇帝出席的场合（《明英宗实录》卷三九，第1页b，正统三年二月丁巳）。

72. 《明太祖实录》卷二〇八，第6页a，洪武二十四年五月己丑。李大鸣总结道，1391年的射柳主要是"贵族子弟"间的游戏或是表演（《明代宫廷的端午射柳》，第174页）。

73. 《明太宗实录》卷一四〇，第1页a，永乐十一年五月癸未。

74. 《明太宗实录》卷一六四，第1页a，永乐十三年五月丁丑。关于射柳的记录流传了下来。当年轻的万历帝开始学习诗文功课时，张居正讲述了宣德帝作为一名射手于端午射柳活动中的精彩表现。见《明神宗实录》卷二四，第2页a，万历二年四月癸丑。

75. 这是一种模式化的描述，经常被用来指控和证明谋反行为。几乎所有其他知名"反派"人物的罪名都如出一辙，如16世纪的宦官刘瑾、安化王、宁王。

76. 王世贞，《锦衣志》，收于沈节甫《纪录汇编》卷一九五，第4页a~b；《明史》卷三〇七，第7877页，列传第一百九十五·佞幸·纪纲。

77. 《明太宗实录》卷一七八，第2页b~3页a，永乐十四年七月乙巳；谈迁，《国榷》卷一六，第1132页，永乐十四年七月乙巳。

78. 感谢施珊珊（Sarah Schneewind）使我注意到了这点。

79. 对辽、金和元宫廷的射柳活动的简评，见李大鸣《明代宫廷的

端午射柳》，第 171～174 页。关于辽、金、元、明宫廷于端午
节举办的射柳和马球活动的地位，见萧放《北京端午礼俗与城
市节日特性》。关于辽代的射柳，见 Wittfogel and Feng, *History
of Chinese Society Liao*, pp. 217－218, 257; May, *The Mongol Art
of War*, pp. 43－45。

80. 脱脱等，《辽史》卷四九，第 835 页，礼志一·吉仪·瑟瑟仪。

81. 例如见脱脱等《辽史》卷六八，第 1040～1048、1063～1064、
1071 页，游幸表。

82. 脱脱等，《辽史》卷二，第 27 页，本纪第二·太祖阿骨打·收
国元年。傅海波（Herbert Franke）曾简略地提道，女真人决定
延续辽的射柳习俗。见 Franke, "Chinese Texts on the Jurchen,"
pp. 135－136。

83. 脱脱等，《辽史》卷六，第 131 页，本纪第六·世宗雍上·大定
三年。

84. 脱脱等，《辽史》卷九，第 214 页，本纪第九·章宗璟一·明昌
元年；卷一一，第 248 页，本纪第十一·章宗三·承安三年。

85. 脱脱等，《辽史》卷九，第 214 页，本纪第九·章宗璟一·明昌
元年。

86. 脱脱等，《辽史》卷三五，第 3 册，第 826 页，志第十六·礼
八·拜天。

87. 脱脱等，《辽史》卷九，第 1 册，第 214 页，本纪第九·章宗璟
一·明昌元年；脱脱等，《金史》卷一一，第 248 页，本纪第十
一·章宗三·承安三年。

88. 契丹人也会在行宫的所在地和都城周边的乡间组织射柳活动。

89. 已知蒙古人有书面记录的最早事例大约发生在 1225 年，当时的
一场射艺比武最终由成吉思汗的侄子拔得了头筹（Allsen,
"Command Performances," p. 39）。

90. 徐松（1781～1848 年），《习射宴》，《宋会要辑稿》礼四五，第
1444～1446 页。在射艺比武举行于御苑校场期间，宋朝初期的
皇帝们与宗室其他成员一样也会轮流搭弓射箭。

91. 彭时，《彭文宪公笔记》，收于邓世龙《国朝典故》卷七二，下
册，第 1588 页；彭时，《可斋杂记》，第 6 页 a（《四库全书存
目丛书》，子部 239，第 343 页）。《明英宗实录》关于端午（或

端阳）的部分没有提供更多细节，只提到皇帝颁赐扇面给众臣
并赐宴招待他们。《世祖大王实录》亦未提及明廷 1459 年的这
次端午节庆。

92. 胡侍，《蹒柳》，《墅谈》卷五，第 9 页 a（《四库全书存目丛
书》，子部 102，第 401 页）。《大金国志》通常被认为是由宇文
懋昭撰写的。宋朝文人文惟简编写了《虏庭事实》。

93. 梁诚之，《便宜二十四事》，《讷斋集》卷二，第 1 页 b ~ 2 页 a。

94. 关于韩雍的传记性说明，见陈学霖写的条目，收于 Goodrich and
Fang, *DMB*, pp. 498 – 503。

95. 我们想知道韩雍是否意在引出明初的一段小插曲（并为其辩护）。
洪武帝曾将大臣宋濂灌醉，然后命其他大臣以"醉学士"为题赋
诗纪念这个场合。一些人将此事当作君臣间关系融洽的证明，另
一些人则认为这件事可证明洪武帝举止轻慢——逼迫一个不胜酒
力的大臣豪饮，然后命令一干饱学之士来庆贺其同僚受到欺凌
的丑态。见郑礼炬《明代洪武至正德年间的翰林院与文学》，第
48 页。

96. 韩雍，《天顺己卯端午节赐游后山观走解有作》，《韩襄毅公家
藏文集》卷二，第 9 页 b ~ 10 页 b。

97. 商辂，《资德大夫正治上卿太子少保吏部尚书赠光禄大夫少保谥
文敏姚公夔墓志铭》，收于焦竑《国朝献征录》卷二四，第 47
页 a（第 2 册，第 989 页）；《明史》卷一七七，第 4714 页，列
传第六十五·姚夔传。正统帝于 1457 年再登帝位后不久，便将
姚夔从南京召回北京。第二年，姚夔被任命为吏部尚书。

98. 姚夔，《己卯端午节赐游后山观走马射柳有作》，《姚文敏公遗
稿》卷二，第 28 页 b ~ 29 页 a（《四库全书存目丛书》，集部
34，第 487 ~ 488 页）。

99. 《明英宗实录》卷三二〇，第 4 页 b ~ 5 页 a，天顺四年十月甲
子；谈迁，《国榷》卷三三，第 2111 页，天顺四年十月甲子。

100. 单士元，《明北京宫苑图考》，第 41 页，地图 19。单士元更关
注西苑的祭坛和门廊，而不是校场和兽苑。单士元认为，明朝
的西苑规模是清朝时的两三倍大（第 38 页）。

101. Wan, "Building an Immortal Land."

102. 吕本，《嘉靖宝训》卷六，第 24 页 a（《皇明宝训》）。张璁的

文集中好几次提到了这次"君臣之游"。见张璁《召游南城》，《太师张文忠公集》卷八，第14页a~15页b（《四库全书存目丛书》，集部77，第161页）。亦可见张璁《恭和圣制二章》《应制七言律二章》《应制古乐府二章》《奉纪圣恩八首》，《太师张文忠公集》卷四，第16页a~19页a（《四库全书存目丛书》，集部77，第237~238页）。张璁认为，皇帝对骑术的兴趣显示即使在和平年代他仍关注武备，而这种关注值得赞颂（卷八，第14页b）。

103. Ōishi Takao, "Mindai Kaseichō no saien saiken." 关于"家礼"的引文见第10~11页。同样可以明确说明西苑是宗族或个人空间的事实是，它为明宗室内失宠的成员提供了幽禁之所，这些地方通常受到卫士看管。见 Ōishi Takao, "Mindai Kaseichō no saien saiken," p. 2. 大石隆夫列举了汉王、景泰帝以及被废的吴皇后（成化帝原配）的事例。16世纪初期，安化王因叛乱未遂，也和其家人被幽禁于那里（Robinson, "Princes in the Polity"）。

104. Geiss, "The Leopard Quarter."

105. 程里尧，《皇家园囿建筑：琴棋射骑御花园》，第25页。

106. Otosaka Tomoko, "Kaette kita shokumokujin," pp. 268 – 270.

107. 王直，《都指挥金事陈公墓志铭》，《抑庵文集》卷一〇，第6页a~b（《文渊阁四库全书》，第1241册，第207页）。

108. 据另一份墓志铭记载，1441年，有一位军官因擅长骑射而被选派至云南前线督战。见祁顺（1434~1497年）《明故镇国将军广东都司都指挥同知安公墓碑铭》，《巽川祁先生文集》卷一四，第24页a（《四库全书存目丛书》，集部37，第560页）。这位军官名叫安福。这份墓志铭可能过分夸大了安福在平定强大的麓川土司任思发的叛乱时的指挥作用。朝廷升赏功臣的诏命里并没有安福的名字。见谈迁《国榷》卷二五，第1602~1603页，正统六年正月甲寅。

109.《明英宗实录》卷一三四，第5页a，正统十年十月壬子。石亨在拣选更多军事人才一事上的建议，尤其是军事人才应具备战略眼光和指挥能力，赢得了皇帝的赞赏。

110. 李时勉，《论政治疏》，《李忠文奏疏》，收于陈子龙《皇明经世文编》卷二一，第 1 册，第 168 页。一个略有不同的说法见李时勉《封事》，《古廉文集》卷八，第 2 页 a（《文渊阁四库全书》，第 1242 册，第 789 页）。

111. 此处，李时勉大概指的是 11 世纪的官修《武经总要》等军事著作。

112. 彭时，《彭文宪公笔记》，收于邓世龙《国朝典故》卷七二，下册，第 1589 页；彭时，《可斋杂记》，第 6 页 b ~ 7 页 a（《四库全书存目丛书》，子部 239，第 343 页）。《世祖大王实录》未提及此事。

113. 彭时，《彭文宪公笔记》，收于邓世龙《国朝典故》卷七二，下册，第 1591 页。关于孙继宗，见《明史》卷三〇〇，第 7667 ~ 7668 页，列传第一百八十八·外戚。

114.《明英宗实录》卷三二一，第 3 页 b ~ 4 页 a，天顺四年十一月丁酉；谈迁，《国榷》卷三三，第 2112 页，天顺四年十一月丁酉。

115. 三周后，正统帝于京外的皇家牧场视察了军马的情况。《明英宗实录》卷三三，第 4 页 a，天顺四年闰十一月己未；谈迁，《国榷》卷三三，第 2113 页，天顺四年闰十一月己未。

116. Robinson, "Politics, Force, and Ethnicity."

117. 陆容，《菽园杂记》卷一，第 1 页。

118. 彭时，《彭文宪公笔记》，收于邓世龙《国朝典故》卷七二，下册，第 1589 页。《明英宗实录》并未收录此事。

119.《明英宗实录》卷二九三，第 5 页 b ~ 6 页 a，天顺二年七月丙申。

120.《明英宗实录》卷二八九，第 5 页 b，天顺二年三月乙巳。"午膳后，从容游息，或习骑射。"

第四章 对尚武活动的新看法：明朝的第二个百年

在明朝的首个百年里，尽管诸位皇帝对尚武活动有不同的态度和个人参与度，但都充分领会了狩猎、骑马和射箭对皇室地位、军备和朝廷威仪的重要性。本章考察明代中期皇室与士大夫在理解和表现尚武活动一事上的变化。本章先从成化朝和弘治朝谈起，然后分析正德年间数量激增的对皇帝耽于武事的批评。尽管正德朝与嘉靖朝的交替标志着明廷历史的重大转折，但是由皇室支持的尚武活动并没有停办。在 16 世纪中叶，嘉靖帝及其继承者隆庆帝（1567～1572 年在位）表现出了成为军事统帅的兴趣，这种兴趣是以大阅礼的形式体现的，且其强度往往遭到低估。

尚武活动在 15 世纪晚期的发展

如第二章提到的，正统帝幼年登基引发了对帝国统治诸多方面的激烈批评，对象包括京师内外蒙古人的安置和天子亲任军事统帅等问题。经历土木堡之变的屈辱战败、正统帝被困草原、混乱的朝政以及被仓促挑出的景泰帝（他掌握的权力不及其同父异母的哥哥正统帝）上台后，官员们感到可以更加自由地反思统治者究竟应该扮演何种角色，以及朝廷应该如何运作了。[1]这种可以质疑和批评统治者的宽松环境，构成明王朝中期发展的一个要素。基于艺术赞助、文人思潮和士绅地位的变化，裴德生（Willard Peterson）注意到了"一种在思想和政治问题上自立的意愿"和由中央施加的社会控制的削弱。[2]朱鸿林提出，土木堡之变后，周洪谟（1419~1491年）和丘濬①（1421~1495年）等有影响力的学者开始"重新检视甚至挑战宋儒学说，这反映在永乐朝前期汇编成的两套典籍——《四书五经大全》和《性理大全》中"。[3]窦德士曾生动描绘了几次臣僚试图影响皇帝的实例，第一例发生在1449年，最后一例发生在嘉靖年间的1524年。[4]早在近半个世纪前，罗荣邦（Jung-Pang Lo）就已指出，"自宣德年间起，决策权的中心逐渐由皇帝转移到了高级官员"。[5]像宣德帝和弘治帝这样默认该趋势的皇帝，赢得了模范帝王的美誉。[6]

207　　　大臣李贤向刚即位的景泰帝献上正本十策，它们着重关注如何使皇帝遵从理学训诲、效仿古代贤君、顺从上天意志、接受士人辅弼等问题。李贤承诺称，只要景泰帝能够"罢去"田猎和"珠玉犬马珍禽异兽"，就会"此心湛然，虚明渊静"。[7]他还指出，君主需要避免从道德教化和治国等重大问题上分心。当时的礼部尚书胡濙（1375~1463年）劝皇帝听从李贤的劝谏："伏乞陛下从事圣学，取法尧舜，不纵耳目之欲，此诚正心之要，伏惟圣明留意。"[8]

　　　相较于永乐帝、宣德帝和正统帝，成化帝和弘治帝对皇室田猎和军事检阅的兴趣并没有那么强。1473年5月，成化帝在西苑检阅了京师高级将领（包括功臣贵胄）的骑射水平，这是近十多年来首次被记载的检阅。通过检阅，皇帝认识到军

---

① 在一些古籍中也作"邱濬"。

队需要整顿。高级将领朱永（1429～1496年）的部下表现拙
劣，于是皇帝斥责了他。[9]有四名军官三箭全中，二十三人中二
箭，九十九人仅中一箭[10]，其余的人一箭未中。最让皇帝失望
的是，甚至有人"驰骤失节不能开弓，或堕弓于地"。成化帝
下达命令，称要对有改进空间的将官严加训练，无法改进的则
予以罢退。[11]七个月后，成化帝在西苑再次检阅包括新任职的和
在前次检阅中不合格的将官的射术。皇帝以无法任事为理由罢
免了几名有爵位的高级将领，大概也有他们拙于骑射且练兵不
善的原因。[12]以上事例显示，成化帝继续通过皇帝亲身参与西苑
阅兵来督促将领的军事训练，借此展现自己作为统帅的权威。

　　马球以及骑射表演依然是宫廷端午节庆祝活动的内容。[13]
在15世纪晚期的作品中，吴宽（1435～1504年）生动地描绘
了勇士们在端午日纵马奔腾、引弓练箭，在"禁苑"中"争
脱辔以如飞，伐鼓撼金兼击球以为戏"的画面。他从辩证的
角度揭示道，这样的节日活动提供了一个在关注政务、勤于军
务和休闲娱乐间取得平衡的契机。[14]此外，吴宽还向皇帝进呈了
一首射柳诗以表庆贺。[15]丘濬也在端午节进呈了一首关于马球和
射柳的庆贺诗。[16]在另一首未署日期的诗里（创作于1500年前
后），吴宽还记载了从京师去往皇陵路上的一次短暂游猎。[17]

　　正如第一章和第二章所述，在明代前期，皇帝们对田
猎、射箭和军事检阅表现出了经久不衰的个人兴趣。但到了
16世纪初，正德帝对这类事务的热情却往往被斥为荒唐。
这种看法因15世纪晚期成化帝和弘治帝态度上的显著转
变——他们对田猎、骑术和参加军事操练并无多大兴致——
而得到助长。因此，正德帝作为由他父祖代表的国家传统的
背弃者，看上去有些另类。[18]但是，如前所述，成化帝举行

了军事检阅，且弘治朝的大臣也担心皇帝热衷于军事冒险和狩猎会造成不良影响。

210　在任何皇帝登基的那年，文官们都会劝谏皇帝。[19]一位官员断定，弘治帝只要能够避免"好杀、好武、好游畋、好察察以为明"，就会成为一位创下伟业的明君。他之所以如此劝谏新皇帝，是因为明朝前期的君主都多多少少地插手朝廷细务，支持皇室田猎，还扮演了军事统帅的角色。换句话说，这位廷臣深恐弘治帝会依循祖先旧制。

这位官员也许高估了弘治帝对狩猎的兴趣，但是皇帝在延续皇室传统和宫廷惯例方面一直很热衷，在这一点上该官员没有看错。如第三章所述，明朝前期的帝王会根据在宫内举行的军事检阅的情况，来提拔并奖励骑射能力突出的个人。在一次宫内的军事检阅中，弘治帝对勋贵孙铭的娴熟技艺印象深刻，因此赏赐了一套象征帝王恩宠的蟒衣及大量宝钞，并命孙铭掌右军都督府。[20]

同年，丘濬向新皇帝进呈一份用史实阐明道理并在按语中抒发己见的治国纲要——《大学衍义补》。[21]像丘濬这样学识渊博的文士都清楚，在古代中国，战争、田猎、箭术及巡游是实施统治的必要手段。丘濬列举了历史上统治者巡狩四方的实例，一直上溯到有虞氏等古代帝王。在地方自治程度较高的制度下，"岁月易流，人心易懈，上下易隔"。与之不同的是，明王朝要求各地官员每三年到京师朝觐述职以备行政考核，因

211　此并无皇室巡狩的需要。[22]在同一卷，丘濬也主张不必委屈君主巡守四方，并进一步指出庞大的禁军和随扈官员队伍出行会劳民伤财。[23]为证明自己的说法，丘濬提醒弘治帝，那些短命王朝的声名狼藉、行"荒亡之举"的君主（秦始皇和隋炀帝）

都肆意挥霍、"游荡"无度、流连于外，大大危害了其统治。[24]

丘濬同样阐述了箭术及皇室田猎与当代统治的联系。田猎的主题在《尚书》及后来的《周礼》等经典中表现得很突出。丘濬在按语中指出"田者，习兵之礼"，且田猎获得的猎物也被国家用作祭祀品。他总结道："由是以观，先王之田其有礼也如此，非专为游畋也。"[25]在这里，丘濬消除了读者的误会，也就是说，田猎并不像读者可能设想的那样，仅是一种户外娱乐。这暗示着，狩猎是娱乐的认知只产生于当代的观察，而一旦思及远古的传统，人们就会看到，田猎在统治中能够发挥更大的功效。在同一段文字的后面一点，丘濬明确声称："古者田猎之礼，盖因之以修武事，备牲豆，非以恣其杀戮之心，以为驰骋之娱也。"[26]

射箭在古代统治中同样地位突出，但这种地位在丘濬看来已不再适用或无意义了。好几部经典都述及射箭是一种挑选廷臣的仪式和手段。远古的一项传统是，天子通过观察官员射箭时的技艺与仪态，来辨认他们的能力与品行。[27]丘濬揭示了射箭和教化所具备的相似张力，它们都既关乎道德，又关乎学术。从这个视角看，包括射箭集会在内的集体活动既是个人道德教化的基本成分，也是发展社会价值的必要元素。丘濬指出，射礼在三代之后被废弃不用，但是洪武帝看到了它对加强社会规范的作用。1370 年，洪武帝诏令诸府州县学设立射圃，所有生员和学官须定期操练。自此，皇帝坚持认为，不仅要测试未来官员对古代经典及其他文字材料的掌握，还要测试他们对弓箭的熟练程度。礼部顺应洪武帝的命令编写了一套图式仪注，规定了从射鹄到射位的各项事宜，以作为落实这种设想的一项努力。丘濬写道：

212

213　　　　　至今天下皆立射圃，朔望有司躬谒先师及听诸生讲读
后，诣圃行射礼，是即州长会民射于州序之遗意也。[28]

丘濬在这里未尽其言。在他笔下，洪武帝让官学生操习射
术的命令与古意相符，学校里的射箭与战场上的射箭形成了鲜
明对比。在另一段文字中他写道，洪武帝对学生习射的命令会
改善学生的举止，同时还会加强帝国的防御。"一旦有事也，
则以用之于战陈，而无敌于天下矣。"[29]虽然这里他说得有点夸
张，但丘濬一定知道许多学校在缺乏京师鼓励的情况下早已废
止了射术训练。[30]他坚定地认可射礼在古代仪式与教育生活中
的位置，收录朱熹等理学大师在经典中赞同习射的注释，颂扬
洪武帝恢复传统的努力，但并不主张把射术纳入科举考试体
系，也不认为应该把射术作为国家礼仪生活的关键部分，他的
214　读者一定深知此点。[31]总的来说，丘濬认可巡游、狩猎骑马、
射箭对古代君王的重要性，但也强调这些统治之术已经不再适
用，因为时代不同了。有些读者毫无疑问会得出结论，以为同
样的原则对近期也是可以的。尚武展示活动也许对明朝的头个
百年来说是合宜的，但是统治者必须回应现实的需求。[32]1505
年，当十三岁的正德帝（1491～1521 年）即位时，持有这种
观念的人的惊愕程度是可以想见的。

尚武活动与正德帝

正德帝非常喜欢骑马、打猎、钓鱼等户外活动。对他这种
兴趣的不满几乎从他登基起就有了，并持续到 1521 年他死于
划船事故引起的并发症。就如盖杰民（James Geiss）已经指出
的，文官们将正德帝在游猎上的兴致描述为一种从国家大事上

分心的轻佻表现。[33]他们进一步主张，太监们通过阴险的策略
迎合正德帝并获取政治影响力，有意误导了这位年轻的皇帝。
早在正德元年的农历二月，各部大臣、京官、六科甚至留都南
京的官员就开始不断地向正德帝上呈劝谏书。下文中，让我们
以 1506 年的若干奏疏为例，来看看文官们是怎么样分析游猎
与统治、道德和人事的联系的。

在 1506 年 3 月中旬，礼科都给事中周玺（1496 年登进 215
士）奏道：

> 陛下即位以来，今日闻支肉喂鹰，明日闻取米饲犬，
> 如是不已。则酒色游观，便佞邪僻，凡可以悦耳目变心志
> 者，将无所不至，宁止鹰犬而已哉……愿修身养德，放鹰
> 犬，止[34]浮办。[35]

这里，周玺强调了将肉和米喂食给动物的不当。这种行为不仅
非常浪费，还有害于皇帝子民的生计。他表达这些批评要点时
是含蓄而非直接的，但是像第五章将提到的洪武帝和永乐帝的
例子显示的那样，文官经常把皇家兽苑的供养与百姓的生计对
立起来，食物成为一场零和游戏。[36]周玺进一步说，如果在犬
和鹰上浪费资源，那么当危机出现时，军队就将无所取用。[37]
游猎本身被表述成一种有害的行为。它使统治者从国家元首应 216
尽的责任上分心，并削弱了其道德品行。

在同一年的 4 月，英国公张懋（1441～1515 年）写道：

> 迩者忽闻燕闲之际，留心骑射。甚至群小杂沓，径出
> 披门，游观范围，纵情逸乐[38]……臣等窃意天纵圣明初无

此念，必左右近侍引之非道。陛下不察而误踏之，臣等实为寒心……圣祖之训不可忘，宗社之虞不可不虑。伏愿陛下居安思危，严恭寅畏。凡骑射游乐之事，一切屏绝。亲君子远小人，左右近侍必选老成谨厚者充之，毋使憸邪群小杂乎其间。[39]

张懋加深了狩猎与参与者的道德之间的联系。他将狩猎描绘成一种"纵情逸乐"的休闲活动。在儒家观念中，自我改善和道德修养对于统治而言是必不可少的。这篇奏疏的要点是对正德帝错置信任的批评。皇帝让诱导他骑马、射箭和进行其他娱乐活动的"群小"留在自己身边，而不是寻找君子来为自己提供合适但也许并不那么令人愉悦的指导。就此，张懋攻击了宫中的一伙太监，他们已经在京营中占据了领导地位，并获得了巨大的政治影响力。他们还拥有近距离接触皇帝的机会。作为近侍，他们与拒见文官和勋贵的正德帝的关系自然亲近。[40]"杂沓"进入皇城和"径出掖门"指的就是这方面的便宜，文人们常将此描述为不受管、不合规且不安全的。张懋引用《皇明祖训》，也就是明太祖为训诫后代组织编撰的典籍，来支撑自己的批评。正德帝不守祖训因而有损孝道，同时因为从事危险的狩猎活动而有损王朝统治（因为他的祖先是王朝的建立者，所以这是一种更大的不孝）。

尽管面对文官们的尖锐批评，但正德帝依然没有放弃他对狩猎的热情。[41]明廷在每年年初都要举行一系列仪式性活动，包括皇帝在京师南郊的天坛祭天。1518年，正德帝甫一结束在北部边境与蒙古军队的战争，便回到京师完成祭祀，并"复幸南海子"（南海子离天坛不远）。[42]第二天，正德帝回宫，

// 大朝中的禁军，取自《徐显卿宦迹图册》，余士、吴钺绘，1588年。
藏于北京故宫博物院。//

//《明人画朱瞻基射猎图轴》，绘者不详，15 世纪。藏于北京故宫博物院。//

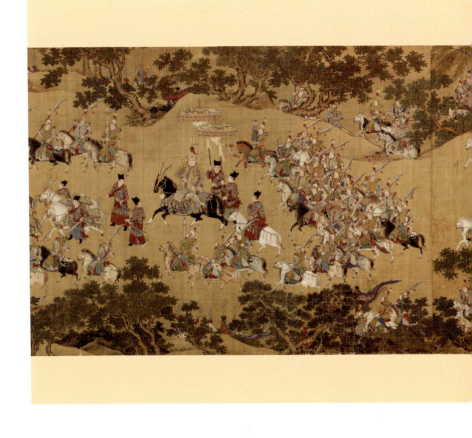

//《明人画出警入跸图》，绘者不详，16世纪。藏于台北故宫博物院。//

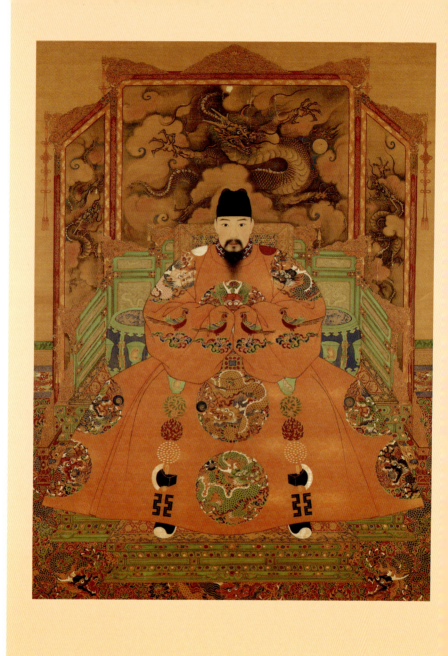

//《明孝宗坐像》，绘者不详，16 世纪初。藏于台北故宫博物院。//

//《元世祖出猎图》，刘贯道绘，13 世纪。藏于台北故宫博物院。//

//《明人射猎图》，绘者不详，15世纪中期至16世纪中期。藏于北京故宫博物院。//

//《宪宗行乐图卷》，绘者不详，15世纪。藏于北京故宫博物院。//

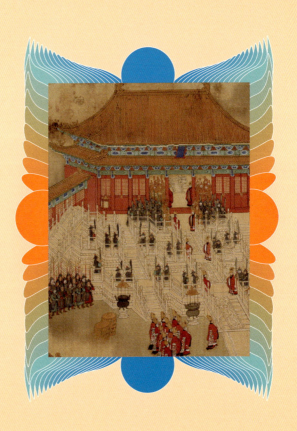

在文武大臣群集的国宴上以所猎獐鹿赏赐群臣。[43]次年，皇帝再次在完成郊祭后去南海子打猎。[44]

1517 年，正德帝有几乎半年都驻跸在北部边境上，在那里他有充足的机会去放任自己的激情，这也常使他的文官们惊惶不安。有批评者试着规劝道：

> 或逢山而猎，或遇水而渔。千乘万骑之所临，县官廪饩多不能给。东奔西突之无定，武臣师律有不敢加。六师扰攘，四民惊窜。小则夺人之鸡豚，大则掠人之妇女。有上干天和，下召民怨者。[45]

219

1519 年，为平定宁王的叛乱，正德帝率领一支军队南下。尽管这位藩王在正德帝离开京师后不久就被擒获，但皇帝继续按计划巡游富庶的江南地区。正德帝是近一百年里首位涉足江南的皇帝，他的巡游也因此冒犯了许多士人，尤其是当地文人。在江南，皇帝常常带"数骑"到扬州城外打猎，并命令他手下一位将领去附近的泰州收集猎鹰猎犬。[46]有一次，他发布了"括居民百余人充猎手"的命令。但这次为期三天的围猎据说仅得"獐兔数只"。[47]一位官员因为劝谏正德帝的巡游而承受了廷杖带来的羞辱和痛苦，但即便在此之后，对正德帝南巡的反对也从未消失。[48]

尽管尚武展示活动的目的在于彰显皇帝的英勇和王朝的实力，但谁也无法保证观看者会得出怎样的结论。前文已经表明许多官员并不买正德帝的账。类似的，朝鲜也将正德帝的行为描绘成荒诞且不负责任的，而不是认为它们展现了一位军事统帅或出色领袖的能力。1519 年 5 月，一位朝鲜大臣告诉国王：

220

"皇帝巡游无度，荒乱酒色，囚辱谏臣，不御经筵，信任奸臣姜彬矣。"[49]

第一章提过，在皇室巡游中带上外国使臣的传统至少可以追溯到永乐朝。尽管中国的记载中并不太强调使臣的参与，但永乐帝与外国使臣的接触从来不是一件可有可无之事。永乐帝和宣德帝都明白用狩猎的形式与来自周边民族和国家的精英开展外交活动的益处。正德帝也邀请外国使臣加入他的巡行队伍，但他的行为被描绘成怪诞而非庄重的：

> 皇帝凡出游时，如鞑靼、回回、佛郎机、占城、剌麻等国之使，各择二三人，使之扈从。或习其言语，或观其技艺焉。[50]

上述评论者虽然有不同的关注点，但总的来看，他们对正德帝的生活方式和价值观念做了非常全面的批评。不管狩猎被描绘为对资源的浪费、无聊的游戏、致命的危险，还是某种形式主义的军事行为，它都与天子身份不符。[51]它导致了中央的混乱，牺牲了人民和国家的利益，还违背了王朝建立者和上天的冀望。文士们必然交换过奏疏，他们呼吁改革既是为了皇帝也是为了他们自身。他们的诉求表现了他们关于狩猎、统治、皇帝之地位的想法，也间接地表现了他们对文官身份的理解。他们的观点有很强的一致性，却和历史情形有较大出入。

对皇家狩猎的批评并不是没有先例的。即使是贵为"天可汗"、同时统治草原和耕地的唐太宗，在面对文官的谏言时，也贬斥了自己一个耽于打猎的儿子。托马斯·爱尔森的看法是，文官们在意的是，这位皇子不好好待在国都，而是花太

多时间与"武人、边吏和外国人"待在一起。[52]宋代官员在狩
猎一事上也有安全、威严和耗费方面的顾虑。[53]

但是，当正德年间的士人像这样把带猎狗、马匹和猎鸟外
出的活动，描述成一种愚蠢的消遣时，他们其实悄悄无视了长
达几千年的中国政治史中一个显而易见的现实，即巡狩对统治
十分重要。正德帝的巡游让文士们产生的愤怒一直持续到了明
朝灭亡以后。[54]但是，将正德帝在狩猎上的激情描写成一种脱
轨，是对狩猎在明廷中作用的一种有意歪曲。尽管正德帝在狩
猎上表现得比明代其他统治者更加放纵，但不可否认巡狩活动
一直是明廷统治的一个方面。

正德帝及其亲信曾经试图利用古代贤君的例子，为皇帝离
宫或离京出游辩护。他们因此被卷进了士大夫间的一场持久而
激烈的争论，争论焦点是从远古时代一直到帝制终结时都存在
的帝王巡狩活动正当与否。[55]现存的文献中没有保留那些支持
正德帝进行巡狩的奏疏，所以我们必须依靠那些拒斥这一论点
的文献记录。例如，钱琦（1508 年登进士）在回顾正德帝
1519 年的南巡时提到了四个"大可虑"。在提出观点之前，钱
琦先明确地驳斥了认为正德帝的南巡可与古代贤君之先例相提
并论的看法。像几十年前的丘濬一样，钱琦认可上古时期的统
治者的巡狩。然而，他强调，这样的巡狩之所以重要，只是因
为当时的统治集权程度不高。半自治的诸侯可不受责罚地占有
土地，违反王朝礼仪，不顾帝国制度，虐待地方百姓。他们
"有无上之念"。古代的统治者没有别的选择，只好亲自巡视
诸侯的领地。

毫无疑问，正德帝、钱琦及其他士人都知道下面这段出自
《尚书》的文字：

> 惟周王抚万邦，巡侯、甸，四征弗庭，绥厥兆民。六
> 服群辟，罔不承德。归于宗周，董正治官。[56]

钱琦说，时代已经变了，如今中央政府对地方（即便是在
王朝最偏远的地区）的百姓和军队都拥有不容置疑的控制
权，完全没有必要让巡狩威胁天子的安全并损害天子的德
行。他说："臣愚度之，此必有近习便佞有以巡狩之说进诱
圣聪者。"[57]

当 1517 年正德帝宣布他在南海子猎场的打猎计划时，时
任京营提督官的成国公朱辅在他呈上的奏疏中主要考虑了安全
问题。朱辅强调，因为皇帝是整个统治架构的中心人物，所以
正德帝在一切事务上都必须谨慎。他虽然倾向于承认古代帝王
在和平时期可以享受外出打猎的乐趣，与臣民同乐，但也进一
步强调称，如今情况变了——自然灾害连年发生，不满情绪四
处蔓延，国内叛乱和国外敌人带来的威胁越来越大，而皇储未
立的事实又进一步增加了狩猎的风险。一旦正德帝遭遇不测，
朝廷的未来就危险了。[58]官员们都知道，正德帝想要把他的出
京巡游解释成对上古贤君的一种仿效。行人司的低级官员张岳
（1492～1552 年）说了同样的理由，即在不同时代要求采取不
同政策，古代的制度不能生搬硬套地用在当今。因此，"巡狩
之典"适用于中央权力较弱的制度，但对完备的地方直接向
皇帝负责的体制而言，作用不大。张岳进一步质疑道：皇帝果
真能说自己出巡是为了视察农耕和作物吗？[59]

如果说朱辅和张岳强烈地否定了引征古例为皇帝辩解的做
法，那么吏科都给事中黄钟的做法是承认先例："宣庙时有以
天下太平劝微行者。"但他又随即指出，当时的大学士杨士奇

曾提醒皇帝不可如此，并且后来宣德帝果真有一次遇到伏击（将在本书最后一章提到）。[60] 如今盗贼横行于京师内外，局势远远算不上太平。所以，对于黄钟来说，宣德帝的先例与正德帝并不相关，无法被用来证明正德帝冒险行为的正当性。[61]

钱琦、张岳和黄钟的驳斥之所以重要，有以下几点原因。第一，这些例子表明正德帝在宁王政变失败后的南巡决定，可 225 在关于古代贤君的典籍里找到明显的先例。第二，正德帝及其亲信引用那些例子来向臣民和官员们解释皇帝行为的正当性。[62] 换句话说，正德帝及其支持者事实上想要通过征引典籍来说服或至少拉拢文人。第三，钱琦等人感到有必要批驳正德帝及其支持者的辩护之词。[63] 尽管钱琦等人的奏疏是要呈至御前的，但几乎可以肯定的是，他们想把想法说给更多的人听。这些奏折试图用相对委婉的方式证明对皇帝南巡之事的持续反对是合理的。面对那些认同正德帝的说法，即皇帝的行为有古代贤君的做法作为依据的官员，他们很可能还想纠正其想法。第四，除了个人文集中保留的一些奏疏以外，关于这场争辩的其他证据几乎都找不到了。[64]

马球、骑马与射箭

朝廷官员将马球视作正德帝的没有意义的消遣活动之一。 226 在正德元年，户部尚书韩文（1441～1526 年）、户部员外郎李梦阳（1473～1530 年）等人试图保护年轻的皇帝，消除宫内太监，特别是有权势的刘瑾的不良影响。韩文控诉道，太监们用马球、猎鹰、俳优杂剧等将正德帝的精力从统治者应该担负的责任上移开。他更担心，这种经常能持续整晚的越轨行为正在损耗这位年轻皇帝的精神，使他"日渐清癯"。尽管正德帝已经完婚了，但还没有能立储，这个关乎王朝稳定的根本性问题使韩文很焦躁。[65]他在奏疏的最后恳求皇帝将一位太监处死，即便这样做要以他自己的性命为代价。换句话说，在不到一百年的时间里，为皇帝安排马球比赛已经从高级廷臣诗中的庆贺对象变成了危害皇族和王朝命运的死罪。

可以料想的是，骑马和射箭表演在正德朝仍被保留下来了。但是，有关于它们的文献记录很少，这一点让人惊讶。根据文官张鸾的墓志铭，张鸾在1508年的农历五月"从驾万寿山，观骠骑，赐宴文华殿"。[66]铭文的作者用了"骠骑"来表示骑术表演，彭时在他15世纪中叶记述宫苑中的一次庆贺端午的骑术与射艺比试时也用到了这个词。（沈德符在16世纪后期还会再次用到这个词。见后文。）从张鸾的经历可以看出，骑马、射箭表演也在农历五月举行，但这段文字没有提及端午节。看上去，文华殿的宴会不像是专门为张鸾举行的，出席的应是受邀"观骠骑"的所有文官。也就是说，这是一场重要的宫廷社交活动。

上述铭文的作者王九思曾就职于翰林院，所以他对这类活动应该了解颇多。[67]但是，他的文集中并没有与正德朝的骑马、射箭表演有关的诗文。对这样的缺失我们可以从多方面解释。也许这是一个实例，正好可以说明当时的文士反对创作那种常见于15世纪大多数时间的关于马球、骑马和射箭的庆贺诗。也许后来的编纂者认为这样的诗不太得体。还有一种解释是，正德帝通常更喜欢由太监、武臣及其他社会地位偏低的人随侍，文官们并不能定期见到皇帝，因此，即使王九思很愿意效仿为永乐帝、宣德帝、正统帝的骑射表演赋诗庆贺的金善、杨士奇、彭时等人，他也无法受到邀请。[68]

因此，我们只好依靠批评家留下的言论。著名诗人王廷相（1474～1544年）是文学流派"前七子"中的一员，他曾讽刺由一位赭袍将军（即正德帝）指挥的、在紫禁城以北的万寿山举行的军事检阅。

228

> 万寿山前擂大鼓，
> 赭袍将军号武威，
> 三边健儿猛如虎。
> 左提戈，右挎弩，
> 外庭言之赭袍怒。
> 牙旗闪闪军门开，
> 紫茸罩甲如云排。
> 大同来？宣府来？[69]

没有证据表明，王廷相曾经目睹正德帝的某次军事检阅；相反，他依靠的是传闻。李梦阳也曾用类似的表述嘲弄正德帝在皇城检阅军队的行为。[70]

到了16世纪初，官员们甚至会因明代皇帝考虑亲自领兵出征，而摆出不安甚至讶异的态度。许宗鲁在《土木行》中描绘了正统帝的惨败及被掳，将此事与正德帝近来差点给帝国军队带来不幸联系起来：

> 土木城边旧时路，
> 曾是英皇覆军处。
> 旌旗失色天地阴，
> 草木无情岁年度。

229

> 銮舆北去瀚海遥，
> 战场沙白秋云高。
> 即今相去六十载，
> 风雨犹闻鬼夜号。
> 后来武宗亦频出，
> 六师狼狈非前日。
> 终能万岁老祇宫，
> 谁诵祈[71]招返清晔。
> 君不见，
> 虞庭两阶舞干羽，
> 汉武轮台徒自苦。
> 垂衣端拱颂无为，
> 何必亲御沙场耀神武。[72]

许宗鲁精确地算出了土木堡之变与他写下此诗的时间间隔为六十载，重点突出了正统帝的屈辱战败。他还通过死去的士兵在230 风雨之夜的哀号，把过去与现在联系起来。他将正统帝在土木堡的溃败，视作正德帝军事冒险的前车之鉴——"后来武宗亦频出"。正德帝的冒险导致了军中的混乱，但所幸"六师狼狈非前日"，他没有造成灾难性后果。[73]

把正统帝与正德帝放在一起并不是偶然的。如果用洪武帝、永乐帝、宣德帝来作为正德帝军功的参照点，就会完全违背许宗鲁的写作意图，因为那就表示，正德帝完全可以被视为明朝早期积极军事统治传统的继承者。在近一百年前，德高望重的大臣杨荣认为永乐帝 1410 年对蒙古的征伐是顺应天意。按杨荣的说法，野蛮的蒙古人侵扰明朝边境，欺压无辜的大明臣民，导致永乐帝不得不发动了战争。杨荣在描绘明军时，用的都是生动、大气、激越、史诗般的词句。他明确地将明军所在地附近突然出现的甘泉归因于"皇天彰圣德"。[74]但这种出自德高望重之人的感情四溢的赞美文字对许宗鲁来说没有意义，省略王朝的历史则要简单得多。[75]他所截取的那段历史已按照他的意图经过了巧妙的包装。蒙古军队和正德帝带领的明军间仅有的重大军事冲突并非以混乱告终。事实上，明军取得了胜利，即便这次胜利缺乏战略意义，但获胜的事实毋庸置疑。

重写明朝历史有其功用，而同时，许宗鲁也利用了古代历史来支持自己的观点。他引用的《祈招》是古代一位大臣献给周穆王的诗，它成功地劝阻了想要周行天下的周穆王。[76]舜命人在朝堂上"舞干羽"来"诞敷文德"，而不是执着于进一步的军事征伐。[77]汉武帝（前141～前87年在位）亲自监管要将军事行动扩大到轮台，也就是今天的新疆地区的行动，且汉朝官府在那里设了要塞和军屯。批评者们经常指责汉朝为了维持在该地区的军事和行政存在而耗费了大量经济资源。[78]

许宗鲁斥责正统帝和正德帝的荒唐之举，而称颂"垂衣端拱"的理念。如盖杰民所论，"正德帝的批评者所期许的帝王，是如周朝的建立者周武王那样的。据典籍记载，这位值得尊敬的上古贤君能做到'垂拱而天下治'"。[79]事实上，对这种统治方式的吁求可以追溯到明朝初期。连洪武帝和永乐帝那样的最具活力（同时也最具扩张性）的皇帝，也不时被大臣们称颂为符合垂拱而治理念的典范。16世纪文人的不同之处在于，他们明确拒斥皇帝亲自领兵上阵。

许宗鲁的诗表明，这种新的公开批评姿态如果想获得一些正当性，就至少需要对部分观众进行劝导。前面的讨论表明，当时的大臣认为正德帝的行为在很多方面都值得反对，而且不难预见它们的潜在危险。大多数人关注正德帝的做法对国内的影响，不管是他因对国政缺乏兴趣而将政治决策权授予腐败太监的危险，还是他的人身安全在打猎及微行出游时所面临的威胁，以及可以保障王朝稳定延续的皇嗣的缺位。但是，许宗鲁这样的批评者把出征草原也当成了对皇帝个人及王朝根基的一种威胁。

他们担心的是原有边界的瓦解和对皇帝保护的缺失。垂拱而治的理念不允许统治者冒险远离宫廷，更不用说让他们进入边境地带和跨入草原了。一位待在北京的皇帝是不会被蒙古人掳为人质并囚禁的。石天柱（1508 年登进士）认为正德帝去宣府十分危险，因此为了表明对朝廷的忠诚和感激，他用血写了一封劝谏书。[80]

像许宗鲁这样的著者常常会在同一个问题上提出几个不同甚至相互矛盾的观点。他的《土木行》也许表现出他对开赴边境备战的反对态度，但其实边塞和在草原上行军的景象也令他神往。他在《边事二十首》的诗序里写道，出征塞外一直让过去的士人感到亦悲亦壮。[81]明代的著者们总是在不同的时间以不同的方式为不同的受众写作。与其认为他们都拥有单一而明确的立场或观点，还不如去确定他们的观点所覆盖的范围，以及塑造了其作品之调门与形式的潜在考虑。

沈德符是勤奋的编年史家，记录了明廷的大量活动。据其记载，在正德朝早期，皇帝就将射柳这一元素纳入了端午节庆活动。他的记载表明，正德帝自己在皇城中击射柳枝，并且命令宫内太监为他在宫苑中组织狩猎。[82]尽管沈德符的描写无疑想展现皇帝沉迷于射箭、命太监打猎、指挥他们玩战争游戏的愚蠢甚至可悲的一面，但我们可以得出结论：射柳依然是宫中端午节的一个元素。

回到前文提到的张鸾的墓志铭，我们发现在《明武宗实录》或 17 世纪的私修史书谈迁的《国榷》中，没有关于骑射展示活动的记录。《明武宗实录》中仅仅记载了端午节时大臣们在午门受到盛宴款待。[83] 与明朝前期相比，相关文献对马球、骑马和射箭的记载发生了变化，关于宫廷生活的描述也不再那么翔实，这说明皇帝有必要争取大臣的支持。重臣兼文豪李东阳（1447～1516 年）曾写道，"山川关辅之胜、宫阙城郭之丽、车书文轨民物之盛"，对建设王朝的都城来说是必不可少的。他强调，对都城的维护同样不可或缺的还有文人。大儒们"必有文章歌咏，写之琬琰，播之金石，以示后世不可阙也"。[84] 对李东阳这样的文人来说，和军事防御、经济实力一样，文学的表达和传播对于王朝的生命力而言必不可少，这个道理是不言自明的。一场尚武展示活动若没有人去观赏它、没有文章颂扬它，它就称不上壮观和让人难忘。

与此相关的是，臣僚们希望能经常与皇帝沟通，从而影响他的观点、行为和政策。在给正德帝的一封奏疏中，吕柟写道，翰林院官员及科道官应该在文华殿随侍皇帝，"凡前代兴废之由，及天下利病，及祖宗创业艰难之状，令明白直说，不许含糊推避"。"虽陛下燕游之地，亦使逐日随从"，从而帮助皇帝处理可能发生的事情。如果随侍的文臣还有补充，则可以向皇帝呈上奏疏以作阐明。[85]

正德帝尽管看上去不在乎臣下的看法，但很清楚他们在修纂当朝实录上的重要性。1515 年初夏，一座此前由弘治帝修

234

建的庙宇翻修完竣。为纪念这件事，正德帝"亲御宸翰，为文砻石，以示久远"。[86]不难想见的是，在这样的情境下，撰写碑记的靳贵（1464～1520年）充分赞扬了正德帝完成父亲心愿的行为。此外，如上文所说，历史记载中隐约有迹象表明，同情正德帝的官员试图解释他狩猎、骑行和领兵作战的举动符合古代和明朝皇室的传统。

然而，正德帝通常选择绕开士大夫们。对那些自觉遭到正德帝弃置甚至嘲笑的大臣来说，批评和选择性忽视都是表达抗议的有效方法。正德帝不拘于传统的行为举止可以解释关于正德朝的文字记载为何不那么光彩甚至有点怪异，但同样重要的原因是他没能赢得文士的支持。

否定正德朝

正德帝未能立储，这给皇室造成了重大危机。内阁首辅杨廷和（1459～1529年）冒着巨大的政治风险，在张太后（正德帝的母亲）的默许下伪造遗诏，宣布了继位者。[87]正德帝年幼的堂弟朱厚熜（即后来的嘉靖帝）被迅速从他湖北的王府中召去继位。因为朱厚熜是正德帝的堂弟而不是儿子，也因为他拒绝以正德帝皇子的身份继承皇位，所以他并不反对廷臣斥责正德帝的个人行为和政策。[88]事实上，有学者已经指出，嘉靖帝作为皇室旁支，可能暗中支持对正德帝的这些攻击以发泄自己的怨恨：尽管他的堂兄作为统治者名声不佳，但确实具有更强的正统性。[89]

正德帝之继位者的身份决定了关于正德帝的批评材料是如此的丰富。文官们通常认为，正德帝的不当统治几乎毁了大明王朝。顾潜（1471～1534年）写道："我朝至正德，十余年间，逆竖弄权，剧盗弄兵，生灵凋敝已极。"他感到，自嘉靖帝继位以来，情况开始好转了。[90]林俊认为，正德朝导致"天命几去"。[91]在另一封奏疏里，他也写道，嘉靖帝已经"回斡大乱"。[92]在 1532 年的一封奏疏中，首辅杨廷和同样宣称："祖宗天下，至正德间几至倾覆，仰赖陛下再造乾坤，转危为安。"[93]一般来说，做儿子的通常会出于孝道捍卫父亲的政治遗产，同时对抗这样的攻击。

先皇的驾崩和新皇的登基对王朝的稳定性、皇室以及官员 237
的仕途都极为重要。尽管皇室给出的说法往往彰显无缝交接，强调新皇帝在家族谱系、伦理道德、天命基础上的合法继承，但其实在旧朝和新朝之间实现过渡是一项危险的任务。没有正式指定储君的皇帝驾崩，是最让朝臣们害怕的一件事。这为宫廷阴谋打开了大门，可能鼓动各地藩王进行暴力干预，引发对新皇帝继位合法性的怀疑，还可能使王朝失去明确的领导。因为风险太高，所以新即位的皇帝及其支持者都会投入巨大的精力来巩固自己的权力。从宣布祥瑞连续出现和不断用先皇的护佑提醒人们，到反复提起王朝中兴和革除弊政，都属于这类努力。这种过渡期的大致轮廓在明朝先前的皇位继承中都是很明显的。但从正德朝到嘉靖朝的这次过渡尤为艰难，特别令人苦恼，而且历时弥久。

嘉靖帝巩固权力的一种非常重要的方式就是否定正德朝的政策、人事以及作风，甚至拆除正德帝组织修建的建筑群。[94]正德帝驾崩两个月后，嘉靖帝就命令没收和移用豹房的"频年所蓄积"。它们被送到太仓，被用来供养官军。[95]在 1521年 8 月中旬，正德帝军事兴趣的两处主要象征性建筑——北部边境的宣府行殿以及为正德帝的大将军身份而建于京师的府

238　邸——都被拆除了。[96]同时，嘉靖帝也清除了正德帝的亲信。1521 年 6 月 25 日，正德帝的宠臣钱宁及其十一个亲子和养子一同被公开处决。[97]仅两周后，另一位正德朝红人江彬及其子也被处决，并且他们的尸体被抛弃于市。[98]还有很多人被流放了。[99]与此同时，朝廷为一些在前朝遭受冤屈的官员平反。[100]

　　新的举措标志着观点和价值观上的变化。7 月 18 日，嘉靖帝释放了内苑中的禽兽，并且禁止所有人再进献。[101]一周后，又放归宫中的八名回回妇女，并将她们送往甘州。[102]在此之前数日，嘉靖帝已经向土鲁番、撒马尔罕和哈密的使臣发布诏令：他们不能在北京逾期逗留，必须受到严密的监管，且被禁止私自走出会同馆。[103]几天后，"回夷"于永死于狱中。他曾
239　受到正德帝宠信，享有进入豹房的特权。他的尸身被公开展示，他的财产也被没收充公。[104]8 月中旬，嘉靖帝罢免了一位曾受命执行一项颇具争议的任务——迎接西藏活佛进京——的太监。[105]数日后，他还将二十七个西藏僧侣"俱发烟瘴地方充军"。[106]这些举措在正德帝下葬及其神主入太庙之前就全部完成了。[107]

　　嘉靖帝的登基标志着明代皇室和朝廷的历史转折点。从16 世纪初开始，一种没有言明的、长期存在的把狩猎等同于游牧及"他者"的观念，在历史记载中变得越来越清晰。[108]嘉靖帝的登基不仅是关于狩猎的文人话语的分水岭，而且标志着明廷文化和重心的一次转变。相较于之前龙椅上的绝大多数皇帝，嘉靖帝对骑马、射箭没有什么个人兴趣。正德帝在位时，经常遭受廷臣的激烈批评，说他放纵打猎爱好而不顾国事。在他驾崩后，朝廷又彻底回顾了这类指责，且通常是在处理先君

宠臣时这样做。正德朝的大太监魏彬表面上正是因为用"鹰犬"迷惑正德帝而遭到罢黜。[109]换句话说，打猎此时成了政治毒药。

在嘉靖朝的四十五年中，南海子猎场因为没有资金和皇室支持而变得相对冷清（见第五章）。[110]著名的翰林学士桂萼（亡于1531年）赞颂了嘉靖帝对"声色游猎之娱"的缺乏兴趣。[111]曾在正德朝被流放到肃州戍边的陶谐同样说嘉靖帝甫一即位，便"内苑无闻羽猎行，尽纵珍奇林薮去"。[112]以下事实也能说明这种变化：嘉靖帝在1539年从北京出发巡行，去往其出生地湖广后又返回，资深翰林院官员陆深（1477～1544年）的记录一处都没有提到射箭比武、骑马比赛、阅兵和猎鹰猎犬等。[113]而在关于永乐帝、宣德帝、正统帝和正德帝等皇帝出城巡行的记载中，这些活动比比皆是，此种对比是很显著的。

240

241

正德朝之后的马球、骑马、射箭

在嘉靖帝即位后不久，他就"将端午诸戏俱令停罢"。写有这条信息的奏疏并未具体解释"诸戏"指什么，也未说明该项禁令是不是永久性的。因为当时天降灾异，所以吕柟上了奏疏，指出皇帝需要认真反省。[114]但我们应该把嘉靖帝对端午节庆的禁止放到一个更大的语境中审视。在数十年前的1490年，水旱灾害促使一位监察御史提出要取消端午的游宴以缓解灾异。弘治帝回答道："端阳节，祖宗朝有故事，朕当搏节行之。"[115]这里说得很清楚：宫中举办的端午节庆活动源于祖制，弘治帝觉得对此进行大规模变动不合适。而对曾是北京宫廷"局外人"的嘉靖帝来说，改变京师的宫廷文化更容易。

尽管有了新规定，尽管嘉靖帝对这些尚武展示活动缺乏兴趣，但一直到 16 世纪，马球比赛、骑术与射艺比试仍然是宫中端午节庆的一部分。沈德符写道：

242 　　　　　内廷自龙舟之外，则修射柳故事，其名曰"走骠骑"。盖沿金元之俗，命御马监勇士驰马走解，不过御前一逞迅捷而已。[116]

在这段文字中，沈德符描绘了彭时在 15 世纪中叶讨论过的端午节骑射比武中的许多元素，包括御马监勇士及骑射比武与金元两朝的渊源。但是，他的口吻和彭时截然不同。沈德符既没有提到京师精英们的出现和参与，也没有谈到皇帝在节庆中的角色。[117]最后，他轻蔑地将这种骑术展示说成"不过御前一逞迅捷而已"。总而言之，沈德符想要实现的效果是剥夺端午节在社交层面的吸引力，减弱相关活动与皇室的联系，并且将之贬低为来自域外的无聊骑马把戏。

沈德符很清楚端午节的重要性，他写道：

　　　　　京师及边镇最重午节，至今各边，是日俱射柳较胜。士卒命中者，将帅次第赏赉。京师惟天坛游人最胜。连钱障泥，联镖飞鞚，豪门大估之外，则中官辈竞以骑射为娱，盖皆赐沐请假而出者……[118]

243 沈德符再次贬低了端午节种种比武活动的意义。他注意到，边镇军士的端午节庆祝活动最为热闹；而在京师，富商和太监们是骑马射箭比试的主要参与者。在他看来，这些竞赛对聚集在天坛的普通百姓来说是赏心悦目的。[119]沈德符这条史料提供了重要信息，即在那些态度轻蔑的文士之外，皇室尚武展示活动还有另一类的观众。一部分京师百姓喜欢射箭和马球比赛，并希望它们成为节日日程的固定组成部分。吴宽在写于 1488 年的一首诗中指出，在农历新年的第九天，"少年尽向城西走，白云观前作大会"。[120]这种观察揭示了京师居民对骑术的广泛兴趣，表明明代皇室在组织尚武展示活动时尽管将重心放在经过挑选的一小群观众上，但也把北京的普通百姓纳入了考虑范围。

通过沈德符对 16 世纪晚期以来端午节的描述，我们不难看到一种对盛明（15 世纪）传统的延续，但沈德符本身强调这种展示活动基本上是无意义的。太监作为勇士上场，其表现出来的技艺水平远远赶不上赏赐的数量，而唯一的身体伤害则来自中暑。虽然被许多明代文人嘲讽，但这些比试仍然场面宏大，涉及近三千技艺娴熟的骑手。宫里仍然非常大方，赏赐的黄金总计超过两万两。[121]然而，在沈德符看来，相关活动尽管如此盛大，却远不如永乐或宣德年间那般荣耀。[122]

虽然现存记载很少，但宫廷对狩猎和射箭的支持一直持续到明王朝终结时。基于从熟悉明代宫廷生活细节的太监那里搜集的信息，清初学者宋起凤写道：

> 历来设有上游幸射圃、球场、斗鸡场、御花园、内海子、钓鱼台。[123]仙佛道院，列朝崇尚不一，岁时间出一游。独射圃与海子，列朝诸帝数幸焉。[124]

这段来自明末清初的文字进一步证实了历代皇帝对狩猎怀有不同程度的热情。虽有几位皇帝几乎不打猎，但大多数皇帝将之视作数代统治者都参与过的一种值得尊敬的活动。16世纪以前，很少有文官公开反对皇室田猎。但到了明朝中期，文官们不断上奏批评正德帝把太多时间和精力浪费在打猎等活动上。宫苑中的活动会浪费食物和劳力，从百姓口中夺粮；皇帝把时间和精力都用于打猎，不能专心于国家大事、教育、道德教化；那些参加打猎活动的人（太监、溜须拍马者等）都贪污腐败，他们的恶劣影响损害了皇帝的健康和道德品质；最后，打猎可能带来肉体上的伤害，甚至威胁天子的生命。

尽管正德年间的不少大臣对狩猎活动提出批评，但明朝皇室一直维护着皇家宫苑和猎苑。不同之处在于，16～17世纪的士人不愿意承认明朝宫廷文化中存在这些元素。15世纪中叶的官员，如刘定之、彭时等，曾记录他们自己经历的骑术表演、射艺比武和巡狩；然而，这样的记述在王朝的后半段就几乎不存在了。可这并不意味着高级文官不再参与这些活动，也不能说明代皇帝放弃了打猎、骑马、射箭等。面对这种片面的史料时，我们务必小心谨慎。在16～17世纪，士人们通常将明朝皇室对军务、军人和军事训练的关注定性为荒谬的做法，似乎它们全部源于皇帝个人的特殊癖好；或者他们直接就对这种乱象避而不谈。晚明的士人们通常都不愿意承认他们见证过的尚武展示活动在宫廷和皇帝的生活中有正当的位置。即便是像沈德符那样提到明代早中晚各时期的尚武展示活动的著者，也不愿意承认这个很明显的现实。尽管时代在改变，皇帝的个人喜好也因人而异，但是尚武展示活动始终是明代宫廷生活的组成部分。

借军礼重振军队

嘉靖帝通过大阅礼和大射礼等尚武展示活动而不是巡狩和马球，来展示他是军队的指挥者和拥有者。嘉靖帝把精力放在一系列乐曲和舞蹈上，它们完成于 1526 年，并被用在了其父的神龛前，这反映了嘉靖帝对仪式和自己家人的兴趣。最初，内阁首辅费宏（1468～1535 年）劝导嘉靖帝弃用武舞而专用文舞，因为皇帝的父亲生长在太平年代。他的朝中对手内阁辅臣张璁（1457～1539 年）表示反对，认为武和文两方面的德行对王朝来说都是必不可少的，且自明朝建立以来诸藩王的宗庙中一直采用武舞。嘉靖帝于是加上了武舞。[125] 这段插曲说明了尚武展示活动在嘉靖帝与高级官员的关系中的作用。这些大臣通过迎合君王的兴趣来获得他的支持。

在 16 世纪三四十年代，嘉靖帝和一些京官联手把皇帝对仪式的浓厚兴趣和军事振兴结合起来，主要关注军官的培养、对古代著名军事战略家的敬奉、军事服装、军队旗帜和大射礼这样的尚武展示活动。1536 年春，嘉靖帝命令兵工二部草拟建立讲武堂的计划，希望建立气派的官办军事学校这一具体措施能增强明的军事力量。[126] 一位御史建议说可在武英殿讲武，皇帝可在西苑阅射。[127] 一栋气派的建筑物再加上武职高官与皇帝之间更密切的关系（通过检阅和让武人进西苑的方式建立），可提升讲武堂及军官在京师官僚系统中的形象。京中人士都明白这种做法里暗含的"地位政治"。

礼部尚书夏言在给皇帝的奏疏中，将嘉靖帝放到了范围更大的历史语境中。就嘉靖帝对武备的关注，夏言写道："真古帝王安不忘危、治不忘乱之意也。"在简要回顾汉、唐、宋的皇室阅兵之后，夏言回到了本朝之事：

> 我太祖高皇帝经理淮甸，亲阅试将士。太宗文皇帝靖
> 难之余，亦时加简练。是以国初名将叠出，类皆文武兼
> 资，韬略素习。是以振威沙漠，策勋阙廷，汉唐宋以来所
> 未有也。[128]

皇帝的参与是关键。每年冬天，皇帝都要视察讲武堂，在那里举行大阅礼，并根据每个人的表现来决定赏罚。夏言强调，皇帝的参与会激励军士们更刻苦地训练，最后会造就一支能力卓越的军队。他还建议说，每年春季、夏季和秋季可派一个由都察院都御史、兵科都给事中、团营并提督总兵官组成的有威望的代表团，去讲武堂检阅学生，考察他们的射术、骑术和军事韬略。[129] 所以说，虽然 15 世纪末 16 世纪初的官员提醒皇帝不要过度追求骑马、射箭、打猎和亲自领兵出征，但像张璁和夏言这样有声望的朝廷大员坚持认为，嘉靖帝应该在王朝的军事振兴上扮演恰当的角色，而且至少在夏言看来，武力展示（以大阅礼的形式）是非常必要的。

嘉靖帝还批准为太公望建造一座庙宇。太公望是军事谋略家，曾辅佐周武王打败商纣王，与孔子一样被纳入了国家祭祀体系，掌武事。[130] 1387 年，为偃武事，洪武帝撤去太公望的王号，废弃了他的旧庙。到 1536 年时，嘉靖帝重建了一座庙宇，使汉、唐、宋各朝的著名军事家都能够享受祭祀。这是可体现嘉靖帝试图通过仪式来振兴军事力量的又一个方面。[131]

嘉靖帝对军事的关心还表现在设计新的军服和旗帜上。在 1535 年 4 月或 5 月，他发布了可在军事场合使用的新冠服的

草图，服装上绣有象征力量和威慑的纹饰。嘉靖帝明确表示，他已经翻阅了《大明会典》，根据里面的记载，当永乐帝和宣德帝要领军出征或巡视北境时，会在出发前的祭祀活动中戴军帽。嘉靖帝明显是在效仿其祖先的行为，在王朝的会典中搜寻相关信息，向亲信文官寻求更详细的描述。[132]嘉靖帝解释说，巡狩的礼服与出郊的不同，"义须尚武"。[133]

1543 年春天，京官们又一次将他们的注意力放到大阅礼和大射礼上。夏言和兵部尚书毛伯温（1482～1545 年）、礼科给事中陈棐（1535 年登进士）共同商讨大阅礼。他们的调查显示，《周礼》和《春秋》等古代典籍在论说武备的语境中谈到了大阅礼。汉、唐、宋的统治者也不时进行军事检阅。官员们无法确定洪武朝和永乐朝大阅礼的详情，但夏言及其同僚在《大明会典》中找到了皇帝定期进行军事检阅的依据。夏言注意到，自登基以来，嘉靖帝比之前的皇帝更致力于在仪式和音乐方面仿效洪武帝和永乐帝。军事危机的存在要求皇帝采取强有力的行动。蒙古人的不断侵扰暴露了明朝军事上的缺陷，只有嘉靖帝的亲自介入才能重振明军，逼退蒙古人。[134]嘉靖帝应在校场上检阅军队。[135]

陈棐更加卖力地论说大阅礼的重要性。他查阅的文献范围与夏言大致相同，包括从周朝、汉朝君主到洪武帝和永乐帝的阅兵实例。他强调嘉靖帝亲身参与大阅礼会鼓舞人心。尚武展示中的景象不仅可威慑蒙古人，而且会鼓舞皇帝的子民展现他们对王朝的忠诚。聪明的人可献出计谋，英勇的人可在战场上献出生命，富有的人可拿出他们的财富。[136]陈棐还认为，大阅礼给王朝的军士提供了一个直接接触皇帝的机会。如果没有这样的"仰瞻皇上玉色"的机会，军士们就无法意识到，皇帝

249

250

一直忧心于王朝、勤勉工作。陈棐分析道，皇帝亲身参与大阅礼可类比于统治者参与一年一度的耕藉礼和亲蚕礼。天子必须成为臣民的榜样。夏言、陈棐等人不断提醒嘉靖帝，举行大阅礼就是在恢复一种近期被废止的庄严国典。[137]

251　　夏言、陈棐等人还支持恢复另一种军事仪式——大射礼。在某些方面，大射礼的场面更加壮观，几乎能够直接触动官场中所有人。像大阅礼一样，他们向嘉靖帝展现了大射礼可上溯至周代的起源。射礼是上古时代最重要的仪式之一，天子、贵族和官员都要参加。夏言和陈棐还指出，射礼常常与祭祖联系在一起，其存在从汉唐一直延续到洪武朝、永乐朝。他们还让嘉靖帝注意到《大明会典》中一条 1370 年发布的法令，它规定"凡遇郊庙之祭，先期命文武官、执事行大射之礼"。[138]夏言承认，尽管皇帝的亲自参与，特别是他所扮演的裁判角色，与古礼和《大明会典》中的条规看起来并不完全相符，但这种想法值得尝试。他建议，太庙的修筑一完成，朝廷就可以开始创制一种新的仪式。

　　兵部与工部尚书支持举行大阅礼。他们同样坚信嘉靖帝的亲自参与会提高官军士气，"破犬羊之胆"（即挫败蒙古人）。但在训练并考核官员的射术一事上，他们的反应则冷淡得多，因为这"既不应古谊，且与今政体不便"。他们要求将此事暂且搁置。[139]

252　　虽然大阅礼和大射礼没有成为嘉靖朝的长期要素，但嘉靖帝及大臣们都意识到了皇帝亲自参与的重要性，都认识到了天子在宫中举行军事检阅对恢复官军士气和提高骑射水平是很关键的。他们相信，这样的尚武展示活动会增强国威，增加臣民对国家的忠诚度，还能威慑草原上的蒙古人。[140]在明朝的第一个百年里，皇帝多次检阅军士的骑射水平，且朝廷官员纷纷写词作赋以表庆贺。然而到了 1500 年前后，皇帝在主办这样的活动时遇到了更大阻力，但他们并未放弃这种努力。同样重要的是，就像夏言和陈棐的例子显示的，尽最大努力争取举行尚武展示活动的，有时是高级官员而非皇帝本人。官员们在小心翼翼地将举办大阅礼和大射礼的建议呈献给嘉靖帝时，往往会提及宗室传统、礼制和贤君美誉。因此，在皇帝试图让臣僚接受他的统治时，高级官员也在努力使皇帝相信他们就是可以帮他实现目标的人。作为宫廷文化和统治权的重要象征，尚武展示常常成为竞争和谈判的焦点。

再次恢复大阅礼

张居正（1525～1582 年）在 1568 年 9 月 20 日上了一封详细的长篇奏议，讨论了人事政策、官场规则、节流方法、军事战备等一系列问题。其中一项内容是，他建议恢复大阅礼。张居正曾在裕王府（隆庆帝朱载坖的潜邸）为官，在 1567 年隆庆帝登基后他得以进入内阁。[141]这封奏疏的核心内容是王朝实力和皇权。在讨论了兵力、战备和将领选拔等问题之后，张居正以皇帝对加强军力的作用来做总结：

又惟祖宗时，京营之兵数十万。今虽不足，尚可得八九万人，若使训练有方，亦岂尽皆无用？但士习骄惰，法令难行，虽春秋操练，徒虚文耳。臣考之古礼及于我祖宗故事，俱有大阅之礼，以习武事而戒不虞。今京城内外，守备单弱，臣常以为忧。伏乞敕下戎政大臣，申严军政，设法训练。每岁或间岁，季冬农隙之时，恭请圣驾亲临校阅，一以试将官之能否，一以观军士之勇怯，有技艺精熟者，分别赏赉，老弱不堪者，即行淘易。如此，不惟使辇毂之下，常有数万精兵，得居重驭轻之道。且此一举动，传之远近，皆知皇上加意武备，整饬戎事，亦足以伐狂虏之谋，销未萌之患。诚转弱为强之一机也。[142]

255　　换句话说，张居正通过让新即位的皇帝觉得他在振兴军事力量中发挥了直接且可察觉的作用，把皇帝放在了这件事的核心位置。在隆庆帝登基的头一年，官员们不时批评他对国家事务缺乏兴趣，在早朝时常像石头般沉默无言，忽视大臣的奏议，沉溺于后宫。[143]当其他官员喋喋不休地劝导皇帝不要冒险离宫太远，告诫他要注意节俭，以及师从大儒按时学习时，张居正则为皇帝提供了一个积极的军事角色。在隆庆帝尚未登基时，张居正就已经因为忠诚和能干而赢得了隆庆帝的信任。他注意到隆庆帝对骑射感兴趣，知道俺答汗 1550 年劫掠京师城外的事给隆庆帝（那时还只是十三岁的小男孩）留下了深刻印象。因此当张居正提议上述及其他政策时，隆庆帝给予了支持。[144]张居正的成功在很大程度上要归功于他能调整策略迎合皇帝。

　　相较之下，首辅徐阶（1503～1583 年）设想的皇帝角色更为有限。在朱载坖还是前途未明的皇子的漫长年月里，徐阶多次冒着触怒嘉靖帝的危险建议立他为储君。徐阶在裕王府中扮演了重要的角色，同时逐渐成为朝中资历最深的大员之一，并在 1552 年入了内阁。作为实力最强、声望最高的隆庆帝支持者之一，徐阶得到了君主的信任。1567 年 9 月末，隆庆帝宣布，他将在天寿山麓的帝陵主持秋祭。天寿山在京师以北，从京师出发一天时间可达。对徐阶来说，这样一次远行会过早地给新朝开创危险的先例。凭借自己在朝中的丰富经验，徐阶赞扬了皇帝却否定了其提议。徐阶欣然承认，隆庆帝的愿望是完全值得赞赏的，也是皇帝"圣孝"的体现。在将这件事定义为一种孝道后，他提出，对天子来说更大的孝道是"保安社稷"。接着，他指出，出于对社稷的考虑，"累朝旧制"要求皇帝派遣官员代为祭拜帝陵，由此让皇帝无法再援引宗室传统。为完全保障天子的安全，他提出天子可以在紫禁城的午门献祭。徐阶进一步提醒皇帝，东西"二虏"已经聚集兵力，准备发起进攻。[145] 他表示，祖宗的在天之灵也不同意隆庆帝所提议的出行。[146] 也许徐阶想到了 1550 年俺答汗进犯时陵区守备的突然崩溃。[147]

　　隆庆帝并没有放弃他的计划。第二天（9 月 29 日），徐阶又上一道奏疏，再次使用了忠于皇室的说法。他提醒说，皇帝作为"祖宗基业"的继承人身负重担，此外他又加上一个论点，即皇帝应为百姓考虑。近期，大范围的降雨使房屋和仓库被淹没，百姓遭受很大损失。所以，现在当然不是皇帝无忧无虑出京远行的时候。[148] 同一天，徐阶通过另一道奏疏，强调取消皇帝出行计划的紧迫性。他坦言自己在听到皇帝的计划时"不胜悚惧"。在关于这个议题的最后一道奏疏里，徐阶打出了他的最后一张牌——蒙古人的威胁。他提醒皇帝，天寿山的后方即黄花镇（位于京师正北面，与北京的直线距离为大约 40 英里，在边境要塞的正南方），黄花镇的后面就是"虏地"。徐阶质问道：防御工事如何抵挡得住蒙古人的突然袭击？这位忠臣问："皇上何所见闻、何所倚靠，而坚欲为此行也？"[149]《明穆宗实录》的编纂者们写道，此时，皇帝最终"悟"到了自己的错误，放弃了前去帝陵的出行计划。[150]

隆庆帝虽然顺从臣僚的要求，安稳地待在京师，但仍希望自己在王朝防务中扮演一定角色。他派出太监在紫禁城内指挥军事操练，这是正德朝和嘉靖朝都有的常规操练。[151]徐阶等人再一次试图扭转皇帝的这种误入歧途的倾向。他使用了之前成功阻止隆庆帝前去天寿山的计划时用过的语言技巧。他承认，皇帝无疑是因为近期北部边境上的军事冲突才积极组织操练，这完全符合"居安虑危"的箴言。徐阶接着令隆庆帝回想起 1551 年，当时嘉靖帝也考虑在皇城内操练士兵以应对蒙古人的威胁，但最后放弃了这一想法，因为他"必有深虑"。只要隆庆帝任命优秀将帅，坚持做到赏罚分明，"则兵威自振，外患自消"。徐阶最后总结道："似亦不必仰烦至尊躬亲教阅之事。"[152]

最后一句话尤其能说明问题。对徐阶而言，皇帝对王朝防务的参与，最好只体现为批准文官们提出的人事任命和审核他们关于军事将领表现的评判。徐阶完全不是不关心、不了解军事事务的官员。他的大量信函透露出他掌控着诸多具体的军事管理事务，包括挑选合格将领、解决后勤问题、应付边防财政压力、筹集军队粮饷、处置敌方俘虏，以及招募精通欧式火器者。然而，争论焦点在于皇帝个人在王朝防务中究竟应该起什么作用，应具体扮演什么角色。

对隆庆帝而言，一个更直接、更积极的角色是有吸引力的，许多明朝皇帝也都如此认为。隆庆帝可能会想，即使不被允许出京远行，那至少要让他可以在紫禁城内"躬亲教阅"，从而提高军队士气，加强军事准备。在当皇帝的头一年，隆庆帝比较听从徐阶这样的重臣的意见。但是，徐阶的辅佐并未让他自己得到新皇帝的青睐。

到了隆庆二年，隆庆帝逐渐开始忽视徐阶等人的危言耸听的言辞。1568年3月18日，隆庆帝表明他想亲自去京师以北的帝陵主持春祭。礼部不仅建议了启程和返程的日期，还概述了皇帝出行所必需的准备工作，这让人认识到皇帝出行背后的后勤工作有多么复杂。兵部需要整顿北京防务，安排护驾军马，并且在去天寿山路上的关键路口加强兵力。户部要准备皇帝随扈军队的粮草供给。工部要派人修理道路和桥梁。光禄寺要准备隆庆帝及其随行人员的食物和酒水。最后，礼部开列了一张长长的包含京中各部官员的随扈名单，此外还要求留守京师的文武官员都到德胜门集合，恭送皇帝。[153]

依照礼部的计划，隆庆帝在3月25日离开京师到达巩华城，并在那里过夜。[154]巩华城是距离北京大约25英里的一处"行宫"，由永乐帝建造，并于1540年全部重建。它是一座砖砌堡垒，配有城壕、粮仓和一支几千人的守军。[155]次日，皇帝及随扈人员到达天寿山行宫，从那里俯瞰帝陵。在天寿山行宫，他用膳、接受百官朝拜，待了一天两夜。[156]隆庆帝取消了巡游南海子的计划，因为徐阶表示该计划与表达诚挚孝心的意愿相违背。[157]在3月28日也就是清明节这一天，隆庆帝主持了对先皇还有永乐帝的祭祀，之后还京。[158]

隆庆帝谒帝陵这件事在如下几个方面是值得关注的。首先，如上所述，就在一年前，徐阶借用对国内安全和蒙古人威胁的担忧来劝阻皇帝出行。到了1568年，徐阶没有坚决反对这次出行，尽管他在一道表面上赞扬隆庆帝孝心的奏疏中还是忍不住重提了黄花镇后面是"房地"的警告。[159]其次，在讨论这个问题时，皇帝和徐阶都强调了宗室传统、孝道和王朝防御

259

260

的重要性。前往奉先殿是这次出行中的重要环节，在离开京师之前和从帝陵回来之后，隆庆帝都到奉先殿进行告祭。面对隆庆帝对边将所下的诏令，徐阶盛赞皇帝的"圣孝"。隆庆帝在谴责边地情报工作的不足及这种情况对王朝防御的危害时，提到了宗室纽带。在给辅臣的一道谕旨中，他说："朕躬谒我祖考陵寝，始知边镇去京切近如此。"隆庆帝抱怨说自己收到了隐瞒边境艰辛的错误奏报，要求臣僚替他向蓟州和宣府的文武官员传达指令。兵部立即遵从皇帝的旨意，下令加强情报搜集工作和军事防卫。[160]

拜谒帝陵还为隆庆帝提供了一次向臣民展现仁慈的机会。他宣称，自己之所以亲自主持春祭，是为了"弘先德以惠民生"。本着这种精神，他免去了昌平州、宛平县和大兴县（这几处都紧邻京师）当年的部分田租，免除了守卫行宫的军士的赋税，免去了正好住在这次出行路线上的民户的一半赋税以及所经地区之住户的三分之一赋税。[161]

最终，徐阶了解了隆庆帝的心态，试图迎合皇帝的喜好以达成自己的政治目标。在皇帝亲祀帝陵后五个月，徐阶在一道奏疏中提出减少几项国家开支以振兴军队。[162]徐阶不是唯一迎合皇帝喜好的廷臣。[163]

因此，1568 年 9 月张居正在提出大阅礼一事时，很有策略性地利用了隆庆朝的一些重要事件。张居正鼓励隆庆帝在军务上的兴致，而不像皇帝的恩师徐阶那样阻拦皇帝。像夏言和陈棐在他们给嘉靖帝的奏疏中所做的那样，张居正小心地依据古代及本朝的先例来论证他的提议，使皇帝相信"古礼及于我祖宗故事，俱有大阅之礼，以习武事而戒不虞"。在三周后的 10 月 12 日，兵部回复张居正的提议，同样强调了本朝先例：

"今皇上圣性英资同符列祖。"[164]兵部随后附和了张居正关于在 262
农闲季节举行大阅礼的呼吁，重复了张居正对此的阐述。隆庆
帝也很关注本朝先例，说："大阅既有祖宗成宪，允宜修举。"
皇帝让兵部会同其他高级官员着手筹备定于来年农历八月举行
的大阅礼。[165]

　　对隆庆帝和大臣如此强调先例的表现，我们应该怎么解读
呢？从官员们的角度来看，可能最重要的是大阅礼并不违背过
去的做法，也没有偏离明代的制度框架。隆庆帝等人大概更在
乎宗室传统。兵部通过赞扬隆庆帝的才干堪比其祖宗来迎合
他。举行大阅礼就是恢复一种自开朝之初就存在的庄严的皇家
仪式，是通过效仿前人的做法来光耀祖宗。同时，强调大阅礼
符合"祖宗成宪"使这项活动获得了正当性。正因为到了明
代中期，这类活动被许多文官断言为危险的、不道德的、不符
合孝道的、有损王朝利益的，所以这种辩护十分有必要。

　　大阅礼的准备工作持续了好几个月。在 1569 年 1 月底，
修缮皇帝阅兵时所在的厅台及扈从营房的计划成形。安全巡逻
也加强了。[166]隆庆帝宣布取消以往的司礼监太监每三年阅视京
营兵的惯例，此后他将亲自进行大阅。[167]8 月底，皇帝下令将
教场门改名为阅武门。[168]

　　有些大臣极不愿意承认大阅礼的重要性。在给一位门生的 263
信里，张居正抱怨那些持异议的官员吹毛求疵。[169]其他大臣认
为大阅是朝廷加强军事力量——特别是京营力量——的努力的
一个方面。当时对京营的抱怨日益普遍，特别是在俺答汗
1550 年侵扰北京之后。在 16 世纪 50 年代早期，徐阶建议淘
汰京营里的一部分人，用节省下来的开支去赏赐留下来的士
兵。[170]在张居正上疏几个月后，皇帝批准了若干举措来提升京

营兵的武艺水平、加强军纪和鼓舞士气。其中一项是为磨炼京营兵的射术提供财政激励。他还任命高级将领在春秋时阅视京营，从而使军队保持戒备状态。[171]明代官员明确地将大阅礼和京营兵的活力联系起来。4 月末，一位监察御史控诉道："陛下大阅已将届期，而京营武备犹废弛如故，宜治镇远侯顾寰失职之罪。"然而皇帝只是温和地批评了顾寰，并且命他负责京营训练。[172]次月，兵部也提出了加强京营训练的建议。[173]

张居正借助他人对大阅礼的批评来重申振兴明军的重要性。1569 年 6 月 25 日，他在给皇帝的一道奏疏中称：

> 264
>
> 　　比者南京刑科给事中骆问礼言，大阅古礼非今时所急，[174]不必仰烦圣驾亲临。盖臣如去年七月间条陈六事，其一饬武备中议及于此，伏蒙圣明采纳原臣本意。正以京营戎务废弛日久，往岁虽屡经言官建白釐革整饬，迄今数十余年竟无成效。臣愚窃以为国之大事在戎，今人心懈惰如此，若非假借天威亲临阅视，不足以振积弱之气而励将
>
> 265
>
> 士之心。又自皇上御极以来如耕籍一示重农之意，视学以彰崇儒之美，一二大典礼皆已次第举行。则大阅之礼亦古者圣王诰兵治戎、安不忘危之意，且稽之列圣实录，在祖宗朝亦间有行者。[175]

张居正强调，大阅礼仅仅是他在先前的奏疏中为振兴明朝军力提出的建议之一，同时，他也很乐意看到皇帝尝试其他方面的改革。兵部支持张居正的立场，说："大阅之礼具载《周官》，而我朝洪熙宣德间亦尝举行，成宪具在，固不可废。"兵部还重提了一个论点，即大阅礼的影响力将扩散至国内各地："不

惟京营生气，而边海之区咸知朝廷锐意武事。"隆庆帝打消了顾虑，下令称仍依照张居正最初的提议来举行大阅礼。[176] 以上种种表明，就像曾在嘉靖朝的君臣之间发生过的那样，张居正及其支持者提议举行大阅礼并努力争取隆庆帝的支持。

1569 年 7 月 11 日，兵部给出了大阅礼的基本安排。皇帝的安全仍然是核心问题：从三大营中挑选的由 2500 人组成的卫队会在隆庆帝进入和离开教场时保卫他；京师的巡捕和锦衣卫会维护京师的安全。训练队伍、军队规模和指挥信号等方面的细节也都安排得清清楚楚。[177] 几位功勋贵胄负责看守京城九门。[178]

最后，在大阅礼的前一个月，礼部宣布了关于这次活动的详细指南。像兵部、张居正和皇帝一样，礼部也认为这次大阅礼源于从周代延续到宣德朝、正统朝的先例。礼部用了大量溢美之词来颂扬隆庆帝举行这次大阅礼的决定："建熙朝之盛事，垂后世之法程。"[179]

这次大阅礼规模庞大，共有几万将士参加。皇帝要阅视京营的六万军士，同时兵部大员要在京中各分教场检阅和评估小群的低级军官、正规军队、家丁军队和火器军队。公侯、驸马和锦衣卫官员也要检阅各种军队，内容包括"马步等箭及枪刀大器诸艺"。他们甚至可以自愿登记，在皇帝面前展示自己的技艺。出身低微、官衔不高的人，只要被叫到名字，同样有机会在隆庆帝面前展现自己。[180]

奖品就是帝王的赞誉和银牌银锭。奖赏由表现和身份决定。[181] 若武官和士兵表现拙劣，则必定会受到惩罚。在大阅之前，兵部甚至请求先从太仆寺库房中发放一万两银子，以犒赏京营官兵，一人一钱。皇帝有感于军士劳苦，于是下令发放原

266

定数量的三倍。[182]隆庆帝在活动之前还赏赐了随驾扈从的文武官员。[183]

267　　　尽管这场大阅礼规模盛大、耗资颇多、准备充分，但是《明穆宗实录》关于 1569 年 10 月 30 日，也就是举行大阅礼这一天的内容简洁得出奇（尤其考虑到张居正负责监修《明穆宗实录》这一点），[184]仅仅记有隆庆帝进行了大阅和他的训词——"诘戎讲武，保治弘图，训练有方，国威乃壮。尔等共勉之！"[185]修纂者并未对活动状况进行描述，没对军士的技艺进行颂扬，也未评述作为大元帅的皇帝。

《明穆宗实录》也没提到另外一个重要现实，即隆庆帝致力于改善军队骑射能力的事，与高级文官基于对北境前线的观察而给出的近期奏报有关。比如，在 1565 年，一位资深官员呈递了一份对位于山西的边境地带的局势分析报告。他表示，军队所面临的最大困难之一就是骑射能力较弱："兵故不习而脆，虏故射猎而骁。"在同一篇奏疏中，他进一步分析道："贼之马二十倍于我，贼尽骑士，殊利飙驰。"[186]这位官员显然是将骑射、骑术、打猎与军事力量联系到了一起。

毫不令人意外的是，明代一位为张居正立传的文人热情地描述了大阅礼的成功：

268　　　是日天子躬擐甲胄……选卒十二万，戈鋋连云，旌旗耀日。天子坐武帐中，观诸将士为偃月五花之阵。已，乃阅骑射，简车从。礼毕，三军之士皆呼万岁，欢声如雷。都城远近，观者如堵。军容之盛，近代罕见。[187]

我们不知道朝廷是否曾派人为隆庆帝的大阅礼作画。在

1581 年万历帝举行大阅礼后，张居正关注起大阅礼的视觉呈现，并强调了将活动盛景画下来的重要性。他向万历帝进呈了一首颂词、一首诗和一幅画，"述真纪实，庶以传示将来"。[188]上述诗词好像都没有被录入他的个人文集。[189]而他关于大阅礼的绘画也下落不明。

在 16 世纪 30 年代，陈棐曾强调大阅礼是官军瞻仰天子的重要机会，即使他们离天子还有相当远的距离。张居正的传记作者同样强调了大阅礼中军队和皇帝之间的关系——"三军之士皆呼万岁！"张居正身着戎装，也成为目睹官军风采的京中观众之一。他的传记作者没有提供更多细节，但相关描述显示，隆庆大阅礼的观众数量远远高于 15 世纪的阅礼，在 15 世纪时，观众以特定的京中精英群体为主。据 16 世纪后期的作品《皇明嘉隆两朝闻见纪》记载，京中老幼欢快地观看这次活动，并称赞这是一次"旷典"。[190]张居正在一封私信中明确宣称，大阅礼这一稀世旷典的恢复已然激励了九边将士。[191]兵部尚书霍冀（1516～1575 年）写于大阅礼后的奏疏，也赞同张居正的看法：皇帝的阅视不光重振了京营兵的士气，也提高了边军的士气。霍冀还劝皇帝，每年都要举办大阅礼。[192]事实上，霍冀编纂了两卷本的《大阅录》，它汇集了与提议和施行这次阅礼有关的所有奏疏。[193]

像明朝早期的尚武展示一样，隆庆帝的大阅礼也面向外国观众。在与蒙古俺答汗漫长的和谈过程中，重臣王崇古（1515～1588 年）试图通过举行大阅礼来展现明军的实力，以为明朝增加谈判筹码。[194]张居正也明确表示大阅礼是"攘外"之策。这种邻邦密切关注明军发展的看法无论正确与否，都是很普遍的。皇帝在一封斥责三大营都督既不能击退俺答汗的进犯，又不能及时宣示大明国威的信里写道："今朝廷已将京营人马从新立法，简练精壮，又调募下许多良将劲兵，整备下许多钱粮器械，要大杀那达贼一番，你们各要仔细这事。"[195]

271　　在另外一些记录中，张居正用"中兴"一词来描述隆庆朝。[196]近来的研究者如王天有、胡凡等也对隆庆朝给予正面评价，将关注点放在隆庆帝意识到应加强军事防御一事上。他们进一步指出，皇帝积极支持主要将领谭纶（1520～1577 年）、戚继光（1528～1588 年），推动北境附加防御工事的修建，关注练兵，这些称得上隆庆帝的突出功绩。[197]最后，与嘉靖朝的情况一样，隆庆帝的大阅礼也赋予参与者以荣耀，一篇庆贺性质的文章直言参与大阅是官场生涯的高光点。[198]

　　但大阅礼和隆庆中兴给邻邦带来的影响并不确定。《李朝实录》并未提及 1569 年的大阅礼。那一年有关明廷的最长记录是一段义愤地描述朝鲜使臣在北京受到不公待遇的文字。[199]晚明的文人们似乎也不太看重大阅礼，只是一笔带过。16 世纪末，郎瑛建议举行一次大阅，由卫军和募兵各出代表相互较量。他提议，胜者将获得负者粮饷的一半。郎瑛严厉地抨击卫军，认为他们对帝国的防御毫无价值，只会增加百姓的负

272　担。[200]郎瑛的口气有些模棱两可，让人很难分辨他是真的觉得大阅之礼能够用来评估军事实力，还是说他的提议原本就是个玩笑。

　　到了 17 世纪初期，朱国祯表达了更鲜明的立场，他完全视大阅礼为一种奢侈的乐趣。他认为：

　　　　国朝圣驾大阅，惟隆庆三年一举，其说发于张太岳，计费不下二百万。海内因传欲复河套，其实穆庙驰骋自

乐，非修故事，亦非幸边功也。神考九年如之，亦太岳之
意。然此举竟可已，毕竟是抚按帅事。惟五月禁中射柳，
聚诸彻侯若大将角试，较其优劣，如先朝故事可也。[201]

朱国祯利用了常用来描述正德帝行为的那些叙事策略，他
将隆庆帝的大阅礼说成由小人——在这里指张居正——唆使的
偏失之举，从而否定了这一活动。当代中国学者韦庆远也类似
地将隆庆帝的大阅礼说成是一类空洞的表演，但他的解释更加
关注隆庆帝的出身和特殊心理。他说，隆庆帝成长的道路非常
艰难，受制于人，缺乏爱和支持。在他登基之后，便沉迷于酒
色和敛财。韦庆远认为，隆庆帝之所以对大阅礼感兴趣，不是
为了增强国家实力或积极参与治理，而是想以此向他的臣民宣
示他的身份和权力。所以，这是一种虚荣和自欺的展示，是一
种通过展现军事力量来掩饰自己的不安和怯懦的努力。[202]隆庆
帝毫无疑问是在利用大阅礼来追求个人和国家的利益，但如果
仅关注尚武展示的一个方面就会误入歧途。尚武展示一直都具
有多元意义，而且历代皇帝、朝臣等都利用它来实现自己的愿
望。这也在很大程度上解释了尚武展示为何能长期存在。朱国
祯的解释同样具有误导性，因为隆庆帝的大阅礼只是常发生于
明代的尚武展示活动的例子之一。

隆庆帝的大阅礼并没有因为其场面的壮观而给后人留下深
刻印象。[203]清代早期，宋起凤在关于明的杂记里，写下了题为
"大阅"的一则内容。他记道："大阅之礼自正统后不举焉"。
他又讲道，崇祯帝在大臣的压力下放弃了举行大阅的计划，但
退而求其次地组织了一次有战车、炮军、马军和步军参与的大
型军事训练。宋起凤最后说："惜众娴习未用，而寇至门庭，

卒委于风雨摧毁而已。良可叹也。"[204]他指的是明廷在李自成的起义军于1644年占领京师后便溃灭的事。[205]

274　　　宋起凤向我们展示了尚武展示活动的浮夸：大阅礼中的军旗已经大到无法竖着通过京师的大门了；因为军旗不能倒下的传统，城楼上架起了一座让军旗通过的木桥，"凡马步数十万，咸从梁上度师"。由于这座桥造价过于高昂（不下数万金），因此用来犒赏操演的钱都不够了。"列朝因惜浮费，卒不举"大阅礼。[206]

小　结

在明朝中期，关于统治者权力和尚武展示的看法不断变化。大多数士大夫倾向于削弱天子作为军事统帅的作用。黄仁宇将此视作明代皇权受限这个大趋势的具体体现之一，他表示，到16世纪时，皇帝就仅是统治的符号和象征了，"几乎没有机会在行政运转中加入自己的创造力"。[207]一些明代的士人坚决排斥尚武展示活动，攻击它们是危险、不负责、不孝和荒谬的。这样的描述与明代皇权观的不断变化密不可分，而皇权观定义了皇帝活动的适当范围——这是一个涉及政治、情理、利害关系的高度争议性问题。正德帝1519年的南巡计划激起许多京中官员的公开反对，导致大约150名京官受到了"下狱、鞭打、降职的处分，其中还有12人死亡"。[208]

但同时，夏言、陈棐和张居正的例子又反映出，这些人相信，皇帝亲自参与尚武展示活动对军队士气、朝廷威望和军事275　准备仍是必要的。当时官员迎合了君王的个人兴趣和关切点，劝导嘉靖帝和隆庆帝"修举"大阅礼和大射礼，但他们并不是在倡导回到明初时皇帝领兵亲上战场的那种统治方式。有一些人，如张居正等，用诗歌绘画作品来赞颂明初担任军职的皇帝。[209]他们意识到，尚武展示活动可同时改善他们个人的和王朝的境况。[210]张居正比他的恩师徐阶更敏锐，他明白巧妙地迎合皇帝的兴趣会有助于实现自己的目标，即推行刻不容缓的军事改革。

然而，即使是那些支持皇帝在军事事务中扮演直接角色的人，也并不完全认可在明代统治的首个百年里地位突出的那类尚武展示活动。大阅最好是在皇城内举行，且由文官们组织，不应让"便佞"接近皇帝。夏言、陈棐和张居正从未提议举行皇家狩猎、马球比赛或一直维护禁苑。他们只在尚武展示与他们为自己和王朝设定的目标一致时，才支持这类活动。

明朝初期的皇帝比明朝中期的皇帝举行了更多的尚武展示活动。但是，这种对比不应被夸大。正统朝早年的军事检阅反映了辅臣而非幼年天子的利益和政治眼光。尽管太监们看上去可能监管了永乐朝和宣德朝尚武展示的多数后勤工作，但"三杨"等高级官员可能也参与其中。与明代第一个百年相比，第二个百年的尚武展示活动最本质的不同在于，明代皇帝——除了正德帝这一显著的例外——不再亲自领兵作战。第二章曾提到，这一转变开始于正统朝的后半期，即当皇室田猎与皇帝亲征被视作不相干的活动时。皇室田猎的活动范围逐渐缩小，主要在猎苑之中或帝陵附近举行。景泰帝、成化帝和弘治帝对打猎或作战没有太大兴趣，这种持续四十年的情况重新定义了统治和尚武展示的规则。当正德帝努力恢复永乐帝、宣德帝和正统帝的做法，如骑马、射箭、打猎、领兵时，许多文官觉得他违反了为君之道。他们不认为这种"为君之道"是近些时候对王朝先例的改变，而认为它们是长久存在的自然状

276

态。也有些官员认为，正德帝对打猎、巡游和作战的兴趣符合古代贤君的统治模式和皇室传统，但他们的声音被淹没了，他们的大多数观点也从历史记载中被抹去。

所以，问题的关键不在于文官群体对尚武展示活动的普遍反感，而在于高级官员们如何利用这些看法来追求他们自己的利益，实现他们对统治者权力的设想，以及在这一过程中重新定义皇帝的政治角色。大臣们曾反对成化帝和弘治帝打猎、骑马、领兵，但夏言、陈棐和张居正等人认为，皇帝应当让臣民看到自己，展现他们的军事统帅身份，并亲自参与王朝的军务。虽然皇帝不用带兵进入战场或前往边境，当然也不用跨入草原，但陈棐、张居正等人并不想切断皇帝与军事事务的联系。这种关于明代统治者权力的理解也许会让我们重新评估所谓的晚明尚武精神或晚明军事复兴。这些说法把明朝第一个百年的军事精神和第二个百年的去军事化暗中对立起来了。然而，我们在中央层面——包括皇室和高级官员——看到的，是一种尚武展示的传统。虽然这些活动的重要性和组织形式不断变化，但它们一直是皇帝、高级官员、宫中太监、京官等追求个人和王朝利益的舞台，这些利益包括选任合适的武官、打击试图定义皇权的文士、加强政治控制、展现对王朝祖先的孝道、重振王朝军队、获取皇帝的青睐、打击朝中政敌，以及推动政策创制等。尚武展示活动并不是上演这种谈判和竞争的唯一舞台，但无疑很重要。它们与一些宝贵的政治资本有密不可分的关系，如接近皇帝、进入西苑等皇家专属空间，以及获得统治者的信任与支持。

最后，天子和权臣都无法完全掌控百官、普通百姓、国内外观众对尚武展示的理解。正德帝没能让国内外的大多数观察者相信，他的尚武展示活动是对洪武帝、永乐帝和宣德帝所建立的皇室传统的复兴。相反，他的官僚系统中的许多人，包括消息灵通的朝鲜人在内，都断定他是个不负责任的败家子。夏言、陈棐和张居正极为努力地让他们的君主和同僚相信，尚武展示活动有利于王朝，也符合皇室的传统。然而，他们取得的胜利常常是暂时的，明末清初的许多历史学家都驳斥了他们关于尚武展示活动的设想。由于张居正等人在自己与大阅礼间建立了联系，因此，不仅皇帝作为军事首脑的中心角色遭到否定，张居正及其关于国家职能的想法也受到谴责。

注　释

1. 有关景泰年间朝政的详细论述，可参见 de Heer, *The Caretaker Emperor*。

2. Peterson, "Comments."

3. Chu, "Intellectual Trends," p. 6. 周洪谟明确地将土木堡之变的军事失败及其造成的政治动荡归因于正统帝不听臣僚的劝告，而将景泰年间的相对稳定归因于君王能听取臣僚的建议。见周洪谟《条陈十二事疏》，《周耿二文集》卷一，第 6 页 a，收于陈子龙《皇明经世文编》卷四四，第 6 页 a，第 1 册，第 333 页。

4. Dardess, "Protesting to the Death."

5. Lo, "Policy Formulation," p. 70.

6. 王天有，《明代政治论纲》，第 126 页。这并不是说这些模范帝王就没有受到任何来自国内外的批评。有关朝鲜国对弘治帝的看法，包括对其偶尔不出席朝会的评论，见陈学霖《〈朝鲜实录〉记载中之明孝宗弘治皇帝》。朝鲜使节对弘治皇帝的憔悴和多病也印象深刻。

7. 李贤，《上中兴正本疏》，《李文达文集》卷一，第 3 页 b ~ 16 页

a，收于陈子龙《皇明经世文编》卷三六，第 1 册，第 271～277 页。引文在第 274 页。该文也可见李贤《古穰集》卷一，第 6 页 a～20 页 a（《文渊阁四库全书》第 1244 册，第 487～494 页），标题为《上中兴正本策》，引文在第 490 页。

8. 出自胡濙《太子太傅兼礼部尚书胡濙等覆奏》，收于李贤《古穰集》卷一，第 20 页 a～23 页 a（《文渊阁四库全书》第 1244 册，第 494～495 页）。引文在第 494 页。

9. 朱永的军事和政治经历跨越了 15 世纪的大部分时间，他见证了京师及国外的一系列活动。见王世贞《朱永传》，收于焦竑《国朝献征录》卷七，第 69 页 a～74 页 b（第 1 册，第 256～258 页）。

10. 皇帝因为张懋的优异表现而赏赐他金带（《明史》卷一五四，第 4224 页，列传第四十二·张辅传）。张懋八岁时就袭承父亲张辅的爵位。张辅拥有长久而成功的军事生涯，在四十年间辅佐了三代君主。

11. 《明宪宗实录》卷一一五，第 6 页 b～7 页 a，成化九年四月壬午；谈迁，《国榷》卷三六，第 2328 页，成化九年四月壬午；徐学聚，《较阅》，《国朝典汇》朝端大政卷一七，第 4 页 b～5 页 a（第 363～364 页）；史继偕，《大阅》，《皇明兵志考》，第 252 页。

12. 《明宪宗实录》卷一二二，成化九年十一月丁酉。

13. 由陶谐未署创作时间与地点的一首诗可知。见陶谐《端午插柳》，《南川漫游稿》卷一，第 24 页 b～25 页 a（《四库全书存目丛书》集部 48，第 285～286 页）。

14. 吴宽，《端午节皇上宴致语》，《匏翁家藏集》卷四六，第 14 页 b。

15. 吴宽，《端阳进呈射柳诗》，收于王锡爵《增订国朝馆课》卷一三，第 11 页 b（《四库禁毁书丛刊》集部 92，第 421 页）。

16. 丘濬，《午日禁苑观击球射柳进呈诗》，收于王锡爵《增订国朝馆课》卷一三，第 20 页 b（《四库禁毁书丛刊》集部 92，第 420 页）。

17. 吴宽，《渡沙河》，《匏翁家藏集》卷一二，第 8 页 a。

18. 《明孝宗实录》卷一六，第 8 页 b，弘治元年七月乙亥。

19. 弘治元年，皇帝收到了大臣文林（1445～1499 年）的有十点内容的奏议，其核心指向"圣政"。在条陈中，文林劝谏新君应杜绝对"驰马试剑"和"珍异"的喜好。他提醒道，奸诈的谄媚者会利用这些人欲把持朝政。见文林《弘治戊申陈事》，《文温州文集》卷三，第 5 页 b ~ 6 页 a（《四库全书存目丛书》集部 40，第 304 ~ 305 页）。文林和吴宽是有过诗文交流的同代人（还有李东阳等人）。

20. 毛纪（1463 ~ 1545 年），《孙公神道碑》，《鳌峰类稿》卷一一，第 12 页 b（《四库全书存目丛书》集部 45，第 91 页）。孙铭的墓志铭也收于焦竑《国朝献征录》卷三，第 20 页 a ~ 21 页 b（第 1 册，第 110 页）。孙铭曾祖父的一位女儿嫁给了宣德皇帝（即孙皇后）。

21. 对丘濬这部作品最好的研究是朱鸿林的《邱濬（1421 ~ 1495 年）和〈大学衍义补〉》。

22. 丘濬，"王朝之礼"，《大学衍义补》卷四六，第 3 页 a ~ b（《文渊阁四库全书》本卷四六，第 3 页 b ~ 4 页 a，第 712 册，第 547 ~ 548 页）。

23. 丘濬，"王朝之礼"，《大学衍义补》卷四六，第 18 页 a ~ b（《文渊阁四库全书》本卷四六，第 21 页 b ~ 22 页 a，第 712 册，第 556 ~ 557 页）。

24. 丘濬，"王朝之礼"，《大学衍义补》卷四六，第 19 页 b ~ 20 页 a（《文渊阁四库全书》本卷四六，第 24 页 a ~ 25 页 a，第 712 册，第 558 页）。

25. 丘濬，"王朝之礼"，《大学衍义补》卷四七，第 4 页 b ~ 5 页 a（《文渊阁四库全书》本卷四七，第 4 页 b ~ 5 页 a，第 712 册，第 561 页）。

26. 丘濬，"王朝之礼"，《大学衍义补》卷四七，第 6 页 a（《文渊阁四库全书》本卷四七，第 6 页 a，第 712 册，第 562 页）。丘濬之后强调，"古者田猎之礼，所以训军旅之事，为宗庙之祭，非以从禽而为乐也，然必度闲旷之地以为囿，而于农隙之时行之，盖恐妨农事、伤民业也"［《大学衍义补》卷四七，第 8 页 a ~ b（《文渊阁四库全书》本卷四七，第 8 页 a ~ b，第 712 册，第 563 页）］。

27. 14 世纪的罗马史专家阿米安（Ammianus）同样强调统治者狩猎

时的仪态与技艺。见 Smith, "The Imperial Court," p. 223。

28. 丘濬，"郡国之礼"，《大学衍义补》卷四八，第 9 页 b ~ 10 页 a（《文渊阁四库全书》本卷四八，第 11 页 a ~ 12 页 a，第 712 册，第 575 ~ 576 页）。对于洪武帝希望以射术取士的"复古"努力，丘濬在该卷后面表达了相似的看法。《后汉书》的编纂者赞美了汉明帝（57 ~ 75 年在位）在朝堂中崇尚儒学、推动儒家经典教育的政策。举办射艺比武是其中一项汉明帝赢得美誉的举措。见 Nylan, "Towards an Archeology of Writing," p. 15。

29. 丘濬，"郡国之礼"，《大学衍义补》卷四八，第 12 页 b（《文渊阁四库全书》本卷四八，第 14 页 b ~ 15 页 a，第 712 册，第 577 页）。

30. 但在 16 世纪初的一篇文章中，邵宝（1460 ~ 1527 年）提到了山东兖州府滋阳县县学翻修射圃。见《兖州滋阳县学记》，《容春堂集》后集卷二，第 16 页 a。徐有贞同样写了一篇关于顺天府府学翻修射圃的文章。见徐有贞《顺天府学射圃记》，《武功集》卷二，第 6 页 a ~ 7 页 b（《文渊阁四库全书》，第 1245 册，第 48 页）。

31. 丘濬的文集《琼台诗文会稿重编》（卷一六）中收录有九篇关于官学的文章，但无一谈到学生习射。在多数情况下，丘濬比较了军力与教育，前者可以镇压叛乱，后者有助于长治久安。嘉靖朝前期，张璁同样谈起洪武帝将骑马、射箭纳入科举考试（作为评价候补者是否有"全才"的一种方式），但并没有要求恢复这种做法。见张璁《慎科目》，《太师张文忠公集》卷三，第 26 页 a（《四库全书存目丛书》集部 77，第 68 页）。

32. 出于疑虑与不安，丘濬至少进呈了一首以击球射柳为主题的诗。见丘濬《午日禁苑观击球射柳进呈诗》，收于王锡爵《增订国朝馆课》卷一三，第 20 页 b（《四库禁毁书丛刊》，集部 92，第 420 页）。

33. Geiss, "The Leopard Quarter."

34. 我这里依照《明实录校勘记》用"止"代替"之"。见黄彰健《明实录校勘记》卷三，第 13 页。谈迁使用了相同的文本。

35. 《明武宗实录》卷一〇，第 19 页 b，正德元年二月己卯；谈迁，《国榷》卷四六，第 2855 ~ 2856 页，正德元年二月己卯。相似的谏言见周玺《论兴革疏》，《垂光集》卷一，第 25 页 b ~ 26 页 b（《文渊阁四库全书》，第 429 册，第 276 ~ 277 页）。

36. 永乐帝也同六科给事中谈起太监在皇城内养鸡，并对此表达了很强烈的不满："一日养牲之费当饥民一家之食。"见《明太宗实录》卷二四，第 1 页 b ~ 2 页 a，永乐元年十月戊申。

37. 李堂（1462 ~ 1524 年）后来写道，"烟火、弋猎、巡游"的开销属于铺张之费，有损国家实施重要计划（如加固京师外城城墙）的能力。见李堂《京师外城议》，《堇山文集》卷九，第 15 页 a ~ 16 页 a（《四库全书存目丛书》，集部 44，第 464 页）。

38. 张懋援引了汉文帝（前 180 ~ 前 157 年在位）的大臣反对他出宫巡行的例子。

39. 《明武宗实录》卷一二，第 2 页 a ~ 3 页 a，正德元年四月癸丑；谈迁，《国榷》卷四六，第 2858 页，正德元年四月癸丑。

40. 爱尔森（Allsen, *The Royal Hunt*, p. 85）指出，领头的狩猎者常常会特别受君主信任，尤其是在那些"狩猎官员在等级体系中地位突出而光荣"的宫廷。尽管明朝正式的行政架构中没有赋予狩猎官员特殊的地位，但太监们无疑知道进入皇室狩猎体制可以带来的好处。

41. 文官并不是唯一反对正德帝巡幸南海子的群体。有一次，倾盆大雨导致南海子泛滥，一座桥下的铁柱因此断为两截。金吾卫的一位军官将之视为恶兆，他断言皇帝前往猎苑将遭受不幸。为了证明自己的说法是真的，他在向皇帝提出谏言时刺伤了自己的胸膛，鲜血流满了地面。皇帝的亲卫夺下他的刀，将他投入了诏狱。在审问中，当被问及为何要携带那么多泥土时，他答道自己怕弄脏了宫廷，于是就撒些泥土来掩盖血迹。皇帝既没有接受他的忠告，也没有肯定他请愿的方式。这位将领因被杖责八十而死（《明史》卷一八九，第 5022 页，列传第七十七·夏良胜传）。1517 年 6 月，张钦认为正德帝前往天寿山围猎的计划是动荡之时的不当之举。他还指出了皇帝越过居庸关的安全隐患，并明确地提出了正统帝在土木堡被俘的先例。几天后，正德帝微服离开京师。见谈迁《国榷》卷五〇，第 3129 ~ 3130 页，正德十二年七月辛丑、八月甲辰。

42. 《明武宗实录》卷一五八，第 6 页 b，正德十三年正月庚戌；王世贞，《巡幸考》，《弇山堂别集》卷六六，第 3 册，第 1238 页；谈迁，《国榷》卷五〇，第 3143 页，正德十三年正月庚戌。谈迁称南海子为"南苑"，这是清朝时的说法。

43. 《明武宗实录》卷一五八，第 8 页 a，正德十三年正月辛亥；王世贞，《巡幸考》，《弇山堂别集》卷六六，第 3 册，第 1238 页；谈迁，《国榷》卷五〇，第 3143 页，正德十三年正月辛亥。谈迁省去了对皇帝赏赐猎物的记载。戴乐（Romeyn Taylor）曾写道，正德帝通过他自己的行为，"成功地在他统治的最后几年使仪式沦为滑稽的存在。仪式一结束，他就匆匆前往他的猎苑，而不是按惯例留下来参加宴会。他也拒绝亲自主持检查重大祭祀所用牺牲的仪式"。见 Taylor, "Official Religion in the Ming," p. 857。

44. 《李朝中宗实录》卷三五，第 48 页 b（第 15 册，第 518 页），中宗十四年三月戊申。

45. 舒芬（1484～1527 年），《车服疏》，《舒杨二公集》卷一，第 5 页 b～6 页 a，收于陈子龙《皇明经世文编》卷一七一，第 2 册，第 1750 页。关于这一议题的一封奏疏显示，另一位朝中大臣蒋冕（1463～1532 年）用下面的说法来描述正德帝长期逗留边境的情况："陛下但知驰骤鞍马，纵情弋猎，以取快于一时。"见蒋冕《请驾还京疏》，《湘皋集》（《四库全书存目丛书》，集部44，第 16 页）。

46. 正德帝曾带一支规模更大的军事扈从队伍南游，队伍中包括辽阳的至少三千兵士（《明武宗实录》卷一八七，第 5 页 a～b，正德十五年六月壬午）。

47. 《明武宗实录》卷一八一，第 1 页 a～b，正德十四年正二月壬戌；王世贞，《巡幸考》，《弇山堂别集》卷六六，第 3 册，第 1240 页。王世贞的叙述聚焦于几次主要的离京出游，而不是狩猎和在京内的出游。另一个例子中，官员们请求正德帝留在宫中以"凝神定虑，屏纷华，斥异端，远佞人"。见《明史》卷一八九，第 5016～5017 页，列传第七十七·黄巩传。

48. 《明史》卷二〇六，第 5445 页，列传第九十四·叶应骢传附黄绾传。数十位官员上书批评正德帝南游，其中一些人遭到杖责并被下狱，但后来在嘉靖朝恢复了职位。见徐阶《张公墓志铭》，《世经堂集》卷一七，第 1 页 b ~ 2 页 a（《四库全书存目丛书》集部 79，第 720 页）。

49. 《李朝中宗实录》卷三五，第 60 页 a（第 15 册，第 524 页），中宗十四年四月庚午。

50. 《李朝中宗实录》卷四一，第 11 页 b ~ 12 页 a（第 16 册，第 6 页），中宗十五年十二月戊戌。

51. 伊儿汗国和莫卧儿帝国也有类似的批判（Allsen, *The Royal Hunt*，p. 131）。

52. Allsen, *The Royal Hunt*, p. 109. 唐太宗试图证明狩猎的正当性，将之视为一种军事训练。陈威指出，这件事真正的意义在于唐太宗愿意接受臣下的谏言（Jack Chen, *The Poetics of Sovereignty*, pp. 35 - 36）。

53. James T. C. Liu, "Polo and Cultural Change," pp. 220 - 222. 宋朝的建立者也因为微服出宫而遭受批评。但是与正德帝形成鲜明对比的是，宋朝建立者勇敢地回应道，他享有上天护佑——尽管靠近暴乱的中心，但他还是挺过了后周统治者的血腥宫廷清洗。在这里，他其实在问：在他自己的王朝还有什么可害怕的？见脱脱等《宋史》卷一，第 49 页。明朝的建立者在当上皇帝后也曾微服出游，但关于其出行的趣闻很少使用那种被用来描述正德帝离经叛道之举的批评和厌恶的笔调。涉及地方守护神和京中非法墓葬的两个例子，见郎瑛《土地》和《南都二墓》，《七修类稿》卷一四，第 158 ~ 159 页（《四库全书存目丛书》，子部 102，第 547 页）。

54. 晚明文人朱国祯（1558 ~ 1632 年）轻蔑地写道："武皇驱驰，不过游戏。"见朱国祯《巡狩》，《涌幢小品》卷五，上册，第 99 页。清初博学的历史学家黄景昉（1596 ~ 1662 年）认为，"正德之世，不可以帝王经理论"。他写道，一个王朝只有凭借祖先的护佑和诸位大臣的辅佐才能延续下去。见黄景昉《国史唯疑》卷五，第 122 页。16 世纪早期，朝鲜宫廷的批评者们沮丧地预言，上天将会责罚正德帝的错误行为。见吴晗《朝鲜李朝实录中的中国史料》，第 3 册，第 931 页。这些评论出现在正德十五年。

55. 对这些争论最有说服力的评论，见 Chang, *A Court on Horseback*,

pp. 34 – 71。

56. 见《尚书·周礼·周官第二十二》。本书使用的是理雅各的英译版本。

57. 钱琦，《极谏巡游疏》，《钱临江先生集》卷七，第 1 页 a ~ 2 页 a （《四库全书存目丛书》，集部 64，第 268 ~ 269 页）。

58. 《明武宗实录》卷一四五，第 1 页 b，正德十二年正月戊寅。徐阶为朱辅写的碑文中没有提及这件事，见焦竑《国朝献征录》卷五，第 55 页 b ~ 56 页 b（第 1 册，第 164 页）。

59. 张岳，《谏南巡书》，《小山类稿》卷一，第 3 ~ 5 页（特别是第 3 页）。另一位低品秩官员邓显麟（1484 ~ 1528 年）持有几乎一致的看法。见邓显麟《谏武宗皇帝南巡疏》，《梦虹奏议》卷上，第 11 页 a ~ 15 页 a（《四库全书存目丛书》，史部 60，第 205 ~ 207 页）。

60. 这件事发生在 1431 年。见娄性《皇明政要》卷一八，第 17 页 b ~ 19 页 a（《四库全书存目丛书》，史部 46，第 321 ~ 322 页，宣德六年七月）。

61. 《明武宗实录》卷一四七，第 8 页 a，正德十二年三月庚子。

62. 到底谁属于正德帝的智囊团，是个有趣的问题。受过良好教育的内监可能扮演了非正式顾问的角色，还有些文士也愿意冒着被同僚抨击的风险去追求他们事业上的发展。

63. 顺应时势来改编经典并不是 16 世纪的新现象。麦大维（David Mcmullen）在论述 8 世纪的发展时说："仪式中的历史变化观念对修订和改写仪式的活动来说是很基本的。" Mcmullen, "Bureaucrats and Cosmology", p. 220.

64. 15 世纪末 16 世纪初的明朝官员致力于区分古代与当时的皇室狩猎活动，类似的努力也出现在了朝鲜宫廷。1499 年，洪贵达（1438 ~ 1504 年）上书燕山君（1476 ~ 1506 年，1494 ~ 1506 年在位）说：古代君王为了保持军队战力、让祖先能享用供品而去打猎，有正当的理由；如今的围猎却完全没有必要。为祖先准备的供品不再需要通过打猎获得。而且，朝鲜军队真正需要的是纪律和集中训练。按照洪贵达的说法，围猎根本不是为抗击女真军士而进行的恰当备战活动（洪贵达，《谏打围疏》，《虚白亭集》卷二）。正德朝之后很久，明代的文人们还是认为有必要援引古代贤君的例子。张瀚（1510～1593年）在16世纪末评论道，"古天子巡狩则观风问俗，所系良重矣"（《风俗纪》，《松窗梦语》卷七，第139页）。

65. 韩文，《为急除群奸以保圣躬事》，《韩忠定公奏疏》卷一，第33页a～34页b，收于陈子龙《皇明经世文编》卷八五，第1册，第764页。用马球和狩猎来消磨正德帝意志的说法还出现在后来的一些衍生叙述中。见：郑晓，《今言》，第266条，第150页；谷应泰，《刘瑾用事》，《明史纪事本末》卷四三，第1册，第438页。

66. 王九思，《张公墓志铭》，《渼陂集》卷一二，第23页a（《四库全书存目丛书》，集部48，第118页）。

67. 据王九思自己记载，1508年他在翰林院任职。见王九思《阔君允中墓志铭》，《渼陂集》卷一三，第4页a（《四库全书存目丛书》，集部48，第121页）。

68. 黄仁宇曾在《万历十五年》中说，正德帝作为大将的才略"现在已经无法判断，因为他没有让文官加入他的亲征队伍"。

69. 王廷相，《赭袍将军谣》，《王氏家藏集》卷二，（《王廷相集》第1册，第25页）。

70. Geiss, "The Leopard Quarter," pp. 18–19.

71. 原诗文把"祈"错写成了"祁"。

72. 许宗鲁，《土木行》，《少华山人前集》卷四，第13页b（《北京图书馆古籍珍本丛刊》，第103册，第495页）。

73. 《李朝中宗实录》卷三一，第23页a（第15册，第375页），中宗十二年闰十二月乙亥；卷三一，第23页b（第15册，第375页），中宗十二年闰十二月丙子；卷三一，第24页a（第15册，第375页），中宗十二年闰十二月戊寅。这个朝鲜人明确地提到了正统帝被俘。事实上，明朝境内出现了正德帝被蒙古人俘虏，需要花十万两白银才能将之赎回的谣言。北京的朝鲜使节将这些谣言报告给了汉城的中宗大王。朝鲜士人普遍怀疑这些谣言的可信度，但想到土木堡之变的先例，他们认为这并非完全不可能。

74. 杨荣，《神应泉诗》，《杨文敏公集》卷一，第1册，第23页。

75. 大多数时候，朝鲜宫廷都接受当时明朝官员的观点。朝鲜官员不懈地搜集关于皇帝位置的信息，向中宗大王汇报正德帝在北方边境的巡行。按他们的说法，正德帝在那里"或为田猎，或为微行，或投宿民家，行止与凡人不分"。见《李朝中宗实录》卷三五，第9页a（第15册，第499页），中宗十三年十二月庚寅。朝鲜的报告需要放在当时朝鲜国内的政治背景下考量。见 Robinson，"Disturbing Images"。

76. 见《左传·昭公十二年》。英文翻译见 Legge, *The Ch'un Ts'ew with the Tso Chuen*, vol. 5 in *The Chinese Classics*, bk. 10, 12th year, pp. 638 – 641。

77. 这段文字来自《尚书·虞书·大禹谟》。英文翻译见 Legge, *The Shoo King*, vol. 3 in *The Chinese Classics*, bk. 2, p. 66。

78. Yü Ying-shih, "Han foreign relations," pp. 420 – 421.

79. Geiss, "The Leopard Quarter," p. 19. 黄仁宇用稍微不同的方式提到了这个问题，即作为制度的君主的"非人格化"（dehumanization）。一旦正德帝"偏离了当时的制度安排……那么，文人高于武人的议题就会重新开启"（*1587*, p. 100）。

80. 《明史》卷一八八，第5003~5004页，列传第七十六·石天柱传。石天柱因为他戏剧性的做法，在身后得到了嘉靖朝的追认。见谈迁《国榷》卷五三，第3326页，嘉靖四年十月庚寅。

81. 许宗鲁，《边事二十首》，《少华山人前集》卷一〇，卷9页b~14页b（《北京图书馆古籍珍本丛刊》，第103册，第559~561页）。

82. 沈德符，《二中贵命相》，《万历野获编》卷六，上册，第165页。

83. 《明武宗实录》卷三八，第1页b，正德三年五月壬寅。

84. 李东阳，《京都十景诗序》，《李东阳集》卷一二，第2册，第18页。

85. 吕柟，《应诏陈言以弭灾变疏》，《泾野先生文集》卷三一，第5页a~b（《续修四库全书》，集部1338，第146页）。

86. 靳贵，《敕建玄福宫碑记》，《戒庵文集》卷一，第1页a（《四库全书存目丛书》，集部45，第569页）。

87. Geiss, "The Cheng-te Reign," pp. 436 – 439. 在明代，皇帝的遗诏大多出自内阁大学士之手，但也需要得到皇室的同意（王天有，《朱载垕——被人忽略的明穆宗》，第 213 页）。

88. 当时的官员愿意支持这种做法。在嘉靖朝，列举正德帝的不当之处和正德朝的数次危机是一种受到欢迎的做法，因为这样做可以强调官员们是如何英勇地排除万难以维护国家利益的。一个最典型的（赞誉杨廷和的）例子，见蒋冕《石斋先生杨公诗序》，《湘皋集》卷一八，第 27 页 a（《四库全书存目丛书》，集部 44，第 185 页）。嘉靖帝继位之后，官员吴廷举（1487 年登进士）在一封奏疏中向皇帝弹劾自己，因为在正德朝，大臣梁储与蒋冕“不能格君心”，而自己又袖手旁观。吴廷举的这种做法除了招致同僚们的讥讽外一无所获。梁储和蒋冕确实曾一再公开地批评正德帝的不当之举，相比之下，吴廷举只是为了自保而默不作声。徐学谟认为，吴廷举后来的作态是想通过出卖朋友来显示自己的正直（谈迁，《国榷》卷五二，第 3243 页，正德十六年十月乙未）。或许与正德帝和嘉靖帝间的这种情况最接近的先例是正统帝和景泰帝。虽然正统帝和景泰帝是异母兄弟，但当时的危机使官员们能够直言不讳地批评正统朝，特别是擅权的王振，他几乎成了所有问题的替罪羊。例如，在 1450 年的一封奏疏里，周叙认为，“正统年间，权奸制政，几败宗社”。然而，此处对皇帝本人的批评仍是含蓄的。见周叙《景泰元年奏疏第六》，《石溪集》卷二，第 48 页 a（《北京图书馆古籍珍本丛刊》，第 102 册，第 49 页）。

89. 谢贵安，《明实录研究》，第 27 ~ 28 页。谢贵安认为，《明武宗实录》的编纂者从嘉靖帝那里得到了指示。

90. 见顾潜《西山牧训序》，《静观堂集》卷一一，第 2 页 b（《四库全书存目丛书》，集部 48，第 571 页）。

91. 林俊，《请亲大臣疏》，《见素集》卷五，第 18 页 a（《文渊阁四库全书》，第 1257 册，第 423 页）。

92. 林俊，《止司礼监奏补应役人匠疏》，《见素集》卷六，第 3 页 a（《文渊阁四库全书》，第 1257 册，第 425 页）。林俊在其他地方还责备了正德朝的罪人，说他们造成国库亏空，让嘉靖帝陷入了财政困境［《节财用以谨天戒疏》，《见素集》卷六，第 13 页 a ~ b（《文渊阁四库全书》，第 1257 册，第 430 页）］。在给一位曾在正德朝遭过罪的官员作的一篇赠序中，林俊表示“国势如一发引千钧"。在嘉靖帝的登基后，官员和朝廷才恢复了往日的情况。见林俊《赠黄后峰序》，《见素集》卷六，第 36 页 b，（《文渊阁四库全书》，第 1257 册，第 65 页）。

93. 杨廷和，《请停止织造第二疏》，《杨文忠三录》卷二题奏后录，第 46 页 a（《文渊阁四库全书》本卷二，第 39 页 b，第 428 册，第 797 页）。

94. 对嘉靖帝的建筑遗产的类似或更温和的拆除行为发生在他死后的 1566 年——一些道观被迁移，更多的被改名。见韦庆远《隆庆皇帝大传》，第 128～129 页。

95. 《明世宗实录》卷二，第 26 页 b，正德十六年五月丁丑；谈迁，《国榷》卷五二，第 3229 页，正德十六年五月丁丑。

96. 谈迁，《国榷》卷五二，第 3235 页，正德十六年七月甲子。正德帝在北边宣府的镇国府被改造成了一座粮仓。见谈迁《国榷》卷五二，第 3360 页，嘉靖元年五月丙寅。

97. 《明世宗实录》卷二，第 22 页 a～23 页 a，正德十六年五月壬申；谈迁，《国榷》卷五二，第 3228 页，正德十六年五月壬申。

98. 《明世宗实录》卷三，第 4 页 a～5 页 a，正德十六年六月戊子；谈迁，《国榷》卷五二，第 3230 页，正德十六年六月戊子。

99. 太监们从京师被赶去守护帝陵。受到怀疑的将领被降级并被调往边境的卫所。见《明世宗实录》卷三，第 3 页 a，正德十六年六月癸未；谈迁，《国榷》卷五十二，第 3230 页，正德十六年六月癸未。

100. 《明世宗实录》卷三，第 11 页 b～12 页 a，正德十六年六月乙未；谈迁，《国榷》卷五二，第 3231 页，正德十六年六月乙未。1521 年 7 月，超过 240 个被江彬认定为参与宁王失败政变的人得到释放。

101. 《明世宗实录》卷三，第 11 页 a，正德十六年六月乙未；谈迁，《国榷》卷五二，第 4 册，第 3231 页，正德十六年六月乙未。

102. 《明世宗实录》卷三，第 15 页 a，正德十六年六月壬寅；谈迁，《国榷》卷五二，第 3232 页，正德十六年六月壬寅。

103. 《明世宗实录》卷三，第 14 页 a～b，正德十六年六月庚子；谈迁，《国榷》卷五二，第 3232 页，正德十六年六月庚子。

104. 《明世宗实录》卷三，第 19 页 b，正德十六年六月戊申；谈迁，《国榷》卷五二，第 3233 页，正德十六年六月戊申。

105. 《明世宗实录》卷四，第 23 页 a，正德十六年七月癸酉；谈
迁，《国榷》卷五二，第 3236 页，正德十六年七月癸酉。这个
太监是刘允。

106. 《明世宗实录》卷四，第 24 页 a，正德十六年七月乙亥；谈
迁，《国榷》卷五二，第 3237 页，正德十六年七月乙亥。

107. 谈迁，《国榷》卷五二，第 3241 页，正德十六年九月庚午、甲戌。

108. 爱尔森指出了这种出现于中国的普遍看法（*The Royal Hunt*，
p. 120）。经过了契丹人、女真人和蒙古人的统治后，汉族士大
夫开始在观念中将四时捺钵（通常与狩猎密切相关）与外族的
游牧世界关联起来（Chang, *A Court on Horseback*, pp. 55 – 65）。

109. 徐阶，《杨公墓志铭》，《世经堂集》卷一五，第 20 页 a（《四
库全书存目丛书》，集部 79，第 677 页）。

110. 然而在 1539 年，嘉靖帝回到了他的出生地，去父母的陵寝祭
拜。但他在晚年（1566 年）想要再次回去时，遭到了激烈的
反对。大臣徐阶（1503 ~ 1583 年）首先指出，皇帝已经经受
不起长途跋涉之苦；然后又提出，北部边境的军事危机不允许
皇帝离开京师。徐阶，《答南幸论二》，《徐文贞公集》卷一，
第 19 页 a ~ b，收于陈子龙《皇明经世文编》卷二四四，第 3
册，第 2552 页；徐阶，《答南幸论一》和《答南幸论二》，
《世经堂集》卷三，第 38 页 a ~ 40 页 a（《四库全书存目丛
书》，集部 79，第 415 ~ 416 页）。

111. 桂萼，《请专圣学察奸邪以隆治化疏》，《文襄公奏议》卷一，
第 22 页 b（《四库全书存目丛书》，史部 60，第 51 页）。桂萼
也用了其他方式赞颂嘉靖帝："皇上之心，即上帝之心无疑
矣。"嘉靖帝还被称为"中兴之君"，令王朝从灾难性的正德朝
中恢复过来。见桂萼《修省十二事疏》，《文襄公奏议》卷三，
第 21 页 a ~ b（《四库全书存目丛书》，史部 60，第 88 页）。

112. 陶谐，《书庆》，《南川漫游稿》卷五，第 2 页 a（《四库全书存
目丛书》，集部 48，第 309 页）。陶谐的墓志铭，见吕本《庄
敏陶公谐墓志铭》，收于焦竑《国朝献征录》卷四〇，第 63 页
a ~ 68 页 a（第 3 册，第 1673 ~ 1674 页）。陶谐在其为官生涯
中，通常负责军事作战和平乱行动。

113. 陆深，《圣驾南巡日录》和《大驾北还录》，《俨山外集》（《四库全书存目丛书》，史部46，第607～617页）。

114. 吕柟，《奉修省自劾罢疏》，《泾野先生文集》卷三一，第10页a～b（《续修四库全书》第1338册，第148页）。吕柟在1524年被贬到解州（在山西省），所以这里说的可能是嘉靖朝前三年的事（见谈迁《国榷》卷五三，第3300页，嘉靖三年五月乙丑）。

115. 《明孝宗实录》卷三八，第1页a，弘治三年五月癸丑。

116. 沈德符，《端阳》，《万历野获编》卷二，上册，第67页。

117. 在补遗部分，沈德符写道："上与宫眷临视极欢，命词臣进诗词对联，颁赐优渥。"见沈德符《宣宗击射》，《万历野获编》补遗卷一，下册，第790～791页。

118. 沈德符，《端阳》，《万历野获编》卷二，上册，第67页；沈德符，《宣宗击射》，《万历野获编》补遗卷一，下册，第790～791页。

119. 在补遗部分，沈德符补充说，参与射柳的主要是"勋戚中贵"。见沈德符《宣宗击射》，《万历野获编》补遗卷一，下册，第790页。

120. 吴宽，《戊申燕九日》，《匏翁家藏集》卷一六，第1页a。

121. 沈德符，《端阳》，《万历野获编》卷二，上册，第67页。

122. 沈德符，《宣宗击射》，《万历野获编》补遗卷一，下册，第790～791页。

123. "内海子、钓鱼台"也可以翻译成"the lakes and fishing pavilions within the imperial gardens"。

124. 宋起凤，《中外起居杂仪》，《稗说》卷四，第123页。

125. 张璁，《乐舞议》和《再论》，《太师张文忠公集》卷三，第14页a～19页b（《四库全书存目丛书》，集部77，第62～65页）；《明世宗实录》卷六六，第9页b～10页b，嘉靖五年七月壬寅；谈迁，《国榷》卷五四，第3340页，嘉靖五年七月壬寅。1527年，嘉靖帝曾询问辅臣武弁及其用处（谈迁，《国榷》卷五三，第3350页，嘉靖六年三月丙申）。

126. 夏言，《奉旨议处讲武堂事宜》，《桂洲先生奏议》卷一〇，第16页a（《四库全书存目丛书》，史部60，第426页）。《明世宗实录》中并未提及礼部及礼部尚书夏言的作用。

127. 《明世宗实录》卷一八六，第 3 页 b ~ 4 页 a，嘉靖十五年四月甲午。这位御史是郭圻。此前，兵部尚书等官员已经检阅过京师的骑兵。见谈迁《国榷》卷五四，第 3340 页，嘉靖五年七月乙巳。谈迁并没有说清楚这是常规做法还是个别现象。《明世宗实录》中的相应记载也未记载这次阅兵的详细情况。《国榷》和《明世宗实录》关注的都是官员违反禁令乘轿的情况。

128. 夏言，《奉旨议处讲武堂事宜》，《桂洲先生奏议》卷一〇，第 16 页 a（《四库全书存目丛书》，史部 60，第 426 页）。

129. 夏言，《奉旨议处讲武堂事宜》，《桂洲先生奏议》卷一〇，第 18 页 a（《四库全书存目丛书》，史部 60，第 427 页）；《明世宗实录》卷一八六，第 4 页 a，嘉靖十五年四月甲午。

130. 麦大维（Mcmullen, "Bureaucrats and Cosmology," p. 226）将唐代太公祭祀的"相对失败"归因于"儒家士大夫群体对军事活动都持反对或最多中立的态度"。

131. 赵克生，《明朝嘉靖时期国家祭礼改制研究》，第 148 ~ 154 页。

132. 夏言，《拟钦制太屋冠服旗牌》，《桂洲先生奏议》卷一〇，卷 19 页 a ~ b（《四库全书存目丛书》，史部 60，第 427 页）。嘉靖帝曾询问此武弁是不是士兵以前使用的样式，对此的答复见杨一清（1454 ~ 1530 年）《论武弁奏对》，《密谕录》卷一，《杨一清集》，第 2 册，第 928 ~ 929 页。张璁（也以嘉靖帝的赐名张孚敬而为人所知）也向皇帝提供过有关武弁的信息。他在一封关于选拔京营将领和各地总兵的奏疏中附上了自己的意见。张璁采用的策略是把嘉靖帝放在王朝防卫的中心位置。他回顾了一些古代贤君，称他们"一怒"就足以使天下安定；他又称，如今君王的权力"实又在乎皇上一人而已矣"。他称颂了嘉靖帝对武备诸事的浓厚兴趣。见：张璁，《奏答安民饬武疏》，《张文忠公文集》卷三，第 3 页 a ~ 11 页 b，特别是第 11 页 a ~ b，收于陈子龙《皇明经世文编》卷一七八，第 3 册，第 1813 ~ 1817 页，特别是第 1814、1817 页；张璁，《安民饬武》，《太师张文忠公集》卷五，第 35 页 b ~ 42 页 a（《四库全书存目丛书》，集部 77，第 109 ~ 112 页）。1615 年的版本中没有这封奏疏的最后三页，但《四库全书存目丛书》里有。尽管武弁看上很神秘，但是对包括皇帝和主要大臣在内的当时之人来说，它与宗室传统、帝王在关键事务中的角色和宫廷礼仪等方面紧密地交织在一起。当然，并非只有嘉靖帝相信冠弁的象征性力量。1532 年，苏莱曼大帝曾通过一项由威尼斯工匠打造的宝石皇冠头盔，向哈布斯堡王朝发起了挑战。见 Gülru Necipoglu，"Süleyman the Magnificent," pp. 411 – 416。

133. 《明世宗实录》卷一八七，第 4 页 a，嘉靖十五年五月壬戌。

134. 兵部尚书曾检阅军队的骑行水平。见谈迁《国榷》卷五三，第 3340 页，嘉靖五年八月乙巳。

135. 严嵩，《大阅大射礼仪》，《南宫奏议》卷二二，第 1 页 b ~ 3 页 b（《续修四库全书》，第 476 册，第 437 ~ 438 页）。

136. 陈棐，《礼科给事中臣陈棐谨题为乞稽古典弘祖烈诏举二礼以昭一德以图万世治安事》，《陈文冈先生文集》卷一一，第 3 页 b ~ 5 页 b（《四库全书存目丛书》，集部 103，第 676 ~ 677 页）。

137. 陈棐，《礼科右给事中臣陈棐谨题为以闰月明闰位申论胡祀当黜之极以仰裨圣明裁断事》，《陈文冈先生文集》卷一二，第 4 页 b（《四库全书存目丛书》，集部 103，第 687 页）。

138. 洪武帝曾多次要求文官练习射术。见：《明太祖实录》卷四三，第 1 页 b ~ 2 页 a，洪武二年六月戊辰；娄性，《皇明政要》卷一二，第 6 页 b ~ 7 页 a（《四库全书存目丛书》，史部 46，第 275 ~ 276 页）；《明太祖实录》卷五二，第 6 页 a ~ 8 页 a，洪武三年五月丁未；谈迁，《贡生骑射》，《枣林杂俎》智集，第 84 页（在谈迁的记录中，此事发生在乙卯年，也就是 1399 年，那时洪武帝已驾崩）；《明太祖实录》卷二二〇，第 2 页 b，洪武二十五年八月丙寅；谈迁，《国榷》卷九，第 732 页，洪武二十五年八月丙寅；郎瑛，《本朝科场》，《七修类稿》卷一四，第 157 页（《四库全书存目丛书》，子部 102，第 546 页）。

139. 《明世宗实录》卷二七〇，第 7 页 a ~ b，嘉靖二十二年正月壬申；陈棐，《礼科给事中臣陈棐谨题为乞稽古典弘祖烈诏举二礼以昭一德以图万世治安事》，《陈文冈先生文集》卷一一，第 3 页 b ~ 5 页 b（《四库全书存目丛书》，集部 103，第 676 ~ 677 页）。谈迁仅仅提到，陈棐提议举行"大阅大射"之礼，

但他的提议被皇帝忽视了（《国榷》卷二二，第 3639 页，嘉靖
二十二年正月壬申）。射礼与地方书院的关系在不同地域和不
同时期差别很大。蔡暖在 16 世纪早期的记载中仅仅从恢复古
代制度，特别是作为周代君子六艺之一的射艺的角度讨论了书
院学生的习射活动，完全没有提到射术的军事意义。见蔡暖
《新建射圃观德堂记》，《泫滨蔡先生文集》卷一，第 7 页 b ~ 8
页 b（《北京图书馆古籍珍本丛刊》，第 107 册，第 260 页）。

140. 《李朝实录》中未提到嘉靖帝的大阅礼和大射礼，但记载了
1536 年关于要不要举行另一场大阅的讨论。距此最近的大阅还
是在世宗朝的 15 世纪二三十年代举行的。1536 年 11 月中旬，
使节宋瑊回到朝鲜向国王汇报。他努力整理了扈从皇帝前往帝
陵的官员的名录，还有他认为值得刊刻的御制诗集。[《李朝中
宗实录》卷八二，第 55 页 a（第 17 册，第 690 页），中宗三十
一年十一月甲寅]。我们可以清楚地看到，明朝官员认为皇帝
前往帝陵的活动具有一定的意义，朝鲜人也认为关于这类活动
的记述值得获取。当徐阶为陆炳这位受嘉靖帝信任的都指挥使
撰写墓志铭时，他提到这样一件事：1538 年在往来帝陵的路
上，皇帝命令陆炳负责锦衣卫事宜。见徐阶《陆公墓志铭》，
《世经堂集》卷一七，第 34 页 b（《四库全书存目丛书》，集部
79，第 736 页）。在嘉靖帝威迫臣僚这一背景下对陆炳（或锦
衣卫）的详细论述，见韦庆远《隆庆皇帝大传》，第 65 ~ 67
页。

141. 张居正在万历朝的经历，见 R. Huang, 1587, pp. 10 – 41。对
张居正 1568 年《陈六事疏》的深入分析，见韦庆远《张居正
和明代中后期政局》，第 299 ~ 324 页。韦庆远认为，这封奏疏
既有对主要问题的鞭辟入里的分析，又有实事求是的解决方
案。对韦庆远而言，大阅礼是一大例外，因为它是一种资源浪
费，对军事复兴并无作用（第 321 ~ 322 页）。

142. 张居正，《陈六事疏》，《张太岳集》，第 459 页；又见《张文
忠公集》卷一，第 13 页 a ~ b，收于陈子龙《皇明经世文编》
卷三二四，第 4 册，第 3456 页；《明穆宗实录》卷二二，16 页
a ~ b，隆庆二年八月丙午。谈迁概括了张居正的主要观点
（《国榷》卷六五，第 4094 页，隆庆二年八月丙午）。

143. 韦庆远，《隆庆皇帝大传》，第 140 ~ 149 页。

144. 关于隆庆帝的教养及他与张居正的关系，详见王天有《朱载坖——被人忽略的明穆宗》，第 209 ~ 213 页。《明穆宗实录》的编纂者们赞扬这位皇帝在被立为太子时就能克制自己，不去游目骋怀、飞鹰走马（王天有，《朱载坖——被人忽略的明穆宗》，第 210 页）。这种赞誉反映了当时的人认为皇室的年轻子弟都沉湎于这类活动。

145. 徐阶，《止驾诣天寿山疏一》，《世经堂集》卷四，第 16 页 b ~ 17 页 b（《四库全书存目丛书》，集部 79，第 429 ~ 430 页）。

146. 沈朝阳，《皇明嘉隆两朝闻见纪》卷一二，第 3 册，第 1135 页。

147. 每座陵寝都由一整营士兵护卫。但是文官常常批评他们糟糕的备战状态，抱怨他们缺乏训练机会，装备粗劣，军纪涣散，且兵力长期短缺（胡汉生，《明十三陵》，第 356 ~ 362 页）。

148. 徐阶，《止驾诣天寿山疏二》，《世经堂集》卷四，第 18 页 a ~ b（《四库全书存目丛书》，集部 79，第 430 页）。

149. 徐阶，《止驾诣天寿山疏三》，《世经堂集》卷四，第 19 页 a（《四库全书存目丛书》，集部 79，第 431 页）。

150. 《明穆宗实录》卷一一，第 14 页 a，隆庆元年八月戊申；谈迁，《国榷》卷六五，第 4065 页，隆庆元年八月戊申；余继登，《（皇明）典故纪闻》卷一八，第 1042 页。

151. 秦贤宝，《明代的内操》。

152. 徐阶，《请允御史钟继英奏止内教场操练》，《世经堂集》卷四，第 25 页 a ~ b（《四库全书存目丛书》集部 79，第 434 页）。引文出自第 25 页 a。

153. 《明穆宗实录》卷一七，第 8 页 a ~ 9 页 b，隆庆二年二月庚寅；谈迁，《国榷》卷六五，第 4082 页，隆庆二年二月庚寅。

154. 《明穆宗实录》卷一七，第 16 页 a，隆庆二年二月丁未；谈迁，《国榷》卷六五，第 4082 页，隆庆二年二月丁未。

155. 胡汉生，《明十三陵》，第 227、229 页。

156. 《明穆宗实录》卷一七，第 16 页 a，隆庆二年二月戊申；谈迁，《国榷》卷六五，第 4082 页，隆庆二年二月戊申。

157. 谈迁，《国榷》卷六五，第 4082 页，隆庆二年二月己酉。另一位官员在 1568 年 4 月 4 日上呈一封奏疏，痛陈了隆庆帝计划中的南海子之游可能存在的安全隐患。该官员进一步指出，皇帝已经在前往帝陵的路途中饱览一个人所能想象到的最美景色。见王治（1553 年登进士）《慎行幸以慰群情疏》，收于张卤《皇明嘉隆疏抄》卷四，第 3 页 a ~4 页 a（《续修四库全书》，史部 466，第 141 ~ 142 页）。

158. 《明穆宗实录》卷一七，第 17 页 a，隆庆二年二月庚戌；谈迁，《国榷》卷六五，第 4082 页，隆庆二年二月庚戌。隆庆帝派出代表（皇室姻亲和功勋贵族）去祭祀其他明朝先皇。

159. 徐阶，《缴边事》，《世经堂集》卷四，第 18 页 a（《四库全书存目丛书》，集部 79，第 435 页）。

160. 《明穆宗实录》卷一七，第 16 页 b，隆庆二年二月己酉；谈迁，《国榷》卷六五，第 4082 页，隆庆二年二月己酉。

161. 《明穆宗实录》卷一七，第 16 页 b ~17 页 a，隆庆二年二月己酉；谈迁，《国榷》卷六五，第 4082 页，隆庆二年二月己酉。隆庆帝还下令补偿那些房屋遭到毁坏的百姓。我们并不清楚，这一命令是不是为了赔偿扈从队伍造成的破坏（隆庆帝曾明令禁止扈从扰害地方百姓，他的"安全部门"则要汇报违令行为）。见：《明穆宗实录》卷一七，第 16 页 a，隆庆二年二月丁未；谈迁，《国榷》卷六五，第 4082 页，隆庆二年二月丁未。

162. 徐阶，《进兵部练兵票帖》，《世经堂集》卷四，第 33 页 b（《四库全书存目丛书》，集部 79，第 438 页）；徐学聚，《巡幸》，《国朝典汇》朝端大政卷一四，第 36 页 b（第 339 页）。

163. 事实上，徐阶在隆庆朝的影响力和地位远不如嘉靖朝。如黄景昉所说，"徐文贞在世庙中得旨多温，穆庙中得旨多咈"（《国史唯疑》卷八，第 225 页）。

164. 《明穆宗实录》卷二四，第 11 页 a，隆庆二年九月戊辰。霍冀拟写了兵部的答复。见霍冀《覆陈饬武备事宜》，《霍司马疏议》卷一，第 13 页 b ~16 页 b，收于陈子龙《皇明经世文编》卷三二三，第 4 册，第 3446 ~3447 页。引文出自第 3447 页。

165. 《明穆宗实录》卷二四，第 11 页 a，隆庆二年九月戊辰。

166. 《明穆宗实录》卷二八，第 3 页 b，隆庆三年正月丙辰。镇远侯顾寰想出了这些举措，这也表明了大阅礼对明廷的重要性（也可能这仅仅是出于他作为京营总管的职责）。

167. 《明穆宗实录》卷二九，第 5 页 b ~ 6 页 a，隆庆三年二月戊子。

168. 《明穆宗实录》卷三五，第 5 页 b，隆庆三年七月丁亥。

169. 张居正，《答督学曾确庵》，《张太岳集》卷二一，第 21 页 b。这封信是写给曾省吾（1532 ~？年）的。

170. 徐阶，《答京兵》，《世经堂集》卷二，第 8 页 a ~ 9 页 a（《四库全书存目丛书》，集部 79，第 372 ~ 373 页）。徐阶在 1552 年提出了这一举措。

171. 《明穆宗实录》卷二七，第 10 页 b ~ 11 页 a，隆庆二年十二月辛丑。

172. 《明穆宗实录》卷三一，第 3 页 b，隆庆三年四月辛巳。

173. 《明穆宗实录》卷三二，第 1 页 a ~ 3 页 b，隆庆三年五月丙午。

174. 骆问礼的评论出现在一份很长的奏折中。见骆问礼《真言兵刑二事以畅公论以明治体疏》，《万一楼集》卷二二，第 13 页 b ~ 15 页 b（《四库禁毁书丛刊》，集部 174，第 311 ~ 312 页）。骆问礼认为，大阅礼乃"治标之剂"，并不能从根本上解决问题，所以它不是当务之急。后来，他因为抗议皇帝罢免一位批评大阅礼的官员而被贬职。

175. 《明穆宗实录》卷三三，第 3 页 a ~ b，隆庆三年六月甲申。见张居正《再乞酌议大阅典礼以明治体疏》，《张文忠公文集》卷一，第 15 页 b，收于陈子龙《皇明经世文编》卷三三四，第 4 册，第 3457 页。

176. 《明穆宗实录》卷三三，第 4 页 a，隆庆三年六月甲申。

177. 《明穆宗实录》卷三三，第 9 页 a，隆庆三年六月庚子。

178. 《明穆宗实录》卷三七，第 3 页 b，隆庆三年九月庚寅。

179. 《明穆宗实录》卷三六，第 1 页 a ~ b，隆庆三年八月甲辰；《隆庆大阅仪》《大阅》《旷典备考》，收于俞汝楫、林尧俞《礼部志稿》卷九五，第 598 页。

180. 《明穆宗实录》卷三三，第 7 页 a ~ 8 页 b，隆庆三年六月庚子。

181. 《明穆宗实录》卷三七，第 1 页 a ~ b，隆庆三年九月辛未。

182. 《明穆宗实录》卷三六，第 9 页 a，隆庆三年八月乙丑。

183. 《明穆宗实录》卷三七，第 3 页 b，隆庆三年九月丙子。

184. 谢贵安，《明实录研究》，第 287 ~ 289 页。对大阅礼的描述不多可能反映《明穆宗实录》的最终版本是在张居正去世、被万历帝褫夺封号后完成的。

185. 《明穆宗实录》卷三七，第 9 页 a，隆庆三年九月辛卯。

186. 万恭（1515 ~ 1591 年），《条陈三关通变等疏》，《万司马奏议》卷二，第 7 页 b，收于陈子龙《皇明经世文编》卷三五二，第 5 册，第 3788 页。又见：《明世宗实录》卷五四六，第 8 页 a ~ b，嘉靖四十四年五月壬戌；谈迁，《国榷》卷六四，第 4013 页，嘉靖四十四年五月壬戌。

187. 《张太岳行实》，收于张居正《张太岳集》卷四七，第 5 页 a ~ b（第 585 页），转引自王天有《试论穆宗大阅与俺答封贡》，第 96 页。

188. 张居正，《进大阅图颂卷疏》，《张太岳集》卷四六，第 8 页 b。张居正后来用了与赞颂隆庆帝时几乎相同的辞藻来赞美万历帝。他称赞万历帝"修举旷仪"，"益弘祖烈，丕振皇威"。他重复了他早先关于大阅礼重要性的论点，称大阅礼是"修内攘外之鸿猷，致治保邦之长策"。又见：《明神宗实录》卷一一〇，第 2 页 a，万历九年三月庚午；谈迁，《国榷》卷七一，第 4384 页，万历九年三月庚午。

189. 王祖嫡（1571 年登进士）为某次大阅写过一首未署日期的纪念诗。见王祖嫡《大阅歌》，《师竹堂集》卷三，第 1 页 a ~ 2 页 b（《四库未收书辑刊》，第 5 辑，第 23 册，第 42 ~ 43 页）。根据其集中的注释可知，王祖嫡这首诗是代表内阁大臣写的。如果诗中描绘的是万历皇帝于 1581 年举行的大阅礼，那么这首诗很可能是代表张居正写的。

190. 沈朝阳，《皇明嘉隆两朝闻见纪》卷一二，第 27 页 a。

191. 张居正，《答督学曾确庵》，《张太岳集》卷二一，第 21 页 b。

192. 霍冀，《覆陈饬武备事宜》，《霍司马疏议》卷一，第 16 页 b，收于陈子龙《皇明经世文编》卷三二三，第 4 册，第 3447 页。

193. 这部典籍中收录的内容呼吁从多方面实现军事振兴，包括行军、优秀军官的选拔、军事簿册的更新和审查、马匹管理、军事教育。见霍冀《大阅录》。胡吉勋称这是一本内府刻本。张卤（1523 ~ 1598 年）同样认为，隆庆帝的大阅是推行关键性改革的"千载一时"的机会；他还批评了那些只顾仪制和现状中的琐碎问题的官员。见张卤《预上京营五论以大振戎机疏》，《张给谏奏议》卷二，第9页b~18页a，收于陈子龙《皇明经世文编》卷三六五，第9页b~18页a，第5册，第3938~3941页。

194. 王天有，《试论穆宗大阅与俺答封贡》，第96页。王天有推论，这场大阅使得之后蒙古人的袭击频率大幅降低，而且它也标志着明朝在面对蒙古人时一改从前的被动姿态，变得更加积极自信了。这种观点很难让人信服。王天有将大阅视为发生在隆庆帝在位六年中的最有影响力的三件大事之一，但他没有为这一观点提供充分的论证。

195. 徐阶，《拟宣谕三卫进贡夷人》，《世经堂集》卷五，第34页b（《四库全书存目丛书》，集部79，第455页）。就在1550年俺答汗进犯之后，徐阶上条陈向皇帝保证说，蒙古人听闻边境军队的军事战备工作后，"计必惊慑，无复肆然入寇如去秋"。见徐阶《条陈门禁》，《世经堂集》卷七，第28页b。

196. 张居正，《太平歌》和《送敕使阅武》，《张太岳集》卷二，第3页a。又见张居正未署日期的组诗《恭纪圣德中兴十事诗》（《张太岳集》卷四，第1页a~3页a）。

197. 王天有，《试论穆宗大阅与俺答封贡》；王天有，《朱载垕——被人忽略的明穆宗》，第219~221；胡凡，《明代历史探赜》，第228~229页。对戚继光的论述，见R. Huang, 1587, pp. 156~188。黄仁宇给出的评论是，大阅及1570年的另一场冬至庆典都是由隆庆帝的大学士们组织的，意在"以皇帝的到场来使公众获得深刻印象"。见R. Huang, "The Lung-ch'ing and Wan-li reigns," p. 513。

198. 例如见吴鹏《谷近沧入京序》，《飞鸿亭集》卷五，第2页b（《北京图书馆古籍珍本丛刊》，第107册，第440页）。

199. 《李朝宣祖实录》卷三，第42页a~43页b（第21册，第222页），宣祖二年十一月戊戌。

200. 郎瑛，《近日军》，《七修续稿》卷三，《七修类稿》第2册，第660~661页。

201. 朱国祯，《大阅》，《涌幢小品》卷一，上册，第20页。

202. 韦庆远，《隆庆皇帝大传》，第 169～170 页。谢贵安将大阅视为一种娱乐，认为这是隆庆帝不顾一切地弥补他枯燥乏味的成长经历的一个例证。谢贵安，《压抑后的"井喷"——明穆宗宫廷娱乐生活》，第 55 页。

203. 余继登的《（皇明）典故纪闻》和黄景昉的《国史唯疑》都没有提到隆庆帝的大阅。

204. 宋起凤，《大阅》，《稗说》卷四，第 130～131 页。引文出自第 131 页。

205. Wakeman，"The Shun Interregnum".

206. 宋起凤，《大阅》，《稗说》卷四，第 131 页。

207. R. Huang, *1587*, p. 100.

208. Dardess，"Protesting to the Death," pp. 99 – 109.

209. 张居正为"文皇四骏图"作了一组诗，描绘了永乐帝在与建文帝的内战中所骑的四匹马。张居正，《恭题文皇四骏图四首》，《张太岳集》卷二，第 1 页 b～2 页 a。

210. 沈德符批评张居正在隆庆帝热衷于尚武展示这件事中的表现是"逢君"。见沈德符《穆宗仁俭》，《万历野获编》补遗卷一，下册，第 792 页。

第五章　明代皇室的兽苑和猎苑

　　如同明代统治者对皇室田猎的兴致在古代有先例，且在文人中激起了不断变化的反应，皇室豢养的狮、虎、豹、猎狗和猛禽也引发了关于统治者权力的种种反思。兽苑无论对明代还是整个中国历史来说都不算独特，它是许多王朝的一个共有特征。赫尔姆斯（Helms）早已强调过它对于统治者权威的重要性，曾说："这些有生命或无生命的外来物要么来自已知世界的天涯海角，要么来自一些圣地，它们不仅是玩物，还是权力的载体，象征着那些遥远而强大的、为君主所知或所'控制'的国度。"[1]爱尔森同样强调，统治者通过兽苑展现对遥远资源的掌控，使自己从竞争者间脱颖而出。[2]安德鲁·贝尔在他对古希腊大象的讨论中也有类似表述："动物的出现昭示了展示者有到达那些地域的能力。"[3]

　　本章考察明王朝前两百年中的兽苑和猎苑。前几节关注明代兽苑的发展，包括向君主进贡的动物、兽苑与王朝都城之间的持久关联，以及文人作品中关于兽苑的不断变化的表述。贯

穿其中的一个主题是，皇帝和文人们如何试图利用皇室兽苑来定义、行使统治权。之后则通过猎苑，尤其是位于京城外的南海子，来探究类似问题。

明初的兽苑

　　有关明朝初期皇室兽苑情况的记载并不翔实，研究者审视

这个时期的文本时，必须时不时从字里行间推敲猎苑的位置和所收集的珍禽异兽。[4]有一则轶事说的是早在1373年，一个太监请求为皇室所饲养的老虎增加肉量。洪武帝的答复带着愤慨："养牛以供耕作，养马以资骑乘，养虎欲何以用而费肉以饲之乎？"他下令将老虎送到光禄寺，而"他禽兽悉纵之"。[5]洪武帝的话符合一直以来人们对明君的期望。在很早以前，孟子就已陈述了德行、猛兽和民利的恰当关系：

> 尧舜既没，圣人之道衰。暴君……弃田以为园囿，使民不得衣食……园囿污池，沛泽多而禽兽至。及纣之身，天下又大乱。周公相武王诛纣……驱虎豹犀象而远之，天下大悦。[6]

前文的小故事旨在表明，洪武帝是一位贤明而务实的统治者。[7]但这也引出了一些有趣的问题：这些老虎最初从何而来？被饲养于何处？一共有多少只？在新的王朝和朝廷的建立中扮演了什么角色？皇室兽苑中还有哪些动物？之前洪武帝不知道这些动物的存在吗？最后，这是否意味着明朝皇室兽苑的废除？[8]

先回答最后一个问题：这项命令既未造成明朝皇室兽苑的废除，也未导致珍禽异兽的停用。1374年，洪武帝接受了陕西文县一位"土官"进贡的马和虎，且没有对此做任何说明。[9]在其他事例中，洪武帝也积极获取远地的珍禽异兽。1386年，洪武帝命两位高官率领一支军队到广西的山区中捕捉大象。[10]这只是新建立的明廷为获取大象而做出的持续不断的努力的一部分。两年后的1388年，洪武帝在广西设立了驯象卫

281　来训练可拉皇帝的大辂，以及可在朝会时陈列于殿陛两墀和阙门之外的大象。[11]明廷还曾在驯象卫中短暂使用云南西南部的战象之奴。[12]1390年，大驯象门成了当时的都城南京的外郭十六门之一。[13]从1371年到1395年，《明太祖实录》至少有18次提到了安南、占城、高棉和暹罗向明廷进贡大象，有时一次就进贡了多只。[14]正如王赓武所论，"属国呈献贡物，朝廷回赐礼品、册封外国国王"，都反映了洪武帝重建中国与东南亚国家间关系的姿态。[15]从边远之地的统治者那里收到大象，并将之用于宫中的仪式和娱乐活动，这种实践有悠久的历史，唐、宋、元的宫廷中都有先例。[16]

282　　　　大象只是一组复杂的视觉序列的元素之一，这组序列中的不同颜色、规模和空间等级都是为了凸显皇帝的独特地位。洪武帝野心勃勃的儿子永乐帝多次指出他的统治同洪武帝统治间的延续性。1404年，当御马监索求更多的谷物来饲养宫中的白象时，永乐帝像父亲洪武帝一样愤慨，也从利益冲突的角度指出，不"实用"的白象损害了百姓的利益。他说："此古人所谓率兽食人者。"他责骂了御马监的官员，认为他们干着轻松的工作、领取丰厚的俸禄，却对普通百姓的疾苦漠不关心。他真诚地评论道，大象一天消耗的食物抵得上数口之家一日所食。永乐帝说，"朕为君，职在养民"。难道御马监的官员希望他失去天下人心吗？他表示，如果有人再提此事，他一定严惩不贷。[17]

　　　　尽管摆出了如此强硬的姿态，永乐帝仍然把接受远地的贡物看作他宫廷中的一个重要元素。他让太监们作为使臣前往欧亚东部的许多国家，向那些国家的人宣布他的登基，鼓励他们进献贡品。他在福州、宁波和广州等海港重建了行政机构，来接待乘船前来的外国进贡使团。他还扩建了可供前来朝贡的使团使用的住所。[18]永乐帝不断扩展对外关系的一个表现，就是郑和先后六次率领大型舰队前往东南亚和印度洋，这是前所未有之举。关于这一耗资靡费的冒险行动（规模最大的一次包括了27000余人）动机何在的问题，学者们一直存在争议，但这几次航行带来的一个影响是，许多国家的使团都带着包括各类动物在内的礼物来到永乐帝的宫廷。[19]在永乐朝，大象来源地的数量甚至超过了洪武朝，其中明军占据的安南北部地区和占城国是大象的主要提供者。[20]他的朝臣们庆贺珍禽异兽的到来——来自孟加拉地区的长颈鹿、来自非洲海港马林迪的"神鹿"、来自中亚城市撒马尔罕和赫拉特的狮子。[21]金善、"三杨"等官员在他们的作品中，将朝廷的慷慨、王朝的权力和圣贤的德行与宇宙运转的和谐联系在一起。在人事和天命之间，没有绝对的分界线，人的行为必然给自然留下痕迹。正如施珊珊所指出的，"风调雨顺、农业丰收、天降祥瑞——比如麒麟现身、地出甘泉、禾生双穗，这些都标志着政府良好治理下的繁荣昌盛"。[22]出于同样的道理，周边国家的首领们也自然而然地通过"归顺"和进献方物，来回应更高一级的统治者的仁爱和公正。他们进呈给明廷的珍禽异兽，包括长颈鹿、狮子、羚羊、白象、豹以及各种各样的猛禽，都是可证明王朝德行与力量的物证。

金善在他的《长角兽歌》中写道："圣人端拱御八方，车书混一超虞唐。仁恩义泽霈洋溢，雨旸时序民物康。"在一一罗列了已经对"皇德"做出回应的边地化外之人（所谓的蛮夷戎狄）后，金善又列举了前些年从西域进贡来的狮子、赤豹、神鹿。他继续写道："今年海外见奇兽，殊姿异状尤非

283

284

常。"[23]胡俨同样将瑞兽的不断出现归因于皇帝的"圣德"。因为统治者品德高尚、心系百姓，所以上天"屡赐嘉祥，驺虞再见，麒麟复来，而神鹿、白象、赤豹、文禽，诸福之物莫不毕至"。[24]本书第二章已经指出，人们认为驺虞是一种瑞兽。王偁（1370～1415 年）写道，驺虞的进呈使得"普天率土颂升平"。[25]王直也赞道："驺虞，圣世之瑞也。"[26]

金善诗作中的主角"长角兽"或马哈（一种非洲大羚羊）非兕非豸，完全不同于任何兽类，也无法在文献中得到查证。也就是说，它是异兽。[27]杨荣在其《皇都大一统赋》中，同样将这种大羚羊描述为边地统治者进贡的一种异兽。[28]很多诗歌和其他艺术作品也记录了斑马的进呈，将之视为贤君不断提高德行的一种证明。[29]

长颈鹿、狮子、羚羊、赤豹、大象、马匹、鹰隼及其他异兽被当作礼物进献给明朝皇帝的现象，发生于明廷与外藩首领的外交来往中。明廷的文士们都把这些异兽的进呈，解释为外藩首领敬仰明代皇帝的卓越德行并且认可天命已经从大元汗国转移到大明王朝的表现。换句话说，这反映了政治效忠对象的转变。像麒麟之类的兽物的出现，证实了明代统治对四方的影响力。陈循如此表达道：

286

圣神在上位，

夷狄附中土。

斯时麟乃出，

明征非虚语。[30]

这段描述出现在一首纪念明军战胜蒙古人的诗里。在一篇庆贺"西域"进献狮子的诗序中，胡俨亦强调了归顺的主题。
他论述道："狮子，百兽之长。雄威猛气，至难驯伏，今乃
驯伏而来。"[31]

　　当时，中外人士都理解贡物的多层意义。奢华盛大的场面
是为了宣示明代统治者及其朝廷的荣光，而生动的文字使华夏
内外都能读到兽物、驯兽师、使臣的外在形象和神采。明廷有
意识地把朝臣们对贡物及其所含多重意义的记载，用于与蒙古
人和亚欧大陆上其他潜在对手的长期抗衡。在一份作于1404
年的纪念从占城国接受白象的纪事类作品，蒙古人也被放进了
归顺明朝并进贡的政权之列。[32]对明初的文士们来说，向明廷
进贡的每一个事例，都表示了对明朝皇帝的认可和对大明之对
手的否定。[33]但安南、辽东还有其他地方的统治者当然不像明
廷所愿意相信的那样，仅仅向明朝进献礼物。

　　尽管明朝文人将皇帝及朝廷放在了天下一切事物的中心，　287
但有些不那么正式的记录也暗示，即使是旅居京师的人也可以
沾王朝的光。在一篇为归乡友人的诗集所写的序文里，金善滔
滔不绝地谈论了这位有机会在北京供职的江西人是多么的幸
运。新建的都城把王朝四方的英才都吸引过来，天与人的和谐
互动产生了神圣的力量。不仅吉祥的"白鸟"现于京师，而
且"麒麟来自海外，白象贡于交趾，天马呈于渥洼"。这里的
"海外"指的是非洲，交趾是明朝在安南北部控制区设立的省
的名字，渥洼（位于现在的瓜州县）得名自渥洼水，它在古
代以产"神马"而闻名。对来往于南京与北京的金善友人来
说，"昔之所未见者，今则见之矣；昔之所未闻者，今则闻之
矣"。[34]对金善这样的人而言，来自远地的珍禽异兽有力地象征
了一个非凡时空——永乐朝的北京。

从邻国朝鲜来的贡马也显得奇异而珍贵。1410 年，曾棨在一场针对蒙古人的军事行动中扈从永乐帝到达草原。为表达对他的赞赏，皇帝赏赐了一匹内厩的马，而这匹马是永乐帝从朝鲜国王那里接受的贡品。[35] 在曾棨看来，这匹马"神俊超越，异于凡马"。在一首纪念诗中，他推测这匹马在出生时吸收了蛟龙之精华。[36] 他描述道："目光夹镜炯方瞳，汗血流珠腻红晕。"正因为这匹骏马是如此不凡，所以"朝鲜得此不敢骑"，而是把它进呈给了永乐帝。于是，曾棨颂扬了这匹马的奇特之处以及朝鲜人进献此马的事，最终也凸显了他自己的声望和地位。

这也许在一定程度上解释了为何在吉祥的驺虞被进献给永乐帝时，会出现"儒官伏阙竞陈诗"（借用李祯的话）的现象。[37]1406 年，永乐帝令数十位"儒臣"和修书秀才一同为皇室兽苑新近获得的"白象"作诗。胡广赢得了这场作诗比赛的胜利和由此带来的名望，他的传记作者们都认为这是一个极大的成就。[38]

明代皇室兽苑

尽管金善、杨荣等人都着重描写了在朝中进呈祥瑞动物，但在这些动物日后的命运的问题上他们很少发声。曾棨的诗表明，皇帝将其中一部分赏赐给了信臣。大部分则会被送入皇室兽苑。[39]

保留下来的关于洪武朝皇室兽苑细节的记录只有很少一部分。1392 年，户部根据皇帝的命令，计划在南京南郊修建一座皇家园林。因缺乏史料，除了一幅地图外，我们无法得知这项规划进展到了何种地步。但是，我们知道皇帝和户部计划将当地居民安置到其他地方。坟茔可以保留不动,百姓也可以按照节令前来祭扫。但这项计划最后因扰乱民生的可能性而终止了。[40]

在新都北京,皇室兽苑在宫廷的修辞、外交和生活中获得一种新的重要性。永乐帝延续元朝宫廷的做法,在西苑建了一座兽苑。[41]靠近京城的南海子猎苑同样饲养了很多动物。在《皇都大一统赋》中,杨荣将"苑开上林"视作当时北京的一大特色,提到了那里的湖泊池塘、丰草繁花、池鱼飞禽,[42]还列举了为数众多的珍禽异兽。[43]同样,李时勉在他的《北京赋》中也称上林苑是新都的一大亮点。[44]他把这座苑囿与皇室田猎联系在一起,首先描绘了那里的流水、滩地、湖泊、罕见的花卉、奇异的树木以及数量繁多的禽兽和鱼类。接着,他写道:

> 固可因农隙而校田猎,选车徒以讲武事。乃遵国风,　290
> 稽王制,诏期门,简将帅,乘玉辂,拥翠盖。出天关而雷
> 轰,轹芳郊而云会,非所以扬兵示武、娱乐骋意。盖将取
> 不妊而除苗害,狩无择而顺杀气。[45]

上林苑的合理维护需要优良的管理工作,这就如同正确的治理需要军事战备。李时勉描述的皇室田猎彰显了这种关联。

杨荣、李时勉等人在他们对皇帝和王朝成就的描述中强调了猎苑和各类动物,这种做法符合历史极为悠久的政治和文学传统。陆威仪(Mark Lewis)在讨论"帝国都城之创制"时,提到了秦朝的上林苑以及西汉、东汉对上林苑的重建,还关注了司马相如和班固对猎苑的描述(这些描述是他们关于都城和皇权的诗赋的一部分)。[46]陆威仪表示,"这些

苑囿是皇权的必要象征，它的特点是拥有各类地形、矿产、动植物……这些苑囿通过园内事物的多样性，呈现了一种可感知的帝王形象——一个宇宙巨人、无所不包的'天'在人间的一个投影"。[47]萧统（501~531 年）在 6 世纪主编的《文选》是中国历史上影响最深远的诗文选集之一，其中有六篇咏叹京城的辞赋，它们详述了皇室的苑囿、田猎，以及各代君王的成就（和荒唐）。

291　　　永乐帝和宣德帝对中亚、南亚、东南亚乃至非洲各国展现的外交姿态，使来到明廷的使团数量大大增加，因此在 15 世纪前期，明代皇家苑囿在规模和多样性上都获得了提升。[48]在 1415 年庆贺来自"西域"的贡品的诗中，王英说，狮子将被"蓄之苑囿"，加入从海外源源不断而来的奇珍异兽之列。[49]

　　　在 15 世纪初，上林苑的管理架构逐渐成形了。1407 年，永乐帝以新设立的上林苑监代替了上林署。上林苑监由太监运作，负责京师地区的所有皇家园林、兽苑和花园。[50]到了他的孙子宣德帝当政时，上林苑监的行政框架得到简化，十个附属机构被归并为四个，分别是良牧署、藩育署、林衡署和嘉蔬署。[51]1436 年，一道谕旨命令三个县的地方官用心看管那些因距离遥远而不便由京官负责的果园，从这件事中我们也能隐约看出上林苑的总体规模。[52]用于看管豹子的豹房也在 15 世纪初

292建立起来。[53]

　　　能参与宫中举行的马球比赛和射艺比武被认为象征着皇帝的信任，而获准进入皇家兽苑和园林同样值得一书。[54]按照皇帝的要求，夏原吉在 1425 年创作了一篇赋文，记载了在内苑中看"珍禽奇兽"之事。夏原吉说得很清楚，在新皇帝，即短寿的洪熙帝的贤明治理下，国家享受着安宁与和谐。他还

间接地提到了天子与受邀参观内苑的臣仆之间亲密而真诚的关系。夏原吉从王朝圣德的角度解释了苑囿中鸟兽的种类丰富，它们有狮子、福禄（即斑马）、玄鹿、神鹿，还有雕笼中的鹦鹉：[55]

> 皆由圣德通遐方，
> 遐方感慕贡珍异，
> 故兹苑囿多耀光。[56]

　　如果说夏原吉拓展了王朝的光辉圣德这一主题，那么杨荣就展现了他在 1428 年春天与皇帝同游万岁山的细节。他为自己十首纪事组诗写的序文，以一位太监传达的特许他在皇城骑马（按照一般礼节，即使是高级大臣在进入皇城时也须下马）的谕旨为开头。皇帝在万岁山招待他的"客人"，让他们好好放松，尽情享受。在这群人到达后，一群水鸟飞至空中，皇帝射出一箭，击中了目标。[57]他让太监炙烤这只水鸟并与众人分享，还用精巧的酒杯与群臣共饮。众人观赏了"金龙喷水水帘"和"二狮子衮球"。在他们离开之前，皇帝赏赐给每人一只鹦鹉，以表示自己的慷慨和对他们的信任。奇兽虽然不是杨荣诗作的中心主题，但也出现了。杨荣写道：

> 猛兽来西极，低徊御苑中，
> 爪牙真猛捷，毛骨独奇雄。[58]

鹦鹉是"珍禽来异域"，而且"能言类莫同"。[59]在他游东苑时写的另一首诗中，杨荣明确地表达了进入皇家禁苑让他生出激

293

动之情。能进入"禁地"游览代表"宠眷实隆",让人臣"曷能补报于万一"。[60]

294　　1459 年,韩雍同时强调了皇室苑囿极为森严的管理制度和游览西苑后山的少见特权。侍郎姚夔在受邀游览西苑后写了一首诗,对这首诗韩雍评论道:

> 公历宦途,足迹半天下。天下佳山水,未尝不求其奇胜,如西苑后山者,平生所未见。西苑后山在禁御,祖宗以来元勋大老、位极公孤者,间或得一至。[61]若卿佐大夫得遍游而周览者,前此所未有预。[62]

韩雍、姚夔及其他同游者显然是特别之人,他们急切地想要其他人了解皇帝赐予他们的恩宠和特殊地位。尽管姚夔和韩雍都没有提到西苑内的珍禽异兽,但韩雍注意到了上林苑小校场中训练御马的勇士。[63]

295　　如果考虑到皇室苑囿在整个亚欧大陆上的重要性,那我们就不会因当时之人对明代兽苑的着迷而感到惊奇了。也许更让人印象深刻的是明代兽苑在文人笔下的地位的变化。明代文官体系中的最上层成员为皇室园林和兽苑中的奇花异兽创作了大量赞美的诗文。他们一直将这些园林与统治者的圣德联系在一起,将它们视作太平年代和良好治理的象征。从很多方面来看,他们这样做是为了自己。首先,尽管他们写下了大量赞颂统治者的作品,但他们及其读者都知道优秀的朝政还需要一流的大臣。事实上,明君的一个特质就是懂得辨别和培养人才。因此,对统治者及其治下的繁荣之景的赞誉,是一种相对明显的自夸手段。其次,这些著书者想要通过强调他们与天子的关系来提高自己的地位。最后，所有 15 世纪的这类文字，几乎都强调了他们作为皇帝的私客游览皇家园林的特权。皇室苑囿看上去越是奇异、华美、森严，这些能够描述其亲身经历的高级文官的地位就越高。

对兽苑的批评之声

到了 15 世纪末，对皇室兽苑的赞美声不再那么普遍。士大夫们对皇室兽苑依然保有兴趣，但是帝国声威的光辉日渐黯淡。柯律格认为，部分原因在于出入皇室禁地的限制不如以前那么严格了。假如说谁都可以进去，那么进入之人就算不上"贵宾"了。[64]但更根本的原因也许在于，帝国声威与狩猎、兽苑之间的联系被削弱了。官员对狩猎和兽苑的认识发生了变化，开始认为那些来自异域的禽兽是无关紧要的，甚至是有害的。吴宽在《过西苑》中写道，"虎圈久关空兽簿"。[65]在另一首赞颂君王下诏拒绝"西域贾胡"进贡的狮子的诗中，他又写道，皇帝的诏令使得"满朝欢"，且那些奇兽是"真无益"。[66]1482 年，皇帝下令将牛房改为仓场，将獐鹿房改为草场。[67]

何景明是 16 世纪初的著名文学家，在其《诸将入朝歌》的开头，他就将皇室兽苑和朝廷声威联系在一起，但他这样做仅仅是为了质疑这一关联：

阙下千官侍凤楼，
苑中天子建龙旂。
豹房虎圈先班赏，
武帐前边赐姓侯。
战士归来皆武冠，
紫缨骝马跨金鞍。

　　　可怜万国城头月，

　　　照见沙场白骨寒。[68]

　　在这首诗的开头，他先呈现了君主慷慨赏赐臣子的盛大场面。京师群官一同列于朝堂之上，反映出这场活动的规模和政治影响力很大。"龙斿"（即龙旗）立于宫苑之中，反映了正德帝努力构建自己的军事统帅形象。尽管明朝皇室兽苑的历史可以追溯到一个半世纪前的王朝初创时期，但何景明在这里提到它们是为了影射正德帝对武功的热衷。"豹房虎圈先班赏"暗示了颁赏地点与大型动物的所在之地在空间上相当接近。下一句"武帐前边赐姓侯"进一步指出了正德帝好武的一面，以及这与皇室恩赏的联系。正德帝常常会将国姓"朱"赐给将领、士卒和他信任的太监，作为殊宠与荣誉的标志。

　　在诗的后半部分，正德帝的战士们骑着装饰华丽的骏马回到京师。何景明在这一部分掩藏了自己的批评。假如他的诗以这一描述为结尾，那么读者就会对君主的权力产生完全正面的印象。[69]但是，他在最末两行尖锐地控诉了正德帝及其朝廷：战死沙场者的尸体逐渐腐烂，在冰冷的月光下依稀可见；与之形成对比的是宫内雄伟的楼阁、成群的官员、风中飘舞的龙旗、威猛的虎豹、衣着鲜亮的战士，它们看上去是如此荒诞。所以说皇室兽苑在何景明眼中，不是国家的英武和威望的象征，而是这个极度虚荣的朝廷的无意义装饰。[70]

　　尽管文人的表述发生了明显变化，但很多宫廷活动基本上没有改变。1481年，当马六甲和占城的使臣带来大象，哈密和土鲁番的使臣进献骆驼，以及女真各部送来貂皮时，没有任何人表示反对。[71]《明实录》的记载虽不完整，但它显示，在

15 世纪中期（1425 ~ 1463 年），哈密使团出使明廷近百次，他们带着各式礼物（通常是马），也会参与贸易活动。《明实录》还提到，在这几十年中有约 80 个使团从撒马尔罕、亦力把里、别失八里和赫拉特等地来朝。[72] 罗茂锐也在《明实录》的基础上确认，在 1407 ~ 1502 年，有 54 个朝贡使团从土鲁番来到中原。[73] 而在 15 世纪晚期，有至少 8 个帖木儿王朝使团前来向明朝皇帝进献狮子（分别在 1476 年、1478 年、1480 年、1483 年两次、1489 年、1490 年和 1507 年）。[74] 显然在整个 15 世纪，内亚使团在北京很常见。[75]

1481 年，一个来自撒马尔罕的使团在明廷引发了激烈争论。这个使团带了两头狮子作为贡品献给皇帝，当走到明朝西北边境的嘉峪关时，他们奏乞皇帝派一位高官来迎接，并派一队军士护送他们进京。[76] 这项请求被转到了兵部，但兵部表示自己无权做出决定，只有在接到命令后才能安排一批军士前往。接待外国使团很明显属于礼部的权责范围。官员陆容草拟了一份奏议试图谏止，他说狮子这类奇兽并不适合在郊祭中使用，也不宜为皇帝的乘舆做骖服，且"珍禽异兽"不育于中国，君主也并不以异物为贵。

陆容意识到兵部尚书也许并不会接受他的这种坚决立场，于是又上呈了一份奏议：为了表示对使臣们艰苦旅程的同情和对他们奉守朝贡国责任的嘉许，可以允许使团前来，但不需要派官员前往边境迎接。派遣大臣去迎接撒马尔罕使团无异于求贡。陆容指出，上古时期的君主们一旦向诸侯求车舆或黄金，《春秋》都会以嘲讽的态度记下他们的行为。"求异物于外夷，宁不贻笑于天下后世？"

第二份奏议让兵部尚书感到不安，担心会冒犯到成化帝。

但是，他从礼部尚书那里得到了答复，礼部尚书也承认派遣大臣是不合适的。最后，朝廷派遣中官和一位指挥使去嘉峪关迎接撒马尔罕使团。[77] 考虑到中官是皇帝的私人代表，而指挥使是高级军事官员，所以成化帝很可能是想在不过分激怒文官的情况下凸显撒马尔罕使团的重要意义。

在陆容看来，狮子与头大尾长的猎狗没多少差别，二者都有浓密的毛发。他不太在意狮子的外表，却仔细估算了豢养它的成本。他写道，每头狮子每天要吃下一只活羊，喝掉醋蜜酪各一瓶。养狮的人都有官职，每天要从光禄寺领取食物和酒水的配给。陆容特别指出，没有一个人对狮子在野外时由谁来为它们准备醋蜜酪而产生疑问。他最后总结道，"胡人"看到明廷的花费一定会嘲笑中国。[78]

这件事在《明宪宗实录》和谈迁的《国榷》里都没有记载，但它能让我们很好地理解发生在正式磋商背后的内部协商。外交礼节上的问题很微妙，而且如果可以的话，应尽可能转移焦点。朝廷重臣有责任向皇帝建言，他们从同僚那里寻求建议，并尽可能猜测皇帝的态度。即便在私人记录中，陆容也没有提到成化帝对礼部建言和派遣中官迎接撒马尔罕使团的反应。尽管官员们在奏疏中强调要明确拒斥奇异贡物，但实际上他们不得不小心地解决这个问题。在皇帝与臣仆的意见不一致的时候，大臣们完全明白灵活和审慎的必要性。

在 15 世纪 80 年代中期，另一个撒马尔罕使团到达了明朝西北边境的甘州，同样给明朝皇帝带来了狮子。这个进贡使团请求明廷允许他们从广东南部返回，从而引发了争议。他们希望从马六甲再买些狮子献给皇帝。广东的高级文官陈选（1429～1486 年）向皇帝上了一封奏疏，从几个层面表达了对此的反对。首先，这位正直的官员遵循了正确的原则，问道："此兽何用于世？"他还谴责"西域贾人"只为图利。[79]他指出，广东几乎无法接待撒马尔罕使者，连年的旱灾、洪涝、地震和星变已经让百姓生活得很不安了。[80]一些官员觉得，让撒马尔罕商人去马六甲买狮子会让皇帝遭到东南亚各邦的嘲笑，这大概是因为，如此就表明"入贡"之物事实上是国际市场上可以自由买卖的货物。[81]其次，陈选提醒皇帝，古代的帝王接受远地进贡的异兽时，尽责的大臣们都会进行劝谏。他们反对的目的是双重的：既是防止君主在无用的琐事上有不恰当的兴致，也是避免好奇的外国人获取情报。[82]最后，陈选明显是想要阻止掌管广东市舶司的中官从中获取经济收益，据称这位中官收取了撒马尔罕使臣的贿赂。

对外来事物的攻击之所以出现，部分原因在于朝廷的政治内斗。那些想要对皇帝和其他皇室成员施加影响的人都诉诸"进献"。尽管这些人献上的几乎都是从王朝境内获得的贵重物品，如珠宝等，但它们具有与外国进献之贡品相似的属性。15 世纪下半叶，君主时常禁阻这些进献，因为它们可以让权臣、中官和皇亲们获得不恰当的权势，让他们能够从地方百姓手中榨取甚至夺取贵重财物。[83]几年后，倪岳（1444 ~ 1501 年）在他著名的《止夷贡疏》中把云南镇守中官进献的礼物和朝鲜及"西夷人"的贡品放在一起讨论，认为它们都代表了皇帝因禁阻进献而广受称颂的特定场合。[84]

所有记载都认为，皇帝接受了陈选的反对意见，但是没有人能说清楚撒马尔罕的使团是获得了经广东去马六甲的许可，还是被强制要求从陆路回到撒马尔罕。如果使团去了马六甲，那么明廷就不太能控制使团在马六甲的贸易活动。尽管陈选

302

反对使团行经广东，但我们并不清楚他们后来是经由何处回国的。大多数编纂者都关注已经表达出来的针对进贡异兽和豢养狮子等猛兽的原则性反对意见；他们可能也善于写得体的奏疏给皇帝，表达对不讲道德的蛮夷使团和贪得无厌的商贾之要求的反感，但是他们的作品都很少记载这些争论的最终结果。

除了在修辞方面的意义，这个事件还揭示了许多尚未解决的矛盾。首先，虽然士大夫们好像通常对中亚来的贡品都摆出敌对姿态，但是边境上的官员仍然允许外国使团带着他们进贡的狮子——或至少允许他们以进贡狮子的名义——进入王朝的疆域。其次，不考虑文士们在智识和思想意识偏好上的变化，明廷循着它自己的节奏已经被拉入了一张范围更广的国际贸易关系网中。明朝让撒马尔罕这样的中亚国家与马六甲（一位当代学者称之为"亚洲贸易的枢纽"）这样的东南亚商业中心连在了一起。[85]朝贡品像其他很多货物和服务一样，可以在自由市场上转运和购买。北京的官员们完全明白通往亚欧大陆东部地区的海上贸易路线对于货物与人口流动的重要意义。在此前数年，因为陆路受阻，明廷还正式许可撒马尔罕使团经海路回国。[86]最后，成化帝并不乐意让进贡来的狮子成为一个重要议题。现存的文献并没有留下他的具体反应，我们仅仅知道他接受了陈选的提议。

接受（或拒绝）礼物和谏言

先帝驾崩与新君即位通常是要求革除积弊、开展新政的机会。在成化帝 1487 年驾崩后，新皇帝面对的请求之一就是抑制宫廷对"珍禽异兽"的喜好。[87]在弘治朝的一本文人笔记中，有一个小故事表明，新皇帝愿意接受谏言。内监虫蚁房"蓄养四方所贡各色鸟兽甚多"，但 1488 年，即弘治元年，弘治帝接受了放出里面的鸟兽以减少浪费的建议。管理者担心白虎和豹这样的动物一旦被放出来，就很可能使人受伤甚至死亡，对新朝而言这恐怕不是吉兆。当臣僚在思虑如何解决这一难题时，弘治帝表现出了所罗门王式的智慧——"但绝其食，令自毙可也。"[88]

上述轶事或许很有趣，但我们有理由怀疑弘治帝能否真正决然地抛弃这项皇室传统。同年，一位给事中就"西夷"所贡狮子向皇帝谏言：

> 陛下初政，放珍禽异兽，天下闻而诵之。今未逾年而纳此贡，恐无以示信于民，宜罢遣之。[89]

弘治帝没有给出任何答复，这表明那些狮子实际上没有被遣回。

1489 年底，撒马尔罕使团经由马六甲前往广东，带着要进献给皇帝的狮子和鹦鹉。礼部尚书耿裕（1430～1496 年）反对接受这些鸟兽。倪岳也是礼部高官，他重复了自己在成化年间表达过的意见，即反对接受来自中亚的贡礼。他表示，"圣帝明王不宝远物"，而弘治帝应当仿效周武王和汉文帝等古代的明君，他们都曾拒绝接受远地来的猎犬和骏马。狮子和"夷狄之野兽"不仅很难在中原喂养，它们还会耗费珍贵的资源。接待撒马尔罕使团的开销很高，会招来更多受利益驱动的使团，还会给使团进京沿途的地方百姓造成负担。

最近的撒马尔罕使团是从广东过来的，而不是走经过甘肃

的常规路线。倪岳写道，广东地方官无法验证使团的勘合和印
信，这也会为诡诈的冒充者大开方便之门。他认为，广东官员
完全知道哪些国家的使团被允许进入港口，他们应当在得到皇
帝明确的命令后再让撒马尔罕使团上岸。倪岳希望遣返这些使
团，而广东地方官则要为违反旧例而接受惩处。[90]弘治帝批复
说，他不会接受"珍禽异兽"，撒马尔罕使团也不会从广东港
口进入明朝疆域。他宽宥了广东的官员，也同意礼部的覆奏，
即给使团一点赏赐以表现皇帝的"怀远之仁"。虽然弘治帝的
批语显示狮子被拒绝了，但证据还不够充分。[91]一些学者将此
306 事视作一个转折点，认为它体现了减少接受中亚贡品和禁止中
亚使团由海路出入明朝疆域的决定。[92]但从下面的例子可知，
这样的结论是草率的。

　　1490 年初，南京监察御史再次尝试劝谏弘治帝摒弃接受
贡物的传统。他指出，尽管明廷的口径已经改变了，但仍然在
接受外国君主的贡物。这位监察御史写道：

　　　　西域胡人成化中尝进狮子等兽为中国害，今圣明临御，
　　复进异马数十，以尝皇上嗜好，冀遂其往来互市之图。若
　　不抑之于始，四夷闻之必相率来贡，蠹耗中国，无有穷已。

他劝皇帝效仿古代那些拒收远地异物的明君，只有这样才能使
"四夷晓然知朝廷不贵异物之意"。据《明孝宗实录》记载，
皇帝下令将他的奏疏发往"所司"，但并未以任何形式表示要
改变朝廷的政策。[93]

　　李东阳赞颂皇帝拒却一只"将至"的西域狮子的诗显示，
弘治帝派遣官员前去拦下了正在进京途中的使团及狮子。[94]但

这首颂诗同样表明：（1）边境官员要么没接到关于进贡异兽 307
的禁令，要么故意无视了它；（2）这项决定的传达遇到了重
重困难，因此值得特别一提。邵宝在为一幅狮子图题词时，也
顺带颂扬了弘治帝拒绝西来之狮的法令。[95]

　　另一个中亚地区统治者进贡的例子揭示了弘治朝在贡品问
题上的做法缺乏一致性。在同一年，弘治帝不仅接受了来自土
鲁番的狮子，而且命令大学士草拟一份诏令要求中官护送入贡
使团返回边境。大学士刘吉反对过于优待使团，认为这样做只
会招致"番戎"的轻视。[96]

　　弘治帝默默地接受了刘吉的建议，但是刘吉进一步指出，
狮子每天要吃掉 2 只羊，一年下来就是 720 只。另外，还需要
每天派 50 位侍从去看护它们。刘吉提出，为了削减所有这些
不必要的开支，皇帝"宜绝诸兽食，听自毙"。皇帝即便在两
年前就提过完全相同的意见，但此次并未听从刘吉的提议让兽
物饿死。

　　1490 年 5 月，土鲁番苏丹和撒马尔罕君主派来的使团
到达陕西边界。陕西镇守与总兵立即找人为他们带来的狮
子和猞猁（又称"哈剌虎剌"）画了像，[97]并迅速将画像和
奏报送往京师。这则消息引发了各种回应。陕西巡按监察
御史陈珂痛陈了豢养兽物的巨大开销，请求皇帝拒却贡品。
礼部覆奏称，"一二人"可以赶赴明廷进献礼物并接受赏
赐，使团的其他人则应留在边境，所贡兽物也应被退回。 308
礼部还建议惩处边境官员，因为他们没有遵行皇帝关于异
兽的诏令。

　　最后，弘治帝给出了批复。他先是表示"尔等所言是"，
接着又说：

> 既贡使将至陕西，不必阻回。今镇巡官止起送一二人来京，其余给与口粮，令住城内，候事完，量与赏劳，发遣还国。狮子等每兽日止给一羊，不许妄费。[98]

这说明什么？《明孝宗实录》的纂修者们所撰写的文字显示，皇帝及官员关于此事的看法高度一致。弘治帝明确声称，拒绝狮子的建议是正确的，但这里对狮子和猞猁之后的命运的记载还是很含糊。一周后，另一位监察御史慷慨陈言："陛下奈何以有用之财，易无用之兽，以小民所出之脂膏，而啖此番夷之口乎？"他劝皇帝遣返狮子，给使节们适量赏赐并慎重对待这一问题。皇帝似乎再一次接受了建议，命"所司知之"。[99]

但不久后，又有一道奏疏被呈至廷前。这道奏疏以赞美开头，将来自四夷的贡品描述成"圣治之盛"的体现，称弘治帝对异物缺乏兴致更清楚地彰显了"圣德之隆"。但它的核心信息与其他御史的奏疏相同。皇帝怎么能"以小民之膏血供（喂养贡兽的）无穷之糜费"呢？皇帝做出了相同的批复——命"所司知之"。[100]礼部的解决办法是把问题归咎于那些允许撒马尔罕使团进入明朝疆土的边境官员。今后，边境官员应更加严密地审核入贡使团的前来时机和规模，一旦不合规定就应将其遣回。皇帝同意了这一方案。[101]

1490年9月，土鲁番王阿黑麻（1465～1503年）遣使到明廷进贡，并接受了丝织品等赏赐。[102]《明孝宗实录》是在1490年9月20日这一天记载的此事，但并没有说明这些使节是在哪一日入朝，也没有透露他们带来的贡品是什么。考虑到围绕使团、贡物及合理接受问题而发生的争议，这条记载显得过于简洁。

王颐和屈广燕在一篇论文中，将日益增强的明廷关于中亚统治者进贡狮子的批评态度归因于两个方面：一是供养狮子（和赏赐使团）耗费巨大；二是外交关系发生变化，有必要对土鲁番统治者进行"制裁"。禁止土鲁番统治者进献狮子是为了纠正他对明廷的不敬。[103] 进贡狮子事实上是一种礼物交换，王颐和屈广燕将此事放到国际（或不同政权间）外交的背景中审视，是非常正确的。土鲁番在15世纪崛起并逐渐威胁明朝在中亚的地位，这在哈密表现得最明显。哈密是一个关键的贸易和交通枢纽，明廷很重视它的缓冲作用。哈密国自永乐朝以来一直是明朝的属国，然而土鲁番王阿黑麻在15世纪八九十年代将他的势力范围扩张到了那里。另外，土鲁番的军队还时常劫掠陕西边境。就如何回击——是使用外交手段、经济限制、军事行动，还是把三者结合起来——的问题，明廷内部分成了三派。[104] 中亚更大范围的地缘政治变化，包括土鲁番在15世纪下半叶扩张到哈密周边，或许也能解释为何撒马尔罕和赫拉特已有数十年没有派出使团了。[105]

310

但是，我们必须区分朝中大臣的谏言和君王的行动。同样重要的还有士大夫与皇帝的视角区别。虽然官员们不断呈上奏疏，但断然拒绝外国使节提议的礼物交换对弘治帝来说也许是没有必要的挑衅。军事行动代价高昂，且明廷并无取胜把握，战争还会给明廷和陕西带来潜在的政治和社会问题。通过礼物交换，特别是通过猛兽这种有很大吸引力的礼物来保持与其他统治者的联系，尽管会招致批评和反对，但能使弘治帝以相对较低的代价去慢慢考虑应怎样做。以这样的方式展现实力不仅是接受贡品一事，也是所有尚武展示活动背后的基本逻辑。

　　当土鲁番使团首次到达边境时，甘肃的高级军事将领明确地提出应保持谨慎。土鲁番使团带着狮子前来上贡，并表示愿意把哈密城及哈密金印归还给明朝当局。这位军事将领在奏疏中说，虽然土鲁番王的使臣说的话听起来很顺服，但这可能只是表面功夫。皇帝对他的看法表示赞同。[106]事实上，弘治帝似乎对他自己的臣子采取了相似的策略。他接受甚至常常赞同臣子的观点，而不是继续坚持自己的方针。然而，311《明孝宗实录》1490 年 9 月 25 日的记载显示了臣僚观点与皇帝做法之间的差别。这天，一个名叫马黑麻打刀的"西夷人"来到北京进献狮子。通事马谏将他领入了宫中的狮子房。入夜后，他们没有回去。礼部和礼科给事中请求皇帝处罚牵涉其事的通事和守卫官军，认为这件事反映了宫廷安保工作的松懈和通事进宫权限的滥用。[107]

　　弘治帝给出了简洁而意味深长的答复。他说："朕偶因事容夷人入内，随即止之，英、谏及守卫官军，置勿问。"皇帝私下里会见了对王朝意义重大的外部强国的官方代表，但一点也不觉得有必要向他的臣仆告知此事。他也不需要解释自己的行为、目的和策略。尽管很多人批评接受狮子是不合适的，但这条记录显示，弘治帝忽视了这种警告。事实上，是他让人把使节带到了宫内的狮子房。

　　为什么要这么做？这段简明的文字并未提供明确答案，但皇帝可能想要利用这样的时机。他一定知道这是一个机会，可以用较易理解的方式展现他作为强大统治者的身份，同时向他的宾客表示较强的敬意。当新来的狮子加入皇室兽苑中的狮群时，弘治帝可利用这个场合来炫耀皇室收藏的其他"异兽"。这些事的发生都是文官们所无法掌控甚至无法观察到的。

那我们又该如何解释礼部的谏言呢？官员们也许无法洞察到皇帝有可能直接与亚欧大陆上的其他统治集团进行谈判。因此，在他们看来，这些使节之所以能长时间逗留于一个甚至连他们都不得踏入一步的地方，只能是由于级别低下、缺乏教养且道德水平不佳之人的玩忽职守甚至严重失误。不然，他们就会去猜测，为何皇帝会拒绝让他们这些通过科举考试、在官场中位高声隆的王朝精英，像地位卑微的宦官那样接近他。

许多文士都把通事，如陪同土鲁番和撒马尔罕使节的那些官员（很可能是具有双重文化身份的穆斯林）视作边缘人。礼部尚书耿裕曾写道："通事在外，越礼犯分，往来骚扰。"他做出如此评述的背景是他反对差遣"部属"、"进士"或"通事"押送"降虏"，即那些为明朝效力的蒙古人去两广地区。[108]耿裕认为通事的问题尤其严重。作为礼部尚书，他很难接受外国使节和通事获准进入宫中禁地的事，以及皇帝在这一破坏礼法规矩的事件中扮演的角色。

因此，礼部的姿态在更大程度上是不满而不是无知的产物。归罪于下面的人要比直接攻击皇帝或承认自己的无能容易且安全得多。弘治帝（礼貌地）忽略了臣僚的批评和建议，进行了一场没有臣僚参与（他们甚至都不知道）的重要磋商，而且也没有让他们介入谈判的意向。对礼部来说，这些都是必须咽下的苦药。礼部可能希望皇帝能够直接透露他的意图，但皇帝选择在此事上遮遮掩掩。

尽管这件事会让弘治帝的谋臣们产生愤恨或失望的感觉，但他们基本上隐忍不发。这一点是关键的。弘治帝用很多臣子

312

313 不认同的方式继续实现自己的追求，但是他并未低估大臣的支持的重要性。所以，他对臣下的建议几乎总是表示同意。对那些恳求，他既不公开拒绝，也不断然无视，而是通知"所司"。这种深思熟虑的决定与16世纪的继位者们的表现截然不同。张居正作为16世纪中期之人，也许会用弘治朝的昌盛提醒嘉靖帝，而张居正将这种昌盛归因于弘治帝能够容忍并愿意听从臣下的规劝，从而赢得了他们的支持。[109]与弘治帝形成对比的是，正德帝、嘉靖帝和万历帝招致了许多臣子的怨怼，因为他们甚至不承认收到了臣子的奏疏。正德帝驾崩后，纂修《明实录》的官员们在宫中发现了上千份未批复的奏疏。[110]皇帝对奏疏留中不发甚至敷衍了事，就等于否定官员的作用，这在他们眼中是不可原谅的过错。

　　抗议弘治帝招待土鲁番和撒马尔罕使节的声音，此后又持续了几年。1493年春，一个27人的使团虽已返程，但仍未离

314 开明朝国境；另一个39人的使团还在京师。礼部尚书耿裕反对皇帝对这些使节过于优待。他说这会让他们认为热情招待是出于明廷对他们的畏惧，从而有损王朝的声威。他还写道，他们已经"复潜称可汗，兴兵犯顺"。[111]

　　耿裕的不满主要针对弘治帝对狮子的明显喜爱。"狮子本一野兽，不足为重，何至上烦銮舆，屡加临视，遂使丑夷得以藉口。"[112]这句批评显示，弘治帝慷慨地招待了来使，并且对他们带来的礼物喜爱有加。尽管耿裕可能觉得这种行为已经超出了礼节范围而且有损王朝的声威，但这是亚欧大陆上标准的皇室间外交。弘治帝是在表达他的重视，以及同土鲁番王保持良好关系的意愿。直到1495年，皇帝才同意增强军事力量，以将哈密从阿黑麻的控制中夺回。[113]皇帝和其臣仆

（或至少是朝廷高官中最有发言权的那些人）的视角和方法
是完全不同的。

尽管想法存在差异，但弘治帝和廷臣都不怀疑，接待贡使
和皇室之间的礼物交换与国际、国内秩序紧密相关。像上文说
到的，礼部尚书认为在紫禁城中接待使节和通事损害了合理的
社会等级结构。他还借助了一种常见说法，即贤君应当蔑视异
物，以避免在外国势力的眼中显得软弱。弘治帝也不怀疑接待
使节和收受他们代表君主进献的礼物，会直接影响他与周边国
家和自己的臣子的关系。上面的论述表明，弘治帝和官员们可
能做了一些相同的假设，但得出了不同的结论。

315

1493 年 7 月，光禄寺卿胡恭的奏疏再次体现了这种观点
上的差异。光禄寺负责"为皇室、廷臣，以及欢迎外国使节
及其他显贵的国宴准备美酒佳肴"。[114]这位光禄寺卿指出，虽
然弘治帝在大多数领域都削减了开支，但"牲口料食"方面
的开支仍然过高。当王朝各地的百姓因为天灾而生活艰苦
时，宫廷需要大幅减少开支，以恢复"和气"、消弭灾荒。
他开列了一份宫中兽物及其每日所耗食物的清单，把它上呈
给皇帝。

皇帝采纳了他的建议，下令让御马监的两条"异狗"和
"群狗"（77 条）"退出支食牲口房"，然后将 86 只杂鸡、41
只鹅、96 只鸭和 21 头花猪都送到光禄寺，"余皆仍旧"。[115]皇
帝又一次巧妙地避开了官员批评的根本所在——"以无益之
事费有用之财"，这说的是维持皇室兽苑的开支。尽管胡恭负
责管理光禄寺，但他列出的兽物无一例外都是用于狩猎而不是
宴请的。那些狗几乎可以肯定是猎狗，而那些"猫"可能也
是某种用于狩猎的猫。胡恭还提到了豹、虎、土豹，它们都是

猛兽。皇帝懒得去捍卫他维持皇室兽苑的特权，也不想在相关开支上计较。

316　　　　他最主要的让步似乎就是把一些鹅、鸭和猪送到光禄寺，很可能是把它们当作供皇室及其宾客享用的食物宰杀。让御马监的79条狗"退出支食牲口房"的命令不是很明确。他的意思是它们以后的食物供给不再由御马监负责吗？如果是这样，这是否意味着宫廷会一直负责胡恭列举的其他动物的食物供给？接下来会由谁来承担养狗的费用呢？还是说胡恭的劝谏与光禄寺负责的开支无关？不管怎么说，弘治帝最后那句话"余皆仍旧"可能是最重要的。他可能想从"牲口房"的账目中移出狗和鸡，以此来让胡恭尝到甜头，但他无意对他的兽苑做出实质性的调整。

尽管《明实录》对胡恭此次谏议的记载很详细，但里面关于皇室兽苑的清单并不完整，因为它省略了南海子和虎圈中的兽物，也没有提到大象、长颈鹿、狮子、海东青、名贵马匹和各类珍禽。但我们最好将这次谏议理解为长期存在于明廷统治权的本质和表现之间的张力的又一实例。上述记载显示，弘治帝与大臣们在得体的外交行为、皇室兽苑的位置，以及谁应当被允许进入皇宫等问题上常常存在分歧。但这种紧张与分歧并没有削弱王朝的统治实力，不过到了其子正德帝掌权时，这种冲突常常对统治造成影响。

尽管发出了批评，但在明代的前两百年里，文官们也对尚武展示活动表达过一定的支持，如上一章提到夏言、张居正等人曾强力支持大阅礼。在一首名为《狻猊图》的诗中，李东阳描绘了作为贡物的异兽，认为它们与良治相互呼应：

狻猊何来自西域，
黄金为睛铁为额。
回头一笑长风生，
万骑千人杳无迹。
云岩雪窦深如许，[116]
冒险穷幽殆能得。
胡儿养得性气驯，
遂向中原贡王国。
县官给驿天使迎，
圣主亲临赐颜色。
朱筅铁锁红氍毹，
诏许深居苑城北。
苑中百兽安足论，
虎豹闻之皆屏息。
先朝旧物尝有此，
白头中官说宣德。
只向人间看画图，
嘉名剩有儿童识。
周王有道百度正，
虞帝无心七旬格。
自古升平乐事多，
讴歌亦是词臣职。[117]

317

318

像明代第一个百年里的许多作者一样，李东阳坚定地将狮子的展示放到朝贡关系和统治者权力的语境中。他先指出狮子来自西域，又粗略地描绘了狮子的形象，之后将重点放在了这头异兽的威猛和珍贵上。在后半部分，他进一步强调了狮子的威猛，指出它们一入兽苑便占据了支配地位，即使是虎豹，在狮子周围也"皆屏息"。隐藏在这种描述下的观点是：对这种猛兽的控制展现了其主人也就是天子的威严。

李东阳对狮子被引入皇帝的兽苑的过程给予了许多关注：进贡前，它们已经被外国驯兽师驯服；进贡路线沿途的地方官员为国家驿站系统提供马匹；最后，由"天使"也就是皇帝派遣的人去迎接外国使团和他们的礼物。李东阳通过"圣主亲临赐颜色"，强调皇帝直接参与了对贡物的接受。皇帝亲临确保了此事的重要性。明代的官员，甚至包括高级官员，都非常看重接近天子的机会。李东阳及其同代人都明白皇帝决定亲自接受狮子、留出时间与使节会面的重要意义。他写道，狮子会被留在皇宫这个让明代文人和普通百姓都神往的禁地，这进一步彰显了一种亲密关系。

最后，李东阳承认皇帝是一位贤明的统治者，开创了一个和平而繁荣的时代。他谈到古代贤君周王和虞帝，他们遵循"道"并凭借天生的德行，使国家获得了再生，并引来了邻邦的钦羡；他引用了宣德帝受狮的王朝先例，而宣德帝是位广受赞誉、尊重臣子的明君；同时，他也将当朝视为升平的时代，并暗示从域外统治者那里接受异兽是一件"乐事"。

在最后一行，李东阳将重点转移到了自己作为"词臣"的职分上。一方面，这提醒我们，君主的美名、域外统治者的归顺、珍禽异兽的收受以及对升平之世的描绘最终都有赖于像他这样的官员。毕竟李东阳这样的"词臣"创作了可以宣扬明廷及皇帝之声威的诗赋或图像。李东阳的参与对于王朝的统治来说是必不可少的。但是，结尾句"讴歌亦是词臣职"

也把李东阳同他诗中描绘的一切隔开了。李东阳通过把自己放到一个涉及皇宫和皇帝的高端场合，来提升自己的地位；与此同时，他强调说他的文字作品仅仅是"词臣"职责的产物。人们可能会产生疑惑，认为这在某种程度上是一种推诿。他履行了对皇帝的责任，即作诗来赞颂成功的统治者及其对威猛之兽的接受。他也许会因为接近皇帝的特权和他的文学技巧（他选择将这首诗收入他的文集）而赢得同僚的认可，但他并没有赞同皇帝的决定。前文曾提到，李东阳和他的同僚曾写诗赞颂皇帝最初拒收狮子的决定。现在，他用华丽的辞藻写了另一篇宣传文稿，描绘了他自身并不支持的行为。

320

　　但仅凭借文字上的变化便认定从明代第一个百年到第二个百年，对异兽的看法发生了彻底的变化，是不妥的。1416年秋，当"夷贡狮象熊豹方物之类"时，王英写了组诗《纪圣德诗》，说明了理念如何可能既被称颂又被颠覆。[118]王英引用开国皇帝关于"不宝远物"的"圣训"，认为奢侈和铺张的喜好会导致王朝败亡，并表示他的目的是"恭听德音，实纪其事"。王英的诗既赞美对贡品的接受，又提醒不要耽于异物。他用华丽的辞藻细致地列举了永乐朝收受的兽物，通过描写贡品清楚展示了他对朝廷的深深敬意。王英解释道，永乐帝是一位谨慎入微的皇帝，他并不热衷于那些会让人从国家大事上分心的海外玩物。作为一位仁慈而慷慨的皇帝，永乐帝并未断然拒绝外国使臣，毕竟他们是为了代表自己的主君向皇帝表达敬意而长途跋涉、历经艰险。因此，王英既庆贺永乐帝能让远地之人前来呈送异兽，又称赞永乐帝能将这些微不足道之物束之高阁。换句话说，永乐帝通过既接受又反对的行为获得了统治合法性。[119]王英并不是不偏不倚的观察者。作为这样一个模范朝廷

321 中的一员，王英自身的地位和声望相当高。另外，王英在诗中采用了史家和道学家的口吻，因此他同时扮演了好几种角色——参与者、观察者、记录者以及评判者。

永乐帝积极地向数十个国家与族群示好，永乐朝也见证了使团和贡品史无前例地大量进入明朝都城。最终，繁荣的礼物交换和贬低异物的高姿态之间的不和谐越来越明显。15世纪晚期，对从远地送来的礼物的斥责变得更加频繁，但是，与外国宫廷及首领间的礼物交换依然存在。官修实录和私人著述也越来越频繁地提到朝贡礼物和皇室兽苑。[120]15世纪晚期，拒绝象、狮、豹及其他"玩物"的要求再次变得尖锐，这更有可能反映了士大夫感受的变化以及他们与统治者的关系，而非宫廷活动的根本性改变或君主对异物和皇室收藏的兴趣渐失。

16 世纪的皇室兽苑

尽管正德帝和嘉靖帝对尚武展示活动和皇室兽苑的态度通常被认为有实质性的不同，但他们当政时期的朝廷仍在某种程度上延续着15世纪的做法。盖杰民详细描述了正德帝如何因为狮和豹在皇室狩猎中的地位、在外交中的价值（特别是对中亚和西亚统治者）、对皇族传统的重要性，而对其产生了浓厚兴趣。[121]官员及诗人皇甫汸（1497～1582年）叙述了一匹322 "天马"的进献，正德帝骑着它，并赐下"千金"。[122]胡侍写道，正德帝的禁苑中养有金鱼，御马监有十只山猴，狮子房中有两头狮子、一头犀牛和多只虎豹。[123]

在前文引用的《诸将入朝歌》中，何景明将皇室兽苑和统治联系在一起。[124]这首诗的四联描绘了皇城中的四个不同地点，以凸显正德帝造成的物理和政治空间的割裂。尽管有

"千官侍凤楼"，但皇帝不在此处而是在苑中竖起了龙旗。正德帝不在紫禁城的宫墙之内处理国家事务（不采用正确且正常的做法），反而在豹房和虎圈班赏将士，那里是皇帝非官方却更广为人知的指挥中心。正德帝在帐幕中展现他对军事将领的厚爱，给他们赐国姓，授予他们爵位。所以对何景明来说，皇室兽苑和军事装饰品象征着正德帝独特的统治方式。

相比之下，当时的文人和现在的学者都强调嘉靖帝对狩猎、皇室兽苑以及海外进献异兽缺乏热情。1521 年 7 月，即正德帝驾崩三个月后，嘉靖新朝下令释放内苑中的动物，并禁止进献新兽。[125]陈沂（1469～1538 年）写的《放内苑诸禽》反映了一种看法，即嘉靖帝的决定标志着长期做法的转变：

> 多年调养在雕笼，
> 放出初飞失旧丛。
> 只为恩深未能去，
> 朝来还绕上阳宫。[126]

323

1526 年初，御史雷应龙（1514 年登进士）提醒皇帝光禄寺用于饲养鹰犬的花费很高。据他计算，每年鹰和犬要消耗超过 16500 斤肉，而用在"虫鸟"，也就是小兽小鸟上的饲料有 5200 石。雷应龙认为，饲养这些动物"费民财，恐累圣德"，请求完全停止喂养它们。经过覆议，户部委婉地说，这些花费"可省"。[127]

嘉靖帝似乎是支持此举的，他依照官员们的意见给出了答复，同意废止一切无用的消遣：

> 朕即位以来，凡百玩好不经耳目，惟欲慎德图治，以安民生。是鹰犬虫蚁一无所益，每岁蓄养乃耗费以万千计。[128]

324　尽管说出了这种令人振奋的话，但嘉靖帝并没有采取任何特别的措施，他只是要求有关官员"查数以闻"。显然，1521 年的这道释放内苑动物的命令，并不意味着皇室兽苑中的所有动物都会被放出。而根据嘉靖帝对雷应龙所提请求的答复，这位皇帝也并未觉得有必要进一步减少他蓄养的猛禽和猎犬。1531 年初，皇帝削减了象房中的太监人数，豹房中的勇士减少了200 名，负责"文豹"（即猎豹，它们在西苑中占地 140 英亩）的人减少了 240 个。[129] 所以，嘉靖帝也许削减了人员，但无意废除皇室兽苑。

　　事实上，一些官员继续对朝廷接受异兽表示庆贺。尚书夏言在一次西苑集会中进呈给嘉靖帝一首诗，其中写道："高鼻羌儿来万里，鬈毛狮子值千金。"[130] 考虑到夏言是专门为嘉靖帝写下这首诗的，那么他可能相信，自远地而来的外族人带来珍禽异兽的场面对他的君主很有吸引力。具体来说，考虑到当时的状况，夏言断定这一场面与嘉靖帝对统治者地位和朝廷威严的设想是一致的。前面的章节说过，夏言极力支持恢复大阅礼，希望以此来获得嘉靖帝的信任并增强处于困境中的朝廷的

325　力量。

　　嘉靖朝初年，甘肃官员和礼部大臣劝导皇帝拒收来历不明者从"西域"带来的"狮子、犀牛、西狗"。[131] 当嘉靖帝拒绝他们的请求后，甘肃官员寇天叙（1480～1533 年）提到了皇帝先前在此问题上的政策，说：

皇上即位来，不好珍禽奇兽。近曾却御马监虎豹之采，以为无益。今复用此，岂陛下有见于[132]虎豹而不见于狮子牛狗邪？伏望却还，以潜消远夷窥伺希恩之意。[133]

这封奏疏被保存在一篇墓志铭里。墓志铭通常被用来褒扬已故者的正面品质及成就。既然这篇铭文并未表明嘉靖帝赞成了官员的建议，那么这位皇帝很有可能接受了狮子和其他动物。虽然文官们可能等视所有的"异兽"，但嘉靖帝不会把各地官府进献的虎、豹与海外各国送来的珍贵礼物混为一谈。嘉靖帝也许会像明朝在他之前的帝王一样缩减皇家兽苑规模，从而彰显他并不热衷于异国之物，但他必然重视狮子、豹、鹰等动物在皇室间的礼物交换中的意义，知道它们有益于维持王朝的声威和培养与外国统治者的密切关系。皇帝（及其近臣）当然明白坚持他和多数官员都认可的"政治正确"的必要性，但不允许"政治正确"影响他的决策。

　　当我们考虑上述事件的发生背景时，这一点就显得更清楚了。一位进贡狮子、犀牛和西狗的人称自己是来自鲁迷也就是奥斯曼宫廷的使节。1524 年 5 月末，边境官员报称，鲁迷国王的使节带着狮子、"西牛"（犀牛）、珊瑚、玉器等物到来。这份报告被直接送交礼部审议。给事中郑一鹏（1521 年登进士）试图劝服嘉靖帝拒绝这些礼物。[134]他举了周武王和汉文帝的例子，他们通过拒绝猎狗和珍宝来明示他们"不宝远物"的态度。但他没有提及唐朝皇帝曾接受来自撒马尔罕、龟兹和中亚其他地方的狗。[135]郑一鹏接着将关注点从接受外国统治者的礼物转移到了皇室兽苑的维持上，提起了近期的一些新进展。他称嘉靖帝是明智且真诚的君主，甫一登基就将珍禽奇兽

327　都释放了，这指的是上文提到的嘉靖帝 1521 年的诏令。他又重述了那个熟悉的故事：洪武帝如何果断地否定了太监关于增加皇室兽苑中老虎肉量的建议。"养象以备用作，养马以资骑乘，养虎欲以何为？"洪武帝接着下令将老虎送往光禄寺（或许是要宰杀老虎给人吃），并将其他禽兽都放了。尽管嘉靖帝 1521 年下令释放所有奇兽，但乾明门等处仍有许多"禽鸟虫蚁"留存。在臣子的眼中，嘉靖帝还是喜欢珍兽和狩猎的。最近又有百姓从（靠近京城的）易州携鹰进献皇帝。郑一鹏指出，他早前就请求皇帝释放所有动物，但没有如愿。

　　郑一鹏关于鲁迷贡物的论述至少透露了两个方面的信息。第一，他认为，除了喂养动物的花费，朝廷还不得不耗资供养专门饲养奇兽的外族驯兽师。但他没有说清楚宫中到底是需要雇用新的外族驯兽师，还是原本就有许多驯兽师可以任用。但既然明廷在 15 世纪到 16 世纪初一直接受着赫拉特、撒马尔罕等地进献的狮子，那么宫中很可能有一些中亚人负责相关事宜。一份 17 世纪中期的材料显示，来自中亚的驯兽师（他们戴着头巾，穿着绿色长衣）的俸禄与高级官员相同。[136]

　　第二，就政治和贡礼的关系，郑一鹏承认，有些人相信那些动物是鲁迷统治者送的，于是倾向于接受它们。但他表示，这些人都陷入了一种误解，认为"一却其献，恐沮夷心"。换个稍微不同的说法，一部分官员担心如果朝廷拒绝礼物，就会让外国君主感到受辱。即便如许多士大夫所说，这些使节实际

328　上是伪称鲁迷国君官方代表的商人，这样的顾虑依然是合理的。[137]亚欧大陆上的统治者都有兽苑，进献和接受奇珍异兽常具有重要的外交意义。奥斯曼宫廷在托普卡帕宫的外花园也

有许多兽苑，有几处教堂还被改造成了狮子房和象房。[138]君主通过经营兽苑来宣示自己的地位，也通过交换收藏的兽物来建立与其他统治者的关系。拒收礼物就等于拒绝建立关系，同时还会挑战赠送者在众多君主中的地位。

在仔细思考了进贡使团从西部边境进京可能引发的各式各样的问题（对地方百姓的侮辱、非法贸易、对明朝官员和"厨传之吏"的折辱）后，郑一鹏提出了一种折中的办法：地方官员可以估量礼物的价值并适当地给予使团赏赐，使团中的少数高级使节可以前赴京师。但是，郑一鹏坚持要求"其狮牛一切珍玩之物，通行遣退"。他总结道：

> 庶几夷知朝廷有不宝远物之盛德。不惟潜杜其窥伺之心，益以彰中国清明正大之体。[139]

虽然郑一鹏等官员要求遣返鲁迷使团，但嘉靖帝还是允许数十人前往北京进呈他们的贡品。1525年1月末，礼部尚书席书（1461～1527年）奏称，《大明会典》中并未将鲁迷列为朝贡国，所以这些使臣的身份真实性不能确定。更加可疑之处在于，甘肃地方官宣称他们在鲁迷使团中发现了几个土鲁番人。席书总结道，鲁迷使团是一个阴谋，土鲁番人想利用这个使团来搜集情报，以便将来入侵明朝的疆域。然后，这位尚书又说起了那些批判异国之物的老生常谈。他强调豢养狮子和犀牛耗资不菲，并问道："珊瑚玉石，寒不可衣，饥不可食，又焉用之？"

郑一鹏、席书和陈九畴（1502年登进士，任甘肃巡抚）最终没能改变嘉靖帝的决定。嘉靖帝虽然命令甘肃镇巡官调查鲁迷使团中的土鲁番人，但还是要求官员遵从此前的诏令，让使节们到北京进献礼物。[140]

1526 年底，另一个鲁迷使团到达明朝边境，要进献狮子、犀牛等给嘉靖帝。[141]礼部再次感到苦恼，抗议称使团所带的铁锉数量过多，违反了新的条例。这意味着为了对鲁迷新近的呈献表示肯定，只有部分贡品会被接受并获得赐赏。但嘉靖帝出于对使团长途跋涉的同情，下令接受他们全部的贡品。不久之后，鲁迷使团呈递奏疏要求更好的奖赏，并表示"所贡狮、牛、玉石诸物，费以二万三千余金，往来且七年"。北京的官员们坚持认为，这样的要求反映的是商人贪婪的内心，而不是让这些人远道而来进献贡品的"效顺之诚"。嘉靖帝再次不顾这些反对，下令依照前例（弘治朝的做法）补赏这些使节。

鲁迷使团和他们的狮子激发了北京百姓的好奇心，这再次显示尚武活动被不断呈献给规模更大的观众群体。这些观众对展示活动的意义有各自的看法。1526 年，刚到北京的年轻人袁裘（1502～1547 年）在四夷馆看到了鲁迷来的狮子。[142]他把自己的感受写成一首诗，名为《观鲁迷所贡狮子歌》，这首诗被收录在他的文集中。[143]

袁裘的诗就当时的读书人如何看待境外统治者给皇帝的礼物提供了很多信息。首先，虽然狮子本身对袁裘很有吸引力，但他仍是从进贡、转变和驯化的角度来写作的。诗序里的第一句话和第一行诗都评论了使团为呈献贡品并获得皇帝的认可而跋涉千里。在他们到达京师之前，狮子是一头让人害怕的野兽，虽被控制住了但尚未被驯服，即便被绳索捆住，它的凶猛也很明显。驯兽师用他的食指和中指比出戟的形状，然后用戟手摆出一副勇武的姿态。魋髻和胡缨都表明着这位驯兽师毫无疑问是外国人，且有点气势逼人。

　　但是，当谈到狮子和驯兽师都被安置在京师后，袁袠的语 331
调变了，他将关注点转向了狮子在皇室的恢宏气势之下被驯化
的过程。驯兽师此时沿"藁街"而行，"藁街"是汉代都城中
外国使团的居住地。袁袠把自己放到了可追溯到约一千五百年
前的那种经久不衰的王朝秩序中。不同于之前那种受缚猛兽的
样子，狮子此时温顺地低下了头，垂下了耳朵，显示出对君主
的顺服和尊敬。这种姿态倍受赞赏。因为极其讨人喜欢，这头
狮子被用精选的食物饲养着。

　　当狮子被运到上林苑时，这一驯化的主题变得更为明显。
后文会详细地讨论，这些猎苑是统治者及朝廷展现武力之神
勇、王朝之威严、对天下之掌控的地方。为表达这一看法，袁
袠提到了汉代都城外的大猎苑射熊馆和长杨宫。在呈现了明代
猎苑让人印象深刻的历史传承之后，袁袠又描绘了一座猛将和
强军云集的宫殿，宫中的将士们护卫在皇帝左右，皇帝下令将
狮子从笼中放出。然后，狮子在玉阶上为皇帝跳起了舞，皇帝
虽然离狮子很近，但他除了高兴之外没有表现出别的情绪。袁
袠对狮子的转变描写得比较模糊。他曾听说这头猛兽不可驯
服，但如今像是有神灵相助一般，它竟被袒胸露乳的驯兽师驯
服了。皇帝赏赐了"远人"，据此推测，这位驯兽师当是鲁迷
人。袁袠还仔细地记述了皇室的仁慈（通过喂给狮子的大量
精选食物来表现这点）和军力的展示。

　　到目前为止，袁袠一直平铺直叙地描述"远人"千里跋
涉，呈上珍贵的礼物，满怀感激地在明朝的外交关系中获得了
一席之地，并经历了一些转变。但此后，袁袠引用《尚书》
中说明周代贤君如何"慎德"的话，提出接受贡品是不恰当

的。他引用的这句话所出自的文章赞扬了拒绝猎犬和马匹等礼
物以及推却外国进贡的"珍禽异兽"的行为，指出这样做的
君主会赢得国内外臣民的支持。[144]他又提到另一位周王的决定
以作为反例。那位周王不顾朝臣的意见，发起了惩戒西戎的行
动。周王赢得了四只白狼和四头白鹿，皆是吉兆，却在邻邦百
姓中引起了愤恨和动荡，于是这些百姓开始反抗他。[145]最后，
袁襄向嘉靖帝举了东汉光武帝（前 5～57 年）的例子。光武
帝因为"闭玉门"，也就是在 1 世纪停止与中亚国家交往的决
定而赢得了赞誉。[146]这些历史先例中有很多都是郑一鹏在 1524
年反对鲁迷狮子的奏疏中用过的。

在展现了古代智慧的重要性之后，袁襄将他的叙述重心转
向更现实的问题。他提到了"先朝故事"，也就是嘉靖帝的祖
先设立的标准。就像嘉靖帝在关于其生父尊号的大礼议事件中
多次展现的那样，这不是一个他会轻易接受的观点，但二十四
岁的袁襄并没有因此却步。他写道，鲁迷国君早先曾来到明
廷，却遭到拒绝，但即便如此他也丝毫没有减少对明朝皇帝的
仰慕。没有任何资料可证明奥斯曼皇帝曾来到中国，所以袁襄
此处指的也许是代表君主前来的奥斯曼使节，或者是冒充使节
前来的商人。看起来，袁襄努力想要打消嘉靖帝的顾虑，让他
明白可以（事实上是应该）拒绝外国君主的使节和礼物，而
不必有任何不安。这一句也揭示出，袁襄同样明白，拒绝远方
国君的礼物可能会招致真正的危险。因此，袁襄实际上是想让
他的读者相信，拒绝这种关系的危险性不大，不如名垂青史的
机会重要。

袁襄在诗的末尾提议了一项政策。他赞扬嘉靖帝治下法度
清明，也赞扬皇帝为加强国内治理的付出。他认为，满足夷人

的欲求是不恰当的，贪得无厌是夷人的天性，所以他含蓄地表示尝试去满足他们的要求是愚蠢的。最后，袁袠总结说，唯一要做的就是打碎狮笼，将狮子放入"山林"，而不是将之留在皇室兽苑。袁袠坚持，丢弃礼物、遣回使臣后，皇帝应该禁止外国使团（至少是禁止鲁迷使团）再来明廷。

虽然针对外国贡礼的文学作品反映了当时读书人的某些观点，但是也必须考虑明廷在亚欧大陆上所面临的更大范围的地缘政治局势。土鲁番和明朝的军事冲突在一定程度上能够解释陈九畴（甘肃巡抚）和嘉靖帝在面对鲁迷使团时的反应。通过一次军事袭击，陈九畴使蒙兀儿和土鲁番的统治者满速儿 [1484（或1485）~1545（或1546）年] 及其两万人的军队解除了对肃州的包围。因多次取得对土鲁番军队的胜利，陈九畴得以升任都御史。[147]在听说有土鲁番人混在鲁迷使团中后，他自然以为满速儿正在为重启敌对行动做准备。他进一步认为，明廷接受贡礼的意愿使得土鲁番商人能靠贿赂影响明朝官员。[148]他近期的个人经历影响了他对使节和贡礼的看法。

与陈九畴相反，嘉靖帝很可能视鲁迷为对抗土鲁番的一个潜在盟友。尽管土鲁番尚未对明朝构成实际威胁，但它的军队牵制了过多明朝军力。提督陕西军务的兵部尚书金献民（1489年登进士）指出："或以百骑而动我数千之兵，或以一枝而牵我两镇之众，分兵四掠，莫敢谁何。"[149]嘉靖帝同之前的皇帝一样，为了王朝的利益而很重视皇室间的礼物交换的意义，所以他不顾大臣们对"珍禽异兽"的批评，接受了狮子、犀牛、大象和猎狗。[150]和弘治帝一样，嘉靖帝不认为有必要向手下官员们解释自己的做法，但是，他没有为了获得大臣的长期支持，而说出认同和支持他们劝谏自己的话语。他只是告诉

334

大臣们要听命行事。

因此，当时之人对进贡异兽的理解和他们的思想取向及政治环境紧密相关。边境官员、朝中大臣和皇帝考虑到各自的利益，对这个问题持有相互矛盾的看法，但他们也有共识，即都认为无论接受还是拒绝狮、豹、猎狗等"珍禽异兽"，对朝廷的命脉、与邻国的关系和统治权力等来说都事关重大。[151]

尽管我们偶尔会听到有人说，明廷在 16 世纪中期甚至早在 15 世纪就已开始闭关锁国，退回到令人窒息的封闭状态，但许多记录清楚显示，皇帝仍在接受远地的礼物，一些官员对献给皇帝的兽物有直观的了解，且像袁裒这样的著者认为其他文人也会对这样的消息产生兴趣。16 世纪 40 年代中期，鲁迷使团又出现在了《明世宗实录》里，但狮子没有被提到。[152]

1544 年的一次事件表明，嘉靖帝和部分官员很关注鲁迷统治者的想法。甘州总兵迫使"鲁迷等国羁留进贡回夷九十余人"去抵御蒙古人的攻击。九个鲁迷人在这次战斗中战死。当地的巡抚都御史严厉批评了总兵的决策失误，说："回夷"已与蒙古决裂并依附于中国，如今这种错误的做法将招来怨恨并导致冲突。这九人战死的消息一直传到嘉靖帝那里。他将这位总兵降级，将另一位军官投进监狱。他还命令地方官准备棺材和祭品，并承担将九人运送回故土的费用。也许最为关键的是，嘉靖帝还给鲁迷国王，也就是苏莱曼大帝写了一封信，告诉他自己已经惩处了有罪之人，优恤了无辜受难者。[153]

嘉靖帝对鲁迷使团的关注在 16 世纪末的《神器谱》中有更深刻的体现。《神器谱》是赵士祯写的一本关于科学和军事技术历史的书，书中常常称赞鲁迷火器的优越性。[154]根据赵士祯的叙述，一位被他称为"朵思麻"的人在三十年前曾作为鲁迷使团中的一员来中国进献狮子。嘉靖帝将朵思麻留了下来，并命他到锦衣卫任职，这也许是因为朵思麻曾是一位"神器官"（管理火器的官员）并带了至少一支鸟铳到北京。在朵思麻的两个侄儿（他们在 1597 年参加了武举）的引荐下，赵士祯拜访了朵思麻，朵思麻在家中自豪地向赵士祯展示了鲁迷鸟铳。[155]

总而言之，尽管文人在言辞上和皇帝偶尔在批示上的转变表现了对奇珍异兽的兴趣渐失，但是明代的皇室兽苑仍表现出了惊人的弹性。《明实录》中有许多云南"土官"向朝廷呈献大象的记载，这表明异兽的进呈一直持续到了明朝的最后几年。[156]事实上，兽苑的存在可能解释了 16 世纪晚期及 17 世纪早期的文人，是如何获得关于皇帝收藏的鸟兽的第一手信息的。

正如下文将展示的，虽然 16 世纪有更多有关明朝皇室收藏（如皇家园林）的记载，但是这些藏品仍保有某种异域风情。基于 17 世纪以来的信息，宋起凤描述了虎城和豹城。它们彼此相邻，坐落在禁苑西北，用于安置皇室豢养的猛兽。虎城中的唯一一头雄虎"大如卫"，"达城址巡行不已"，"有时作吼声，震城垣"。当参观者在城墙上放下鸡或猪肩肉时，它会跃至空中抢夺。豹城中还有三只豹，当人出现在城墙上方时，它们"各摇尾昂首上嘱，若欲搏击而不可得者"。虎城和豹城的维持被视为一项皇室传统。"历代皆生致，养于城，不缺。日给食料如羊豕等，亦先王不废苑之意也。"[157]

沈德符 16 世纪末的第一手材料提供了对西苑豢养之动物的生动描述：

337

余往年初应京兆试，暇日同戚畹郭小侯游西苑，见豢笼诸禽颇珍异，足为耳目玩。至若彪豹之属无虑数十，俱贮槛中，腥风逆鼻，爪目可畏，意甚憎之。

又有所谓虎城，全如边外墩堡式，前后铁门扃固，畜牝牡二，于苑中设一厅事，为其避雨雪处，昂首上视，如诉饥状。好事者多投以鸡犬。鸡无知，初尚啄其目，虎一嘘气，毛羽尽堕；狗初投下，即已悸而僵，任其糜啜而已。[158]

在虎城、豹城正南方的是百鸟房。宋起凤写道："自孔雀青鸾而下，诸鸟咸备。所最异者，有五色鹦鹉、锦鸡、火鸡、白鹇、白雁、白鹰、五色鸟、黄白海青。"他着重强调了禽鸟的外来属性，指出"火鸡"是从云贵地区瑶民、壮民聚居的西南山地中捕获的。[159]他又写道："凡鹰与海青不产中国，皆来自北海，渐次至边。"[160]宋起凤听说在明末的乱世中，这些鸟都被释放了，但每年都有一些飞回来。[161]沈德符将鹰房、豹房和百鸟房都归入由内监所掌管的诸司之中。[162]他写道，在百鸟房中，"海外珍禽，靡所不备，真足洞心骇目"。[163]其他人的描述也与沈德符的印象相符。据朱国祯所说，在 15 世纪，司牲所豢养动物的种类和数量如下：羊 360 余只，猫 12 只（在乾明门），刺猬 5 只，狗 53 只（在西华门），狗 212 只（在御马监），虎 3 只，文豹 1 只，土豹 7 只（养在豹房）和难以计数的禽鸟（养在几处鸽子房中）。似乎朱国祯的数据大多来自我们之前讨论过的光禄寺在 1493 年提供的清单。他说明朝豢养动物的规模在正德朝"不知增几倍"，直到嘉靖朝才缩减下来。[164]虽然只有羊被用于王朝的祭礼，猫、刺猬、狗、虎、豹和鸽子通常不会被用作祭品，但朱国祯仍以"司牲所"为这条记录冠名。将虎、豹等兽物划到"司牲所"的名目之下，这种做法在明代是有传统的。[165]

　　一些明代文献将皇室兽苑及其在王朝外交和展示统治者地位时的角色，简化成干巴巴的治理之道和官场规则。事实上，像其他尚武展示活动一样，异兽之进献与皇室兽苑都是展开较量的重要场域，皇帝、重臣及其他官员在这里就统治权的界限、君臣关系，还有明朝在亚欧大陆中的地位等问题展开论争。有些大臣支持皇帝亲身参与国家事务，将接受异兽视为皇帝德行和功绩的证明。还有些人通过抨击皇室间的礼物交换和阻止外国使节接近天子，来反对皇帝与亚欧大陆上的其他国家开展私人会谈。所以，文人们对接受外国礼物的支持或反对反映了一种普遍的看法：尚武展示是高风险的活动。最后，虽然粗略地翻阅文人的评论，就可能发现尚武展示活动在明朝衰败的岁月里默默地消失于无形了，可我们应该记住，尽管这些文士的声音很大，但他们并不能代表所有人，也并不能反映皇帝所有的行动和政策。

猎　苑

　　托马斯·爱尔森曾说："狩猎区是需要强力宣示和小心守护的政治权力象征。"一个广阔的保留区域"不仅是君权的象征，也是关于统治权的实践，宣示了对土地、资源、兽物和人口的支配权"。[166]考虑到它们的复杂性，中国宫廷很早就有了猎苑一点也不让人吃惊。在公元前11世纪的周朝及之后的战国时期，就已经有宫廷开辟的大型猎苑，秦、汉等早期王朝之后又对它们进行了扩建。尽管它们的规模和意义发生了很大变动，但皇室猎苑还是成了中国宫廷的一个长期特征。[167]就像薛

340

341　爱华（Edward Schafer）提出的，兽苑的创制要归因于"神圣的统治者"，是为了实现"高尚而仁慈的目标"，如保证宗庙祭祀仪式中的肉类祭品的供应、招待重要的国宾、保护人们免受猛兽伤害等。[168]周文王建起了一座猎苑，后来的皇室猎苑常常以它为评估标准：

> 王在灵囿，
> 麀鹿攸伏。
> 麀鹿濯濯，
> 白鸟翯翯。
> 王在灵沼，
> 于牣鱼跃。[169]

　　秦汉时华美的猎苑，被薛爱华恰当地描述为"'天下'也就是天子之圣域的一种复制品"或微缩物。那里不仅有已知世界的植物和动物，同时也会举行宗教仪式，举办格斗比赛、动物角斗甚至是手无寸铁之人与野兽间的角斗。这显示出秦汉与周朝间的一处不同：周朝主要将狩猎视作一种军事训练和寻找祭祀用牺牲的办法。陆威仪写道："汉代中国在大型苑囿中的官方狩猎活动，主要是关于无所不包的皇室权力的表演和展示活动，甚至兽类都在这种权力的掌控之下。"[170]到了汉代，这些猎苑成了"愚蠢无聊和铺张浪费的象征"。[171]

342　　明廷最大、最重要的猎苑是南海子。[172]南海子建立在元朝一处猎场的原址上（元朝的猎场又是在辽金的基础上建造的），它得名于该地的 22 个湖泊。南海子在京师正南（位于今天的大兴），一般被用作春季的猎苑。在 1414 年永乐帝征召士兵修建围墙之前，它都没有围墙。永乐帝还指派了 1000 户人家去维护这个占地据估计超过 200 公顷的猎苑，并协助皇室狩猎。[173]陈宇赫指出，永乐帝重建元廷的猎苑，是他将王朝都城从南京迁到北京的预备措施之一。[174]

在永乐帝看来（这一定也是许多当时之人脑中的设想），皇室猎苑是一位合法君主对其政治身份的重要宣示。高级文臣杨荣在他的诗《随驾幸南海子》中，频繁提及京师和君权的主题：

> 天开形势壮都城，
> 凤翥龙蟠拱帝京。
> 万古山河钟王气，
> 九霄日月焕文明。
> 祥光掩映浮金殿，
> 瑞霭萦回绕翠旌。
> 圣主经营基业远，
> 千秋万岁颂升平。[175]

343

杨荣强调北京都城的建立所涉及的远远不止修建殿宇城墙等人类活动，并宣称上天已经为京师之地创造了适宜的自然环境，大地固有的力量也为之提供了保护。[176]他在诗中继续谈论风水和地质时间的尺度——"万古山河钟王气"。[177]杨荣坚持认为，一定要把永乐帝建立新都的举动，放到比 15 世纪初的政治动荡更宽泛的时间背景中去理解。[178]"祥光"和"瑞霭"提供了迁都北京是天命所归的更深层次的证明。杨荣以近乎强制性的宣言作结：永乐帝迁都的重大决策保证了王朝的延绵和繁荣。也许最令人吃惊的是，诗中几乎完全没有描写与南海子有关的景致及活动。与这一主题关系最密切的描述是"瑞霭萦回绕翠旌"，翠旌有可能指狩猎时用的旌旗。杨荣（大概还有他的读者）将皇室狩猎视为适合作诗颂扬君主统治和王朝福祉的场合。

344　　　杨荣利用了把猎苑和政治中心联系在一起的政治象征主义传统和底蕴丰厚的文学传统。但明代的文人们知道，他们的猎苑最早由元朝的蒙古统治者修建。一些标志性建筑是修在元朝建筑的遗址上的，比如晾鹰台修在鹰坊遗址上，而在蒙古人掌权时，鹰坊的权力延伸到了中国东北、欧亚草原和朝鲜等地。考虑到永乐帝及其臣僚对正统性极度敏感，他们在修复南海子猎苑时很有可能是想吸收蒙古人的遗留影响力。

在正统初年，南海子似乎已经丧失了重要性。到了 15 世纪 40 年代，皇帝裁撤了猎苑中的几个行政职位，并试图抑制当地农人的侵占和负责管理猎苑的内监的权力滥用。但是，1449 年土木堡之变所引发的军事和政治危机，又适时地让人们重新重视猎苑。在经历了也先的攻击后，一位锦衣卫提出了几项方法来改善王朝的防务，包括在南海子派驻五千骑兵和步兵，让他们在那里修建营垒。[179] 没有记载表明景泰帝曾经在南海子打猎或游览，相反，他在那里筹集草料。为了应对大范围的收成不佳，成千上万的官军在 1454 年和 1455 年春天被派往南海子为马匹收集草料。[180]

正如第二章中讨论过的，正统帝在 1458 年到 1461 年至少十二次前往南海子狩猎，与景泰帝形成了对比。他还把南海子用于军事训练，于 1458 年在这里检阅军队的骑射水平。[181] 有时，受宠的高级文官也会陪同正统帝狩猎（他们可能会分到
345

一份猎物）和检阅。[182]成化帝和弘治帝尽管没有在南海子中狩猎或练兵，但也没有扣减维持猎苑的经费，偶尔还派遣军事人员去修理城墙和房屋。[183]所以，即便实录中没有提到成化帝或弘治帝驾幸南海子，但南海子仍然保持着它作为皇室苑囿的地位，并需要用人力和白银来加以维持。[184]虽然外观日益破旧，但它继续豢养猎食动物。根据《明孝宗实录》1502年的一条记载，"南海子中，猫之不堪者，亦纵放之"。[185]这里的猫指的是猎猫。

正德帝当然也狩猎，但在《明武宗实录》中，南海子在正德十二年也就是1517年之前很少出现。在那一年，突然出现七则与正德帝在南海子的两次狩猎有关的记载。正德帝不可能是从那时才开始去南海子狩猎的。[186]大太监刘瑾常被指责怂恿正德帝听戏、酗酒、举办盛宴、带鹰狗狩猎、操练骑射、出游京师南城、泛舟南海子，他因这些罪名最终在1510年被处死。[187]因此，正德帝当然曾在刘瑾的陪同下到南海子狩猎。

到底是什么原因导致之前的实录没有记载正德帝驾幸南海子呢？是文官们没有陪同他吗？是官员们不愿意记下他的出游吗？还是因为这些记载没有被保存下来？我们不清楚到底有多少文官曾陪同正德帝游幸南海子。何景明在《驾幸南海子》一诗中提到"公卿随八骏"。[188]"公卿"可能是对朝中高级官员的统称，这表明确实曾有部分朝中精英陪同正德帝前往南海子。翰林院中的这些"词臣"应该会创作诗赋来纪念狩猎场面的壮观、皇帝的宽仁大度和时局的繁荣，就像他们为永乐帝、宣德帝和正统帝做过的那样。但是，正德朝没有这样的诗赋留存下来。相反，关于在南海子游览及狩猎的记载几乎都是批判性质的。[189]

1517 年 1 月 23 日，也是农历新年的第二天，正德帝召集
内阁大臣、府部大臣和科道官前往左顺门。一位太监在那里宣
读谕旨，宣布皇帝将在完成南郊的新年祭天仪式后驾幸南海
子。而在南海子，正德帝将观摩一场狩猎活动。这份谕旨立即
引发了京中官员广泛而激烈的回应。大学士梁储（1451～1527
年）称，皇帝的计划是完全不得体的。他声称官员们意见一
致，认为游览和狩猎会让正德帝分心，不能保证感动上天、
求得福祉所需要的专注和真诚。梁储还打出了孝道牌，表示
"自祖宗列圣以来百五十余年，皆未尝有此举动"，"此举动"
指的是正德帝把郊祀与游猎放在一起的计划。[190] 梁储继续说
道，如果自己和同僚不能改变皇帝的主意，无法阻止他背弃
确立已久的王朝先例，而是放任他"纵耳目之细娱"，那么
他们的罪过就大了。另一次出游同样被视为对皇帝的人身安
全和合理的等级制度的威胁，这是皇帝的侍从们所应当注
意的。

大学士蒋冕（1462～1533 年）也劝皇帝取消到南海子狩
猎的计划。蒋冕强调，大臣们之所以表达他们对此次出游的反
对，是出于对皇帝和王朝的深切而真诚的责任感，而不是要反
抗正德帝的旨意。他又详述自己因拼命思索如何以最好的方式
劝阻皇帝，而在床上辗转反侧、夜不能寐。[191]

在一封没有注明日期的奏疏中，南京的给事中孙懋
（1469～1551 年）指出，官员们表现出的集体恐慌源于正德帝
要在祭祀后狩猎的消息："当时大小臣工，罔不相顾失色。"
他担心皇帝可能不得不在狩猎銮舆中度过一晚。[192] 孙懋在奏
疏中还表示，皇帝尤其需要"保圣躬"。他说，"近者游幸
射猎之事"使皇帝过于劳累，也威胁到了皇帝的安全。尽管

正德帝正当"春秋鼎盛"之时，但仍没有子嗣。在孙懋看来，恰当的做法应是"优游深居，颐爱圣体"。在另一封奏疏中，孙懋表示南海子的出游是正德帝不关心国事、偏信奸佞（如武将江彬）的又一例证，实在是令人遗憾。[193] 孙懋回顾前事，认为正德帝去南海子狩猎的行为会"启轻出之端"。[194] 还有一些官员担心，顺道游览南海子反映了对上天的尊重和敬畏不足。[195]

这封奏折所载的内容与永乐、宣德和正统诸朝关于南海子的表述的差别令人玩味。文官们在 15 世纪的多数时间可以接受皇帝狩猎，也可以接受南海子成为举办尚武展示活动的场所。[196] 下面的例子显示，这种明显的断层在很大程度上与我们使用的文献资料的性质有关。[197] 正德帝没有正式回应纷至沓来的批评性奏疏，而是在几天后间接地回复了官员。据载，他借"大祀天地"驾临奉天殿。《明武宗实录》中简洁地记录道，皇帝"誓戒文武群臣致斋三日"。[198] 实录编修者完全没有说明皇帝对百官说了些什么。我们不知道他是否在口头上回应了百官对其游览南海子的关切和批评，是否提醒百官他的祖先永乐帝建了南海子，是否指出之前的皇帝如宣德帝和正统帝经常在那里狩猎，是否强调了本朝每位先皇都曾为维护南海子投入大量资源的事实。

2 月 3 日，正德帝到南郊祭祀天地。据《明武宗实录》记载，"礼甫毕，车驾遂幸南海子"。次日黎明，文武大臣都"追从之"。但是，"上方纵猎，门闭不得入"。官员们跪在苑门之外，请求皇帝返回京师。[199] 后来，一道谕旨传来，命令官员们返回皇宫，在承天门等候。然而到了皇帝回宫的时间，正德帝还是不见踪影。

当一些官员表现出返回南海子猎苑的意向时，一位"重臣"试图稳定局面。他分析道：

> 古天子以四时巡狩，况南海子迩京师，祖宗时常临幸。上一出即汹汹如是，徒摇人心，不如无往。[200]

正德帝直到"夜半"才回到皇宫，他当即前往奉天殿，这是皇帝在完成帝陵祭祀后的标准流程。官员们向他行庆成礼。次日，他又赏赐鹿肉和兔肉给府部大臣、翰林院高官和科道官。几天后，正德帝又狩猎于南海子。[201] 根据《李朝实录》记载，皇帝在那里通宵达旦地围场狩猎。[202]

《明实录》的叙事意在贬低正德帝。他在仪式完成前就离开南郊的天坛，他"纵猎"，他将官员们关在苑门外，他还让他们在京师苦等。《明实录》中并未清楚地表示，皇帝离开时是否已完成了祭祀中由他负责的程序，也没有表明还有多少及哪部分仪式没有完成。说他"纵猎"就是编修者添加私货的明显例证。它仅能表明有一场狩猎。提到苑门被锁是想暗示皇帝对百官的忽视，考虑到当时的情况这毫无疑问是故意为之。然而，在狩猎时关闭猎苑大门仅仅是一种安全措施，在皇帝及其随从全身心地投入危险的狩猎活动时，这样做可以最大限度降低皇帝遇刺和遭到攻击的可能性。最后，官员原本就是皇帝的仆人，让他们等候是天子的特权。

尽管关于此事的记载对正德帝不利，但它仍然展现了皇帝的慷慨。当时之人认为，获得皇室的猎获物让人面上有光。只有京中的重臣和精英才能收到皇帝的礼物。如第一章中显示的，统治者分赠狩猎所获是一项惯例，此举可以追溯到永乐朝。正德帝分赠猎物，大臣们也知道该举动的意义，这表明尽管实录中存在明显的批评语气，但皇室狩猎文化中某些特定元素的生命力仍然非常强劲。[203]

事实上，这位不羁的天子和正直的高官之间的无休止冲突在《明实录》中的存在感显得比实际情况更强。或者换一个角度看，也可以认为此前与此后的皇帝也碰到了这种事，但此前与此后的实录编修者无法像这样如实地描绘宫廷冲突。让我们回到 1517 年 2 月 4 日。正德帝结束在南海子的首次狩猎后回到宫中，并于当天在奉天殿为"文武群臣、天下朝觐官及四夷朝使"举办了一次大型国宴。[204]这表明，现实中的矛盾并没有《明武宗实录》所暗示的那么严重。

史料中大段地记载了正德帝的决定，也就是到他先祖特意建造的南海子狩猎所引起的批评，却找不到正德帝对这些批评的回应。这种明显的不平衡迫使我们重新思考史书编纂的问题。正德帝的许多最强硬的批评者都是朝中高官。然而，由于缺少进一步的证据，我们不能草率地假设在 15 世纪时，地方文官会对作为战场上的军事统帅和盛大皇室狩猎的组织者的皇帝感到完全满意。同样，我们也要考虑翰林院官员实际上受命创作了记载正德帝丰功伟绩的庆贺诗赋的可能性。如今我们找不到这些诗赋，这种情况或许是文集编纂者们（或是诗赋作者，或是其后人，也可能是其他人）有意为之，他们可能是觉得这些作品的内容并不得体。一种可与之类比的情况是，宫中太监委托创作的大量墓志铭和碑文的实物留存到了今天，但没有被收录到文集里。

描写正德帝到南海子狩猎的诗也很少流传下来。下面这首没有注明创作日期的诗是薛蕙（1489～1539 年）的作品，他在正德朝是品秩较低的吏部官员。

> 诏幸芙蓉苑，
> 传言羽猎行。
> 三驱陪上将，
> 四校出神兵。
> 列戟围熊馆，
> 分弓射虎城。
> 风云日暮起，
> 偏绕汉皇营。[205]

薛蕙用典故和古称来描述当时的活动。芙蓉苑是汉唐都城里的著名花园。熊馆是汉朝皇室猎苑中的建筑，里面养了许多猎物。三驱而猎可以让许多动物逃脱，也展现了古代帝王的美德和对生灵的仁爱（见第一章）。因此，薛蕙对正德帝狩猎于南海子的描绘，完全符合关于皇室狩猎和猎苑行宫的既定传统。

但是，认为正德帝的行为符合皇室狩猎的传统并不完全等同于支持他的举动。爱尔森等人已经指出，甚至早在上古时期，皇室狩猎就招致了尖锐的批评。在就皇室狩猎中的草木鸟兽、权力和实力、盛大与威严进行了极富想象力的再现之后，著名汉代文学家司马相如在《上林赋》的结尾部分描写了帝王对沉溺于此的悔恨：

> 恐后叶靡丽，遂往而不返，非所以为继嗣创业垂统也。[206]

这位皇帝继续谴责狩猎，罢免了狩猎者，将猎苑变为农田，准许平民前来捕鱼和收集木材。司马相如后来目睹了汉武帝对在都城外的长杨宫狩猎有极大热情，并于不久之后上了一道奏疏，直陈狩猎可能造成的实际危害。[207]司马相如以他的文才闻名后世，明代的每位读书人都知道他的作品。

　　所以说，尽管薛蕙可能给正德帝驾幸南海子的事披上了一层传统的外衣，但他并没有认可皇帝的做法，更不用说像 15 世纪的官员那样赞美皇帝了。薛蕙诗中的"上将"也许指的就是正德帝自封大将军这一颇具争议性的决定。这首诗的最后两行引入了一些不吉之兆——奇怪的风云和可疑的雾霭，它们环绕在皇帝的大营之上。

　　薛蕙的另一首诗《北狩》以一种类似的圆滑评价了正德帝。他把正德帝巡狩北境的事与秦始皇巡游东海和汉武帝西行至函谷关、潼关附近的历史先例放到一起，但是在颂扬正德帝的英勇时却把焦点放在紫禁城中。

> 秦皇巡海右，
> 汉武幸关东。
> 昔怅千秋迹，
> 今看万乘雄。
> 期门陈后苑，
> 清道出离宫。
> 雾绕旄头黑，
> 尘翻豹尾红。
> 天营屯斗极，
> 御气下云中。

354

射兽闲支雪，

焚山瀚海风。

系缨驱杂虏，

载笔扈群公。

此日燕然石，

长刊北狩功。[208]

355 在明代，"北狩"一词是对正统帝 1449 年惨败于蒙古人并被囚于草原的委婉说法。薛蕙嘲笑了"群公"，他们负责用恰到好处的文字将正统帝的行为美化成英勇的凯旋。看起来薛蕙好像再次将正统帝和正德帝放到了一起。这首诗虽然名为"北狩"，但近一半篇幅都在描述京师中的盛况，而不是边境上的行动。事实上，与战争相关性最高的诗句是"焚山瀚海风"，它说的是明军通过焚烧草地的手段击退蒙古人。和头两句诗一样，薛蕙在结尾处又用了典故。汉朝的将军窦宪在击退匈奴人后，登上燕然山，在石头上刻下记录他胜利的文字。与杨荣、杨士奇等人不同，薛蕙在结尾处并没有用自谦、感性的文字把自己同诗中的场景或皇帝联系起来。他并不属于有机会参与正德帝的巡游的精英官员。他于 1514 年登进士，并被立即派往南方（贵州）做官，后来又被调至东南沿海（福州）。1519年他上疏反对正德帝南巡时仍身在地方，因此是在从外部看中心。[209]

正德朝之后，南海子猎苑失去了它作为尚武展示活动举办地的重要作用，也不再处于皇权争议的焦点。嘉靖帝偶尔会游幸南海子，但是现存记载完全没有提及骑马、猎鹰或军事活动。相反，在王慎中（1509～1559 年）这样的官员的诗作中，

出现了裁撤、逸乐、复兴等主题。[210]嘉靖帝对南海子兴趣不大，
但是他后面的几位皇帝常常不顾重臣的忠告，继续到此游览。
1568 年，隆庆帝试图恢复驾幸这座猎苑的皇室传统，指出
"祖宗设立上林苑海子"。首辅徐阶希望隆庆帝在行使统治权
时以自身安全为重（见第四章），于是立即尝试劝阻他。隆庆
帝虽认可了徐阶的建议，却没有采纳。但在看到猎苑内宫馆荒
废的景象后，隆庆帝"悔之"，下令立即回宫。实录的编修者
们将此次出游归罪于宫内太监，认为他们对南海子之美的称赞
怂恿了隆庆帝。[211]

　　这里的描述揭示了几个方面的问题。首先，徐阶引述前朝
旧事，表明他理解隆庆帝恢复传统的意图。实际上，在徐阶文
集的记叙中，皇帝用的是"祖宗"而非"先朝"，更加明确地
强调了这是宗室传统。[212]其次，当不得不承认南海子与皇室的
关联时，徐阶说南海子只是喂养鹿兔的地方，以此表示轻视。
尽管几千年的传统将统治和狩猎联系在一起，但徐阶强调猎苑
与治理国家毫无关系。最后，实录的编修者们将此次游览归因
于太监们的劝说，并表示隆庆帝是因为自然景观而非其与狩猎
或练兵的关系而产生了游幸的兴趣。但正如第四章关于大阅礼
的讨论所显示的，隆庆帝真正热衷的是宗室传统，包括骑马、
射箭和亲自参与王朝军备事务。

　　尽管南海子在 16 世纪晚期的万历朝得到了修缮，但是它
对明代后来的皇帝不再那么重要了。17 世纪早期，许多宗教
团体，甚至还有盗贼，都将皇家的猎苑当作他们的活动基地。
长期忽视导致苑墙倒塌，得不到保护的树木也被砍伐。直到盛
清时期，南海子才在统治者的命令下恢复了它从前的华美。[213]

注 释

1. Helms, *Ulysses' Sail*, p. 165.

2. Allsen, *The Royal Hunt*, p. 203.

3. Bell, *Spectacular Power*, p. 133.

4. 明朝皇室的兽苑还未曾得到系统性的研究。盖杰民的研究涉及正德朝的兽苑（"The Leopard Quarter"）。对明代宫廷里的珍稀动物和宠物的简要介绍，见高寿仙《明代皇家饲养的珍稀动物和宠物》。王颋和屈广燕讨论向明廷进贡的狮子时，曾顺带提到皇室兽苑。

5. 《明太祖实录》卷七七，第 4 页 b，洪武五年十二月庚子；谈迁，《国榷》卷五，第 477 页，洪武五年十二月庚子。

6. 转引自 Elvin, *The Retreat of the Elephants*, p. 11。

7. 明朝的许多史书都记录了这件事，见：娄性，《戒尝欲第四》，《皇明政要》卷二，第 7 页 b ~ 8 页 a（《四库全书存目丛书》，史部 46，第 207 页）；余继登，《（皇明）典故纪闻》卷三，第 45 ~ 46 页；徐学聚，《上林苑监附内府禽兽》，《国朝典汇》吏部卷七四，第 1 页 a（第 1111 页）。徐学聚还记载了洪武朝另一个发生时间不详的故事，也与老虎有关。洪武皇帝派人前往句容（他的祖籍地）捕获了一只为害乡里的老虎，将之饲养于民间，并喂之以狗肉。皇帝的谋臣之一宋思颜提出反对，认为这会扰民。然后，"上欣然，即命取二虎一熊杀之，分其肉赐百官"。

8. 对于从未建成的凤阳明中都皇城的园林和兽苑，我们知之更少。见王剑英《明中都研究》，第 137 ~ 138 页。书中并未提到皇室兽苑。

9. 《明太祖实录》卷八六，第 9 页 a，洪武六年十二月乙卯。

10. 徐学聚，《上林苑监附内府禽兽》，《国朝典汇》吏部卷七四，第 1 页（第 1111 页）。

11. 《明太祖实录》卷一八八，第 3 页 b，洪武二十一年正月己亥；谈迁，《国榷》卷九，第 680 页，洪武二十一年正月辛卯。中华书局版的《国榷》错将广西印成了广州。又见 Liew Foon Ming,

The Treatise on Military Affairs of the Ming Dynastic History (*1368 – 1644*), part 2, p. 83。

12. 当结果不如意时，皇帝便下令将战象之奴遣返，然后将战象和占城的驯象师送到了南京（《明太祖实录》卷一九二，第 1 页 a ~ b，洪武二十一年七月丙子）。

13. 《明史》卷四〇，第 910 页，志第十六·地理一·应天府。

14. Ōsumi Akiko, "Minsho Kōbuki ni okeru chōkō." 大象的相关数据来自关于明廷所获贡品的表格，这张详细的表格在大隅晶子（Ōsumi Akiko）论文的附录部分。从洪武朝初年起，洪武帝就开始接受由云南、暹罗、锡兰等地区的国主进呈的大象。

15. Wang Gungwu, "Ming Foreign Relations," pp. 304 – 305.

16. 关于印度支那地区国家向唐朝赠送的大象，见 Schafer, The Golden Peaches of Samarkand, pp. 81 – 82。薛爱华指出，早在 4 世纪时，"国家游行队伍就以越南象为特色"。对北宋游行队伍中的大象的描述，见 Ebrey, "Taking Out the Grand Carriage," esp. pp. 38 – 39。关于忽必烈时期的大象，见 Marco Polo, *The Travels*, p. 139。1279 年，在一场对抗异教徒的战争结束后，一位蒙古将领向忽必烈运送了在战斗中抓获的十二头战象（Rossabi, *Khubilai Khan*, p. 215）。蒙古人在大都附近设立了一座象场，且元廷接受作为礼物的大象。Endicott-West, "Merchant Associations," p. 147, fn. 82.

17. 娄性，《戒尝欲第四》，《皇明政要》卷二，第 9 页 b ~ 10 页 a （《四库全书存目丛书》，史部 46，第 208 页）。

18. Ōsumi Akiko, "Mindai Eirakki ni okeru chōkō," esp. p. 16.

19. 对这种说法的简要评述，以及对郑和航行与帖木儿之关联的坚决否定，见 Rossabi, "Cheng Ho and Timur?" Cf. Wang Gungwu, "Ming Foreign Relations," p. 320。另外，王庚武还强调了伊斯兰世界对中国的潜在威胁（《五百年前的中国与世界》）。有人认为郑和最后一次航海是中国参与世界事务的终结，王天有尖锐地批驳了该说法。见王天有《有关明史地位的四个问题》，第 5 ~ 6 页。伟杰夫（Geoffrey Wade）强调了这些远航的军事维度，将之放到了明帝国对东南亚的剥削的大背景中（Wade, "Engaging the South," esp. pp. 592 – 597）。

20. 谈迁，《国榷》卷一四，第 1019 页，永乐七年三月甲子；卷一五，第 1093 页，永乐十一年八月乙亥；卷一五，第 1095 页，永乐十一年十一月戊戌；卷一六，第 1155 页，永乐十六年十月戊子。《明太宗实录》在 1406 年、1408 年、1409 年、1410 年、1412 年和 1416 年都有占城向明廷进贡大象的明确记载。详细的表格见 Ōsumi Akiko，"Mindai Eirakki ni okeru chōkō"。对明代舰队远航的近期讨论，见 Dreyer，*Zheng He*。在 1405～1407 年、1407～1409 年、1409～1411 年、1413～1415 年、1417～1419 年以及 1421～1422 年，使团都在海上。

21. 孟加拉国王进献的长颈鹿可能来自马林迪。证据显示，在 1413 年和 1414 年，马林迪向明廷赠送了长颈鹿。见 Winters，"The Actual Dates of the Arrival of Two Giraffes"。对孟加拉与明廷在 15 世纪初的外交关系的详细论述，见 Church，"The Giraffe of Bengal"。明朝画作《榜葛剌国贡麒麟图》（沈度绘）之清代摹本的彩图，见中国历史博物馆《中国通史陈列》，第 164 页，图 9 - 4 - 2。对孟加拉地区作为东南亚群岛与南亚之间的重要桥梁的论述，见 Tansen Sen，"Maritime Interactions between China and India," esp. pp. 65 - 69。田艺衡在他 16 世纪末的文集中，把 15 世纪末 16 世纪初孟加拉和马林迪进献的长颈鹿，以及明朝本土发现的长颈鹿都放在了"麒麟"的类目下。见田艺衡《留青日札》卷二八，第 2 页 b～3 页 a（《续修四库全书》，子部 1129，第 233 页）。

22. Schneewind，*A Tale of Two Melons*，p. xx. 反过来说，饥荒、旱灾、瘟疫、暴雨等，都可以解释成上天为让统治者回归正道而发出的警示。15 世纪中期的官员谢一夔（1425～1488 年）曾写道："臣闻君之事天犹臣之事君。臣有过而君戒救之，臣能输情服罪而益务修政立事，庶几君怒息而诛责可免。"相同的逻辑也完全适用于君主，君主需要从自己的错误中吸取教训。见谢一夔《天戒疏》，《谢文庄公集》卷一（《明人文集丛刊》，第 8 册，第 55 页）。

23. 金善，《长角兽歌》，《金文靖公集》，第 125～126 页。

24. 胡俨，《狮子赞》，《胡祭酒集》卷一〇，第 11 页 a（《北京图书馆古籍珍本丛刊》，第 102 册，第 88 页）。

25. 王偁，《虚舟集》卷三，第 31 页 b（《文渊阁四库全书》，第 1237 册，第 47 页）。

26. 王直，《抑庵文后集》，第 373 页 b（《文渊阁四库全书》，第 1242 册，第 379 页）。

27. 金善，《长角兽歌》，《金文靖公集》，第 125~126 页。

28. 杨荣，《皇都大一统赋》，《杨文敏公集》卷八，第一册，第 338 页。

29. 金善，《福禄寿歌》，《金文靖公集》，第 127~128 页。还可见他描写狮子与大象的作品《狮子赋》和《瑞象赋》（《金文靖公集》，第 373~381 页）。

30. 陈循，《平胡诗》，《芳洲诗集》卷一，第 6 页 b（《续修四库全书》，第 1327 册，第 642 页）。

31. 胡俨，《狮子赞》，《胡祭酒集》卷一〇，第 11 页 b（《北京图书馆古籍珍本丛刊》，第 102 册，第 88 页）。

32. 金实，《白象歌》，《觉非斋文集》卷一，第 10 页 a（《续修四库全书》，第 1327 册，第 21 页）。

33. 同样的原则也适用于作为吉兆的雪、雨、露、谷等。1430 年，陈循写下"自廷臣以及军民万姓，自中国以及四夷来朝"，表现了世人迎接瑞雪时的普遍惊异。见陈循《泰和圣制喜雪歌有序》，《芳洲诗集》卷一（《续修四库全书》，第 1327 册，第 647 页）。

34. 金善，《赠周子宣还吉水序》，《金文靖公集》，第 451~453 页。引文出自第 452~453 页。

35. 他对皇室马厩中装饰华贵的马匹的描述，见曾棨《观天厩马》，《巢睫集》卷三，第 14 页 b（《北京图书馆古籍珍本丛刊》，第 105 册，第 20 页）。

36. 曾棨，《天厩神兔歌》，《巢睫集》卷二，第 1 页 a（《北京图书馆古籍珍本丛刊》，第 105 册，第 7 页）。

37. 李祯，《驺虞歌命补作》，《运甓漫稿》卷二，第 23 页 a。驺虞是进献给周天子的瑞兽。见本书第二章。

38. 黄景昉也明确提到了这件事（《国史唯疑》卷二，第 39 页）。他没有记录永乐朝的大臣写的庆贺诗，而是指出除少数几首外，"余概湮没"。

39. 杨荣的一首诗（作于永乐朝或宣德朝，没有标注具体日期）表明，占城进贡的一头白象被养在上林苑（即南海子）中（《白象歌》，《杨文敏公集》，第1册，第79页）。但是，同时代的金实所写的另一首诗说，一头来自安南的白象由銮司喂养〔我认为銮司是銮舆司的简写，而贺凯（Charles O. Hucker）认为这是清代的一个职能部门，见 Hucker, *Dictionary of Official Titles*, p. 324〕。见金实《白象歌》，《觉非斋文集》卷一，第10页a（《续修四库全书》，第1327册，第21页）。这头大象是1404年献给明廷的贡品。

40. 《明太祖实录》卷二二二，第2页a~b，洪武二十五年十月癸亥；谈迁，《国榷》卷九，第734页，洪武二十五年十月癸亥；沈世星，《上林苑监》，《大明会典》卷二二五，第1页a（第5册，第2973页）。

41. 高寿仙，《明代皇家饲养的珍稀动物和宠物》，第88页。

42. 杨荣，《皇都大一统赋》，《杨文敏公集》第1册，第338页。

43. 杨荣，《皇都大一统赋》，《杨文敏公集》第1册，第338页。又见杨荣《上林春色图》，《杨文敏公集》，第1册，第121~122页。

44. 李时勉，《北京赋》，《古廉文集》卷一，第4页a（《文渊阁四库全书》，第1242册，第662页）。

45. 李时勉，《北京赋》，《古廉文集》卷一，第4页a~b（《文渊阁四库全书》，第1242册，第662页）。

46. Lewis, *The Early Chinese Empires*, pp. 88 – 101.

47. Lewis, *Sanctioned Violence*, p. 152.

48. 对明廷从赫拉特、撒马尔罕、设拉子、伊斯法罕、霍尔木兹、亚丁等地接受狮子的讨论，见王颋、屈广燕《芦林兽吼——以狮子为“贡献”之中西亚与明的交往》，第137~140页。

49. 王英，《狮子赋有序》，《王文安公诗文集》文集卷六（《续修四库全书》，第1327册，第382页）。

50. 《明太祖实录》卷六五，第4页b~5页a，永乐五年三月辛巳；谈迁，《国榷》卷一四，第987页，永乐五年三月辛巳。

51. 《明史》卷七四，第1814页，志第五十·职官三·上林苑监；Hucker, *Dictionary of Official Titles in Imperial China*, p. 409.《明

史》的条目表明，正德帝为上林苑监增加了 99 名太监，而嘉靖帝又减少了 80 人。

52. 《明英宗实录》卷一五，第 1 页 a，正统元年四月丁酉；沈世星，《上林苑监》，《大明会典》卷二二五，第 6 页 b（第 5 册，第 2975 页）。

53. 《明宣宗实录》卷六六，第 9 页 b，宣德五年五月戊辰。

54. 杨荣的传记作者在为杨荣写的墓志铭中尽职地记录了杨荣的万寿山之行。见江铁《少师工部尚书兼谨身殿大学士赠特进光禄大夫左柱国太师谥文敏杨公行实》，收于杨荣《杨文敏公集》附录，第 3 册，1219 页。

55. 夏原吉，《洪熙乙巳秋仲赐观内苑珍禽奇兽应制赋》，《夏忠靖公集》卷三，第 52 页 b ~ 54 页 b（《北京图书馆古籍珍本丛刊》，第 100 册，第 670 ~ 671 页）；夏原吉，《忠靖集》卷三，第 2 页 a ~ 3 页 b（《文渊阁四库全书》，第 1240 册，第 498 页）。

56. 夏原吉，《洪熙乙巳秋仲赐观内苑珍禽奇兽应制赋》，《夏忠靖公集》卷三，第 54 页 a（《北京图书馆古籍珍本丛刊》，第 100 册，第 671 页）。

57. 大臣夏原吉的传记里也记载了这一细节。见佚名《夏忠靖公遗事》，收于夏原吉《忠靖集》附录遗事，第 37 页 a（《文渊阁四库全书》，第 1240 册，第 554 页）。

58. 杨荣，《赐游万岁山诗》，《杨文敏公集》，第 1 册，第 44 页。

59. 杨荣，《赐游万岁山诗》，《杨文敏公集》，第 1 册，第 45 页。

60. 杨荣，《赐东苑诗》，《杨文敏公集》，第 1 册，第 49 页。

61. 韩雍在此用了"祖宗"这样的表述，他脑海中浮现的也许是太祖洪武帝和太宗永乐帝。

62. 韩雍，《跋赐游诗卷后》，《韩襄毅公家藏文集》卷一二，第 4 页 b。韩雍还在另一处记载了这次游览，详细地列举了参与者的名字（韩雍，《赐游西苑记》，《韩襄毅公家藏文集》卷九，第 1 页 a ~ 6 页 a）。相比之下，李贤关于这个话题的短文《赐游西苑记》读起来更像一份目录，一份关于亭阁、溪流、泉水等的冗长而缺乏细致描述的名单，最惊人的是它竟然没有提到皇帝和游览宫苑之特权。见李贤《赐游西苑记》，《古穰集》卷五，第 1 页 a ~ 3 页 b（《文渊阁四库全书》，第 1244 册，第 529 ~ 530 页）。李贤关于西苑的描述也没有提到狩猎。

63. 韩雍，《赐游西苑记》，《韩襄毅公家藏文集》卷九，第3页b。

64. Clunas, *Fruitful Sites*, p. 63.

65. 吴宽，《过西苑》，《匏翁家藏集》卷一七，第9页b。

66. 吴宽，《西域贾胡以狮子入贡有诏却之次韵鸣治》，《匏翁家藏集》卷一七，第12页a。又见吴宽《题西戎献马图》，《匏翁家藏集》卷三五，第5页a～b。

67. 《明宪宗实录》卷二二四，第5页a，成化十八年二月辛酉；谈迁，《国榷》卷三九，第2458页，成化十八年二月辛酉。

68. 何景明，《诸将入朝歌十二首》，《何大复集》卷二一九，第518页。

69. 对正德帝行为的更明确的批评，见何景明《应诏陈言治安疏》，《何大复集》卷三二，第562～564页。

70. 何景明完全理解视觉上的盛大展示活动对于培养崇敬甚至敬畏之感来说很重要，对于有效的统治也必不可少。见何景明《严治篇第一》，《何大复集》卷三〇，第527页。

71. 《明宪宗实录》卷二一八，第1页a，成化十七年八月乙巳；卷二一九，第5页a，成化十七年九月壬辰；卷二一九，第8页a，成化十七年九月庚子；卷二二一，第4页b，成化十七年十一月庚寅；卷二二二，第3页b～4页a，成化十七年十二月辛酉。《明实录》没有评价西藏地区的使臣进献小型浮屠和舍利这件事（《明宪宗实录》卷二二四，第4页a，成化十八年二月戊午）。

72. 这些粗略的估计基于的是大隅晶子制作的表格（见"Mindai Sentoku—Tenjunki ni chōkō"）。大隅晶子发现了大量的哈密使团，指出哈密和瓦剌都与一个跨越中亚的大型贸易网有紧密联系，这一贸易网巩固了也先迅速扩大的疆域（p.14）。我计算了来自哈密的使团的总数，但是实录区分了哈密忠顺王、他的母亲和"哈密"。同样的，我也忽略了实录对中亚使团的区分。

73. Rossabi, "The 'Decline' of the Central Asian Caravan Trade," p. 87. 如罗茂锐所说，大部分土鲁番使团确实是"稍做伪装的贸易代表团"。来自哈密、撒马尔罕、赫拉特、别失八里等地的使臣很可能有类似的身份。

74. 张文德，《明与帖木儿王朝关系史研究》，第53～54页，第131页。

75. 对明与内亚政权间的贸易与外交关系的有用概述，见 Rossabi,

China and Inner Asia，pp. 70 – 83。罗茂锐强调，这样的互动大多是"基于平等关系，而且应该被定义为商贸往来"。我们可获得的有关伊斯兰国家使团的最全面的清单，见 Watanabe，"An Index of Embassies and Tribute Missions"。

76. 吴宽，《陆公墓志铭》，《匏翁家藏集》卷七六，第 4 页 b~5 页 a。谈迁回顾了一件往事：从"西番"来的狮子死了在前往京师的路上，于是使臣们将兽皮献给了皇帝。谈迁暗示朝中有人想要与中亚建立关系，并叙述道，锦衣卫的一位官员（喜信）"使其人上书，求通开西域"（谈迁，《狮》，《枣林杂俎》忠集·颐动，第 497 页）。

77. 文林，《陆公墓志铭》，《文温州文集》卷九，第 9 页 b（《四库全书存目丛书》，集部 40，第 354 页）。

78. 陆容，《菽园杂记》卷六，第 69 ~ 70 页。

79. 吴宽，《布政使陈公传》，《匏翁家藏集》卷五九，第 4 页 b；《明史》卷一六一，第 4389 页，列传第四十九·陈选传。明廷在 1485 年任命陈选为广东布政使。见谈迁《国榷》卷四〇，第 2488 页，成化二十年正月己酉。

80. 《明宪宗实录》卷二六六，第 3 页 a，成化二十一年五月癸亥。

81. 吴宽，《布政使陈公传》，《匏翁家藏集》卷五九，第 4 页 b；《明史》卷一六一，第 4389 页，列传第四十九·陈选传。

82. 谈迁，《国榷》卷四〇，第 2505 页，成化二十一年五月癸亥。《明实录》、《明史》，以及吴宽为陈选写的传记都没有收录陈选奏疏中的这部分内容。

83. 例如，在 1482 年初，内监梁方"最宠幸，进献宝石奇玩"。见《明宪宗实录》卷二二三，第 1 页 a，成化十八年元月乙亥。

84. 倪岳，《止夷贡疏》，《青溪漫稿》卷一，第 18 页 a，又收于陈子龙《皇明经世文编》卷七七，第 1 册，第 665 页。倪岳指的是成化帝要求朝鲜不必再进贡白鹰和海东青的诏令，以及弘治帝要求减少西夷（可能是中亚）来的翡翠玉石的诏令。倪岳的生平事略，见 Angela Hsi and L. Carrington Goodrich，*Dictionary of Ming Biography*，pp. 1094 – 1096。

85. 有关马六甲作为 15 世纪时亚洲的贸易中心的论述，见 Hall，"Local and International Trade and Traders，" esp. pp. 249 – 253。

马六甲吸引了来自南亚的货物，包括盛产狮子和其他大型猫科动物的孟加拉地区。王颋和屈广燕认为，除了马六甲外，霍尔木兹和亚丁等地也有可交易被驯服的狮子的市场（王颋、屈广燕，《芦林兽吼——以狮子为"贡献"之中西亚与明的交往》，第 146 页）。外交干涉也会使明朝与遥远的他国建立起联系。程思丽（Sally Church）指出，永乐帝努力阻止江普尔侵略孟加拉的事实"让中国与沙哈鲁时代的帖木儿帝国建立了联系"（"Giraffe of Bengal," p. 36）。

86. 《明宪宗实录》卷二五六，第 8 页 a，成化二十年九月庚子。

87. 《明孝宗实录》卷二，第 12 页 b，成化二十三年九月戊申。收录在实录中的这封（户部尚书夏崇文的）奏疏没有说清楚朝廷到底要如何处理这些珍禽异兽。谈迁认为，这封奏疏是在呼吁释放它们（《国榷》卷四一，第 2547 页，成化二十三年九月戊申）。

88. 这个故事给明代的文人留下了深刻印象，它出现在好些著作中，见：陈洪谟，《治世馀闻》上篇卷一，第 1 页；何孟春，《余冬序录》卷五，第 8 页 a ~ b（《四库全书存目丛书》，子部 101，第 588 页）；田艺衡，《禽兽衣冠》，《留青日扎》卷三一，第 15 页 a（《续修四库全书》，子部 1129，第 254 页）。

89. 靳贵，《韩公神道碑》，《戒庵文集》（《四库全书存目丛书》，集部 45，第 496 页）。这位官员是韩鼎。

90. 倪岳，《止夷贡疏》，《青溪漫稿》卷一，第 16 页 a ~ 20 页 a，又收于陈子龙《皇明经世文编》卷七七，第 1 册，第 665 ~ 666 页。

91. 见《明孝宗实录》卷三二，第 4 页 a，弘治二年十一月壬申；《明史》卷三三二，第 8600 页，列传第二百二十·西域四·撒马尔罕。

92. 王颋、屈广燕，《芦林兽吼——以狮子为"贡献"之中西亚与明的交往》，第 144 页。

93. 《明孝宗实录》卷三四，第 8 页 a ~ b，弘治三年正月辛巳。

94. 李东阳，《西域贡狮将至有诏遣行人道却之鸣治侍讲有述敬次来韵一首柬舜咨伯常二礼部》，《李东阳集》卷一七，第 386 页。严从简（1559 年登进士）编写了一部有关外国政体与外族的纲要式著作，它将李东阳的诗收录在了关于撒马尔罕的部分（严从简，《殊域周咨录》卷一五，第 486 ~ 487 页）。

95. 邵宝，《题吴从周狻猊图》，《容春堂集》续集卷一，第 26 页 b ~ 27 页 a。

96. 《明史》卷一六八，第 4529 页，列传第五十六·刘吉传。

97. "哈剌虎剌" 是对蒙语的转写。见 Allsen, *The Royal Hunt*, pp. 258 – 259。

98. 《明孝宗实录》卷三八，第 6 页 a，弘治三年五月庚午；谈迁，《国榷》卷四二，第 2603 页，弘治三年五月庚午。

99. 《明孝宗实录》卷三八，第 7 页 b ~ 8 页 a，弘治三年五月丁丑。

100. 《明孝宗实录》卷三九，第 3 页 a，弘治三年六月己丑。谈迁的记载是皇帝 "从之"，这似乎夸大了事实。见谈迁《国榷》卷四二，第 2604 页，弘治三年六月己丑。

101. 《明孝宗实录》卷四〇，第 6 页 b ~ 7 页 a，弘治三年七月辛未。

102. 《明孝宗实录》卷四二，第 2 页 a，弘治三年九月乙卯。

103. 王颋、屈广燕，《芦林兽吼——以狮子为 "贡献" 之中西亚与明的交往》，第 144 页。

104. 更具说服力的论述，见 Rossabi， "Ming China and Turfan," pp. 215 – 225。1490 年土鲁番使团的到来，甚至在朝臣间引发了争执。对朝臣内部政治态势的概述，见吕柟为王云凤（1465 ~ 1517 年）写的墓志铭［《王公墓志铭》，《泾野先生文集》卷三二，第 18 页 b（《续修四库全书》，第 1338 册，第 176 页）］。

105. 张文德，《明与帖木儿王朝关系史研究》，第 132 页。

106. 《明孝宗实录》卷三七，第 5 页 a，弘治三年四月丁未。

107. 《明孝宗实录》卷四二，第 3 页 b，弘治三年九月辛酉。

108. 耿裕，《应诏陈八事》，《耿文恪公集》，收于陈子龙《皇明经世文编》卷四四，第 1 册，第 340 页。

109. 张居正，《论时政疏》，《张太岳集》卷一五，第 11 页 a ~ b。张居正在 1571 年会试的策问中又回归了这一主题，将宣德帝和弘治帝视作与大臣保持亲密关系的典范（《辛未会试程策一二三》，《张太岳集》卷一六，第 1 页 a）。

110. 在为编纂正德朝实录而组织材料时，官员们发现了 860 份来自琉球的未批复的奏疏，并把它们移交史官（《明世宗实录》卷八，第 7 页 b，正德十六年十一月戊辰；谈迁，《国榷》卷五二，第 3246 页，正德十六年十一月戊辰）。在正德帝死后不久，杨廷和就要求把 1514 年到 1521 年的 1403 份未批复的奏疏发给编纂实录的史官。见杨廷和《请发留中章奏疏》，《杨文忠三录》卷二题奏后录，第 6 页 a［《文渊阁四库全书》卷二，第 5 页 b（第 428 册，第 780 页）］。正德帝并不是唯一一位不批阅所有奏章的皇帝。1488 年也就是弘治元年，司礼监曾受命将成化朝未批阅的奏章移交给史馆抄录，并交给通政使司保存（《明孝宗实录》卷一六，第 8 页 a，弘治元年七月乙亥）。

111. 《明孝宗实录》卷七四，第 5 页 b，弘治六年四月己亥；《明史》卷一八三，第 4863 页，列传第七十一·耿裕传；谈迁，《国榷》卷四二，第 2642 页，弘治六年四月己亥。

112. 《明孝宗实录》卷七四，第 5 页 b，弘治六年四月壬寅。觐见皇帝的内容，见《明史》卷三二九，第 8532 页，列传第二百十七·西域一·土鲁番。

113. Rossabi, "Ming China and Turfan," p. 220.

114. Hucker, *Dictionary of Official Titles in Imperial China*, p. 288.

115. 《明孝宗实录》卷七六，第 14 页 b ~ 15 页 a，弘治六年闰五月乙卯；谈迁，《国榷》卷四二，第 2646 页，弘治六年闰五月乙卯。

116. 黄启江教授提醒我注意，苏州云岩山和奉化雪窦山都是拥有深远象征性意义的佛教名山。

117. 李东阳，《狻猊图》，《怀麓堂稿》卷九，第 4 页 b ~ 5 页 a（第 1 册，第 368 ~ 369 页）；《李东阳集》卷一，第 1 册，第 212 页。

118. 王英，《纪圣德诗》，《王文安公诗文集》诗集卷一（《续修四库全书》，第 1327 册，第 256 页）。

119. 王英在一首描写 1415 年西域向明廷进献狮子之事的诗中，也运用了相似的策略。他在诗序中评论道："陛下不宝远物，然臣职词翰，当颂美其事。"在这篇诗序里，王英更加明确、积极地描绘了永乐帝及永乐朝的荣耀。见王英《狮子赋有序》，《王文安公诗文集》文集卷六（《续修四库全书》，第 1327 册，第 381~382 页）。

120. 张宁（1454 年登进士）在他的杂集中记载道，"先朝"时，西域某国进贡了一匹高头大马，深深地吸引了京师中人，他们"多存画本"。这种反应表明，在宫廷和高级官员之外，还有更多的观众关注进献给皇帝的动物。见张宁《方洲杂言》，第 2页 b（《四库全书存目丛书》，子部 239，第 348 页）。

121. Geiss, "The Leopard Quarter" and "The Cheng-te Emperor's Injunction."

122. 皇甫汸，《马竖有谈武宗时事者感而赋诗》，《皇甫司勋诗集》卷二五，第 8 页 b。

123. 胡侍，《禁苑鱼兽食》，《真珠船》卷八，第 49 页 a（《四库全书存目丛书》，子部 102，第 365 页）。这个标题说明，胡侍个人的关注点在消耗量，也就是每只动物每天进食多少上。

124. 有关这次叛乱的论述，见 Robinson, *Bandits, Eunuchs, and the Son of Heaven*, pp. 99–154。

125. 《明世宗实录》卷三，第 11 页 a，正德十六年六月乙未；谈迁，《国榷》卷五二，第 3231 页，正德十六年六月乙未。

126. 陈沂，《放内苑诸禽》，《拘虚集》卷五，第 7 页 b（《北京图书馆古籍珍本丛刊》，第 102 册，第 832 页）。唐朝的皇帝们时常清空皇室兽苑，以展现他们的仁德和慈悲（Schafer, *The Golden Peaches of Samarkand*, p. 93）。

127. 《明世宗实录》卷六一，第 1 页 a，嘉靖五年二月甲寅；谈迁，《国榷》卷五三，第 3331 页，嘉靖五年二月甲寅；谈迁，《鹰犬虫蚁岁给》，《枣林杂俎》智集·逸典，第 48 页。

128. 《明世宗实录》卷六一，第 1 页 a，嘉靖五年二月甲寅。

129. 《明世宗实录》卷一二〇，第 3 页 b~4 页 a，嘉靖九年十二月癸酉；谈迁，《国榷》卷五四，第 3432 页，嘉靖九年十二月癸酉。户部称，34 位内监仅仅照料着 7 头大象和犀牛（"象牛"）。见《明世宗实录》卷一二七，第 5 页 b，嘉靖十年闰六月庚寅；谈迁，《国榷》卷五五，第 3445 页，嘉靖十年闰六月庚寅。

130. 夏言，《西苑进呈诗二十四首》，《桂洲诗集》卷二一，第 7 页 a
（《续修四库全书》，第 1339 册，第 355 页）。1536 年 5 月 24 日
是端午节，嘉靖皇帝在大宴京师官员后，又于西苑中宴请郭
勋、李时和夏言（《明世宗实录》卷一八七，第 3 页 a ~ b，嘉
靖十五年五月己未；谈迁，《国榷》卷五六，第 3528 页，嘉靖
十五年五月己未）。

131. 吕柟，《寇公墓志铭》，《泾野先生文集》卷三二，第 13 页 a
（《续修四库全书》，第 1338 册，第 174 页）。原文写的是"西
城"而非"西域"，疑为笔误。吕柟为寇天叙写的墓志铭也被
收录在寇天叙的文集里［见寇天叙《涂水先生集》卷一六，
第 8 页 a ~ 17 页 b（《四库全书存目丛书》，集部 65，第 540 ~
545 页）］。寇天叙文集中的这篇墓志铭用的是"西域"而非
"西城"。

132. 原文为"子"，但它大概是抄写错误，应该是"于"，因为在
后面的文本中，结构相似的表述用的就是"于"。

133. 吕柟，《寇公墓志铭》，《泾野先生文集》卷三二，第 13 页 a ~ b
（《续修四库全书》，第 1338 册，第 174 页）。

134. 《明世宗实录》卷三八，第 14 页 a，嘉靖三年四月己未；《明
史》卷二〇六，第 5437 页，列传第九十四·郑一鹏传；《明
史》卷三三二，第 8626 页，列传第二百二十·西域四·鲁迷。
郑一鹏奏疏的更完整版本，见郑一鹏《却贡献以光圣德疏》，
《郑黄门奏议》，收于陈子龙《皇明经世文编》卷二〇八，第 3
册，第 2184 ~ 2185 页；《却贡献以光圣德疏》，收于张卤《皇
明嘉隆疏钞》卷十，第 4 页 a ~ 6 页 a（《续修四库全书》，史
部 466，第 388 ~ 389 页）。

135. Schafer, *The Golden Peaches of Samarkand*, p. 77. 它们都被放在
皇室的狗坊中。

136. 谈迁，《狮》，《枣林杂俎》忠集·赜动，第 497 页。

137. 马一，《明代鲁迷、鲁密辩证》，第 111 ~ 112 页。布莱资奈德
（E. V. Bretschneider）表示，他未能在奥斯曼帝国的历史记载
中找到任何与明朝有外交联系的证据（*Medieval Researches*,
vol. 2, p. 307 n1156）。明朝与奥斯曼帝国的关系在许多方面都
晦暗不明。一些研究关注了奥斯曼对明朝的记载，但其焦点往

往是奥斯曼对明朝的认知，比如以明廷统治下的中国为参照评论奥斯曼帝国，或把明当作奥斯曼帝国的学习对象，而非探究明朝与奥斯曼之间的交流形式。见 Emiralioglu 的博士论文 "Cognizance of the Ottoman World" 的第 4 章。又见 Hemmat, "Children of Cain"；Emiralioglu, "Relocating the Center of the Universe"。

138. Gülru Necipoğlu, *Architecture, Ceremonial, and Power*, pp. 203 – 204.

139. 郑一鹏，《却贡献以光圣德疏》，《郑黄门奏议》，收于陈子龙《皇明经世文编》卷二〇八，第 1 页 a～3 页 b，第 3 册，第 2184～2185 页。引文出自第 2185 页。

140. 《明世宗实录》卷四七，第 8 页 a～b，嘉靖四年正月甲申；谈迁，《国榷》卷五三，第 3316 页，嘉靖四年正月甲申。《明史》也简略地提及了使团的到来和席书的反对（《明史》卷三三二，第 8626 页，列传第二百二十·西域四·鲁迷；《明史》卷一七，第 219 页，本纪第十八·世宗二）。

141. 《明世宗实录》卷六八，第 10 页 b～11 页 a，嘉靖五年九月己亥。实录中记载的使臣名为白哈兀丁。

142. 袁袠刚刚通过殿试，被选为翰林院庶吉士。庶吉士往往具有极强的文学天赋，他们在经历了数十年的苦读之后，才能在久负盛名的翰林院中得到一个稳定的职位。

143. 袁袠，《观鲁迷所贡狮子歌》，《衡藩重刻胥台先生集》（《北京图书馆古籍珍本丛刊》，第 104 册，第 570 页）。

144. 见《尚书·周书·旅獒》。本书使用的是理雅各的英译版本。

145. 司马迁，《史记》，第 135～136 页，周本纪。

146. 这是对汉代外交政策的一种错误描述。光武帝刘秀在重建王朝之后，忙于巩固对国内的有效控制。但是，刘秀之前或之后的汉朝皇帝都对中亚采取了更为积极的策略。见 Yü Ying-shih, "Han Foreign Relations," pp. 413 – 415。

147. 关于这些军事冲突及陈九畴在其中的作用的明代资料摘录，见陈高华《明代哈密吐鲁番资料汇编》，第 308～315 页。

148. 《明世宗实录》卷四八，第 4 页 b～5 页 a，嘉靖四年二月己亥。陈九畴主张中断与土鲁番的来往，并针对难以避免的冲突加强边防。

149. 《明世宗实录》卷四八，第 1 页 a，嘉靖四年二月辛卯。金献民认为这一问题源于边将缺乏主动权。

150. 1553 年（嘉靖三十二年），暹罗国王赠给明朝皇帝一头白象。白象死于途中，使臣们就用珠宝装饰象牙，将之放在金盘中，最后把它同象尾一起进呈给了嘉靖帝（谈迁，《贡象尾》，《枣林杂俎》智集·逸典，第 49 页）。

151. 1527 年 3 月，另一个自称是鲁迷使者的人进贡了狮子、犀牛等物（《明世宗实录》卷七二，第 8 页 a，嘉靖六年正月丁未）。张瀚在他著名的文集中写道，自己在 16 世纪中期管辖陕西时，曾亲眼见到穆斯林进贡京师的狮子。袁袠用了一些夸张的修辞手法细致地描摹了贡物及对其的驯化，而张瀚与他不同，对介绍一些新奇的知识更感兴趣。见张瀚《鸟兽纪》，《松窗梦语》卷五，第 106 页。

152. 《明世宗实录》卷二七四，第 3 页 b，嘉靖二十二年五月庚申；《明世宗实录》卷二八二，第 4 页 a，嘉靖二十三年正月癸亥。根据和田博德的发现，在 1524 年至 1618 年，至少有 10 个鲁迷使团拜访过明廷（Wada Hironori, "Mindai no teppō denrai to Osuman teikoku"）。羽田明认为，奥斯曼宫廷与明廷间的交往可以追溯到 15 世纪晚期，甚至更早（Haneda Akira, "Min teikoku to Osuman teikoku"）。渡边浩列举了同一时期的 11 个使团（Watanabe Hiroshi, "An Index of Embassies," pp. 312 - 313）。

153. 《明世宗实录》卷二八二，第 4 页 a，嘉靖二十三年正月癸亥。这件事的始末清楚地呈现在向嘉靖帝通报情况的那位巡抚的墓志铭中。见叶向高《角山詹公荣神道碑铭》，收于焦竑《国朝献征录》卷四一，第 74 页 b（第 3 册，第 1679 页）。

154. 对 16 世纪奥斯曼帝国火器的比较研究，见 Chase, *Firearms*, pp. 86 - 98。对赵士祯和奥斯曼帝国火器的讨论，以及对描述赵士祯拜访朵思麻时情形的文本的英文翻译，见 Needham, *Science and Civilisation in China*, *Volume 5, Chemistry and Chemical Technology, Part 7：Military Technology；The Gunpowder Epic*, pp. 440 - 455。

155. Wada, "Mindai no teppō denrai to Osuman teikoku," pp. 697 – 698, 715. 和田博德认为，朵思麻是 1544 年使团中的一员。

156. 例如见 Geoffrey Wade, trans., *Southeast Asia in the Ming Shi-lu： An Open Access Resource*, Singapore：Asia Research Institute and the Singapore E-Press, National University of Singapore, http：// epress. nus. edu. sg/msl/entry/2745, accessed July 16, 2010。

157. 宋起凤，《虎豹城》，《稗说》卷四，第 116 页。

158. 沈德符，《西苑豢畜》，《万历野获编》卷二四，中册，第 606 页。

159. 15 世纪晚期，陆容曾提到马六甲进献的火鸡。按照陆容所说，火鸡"躯大于鹤，毛羽杂生，好食燃炭"。见陆容《菽园杂记》卷五，第 58 页。

160. 宋起凤，《百鸟房》，《稗说》卷四，第 117 页。

161. 宋起凤，《百鸟房》，《稗说》卷四，第 118 页。

162. 沈德符，《内府诸司》，《万历野获编》补遗卷一，下册，第 812 页。1491 年初，弘治帝不顾吏部反对，同意增加在内廷豢养鹰隼的百余士兵的俸禄。见《明孝宗实录》卷三三，第 4 页 a，弘治二年十二月甲辰。

163. 沈德符，《内廷豢畜》，《万历野获编》补遗卷一，下册，第 812 页。

164. 朱国祯，《司牲所》，《涌幢小品》卷二，上册，第 41 页。1502 年，皇室兽苑得到精简，用于兽物的钱款和食量都有所减少。见《明孝宗实录》卷一九一，第 4 页 a～b，弘治十五年九月戊子。《国榷》中也有一段简略的描述，见谈迁《国榷》卷四四，第 2790 页。根据《明史》中的记载，那些被"放去"的兽物包括乾明门的六只老虎、西华门的鹰隼和猎狗、御马监的"山猴"。见《明史》卷八二，第 1990～1991 页，志第五十八·食货志六·上供采造。

165. 沈德符，《内府畜豹》，《万历野获编》补遗卷三，下册，第 899 页。嘉靖朝初年，梁材（1505 年登进士）批评说，《大明会典》中并未规定要用子鹅和子鸭，在供奉中却有了这两项。见梁材《复议节财用疏》，《梁端肃公奏议》卷一，第 21 页 a，收于陈子龙《皇明经世文编》卷一〇二，第 2 册，第 919 页。

166. Allsen, *The Royal Hunt*, p. 18. 对猎苑的深入讨论，见第 34 ~ 51 页。建立猎苑有时是统治者（还有僭越者）获取政治合法性的一种努力（第 129 页）。

167. 与此有关的简要论述（包括猎苑在满人统治时期的发展），见 Allsen, *The Royal Hunt*, pp. 41 – 46。爱尔森的论述没有提及明朝的猎苑。

168. Schafer, "Hunting Parks," p. 321.

169. 《灵台大雅》，《诗经》，英文翻译取自 Schafer in "Hunting Parks," p. 322。

170. Lewis, *Sanctioned Violence*, p. 150.

171. Schafer, "Hunting Parks," pp. 329 – 336. 引文出自第 329 页和第 336 页。鲁惟一（Michael Loewe）将上林苑描述为汉朝在武帝统治中期"显而易见的富裕感"的一种象征（*Crisis and Conflict*, pp. 25 – 26）。

172. 陈宇赫，《南海子与明代政治》。另外，明皇室在京师西北还有一处行宫，那是颐和园的前身。据说正德帝曾在那里开展军事训练和狩猎活动（程里尧，《皇家园囿建筑：琴棋射骑御花园》，第 25 页）。赵一丰指出，辽与金的猎苑也在那里（《明代北京南苑考》，第 4 ~ 5 页）。

173. 200 公顷的数据来自张林源《南海子：北京城南的皇家猎苑》，第 41 页。

174. 陈宇赫，《南海子与明代政治》，第 106 页。

175. 杨荣，《随驾幸南海子》，《杨文敏公集》，第 1 册，第 35 页。

176. 相似的观点曾被用于南京。

177. 许多作者都提到了新都城的"王气"。

178. 杨荣完全理解永乐帝选择北京的地缘政治考虑，尤其是北京有利于控制华北和草原地区（杨荣，《题北京八景卷后》，《杨文敏公集》，第 2 册，第 726 页）。

179. 于谦，《兵部为陈言》，《于谦集》，第 208 页。

180. 《明英宗实录》卷二四〇，第 1 页 b，景泰五年四月癸未；卷二五三，第 4 页 b，景泰六年五月癸丑。1455 年，南海子的草料被用来弥补山东的缺额，山东通常为御马监、光禄寺及其他皇室兽苑供应草料。

181. 黄佐，《翰林记》卷一六（《文渊阁四库全书》，第596册）。

182. 王圻，《田猎》，《续文献通考》卷二五，第7626页。王圻对明代皇室田猎的描写比较粗略，只有短短七行，提到了两位皇帝（正统帝和正德帝），仅涉及长达两个世纪的皇室田猎历史中的短短两天。

183. 《明孝宗实录》卷四五，第6页a~b，弘治三年十一月甲辰；《明宪宗实录》卷二一二，第2页a~b，成化十七年二月丁巳；《明宪宗实录》卷二一五，第3页b，成化十七年五月辛卯。

184. 其他皇室建筑，如天坛、地坛和太庙等，也得到了一定程度的修复（《明宪宗实录》卷二一四，第7页b，成化十七年四月甲子）。

185. 《明孝宗实录》卷一九一，第4页b，弘治十五年九月戊子。

186. 实录中1517年6月15日的记载显示，正德帝是从正德十二年才开始游幸南海子的。根据奏疏可知，正德帝在此之前仅仅是前往禁苑。几位官员上书反对正德帝"私幸"南海子，但实录中并未说明引用的是谁的奏疏（《明武宗实录》卷一四九，第9页a，正德十二年五月辛丑）。我们并不清楚这次游幸为什么会被认为是"私幸"。"私"通常具有违反规则或只出于个人需要等负面含义。南海子属于皇室。正德帝有侍卫陪同，但有时他也策马走在队伍前方。他的第二次游幸并没有像数月之前（祭祀郊坛之后）那样激起很大的反对声。

187. 周玺，《论内侍刘瑾等奸邪疏》，《垂光集》卷一，第42页b（《文渊阁四库全书》，第429册，第285页）。

188. 何景明，《驾幸南海子》，《何大复集》卷二〇，第332页。

189. 见孙懋（1469~1551年）的奏疏，收于谷应泰《江彬奸佞钱宁附》，《明史纪事本末》卷四九，第2册，第503页。

190. 梁储，《劝止游玩以重大祀疏》，《梁文康公集郁洲遗稿》卷三，第1页a~b；《明武宗实录》卷一四五，第1页a，正德十二年正月戊寅。霍韬和黄佐为梁储撰写的墓志铭未曾提及此事，见焦竑《国朝献征录》卷一五，第46页a~52页b（第1册，第508~511页）。杨廷和、毛澄等大臣后来也提出了相同的问题：如果祭仪没有按照正确的程序举行，要如何做才能感动上天呢？见《明武宗实录》卷一五七，第3页a，正德十二年正月癸巳；卷一五七，第 3 页 a，正德十三年十二月丁亥。

191. 蒋冕，《乞停止南海子游猎题本》，《湘皋集》卷一，第 1 页 a~b（《四库全书存目丛书》，集部 44，第 9 页）。一听到正德帝在仪式结束后便前往南海子狩猎，身体抱恙的大臣靳贵（1464~1520 年）就立即从病榻上起身，上书反对这一危险的行为。见王鏊《靳公贵墓志铭》，收于焦竑《国朝献征录》卷一五，第 67 页 b~68 页 a（第 1 册，第 519 页）。靳贵奏疏中的一些要点也出现在了《明武宗实录》卷一四五，第 2 页 a~b，正德十二年正月戊寅。靳贵的反对并没有过分冒犯正德帝，正德帝后来任命靳贵为会试（三年一次）主考官之一。见《明武宗实录》卷一四六，第 3 页 a，正德十二年二月辛亥。但靳贵在负责 1511 年的会试时曾因家人贪污而遭到弹劾（《明武宗实录》卷一四七，第 4 页 a，正德十二年三月癸巳）。

192. 孙懋，《大本急务竭虑衷以图报称疏》，《孙毅庵奏议》（《文渊阁四库全书》，第 429 册，第 300~301）；《孙中丞奏疏》卷一，第 4 页 b~5 页 a，又收于陈子龙《皇明经世文编》卷一四五，第 2 册，第 1448~1449 页。实录中摘引了这封奏疏，见《明武宗实录》卷一四七，第 4 页 a~5 页 a，正德十二年三月乙未。

193. 孙懋，《急除奸恶以安宗社以谢天下人心疏》，《孙毅庵奏议》（《文渊阁四库全书》，第 429 册，第 311 页）；《孙中丞奏疏》卷一，第 10 页 b，又收于陈子龙《皇明经世文编》卷一四五，第 2 册，第 1451 页。1518 年 2 月初，吏科给事中重复了孙懋奏疏中的话，认为正德帝巡幸南海子以及之后又去昌平的做法，已全然不顾大臣们的批评（《明武宗实录》卷一五七，第 3 页 b，正德十二年闰十二月乙未）。

194. 孙懋，《戒不虞以保宗社疏》，《孙毅庵奏议》卷一，第 30 页 b（《文渊阁四库全书》，第 429 册，第 305 页）。

195. 《明武宗实录》卷一四五，第 1 页 b~2 页 a，正德十二年正月戊寅。

196. 同样，永乐帝仅带侍从前往父母陵寝的决定，似乎也没有招致任何反对。见娄性《皇明政要》卷六，第 4 页 b~5 页 a（《四库全书存目丛书》，史部 46，第 232 页）。礼部曾提议永乐帝用法驾出行。

197. 袁炜，《孙公懋□□铭》，收于焦竑《国朝献征录》卷七五，第 39 页 b（第 5 册，第 3220 页）。

198.《明武宗实录》卷一四五，第 3 页 b，正德十二年正月丙戌。

199. 张岳，《行人司行人赠监察御史詹君墓表》，《小山类稿》卷一六，第 313 页。

200. 张岳，《行人司行人赠监察御史詹君墓表》，《小山类稿》卷一六，第 313 页。

201.《明武宗实录》卷一四五，第 4 页 a～b，正德十二年正月己丑。

202.《李朝中宗实录》卷三五，第 48 页 b（第 15 册，第 518 页），中宗十四年三月戊申。

203. 1519 年，正德帝临时起意要在京师以南的定州狩猎，并射下了一只斑鸠。他将它的羽毛分赠给了随扈的官员。见方凤《上生寺》，《改亭续稿》卷六，第 10 页 b（《续修四库全书》，第 1338 册，第 476 页）。

204.《明武宗实录》卷一四五，第 4 页 b，正德十二年正月庚寅。

205. 薛蕙，《驾幸南海子》，《薛考功集》卷五，第 4 页 a。

206. 英语译文来自 Burton Watson in Birch, *Anthology of Chinese Literature*, pp. 152 – 153。

207. 司马迁，《史记》卷一一七，第 3053～3054 页，司马相如传。司马相如年轻时学过剑术，在汉景帝的禁卫军中当过武骑常侍。他写过一首关于汉景帝狩猎的长诗（司马迁，《史记》卷一一七，第 3001～3044 页），《上林苑》是这首诗的一部分。

208. 薛蕙，《北狩》，《薛考功集》卷六，第 5 页 b。

209. 王廷，《吏部考功郎中西原薛先生行状》，收于薛蕙《薛考功集》附录，第 2 页 b。另一首批评正德帝尚武行为的诗，见陈沂《幸南海子》，《拘虚集》卷二，第 3 页 b（《北京图书馆古籍珍本丛刊》，第 102 册，第 811 页）。

210. 王慎中，《南苑》和《帝幸南苑》，《遵岩先生文集》卷五，第 7 页 b～8 页 a（《北京图书馆古籍珍本丛刊》第 105 册，第 651 页）。

211. 徐阶，《止幸海子》，《世经堂集》卷四，第 30 页 a（《四库全书存目丛书》，集部 79，第 436 页）；《明穆宗实录》卷一八，第 13 页 a ~ b，隆庆二年三月癸酉；《明穆宗实录》卷一八，第 13 页 a ~ b，隆庆二年三月丙子；谈迁，《国榷》卷六五，第 4084 页，隆庆二年三月丙子；刘侗、于奕正，《南海子》，《帝京景物略》卷三"城南内外"，第 134 ~ 135 页；沈朝阳，《皇明嘉隆两朝闻见纪》卷一二，第 16 页 a。另一位高官杨博（1509 ~ 1574 年）带头反对皇帝驾幸南海子，并力图保护一位因为坦率表达反对意见而遭罢黜的御史。见《明史》卷二一四，第 5658 页，列传第一百二·杨博传。

212. 徐阶，《止幸海子》，《世经堂集》卷四，第 30 页 a（《四库全书存目丛书》，集部 79，第 436 页）。

213. 这些猎苑在 20 世纪的命运（包括 1985 年从英国的乌邦寺公园重新引入麋鹿），见张林源《南海子：北京城南的皇家猎苑》。

第六章 结论与延伸

明朝初期的皇帝比明朝中期的皇帝举行了更多的尚武展示活动。但是，这种对比不应被夸大。正统朝早年的军事检阅反映了辅臣而非幼年天子的利益和政治眼光。尽管太监们看上去可能监管了永乐朝和宣德朝尚武展示的多数后勤工作，但"三杨"等高级官员可能也参与其中。与明代第一个百年相比，第二个百年的尚武展示活动最本质的不同在于，明代皇帝——除了正德帝这一显著的例外——不再亲自领军作战。第二章曾提到，这一转变开始于正统朝的后半期，即当皇室田猎与皇帝亲征被视作不相干的活动时。皇室田猎的活动范围逐渐缩小，主要在猎苑之中或帝陵附近举行。景泰帝、成化帝和弘治帝对打猎或作战没有太大兴趣，这种持续四十年的情况重新定义了统治和尚武展示的规则。当正德帝努力恢复永乐帝、宣德帝和正统帝的做法，如骑马、射箭、打猎、领兵时，许多文官觉得他违反了为君之道。他们不认为这种"为君之道"是近些时候对王朝先例的改变，而认为它们是长久存在的自然状态。也有些官员认为，正德帝对打猎、巡游和作战的兴趣符合古代贤君的统治模式和皇室传统，但他们的声音被淹没了，他们的大多数观点也从历史记载中被抹去。

所以，问题的关键不在于文官群体对尚武展示活动的普遍反感，而在于高级官员们如何利用这些看法来追求他们自己的利益，实现他们对统治者权力的设想，以及在这一过程中重新定义皇帝的政治角色。大臣们曾反对成化帝和弘治帝打猎、骑马、领兵，但夏言、陈棐和张居正等人认为，皇帝应当让臣民看到自己，展现他们的军事统帅身份，并亲自参与王朝的军务。虽然皇帝不用带兵进入战场或前往边境，当然也不用跨入草原，但陈棐、张居正等人并不想切断皇帝与军事事务的联系。这种关于明代统治者权力的理解也许会让我们重新评估所谓的晚明尚武精神或晚明军事复兴。这些说法把明朝第一个百年的军事精神和第二个百年的去军事化暗中对立起来了。然而，我们在中央层面——包括皇室和高级官员——看到的，是一种尚武展示的传统。虽然这些活动的重要性和组织形式不断变化，但它们一直是皇帝、高级官员、宫中太监、京官等追求个人和王朝利益的舞台，这些利益包括选任合适的武官、打击试图定义皇权的文士、加强政治控制、展现对王朝祖先的孝道、重振王朝军队、获取皇帝的青睐、打击朝中政敌，以及推动政策创制等。尚武展示活动并不是上演这种竞争的唯一舞台，但无疑很重要。它们与一些宝贵的政治资本有密不可分的关系，如接近皇帝、进入西苑等皇家专属空间，以及获得统治者的信任与支持。

最后，天子和权臣都无法完全掌控百官、普通百姓、国内外观众对尚武展示的理解。正德帝没能让国内外的大多数观察者相信，他的尚武展示活动是对洪武帝、永乐帝和宣德帝所建立的皇室传统的复兴。相反，他的官僚系统中的许多人，包括消息灵通的朝鲜人在内，都断定他是个不负责任的败家子。夏言、陈棐和张居正极为努力地让他们的君主和同僚相信，尚武展示活动有利于王朝，也符合皇室的传统。然而，他们取得的胜利常常是暂时的，明末清初的许多历史学家都驳斥了他们关于尚武展示活动的设想。由于张居正等人在自己与大阅礼间建立了联系，因此，不仅皇帝作为军事首脑的中心角色遭到否定，张居正和他关于国家职能的想法也受到谴责。

明廷用尚武展示活动来定义和展现统治权力：皇室田猎、马球比赛、射艺比武、骑术展示和军事检阅都显示了皇帝对人与兽的掌控；它们强调了天子与军队，特别是高级军官、京营士兵及其他精锐部队的联系；它们展现了皇帝作为官员之能力与潜力的裁定者的角色；它们让所有人注意到，军事力量仍是王朝权力的中心支柱。对海外异兽的接受、对皇室兽苑和猎苑的维持，展现了皇帝对遥远土地和资源的控制，凸显了天子在海内外的独特地位。就整体而言，尚武展示活动盛大威严，意在威慑朝堂内、皇室中、地方上乃至海外的潜在竞争者。

这些宣示统治权的活动需要回应。通过参加这些活动，朝中大臣及其他人不仅默认了这种统治权，还让它得以实现。他们作为回应的纪念诗文赞颂了士兵的威武、皇帝的慷慨和王朝的强大持久。同时，他们对尚武展示活动的斥责又挑战了皇帝的特权，宣示了文官作为权威仲裁者的地位。这些作品反过来又塑造了朝堂之外的人对尚武展示活动的认识和期待。

尚武展示活动同时强调了明廷的整体性及经过挑选的观众群体内的差异性。参与由皇帝主办、通常在皇城中举行的尚武展示活动，是受到优待和享有地位的标志。高级文官、皇亲国戚、功臣贵胄和外国使节都属于这一享有特权的集团，他们可能期望通过观看马球比赛和军事检阅来提高政治和社会地位。同时，他们在活动中站立的位置，从皇帝那里接受的礼物，在宴会中的座次和享用的食物，都揭示了他们在皇帝和宫中其他

361

人心中的地位。

皇帝们通过尚武展示活动展现他们的统治权，类似的，文官也通过对尚武展示活动的回应来展现他们在朝中的分量、与君主的关系以及在同僚中的地位。在明代的头一个百年中，高官们用文学作品庆祝尚武展示活动，肯定了皇帝在军事检阅中的亲身参与、皇室狩猎的荣耀和兽苑的显赫，也暗示了他们接受皇帝积极率领军队、制定政策的统治方式。但到了第二个百年，越来越多的官员反对皇帝接受猛兽等外国统治者的礼物，且他们对端午节举行的马球比赛几乎只字不提。高官们成了政策制定者，士人们反对皇帝担任战争指挥官。因此，将第一个百年里的强势的君主和顺从的臣僚，与第二个百年里的与世隔绝的君主和大胆的臣僚做比较是极为有趣的，而且这种对比似乎可从尚武展示活动的兴衰中找到依据：它们在第一个百年里受到赞颂，在第二个百年里却受到管制。

然而，历史很少如此整齐划一。首先，如我们所见，尚武展示活动是明廷的一个长期特征，并未彻底消失。尽管到了王朝的第二个百年，大多数文士似乎不再积极支持马球比赛、射艺比武和皇室狩猎，但这些活动仍在举行。这段时间的文学作品常常将它们描绘成虚荣的、不光彩的，甚至是荒谬的，但是历代皇帝都没有轻易放弃皇室传统和他们定义统治权的权力。其次，在尚武展示活动和统治权大小之间画等号会掩盖一个重要的事实，即文臣们通常也是尚武展示活动的既得利益者。在明朝初期，"三杨"、曾棨等官员明白，尚武展示活动在宣扬皇帝的荣耀与权威的同时，也宣示了他们自己的地位和影响力。在明朝中后期，虽然有许多官员公开反对皇室田猎和兽苑，认为它们与良好的治理和统治格格不入，但一个由李东阳、夏言和张居正等人组成的小群体，仍支持大阅礼的举行和让异兽进入皇室兽苑。

当张居正这样的官员通过大阅礼抬高他们的个人地位并落实他们关于朝政的设想时，他们也参与了明代统治权力的重构。张居正认为，隆庆帝应该遵循宗室传统，在军事力量的复兴中扮演积极角色，通过大阅礼与将领建立联系；但是，他从未建议隆庆帝亲自领兵上阵。最后，不能误以为明廷尚武展示活动的持续性就意味着它们是静止不变的，也不应忽视它们背后的政治动态变化。杨荣在赞颂永乐帝狩猎的诗中所呈现的统治观念和君臣关系，与夏言建议嘉靖帝恢复大阅礼的奏疏中所反映的有显著差异。尽管存在这些变化，但皇帝、重臣、低级官员和士人仍将尚武展示活动视为一个可以彰显他们的身份、宣示他们的权威的重要场合。

朝廷官员对尚武展示活动的尖锐批判，并不意味着他们轻视军事和武力上的追求。明代的许多士人都对军事历史、当时的军事问题、武术、英雄事迹深感兴趣。[1]数百本专门研究边境防卫、指挥才能、兵器和军事行政的书在明代得到编纂、注释和翻印。[2]军事话题在明代的所有行政类百科全书式典籍中都占有重要地位，也频繁地出现于科举考试中。明代许多文士都骑马，有些还练习剑术、收集宝剑。沈德符等人在提到士人们在郊外"射猎、宴饮"时，没有丝毫责难或惊讶。[3]明代的著者和画家与出身于世代从军的家庭的官员保持着社会、经济和职业联系。[4]尽管高雅的艺术不以金钱为目的，但文人画家常常通过售卖作品获取收入，[5]他们的主顾包括了军官群体。因此，在任何方面——特别是在社会关系层面——认为文人与武夫是完全对立的两极，都是错误的。

当朝中大臣及其他官员批评正德帝沉迷于皇室田猎、军事检阅或其他尚武展示活动时，他们反对的实际上是正德帝关于统治权的看法和做法。许多在洪武帝、永乐帝和宣德帝看来是理所应当的活动，包括决定政策、亲自指挥军队、收受异兽和组织围猎，到 15 世纪晚期时就变得让人越来越难以接受。从正统朝开始，官员们在制定政策方面的权力越来越大，他们也许会就政策发生争论，但他们通常只需要皇帝的批准而不是他的意见。尚武展示活动宣示的统治权对当时的很多人来说是与适当的仁德、良好的治理和王朝的活力相对立的，因此常常遭到猛烈抨击（但并不是所有人都会攻击这类活动）。也许更为根本的问题在于对皇帝决定自身政治角色的特权的挑战。夏言和张居正等重臣大力支持尚武展示活动，以获得皇帝的青睐并推进政治议程。考虑到朝臣们的地位与皇帝息息相关，他们一定对君主如何划定他自己的权责范围极为敏感。无论是赞颂还是批评尚武展示活动，士大夫们都在通过其行动重新定义他们之于皇帝的重要性，以及他们在整个政治体系中扮演的角色。皇帝关于统治权的主张和官员们的回应不是抽象的问题。在这种你来我往的过程中，明代皇帝成了被束缚于皇宫之中的统帅。这种过程与谁在朝中制定政策，谁能控制皇帝的日常活动，谁能够接近天子等问题有直接的关系。

谁能够接近天子的问题尤为重要。以皇室田猎（让皇帝能够离开京师，在马鞍上待数日乃至数周）和不计成本的军事检阅为特征的统治方式，使皇帝能够频繁接触军事将领、宦官、蒙古人、女真人以及高官们看不上眼的其他人。批评者们指出，往最好的方面看，这些人近乎鲁莽；往最坏的方面看，他们是贪污、腐化、堕落的无赖，会带天子走向末路。与这些人长时间相处，会让皇帝失去情操高尚且忠于君主和朝廷的饱学之士的有益陪伴。接近皇帝是珍贵的政治和社会资本，没有人愿意把它们让给对手。

朝中大臣从不同的角度看待尚武展示活动。如前所述，第一个百年中的大臣往往对之赞誉有加，第二个百年里的许多人则常常斥责批判。然而，还有一种策略是缄默不语，或至少在他们的文集中这样做。这种策略为历史学家带来了特殊的挑战，因为马球、狩猎及其他尚武展示活动未再出现于官方和私人记载中，这似乎显示它们已从宫廷中消失。但零散的记载让我们仍可以对悠久的传统有意想不到的一瞥。仅举一例，不懈记录明代宫廷及风俗的沈德符在关于帐篷的条目中写下"至本朝大内间亦有之，偶供赏花较猎之用"。[6]这种随意的观察表明，皇室仍以某种形式狩猎，即便当时的文士已觉得它不值一提。

当面对愤怒的批评和/或挑剔的沉默时，我们该如何解读皇室田猎、马球比赛、射柳、骑术展示、军事检阅、皇室兽苑、南海子猎苑的顽强生命力呢？它们是一个与世隔绝的宫廷的空洞装饰吗？是在传统和价值发生变化之后，已经不能激发出庄严和权威之感的展示活动的遗留物吗？是没有历史意义的古老行为吗？还是应像有些学者一样，将马球、射艺比武和骑术展示视为宫廷里的娱乐要素？又或者应像谢贵安那样，将之归为皇帝"私欲"的表达方式吗？[7]

这些结论当然能从前面章节讨论过的晚明的记载中找到依据，但是尚武展示活动在明廷的前两百年（甚至更长时间）里的持续性反映了皇室也在努力掌控自己的利益和立场。盖杰民已经指出，正德帝对军事检阅、皇室田猎和兽苑的浓厚兴趣，出于其恢复先祖永乐帝所代表的统治方式的努力。[8]事实

365

上，正德帝的努力是皇室为了掌控朝廷和王朝所做的更长远、更广泛的计划的一部分。皇帝努力定义自己的角色。他们将王朝理解为一种家事，而在位皇帝及其朝廷对或远或近的先皇负有责任。展示活动除了可以向海外宣扬明朝的国威和震慑内部的潜在敌人，还成了一套更大的、以培养统治者的宗室认同感为目的的传统和习俗中的要素。仪式流程规定，皇帝们在出征之前要告祭太庙，征战结束后要再次告祭太庙，之后军事将领们才能接受赏赐或获得晋升。[9] 开头部分和收尾部分都是一种家庭活动。当嘉靖帝和隆庆帝迫切要求举行军事检阅和射艺比武时，他们都明确地提到了宗室传统。文官们也完全明白尚武展示活动是（朱姓）皇家身份认同的一个要素。夏言和张居正等重臣从王朝先例的角度证明了展示活动的正当性；而正德帝的官员们别无选择，只能去正视那些难以忽视的事实，即伟大的先皇们——洪武帝、永乐帝和宣德帝——都曾亲自检阅王朝军队，兴致浓厚地参与皇室田猎，并且为皇室收集的大象、老虎、狮子等远地珍兽而骄傲。

尽管皇室将尚武展示活动理解为寻求自身利益的策略，但是皇帝不可避免地在朝中受到其他人的制约，包括军事将领、行政官员和文人（他们也常常具有官职）。皇帝与士大夫之间的关系是相互依存但不对等的。这种关系的理想化模式强调大臣的无私奉献、出众才干，以及他们为了规劝一位偏离正途的君主而舍弃自己的声望、事业甚至生命的意愿。反过来，对皇帝的期望是他能发现有真才实干的人，给他们提供施展才华的机会，慷慨地授予他们官衔和认可。虽然这种相互依存的关系常常以失望、怨恨、猜疑和无情的算计为特点，但它是真实存在的。[10]

尚武展示活动之所以在明朝中期显著衰落，在很大程度上是因为皇帝未能服众。通过强制手段、人格魅力和显著的功绩，洪武帝、永乐帝和宣德帝成功使曾棨、"三杨"等官员留下了对尚武展示活动的庆贺性记述。这些官员相信，这样的作品会同时增进他们自己、皇帝乃至整个王朝的利益。土木堡之变和正统帝复辟后，刘定之、李贤、黄瑜等官员都创作了类似的歌颂皇室狩猎和军事实力的赞诗。他们认为，在王朝面临阴谋与威胁的时刻，强调正统帝在狩猎、射箭和骑马上的兴致有利于增强他的掌控力。他们还千方百计地试图成为皇帝的近臣，陪同皇帝去南海子猎苑，观看他搭弓射箭，记下其经历，以便给好奇的人阅读。相比之下，到了 15 世纪晚期及 16 世纪早期，几乎没什么官员还相信，支持尚武展示活动是仕途中的明智之举或是在伦理上站得住脚的立场。概括来讲，对朝廷组织尚武展示活动的支持度的降低，与士人们政治地位的不断提升是同步发生的。[11]

士大夫们可能拒绝支持尚武展示活动，但他们也没有权力将之废止。皇帝和他身边的支持者很可能继续举行尚武展示活动，但他们无法控制这类活动传递的信息。这一结果让双方都不满意。失去了文人们的点睛之笔，没有了向更多的观众展现马球比赛、皇室田猎、珍兽接受仪式等活动的诗文画作，明廷的尚武展示活动就会变得苍白无力。事实上，正如沈德符等晚明纂史者的作品所表明的，这些展示活动有时候会显得冷清、简陋甚至无聊，与杨荣和李时勉的诗赋中描述的那种史诗般的壮观和可引以为豪的威严大不相同。

尽管官员们对尚武展示活动的洪亮赞美声到 15 世纪晚期时渐趋微弱，但成化帝、弘治帝、正德帝和嘉靖帝等并不想摒弃统治权力的一些重要特征，如接受珍禽异兽和维护皇室兽苑。从洪武帝到隆庆帝的统治者一致认为，兽苑是皇室传统的重要特征，是处理与亚欧大陆上其他君主间外交关系的有用工具，是统治者权力的有力象征。但是，他们对待官员批评的策略各不相同。面对大臣们拒绝外国统治者的贡礼、缩小兽苑规模的建议，成化帝和弘治帝通常表示赞同，尽管他们实际上仍保持了王朝早期的传统，几乎没有做出改变。相反，正德帝明确地忽视了官员们的请求。面对要求他减少对珍禽异兽的收藏的大趋势，嘉靖帝偶尔顺从了，但他既未放弃接受猛兽，也未废止他的兽苑。像其他时期、其他地方的许多统治者一样，对明朝皇帝来说，向朝廷进献异兽的场面和远地异兽的收集，是与个人的统治权力和王朝的声威密不可分的。明朝的皇帝们也明白，兽苑和礼物交换是宫廷间外交的必要元素，可让他们与其他政治体及有利于明朝的发明创新建立联系，就像鲁迷的朵思麻的例子所显示的那样。

明朝宗室培养了一种长期的尚武精神，虽然这种精神在不同的皇帝身上有不同的体现。尽管本书关注的是明朝的头两百年，但明朝末年的皇帝们延续了许多反映尚武精神的皇室传统。[12] 最明显的例子或许是万历皇帝（1573～1620年在位）。[13] 万历帝虽然从未在战场上指挥军队，但他向军事活动和军事将领投入了巨大的精力。尽管一些学者质疑万历帝著名的三大征的军事意义，但是他对自己的军事统帅角色没有任何怀疑。第四章曾提到，万历帝通过 1581 年在紫禁城中举行规模宏大的大阅礼来延续皇室传统。[14] 据官修《礼部志稿》（1620 年）记载，万历帝的大阅礼使用的完全是其父确立于 1569 年的仪注。[15] 类似的，作为 16 世纪 90 年代明廷修史计划成果之一的一部明代兵制书，也明显地将万历帝的大阅礼描绘成对比明朝立国还要早的家族传统的延续。[16] 万历帝对军事的兴趣没有被现代学者忽略。樊树志注意到，万历帝对"边事"的浓厚兴趣，是他为了逃离在万历朝初年约束他的阁臣和太后的阴影，使自己成为真正的大明天子而做出的一种努力。[17] 而石康（Kenneth Swope）认为，对万历帝来说，指导军事活动比应付危害朝政、威胁王朝的乌烟瘴气的党争要愉快得多。

我们还应将明廷的尚武展示活动放到亚欧大陆东部的大背景中审视。就像在第三章中讨论的那样，明廷从辽、金和元确立的众多活动中选择性地吸纳了射柳、骑术展示和马球等习俗。面对这类宫廷活动与前朝的渊源，明代的文人们有不同的接受度，但许多人都明白它们起源于何处。类似的，狩猎及参加一些骑马活动时的着装，也在很大程度上借鉴了蒙古人的风格。明廷借鉴蒙古骑装最显眼的证据可能是帝王画像：明朝皇帝在狩猎时头戴毡帽，身穿窄袖的束腰外衣。明廷借鉴了蒙古人和女真人宫廷里的某些活动和服饰，在举行尚武展示活动时考虑了国境之外的广大观众，包括朝鲜王廷等盟友、被视作潜在附庸的女真和蒙古贵族，最后还有俺答汗这样的能威胁王朝安全的人。[18]

后来的清朝也举行了大阅礼。在最近数十年，学者们渐渐将清朝描述为一个幅员辽阔的多元帝国，它采用了使族群差异制度化的复杂的行政体系，同时根据对象和具体环境利用意识形态实施统治，而这些意识形态多多少少地吸收借鉴了汉人、满人、蒙古人、藏人的传统。[19] 根据卫周安（Joanna Waley-Cohen）的研究，大阅礼在 17 世纪末，也就是皇帝不再进入战场之时，变得越来越重要，也越来越正式。[20] 大阅礼像清廷的

370

371

其他军礼一样，"旨在凸显清朝的国力及它所倚仗的武力，从而达到教化的效果"。[21]她认为，马匹的加入、蒙古巨号的使用和皇帝刻有梵文的军盔等元素是满人的特色，而大阅礼"巧妙地将内亚传统元素嫁接到了中原的传统军礼上"。[22]

372　　　卫周安强调了清廷为展现其统治的多元性而付出的努力，她的做法无疑是正确的；但是，她所描述的清代大阅礼的许多方面——它在皇帝停止亲自领兵后日渐提升的重要性，它的举办地点的象征意义，它宏大的规模、细致的后勤、对仪式细节的关注，以及精英群体的参与——都与15世纪、16世纪的明朝皇帝举行的大阅礼相似。另外，明代的大阅礼也包含了马匹和骑术的展示。这些相似性让我们不禁产生了如下疑问：清廷的大阅礼是否遵循了明代的先例？明和清是否同之前的辽、金、元一样，不仅沿袭了中原王朝的传统，还吸纳了突厥人、蒙古人、党项人的风俗？乔纳森·斯加夫（Jonathan Skaff）已经指出，唐代军人吸收的中亚军事传统远比中国古代文献所显示的要多。[23]那么，明清是否也愿意接受敌对政权的习惯和传统呢？是否存在书面记录和王朝会典所不能完全反映的动态呢？是否可以认为亚欧大陆东部存在一种尚武展示传统，就像爱尔森为亚欧大陆的皇室田猎确定的标准和行为模式那样？本书曾提到，朝鲜宫廷在狩猎词汇、马球和射箭的突出地位、猎食动物的出现和射柳活动等方面，与明廷存在共性，因此在探讨这些问题时，也应该把朝鲜包括进来。[24]

　　张勉治在分析康熙帝和乾隆帝17世纪、18世纪的出巡时，论证了军事领域的展示活动，包括骑马、射箭、军事检阅和狩猎，对于清朝宣示统治权力的重要性。乾隆帝强调，帝王
373　出巡是为了展现官府的活力和重心，而不是出于闲情逸致的游

览观光。[25]在清朝，这些展示活动常常带有强烈的族群特征，与一种更广泛的话语有紧密联系，这种话语强调了勇武的满人与熟悉农耕、爱好享乐的汉人的差异。[26]张勉治认为，当清朝皇帝用"效仿祖先"和孝道等说法为出巡和狩猎寻求正当性时，他们也暗中在与汉人官民进行一种竞争。如果不否认这一观点的真实性，我们或许还可以理解孝道在这场竞争中的修辞意义，而这种竞争也是两个皇室（朱氏与爱新觉罗氏）、汉人与满人、他们各自的官僚体系间的紧张关系的一部分。[27]宣德帝明确将皇室田猎同献给祖先的祭品与孝道联系在一起，康熙帝在 1671 年的做法与之如出一辙。

清朝统治者似乎比明代皇帝更成功地掌控了与他们在政体中的身份与角色相关的信息。在 18 世纪，清廷致力在皇城和京郊规划宏大建筑，包括承德的避暑行宫和木兰围场，它们的修建在某种程度上可以彰显王朝的军事成果。卫周安指出，"建筑风格、战争纪念碑、军人家庭的纪念性庙堂——这些都带来了帝国内部空间的变化，旨在让人们长久地记住清王朝的军事力量"。[28]清廷有效地利用了大量作品，大范围地宣传了他们关于统治地位和国家权力的看法。清朝皇帝命人为其军事仪式绘制图像（其中一些被巴黎的工坊刻成铜版），在石碑上刻下获得皇室批准的碑文，并以诗文庆贺相关活动。[29]乾隆帝为记录他在 1758 的大阅，命人绘制了几幅他穿着戎装、骑着骏马的宏幅巨制（其中一幅保存在北京故宫博物院，高约 14 英尺，宽约 9.5 英尺）。[30]柯娇燕（Pamela Crossley）注意到，这是"中国帝制传统中极其少见的展示皇帝的战士形象的图像之一"。[31]它多数时候被放在南苑的宴会厅中展示，蒙古、中亚和东北族群的首领们可以在那里看到它。[32]

374

这些清朝皇帝与嘉靖帝和隆庆帝有明显的区别。在隆庆帝死后数年，明代文人便讥讽他的大阅礼空洞无益，是皇室无能和资源浪费的证明。然而，当时最有权势的文官张居正为大阅礼的推动和组织，以及为更广义的军事复兴提供了巨大助力。为了纪念万历皇帝在 1581 年主持的大阅礼，张居正上呈了诗词和一幅画，可供后世回顾这一时刻。明廷命人绘制的表现明朝皇帝身着戎装甚至蒙古服饰参与军事检阅的画作未能留存下来（也可能尚未被公开），但这并不能说明它们从未存在。明代皇帝在检阅军队和参加狩猎时穿的"戎衣"可能也包括盔甲。因此，我们不能仅根据明末清初的士人关于明廷的评价就做出判断，而且这一点是很重要的。明代士大夫也许反对天子领兵作战，但他们并未完全否定皇帝对维持王朝军事力量的重要意义。

我们也应当谨慎看待明清统治者间的比较，不能忽略明朝的前两百年历史，而将康熙、乾隆等清朝早期统治者与万历、天启和崇祯等晚明皇帝进行对比。例如，濮德培（Peter Perdue）在其代表作中分析了皇室的出游和仪式，对比了万历皇帝与康熙皇帝。万历帝"没能成功挣脱仪式性义务的束缚"，而康熙帝"因为其个人活力，能够冲破这些束缚……能在仪式固定之前就摆脱它们的限制"。[33]当然，基本没人会在才干、视野或精力上混淆康熙帝和万历帝，但是康熙帝很像永乐帝。反过来想一想，如果我们要基于对永乐帝和晚清光绪帝（1875～1908 年在位）的比较，来概括明清统治者的特征，那又会得出什么结论呢？

明代皇室的表现符合一种更宽泛的模式。像爱尔森、赫尔姆斯等人从不同的方向展现的那样，人类有记载以来的大多数君主都支持尚武展示活动，支持的原因通常也与明朝皇室的动机相似。这些活动能展现军事力量、对人与兽的掌控，还有皇帝和王朝同遥远的土地和群体的联系。尚武展示活动也是盛大的娱乐活动，它的规模能清楚地显示帝王对天下资源的掌控和独一无二的地位。从哈拉和林到阿塞拜疆再到大都的蒙古人宫廷，都为满足自己的需求以及招待宾客（包括潜在的宾客），而集合了来自亚欧大陆各地的最好的摔跤手、射手、骑手、歌手、舞者、演员和乐师。[34]正如第三章提到的，蒙古人会邀请来访使节参与他们的狩猎和马球比赛。反过来，蒙古使节也会参与敌国或盟国宫廷中的尚武展示活动：在 13 世纪和 14 世纪初，来自伊儿汗国和金帐汗国的代表都观看了开罗马穆鲁克宫廷中的军事检阅、射箭展示和马球比赛。[35]明廷的尚武展示活动同样是为皇室和他们尊贵的客人准备的娱乐盛会，也是君主通过参与活动和展现武力来团结精英阶层的机会。同时，展示活动也使皇帝有机会巩固与部分宫廷精英，包括军事将领、各部大臣和皇亲国戚的联系，这反过来又可让不同群体意识到君王的中心地位：君主是统治之轮中与各辐条相连的轮毂。

对地位差异的关注，与君王建立的个人联系，财富的展示，还有恰当记录的重要性，都是亚欧大陆上大多数尚武展示活动所共有的元素。1476 年，法尔斯王朝的统治者哈利勒苏丹举办了一场军民检阅，他邀请的博学神学家及诗人贾拉勒丁·穆罕默德·本·阿萨德·达瓦尼（Jalal al-din Muhammad b. As'ad Davāni，伊斯兰历 830 ～ 908 年，或公元 1427 ～ 1502 年）为这场活动留下了恰如其分的精彩描述。据这位统治者的史官记载，达瓦尼"被皇家的盛景吓住了"，在他眼里这可与"前往最后审判日的队列"相媲美。整整两天,各路人士,包括骑兵、弓箭手、仆人等,"按照各自的等级"展示自己。许多人向坐在"镶满宝珠的金制御座"上的哈利勒苏丹献上马匹和其他礼物。"处在美妙队列中"的战士们被描述成"一支全军都穿上铁制装甲的幼狮般的军队""一支人数比星星还多的华美队伍""一群穿着鱼鳞般盔甲的英雄"。[36]达瓦尼的描述反映了地方长官和贵族名流之间的恩庇-侍从关系的重大意义,这里的贵族和名流享有的自治权远远大于明朝的精英阶层。但是,他的绝大部分叙述,包括有识之士和有德之人的参与,对15世纪的明廷和奥斯曼宫廷而言都是很容易理解的。[37]

377

尽管奥斯曼和莫卧儿宫廷的组织结构、意识形态和空间布局有很大不同,但是它们的尚武展示活动与明廷在某些元素上是相通的。在15世纪与16世纪,托普卡帕宫的外花园里围出了一处兽苑,里面养了被驯服的和未被驯服的动物。根据当时欧洲人的观察与记载,狩猎活动在那里举行。一张16世纪的图书插画显示,苏莱曼在旧宫的猎区中狩猎。苏丹及宫廷成员在外花园内练习骑射。穆罕默德二世改建竞技场附近的礼拜堂来安置大量的狮子和大象。[38]宫廷命人创作以狩猎为主题的插画,此类插画在赛利姆的诗集里便可看到。[39]马球也被当作一种宫廷娱乐活动,常常在16世纪书本的插画中出现。[40]克里斯汀·伍德海德(Christine Woodhead)这样描述苏莱曼在1534年至1535年发动的战争:"相较于军事行动,它更像一次极为炫目而令人敬畏的帝国巡游。"[41]

378

莫卧儿宫廷也举行尚武展示活动,开设各种各样的大型猎苑,创设管理者享有崇高地位的皇家马厩,还把农业用地赐予驯鹰人和猎手。[42]16世纪初的统治者阿克巴(Akbar)据说有上千只猎豹，并且对莫卧儿宫廷里的大多数统治者而言，"大象是排场与权威的主要来源，也是一种统治与征服的工具"。[43]同永乐帝、宣德帝、正统帝和正德帝等把狩猎得来的猎物分给宗室成员和主要朝臣一样，莫卧儿的皇帝也与皇室成员和贵族分享猎获物。[44]宫廷画师详细描绘的阿克巴狩猎的插画，不断出现在《阿克巴本纪》（*Akbarnama*）中。[45]马球在莫卧儿宫廷中一直很流行，阿克巴等统治者也会参与马球比赛。[46]与亚欧大陆上的其他宫廷相比，莫卧儿皇帝可能在其管理的土地上组织了更多的大规模巡游活动（有 15 万到 20 万参与者），试图以此获取地方信息、加强控制、结交盟友、威慑潜在敌人、展现慷慨气度，以及清楚地彰显苏丹的权威。[47]尽管各代君主的做法有所不同，但总的来说，莫卧儿的国君们花费了大约三分之一的时间在营帐中——不是在巡行，就是在狩猎或者打仗。[48]

如果我们从历时与共时相结合的角度出发，就会看到就尚武展示活动来说，明廷与亚欧大陆上的其他很多宫廷有一定的共性。许多地区的近代早期宫廷都面临同样的挑战，也做出了相似的回应，这一点在近期的比较性研究中已变得越来越清晰。考虑到亚欧大陆上，明、俄国、帖木儿、莫卧儿、奥斯曼、乌兹别克等的宫廷都受到了蒙古帝国的影响，这种共性就变得理所当然了。[49]耐人寻味的是学者们如此彻底、如此长久地忽视了这种关系。部分原因无疑在于他们倾向于将明王朝放到中原王朝的历史谱系中去理解，而传统的中国历史编纂方式和对以民族国家为中心的历史研究方法的执着，又进一步加剧了这种现象。"中国传统"对历时性的强调常常超过了对共时性视角的强调，而共时性的视角会让人关注亚欧大陆东部之外的其他地方。

379

　　另一个原因则在于我们所用材料的性质，或者说得更明白一些，在于明代的官员、编史者及其他文人学者的文学技巧和可信度。他们对明代宫廷与统治的叙述，自然充分反映了他们不断变化的价值观、关注点和动机。从整体来看，他们的作品将洪武朝和永乐朝视为一种非常规状态——一个黄金时代，或者按照不那么普遍的说法，一个恐怖时期。随着通文达礼的文官在社会政治阶梯的顶层取回了他们的正常地位，而胸无点墨的武人重新成为顺从的统治工具，原先那些强势、精力旺盛、关注朝政细务、重视军事和军人的皇帝，也逐渐被能力和视野更为平庸的统治者接替了。从这个方向看，皇室狩猎、西苑的射艺比武、兽苑等尚武展示就违背了王朝的"常态"，因为皇帝对军事活动表现出了极大热情，在决策上要求更大的话语权。这些文人对朝廷的看法极大地影响了现代学术研究，反过来又强化了如下主题：王朝不可避免地走向骄傲自满、党派斗争和政治瘫痪的衰亡道路。

　　我已经指出，文人排斥尚武展示活动的记述不仅体现了官员和士人们变化的态度，还反映了他们在真实存在的宫廷活动中的参与度。文士们写的实录、奏疏和诗赋，同围绕明廷统治权发生的矛盾和竞争息息相关，但不能认为它们是关于这些争论的中立或全面的记录。从根本上讲，不管是考虑到明朝的整体情况和悠久的中国宫廷传统，还是考虑到同时期亚欧大陆上的其他宫廷，尚武展示活动在明朝末年的衰落相对于其在王朝前期和中期的繁荣，都是一种反常。近些年，学者们越来越愿意将清朝视为一个"常规帝国"，认为清朝需要也值得与同时期的其他王朝进行持续的比较，[50] 而现在也到了让明朝恢复它在亚欧大陆历史中的地位的时候了。

380

注 释

1. Robinson, *Bandits, Eunuchs, and the Son of Heaven*, pp. 170 – 172; Johnston, *Cultural Realism*.

2. 近来对明代"兵书"的研究，见解文超《明代兵书研究》。

3. 沈德符，《账房》，《万历野获编》卷二四，中册，第614页。尽管何孟春（1474～1536年）曾批评正德帝频繁出京狩猎、骑马、开展军事活动，但他并不完全反对狩猎。他在一首诗里写道，"校猎正当农隙后"。见何孟春《阅武堂联句得二十韵》，《何燕泉诗集》卷四，第5页 b（《四库全书存目丛书》，集部46，第454页）。

4. Ryor, "Wen and Wu"; Clunas, *Superfluous Things*, pp. 58 – 59.

5. Cahill, *The Painter's Practice*.

6. 沈德符，《账房》，《万历野获编》卷二四，中册，第614页。

7. 谢贵安，《儒家伦理与皇帝私欲的冲突与折衷——明英宗与明代宗的宫廷娱乐生活》。

8. Geiss, "The Leopard Quarter."

9. 王圻，《亲征祭告仪注》，《续文献通考》卷一二四，第7583页。奥斯曼帝国的苏丹在出征前也会前往祖先的陵墓（Necipoğlu, "Word and Image," p. 50）。

10. 黄仁宇用稍显积极的说法来形容这种关系："人君和人臣务必互相迁就互相让步"（*1587*, p. 114）。

11. "随着建文朝的殉难者这种说法在明朝不断进化，我们看到一种逐步发展的主张，它认为帝国的道德凝聚力集中在士人群体的价值准则上……万历朝提出要宽宥建文朝的官员，几乎就是意味着皇室承认自己在规范帝国道德秩序上的作用已然减弱了"（Ditmanson, "Venerating the Martyrs"）。有关士人对自身重要性不断加深的认知，见 Miller, *State Versus Gentry*。这种认知由来已久，而非明朝独有。尤锐（Yuri Pines）指出，从前帝制时代开始，中国士人就坚信，他们的智识优势和道德权威使他们比君王更有资格治理天下（*Everlasting Empire*, esp. chap. 3）。

12. 天启帝曾检阅御马监的勇士射柳，明朝最后一位皇帝崇祯帝也喜欢射箭。见高寿仙《明代宫廷的休闲娱乐》，第56页。根据见多识广的太监刘若愚（1584~?）的回忆，17世纪的明朝皇帝在过端午节时，仍然会观看射柳、纵马天寿山（《酌中录》卷二二，第180页）。在明朝的最后一百年，宦官组成的队伍（净军）在皇帝直接指挥下于紫禁城内操练，见许冰彬《试析明代宦官内操的兴衰及特点》。

13. 对万历朝主要军事行动的简要说明，见 R. Huang, "The Lung-ch'ing and Wan-li reigns," pp. 563 – 584, and "The Liao-tung Campaign of 1619"。更详细的论述，见 Swope, *A Dragon's Head* 及其所引用的研究成果。

14. 万历帝在1581年4月的大阅中为高级将领和军中士卒赐下了丰厚的奖赏，见：《明神宗实录》卷一〇八，第6页b，万历九年正月戊子；《明神宗实录》卷一〇九，第6页a，万历九年二月庚戌；《明神宗实录》卷一〇九，第7页b，万历九年二月丁巳；《明神宗实录》卷一一〇，第1页a，万历九年三月甲子；《明神宗实录》卷一一〇，第1页b，万历九年三月丙寅；《明神宗实录》卷一一〇，第1页b，万历九年三月丁卯；《明神宗实录》卷一一〇，第2页a，万历九年三月己巳、庚戌；王祖嫡（1571年登进士），《大阅歌》，《师竹堂集》卷三，第1页a~2页b（《四库未收书辑刊》，第5辑，第23册，第42~43页）；董份（1510~1590年），《拟上大阅颂有序》，《董学士泌园集》卷二〇，第17页a~20页b（《四库全书存目丛书》，集部107，第344~346页）；王材（1509~1586年），《拟上大阅颂有序》，《念初堂集》卷六，第3页a~5页b。

15. 俞汝楫、林尧俞，《万历大阅仪注》，《礼部志稿》卷九五（《文渊阁四库全书》，第598册，第720~722页）。对晚明的"内操"导致的政治混乱的讨论，见：朱长祚，《内操》，《玉镜新谭》卷四，第63~64页；朱长祚，《走马》，《玉镜新谭》卷四，第69~70页；杨涟，《纠参逆党疏》，《杨忠烈公集》，第9页b~10页b，收于陈子龙《皇明经世文编》卷四九六，第6册，第5495页；郭惟贤（1574年登进士），《乞慎举动以保治

安疏》，收于朱吾弼《皇明留台奏议》卷一，第 5 页 a ~ 7 页 a
（《续修四库全书》，史部 467，第 282 ~ 283 页）。清代编修的
《明史》对这些活动的记载，也表现了对内监充当宿卫的普遍反
对，这些批评所基于的是对安全、成本和政治稳定的担心。见
《明史》卷二三四，第 6094 页，列传第一百二十二·董基传。

16. 史继偕，《皇明兵制考》卷二，第 250 ~ 253 页。另有一例也可
说明晚明皇帝对先祖武功的兴趣：隆庆帝或万历帝曾要求翰林
院官员为永乐帝的战马题诗。见王祖嫡《恭题成祖御马应制》，
《师竹堂集》卷三，第 3 页 b ~ 4 页 b（《四库未收书辑刊》，第 5
辑，第 23 册，第 43 ~ 44 页）。在一组不知道具体创作时间的描
绘大阅场面的应制诗中，王祖嫡写下"君王策马御戎衣"。这也
许是在呼应明初描写永乐帝或宣德帝身着戎装参与征战、狩猎
或其他宫廷尚武展示活动（见第二章）的文字。见王祖嫡《大
阅诗十二章应制》，《师竹堂集》卷六，第 2 页 b（《四库未收书
辑刊》，第 5 辑，第 23 册，第 76 页）。董份曾在一首未注明日
期（可能是 16 世纪晚期）的诗中赞扬大阅对于统治和道德转型
的重要意义。见董份《拟上大阅颂有序》，《董学士泌园集》卷
二〇，第 17 页 a（《四库全书存目丛书》，集部 107，第 344 ~
346 页）。这首诗被收录在 16 世纪的《皇明文范》卷六，第 28
页 b ~ 31 页 a（《四库全书存目丛书》集部 302，第 365 ~ 366
页）中。

17. 樊树志，《万历传》，第 227 页。

18. 此处举一个可以体现共同的展示惯例和统治模式的例子。根据
16 世纪的蒙古编年史书《宝明经》，明廷赠给俺答汗"狐狸、
老虎、猎豹、紫貂等异兽"作为 1571 年和议的部分条件。和明
朝皇帝通过纳贡提高自身地位一样，这些礼物也让蒙古统治者
觉得脸上有光。见 Elverskog, *The Jewel Translucent Sutra*,
p. 125。

19. 持这类观点的代表性著作包括但不仅限于：Rawski,
"Presidential Address"; Crossley, *Translucent Mirror*; Elliott, *The
Manchu Way*; Perdue, *China Marches West* and "Comparing
Empires"; di Cosmo, "Qing Colonial Administration"。

20. Waley-Cohen, "Military Ritual," p. 71. 迈克尔·麦考密克

（Micheal McCormick）同样指出，随着罗马帝国在 4 世纪时取得的军事胜利越来越少，凯旋仪式及其他展示性活动的举办频率变得越来越高（*Eternal Victory*, pp. 35 – 79）。

21. Waley-Cohen，"Military Ritual，" p. 68.

22. Waley-Cohen，"Military Ritual，" pp. 73 – 74.

23. Skaff，"Tang Military Culture."

24. 击球、射箭、放鹰等尚武活动在朝鲜宫廷中的重要性并不是不变的。《李朝实录》大量记载了举行于 15 世纪的此类活动，之后的相关记载则大幅减少。

25. Chang，*A Court on Horseback*，esp. pp. 160 – 218.

26. Elliott，*The Manchu Way*. 许多人已经指出，对"满人的传统价值观念"会被汉人的传统腐化一事的担心，在很大程度上反映了清朝统治者的政治思想和文化思想。

27. Chang，*A Court on Horseback*，pp. 72 – 133，esp. 77 – 78.

28. Waley-Cohen，"Changing Spaces of Empire." 引文在第 341 页。

29. Waley-Cohen，"Commemorating War." 例如，1746 年，乾隆帝命人创作了四幅卷轴画，以纪念 1739 年在南苑也就是明代的南海子举行的大阅。这是乾隆帝即位以来的第一次大阅。其中两幅留存至今的画宽度均不到 27 英寸，长度分别约为 50 英尺和 57 英尺。见聂崇正《"列阵"与"阅阵"——故宫内外的两卷乾隆〈大阅图〉》。

30. 聂崇正，《两幅〈乾隆戎装像〉》。

31. Crossley，"The Rulerships of China，" p. 1483.

32. Crossley，*A Translucent Mirror*，pp. 272 – 275. 引文在第 273 页。

33. Perdue，*China Marches West*，p. 422.

34. Allsen，"Command Performances."

35. Broadbridge，*Kingship and Ideology*，pp. 24，36，49，56，60 – 61.

36. Minorsky，"A Civil and Military Review，" esp. pp. 147 – 162. 这次检阅的名册上也列有放鹰者、驯豹者和驯狮者（第 159 页）。1474 年，一位威尼斯使臣来到了位于苏丹尼亚（Sultaniya）的乌宗·哈桑（Uzun-Hassan）的宫廷，见到了大量的狩猎用动物，包括 100 头"猎豹"，200 只"或温顺或凶猛的猎鹰"，

3000 只"灰狗"，1000 只"猎犬"，50 只"苍鹰"（第 168 页）。

37. *Military Parade of Sultan Süleyman to Baghdad in* 1534, ca. 1580, in Lokman, *Hünername*, 11, Istanbul, Topkapi Sarayi Müzesi Kütüphanesi, MS H. 1524, fol. 261r, reproduced in Necipoglu, "Süleyman the Magnificent," fig. 10, p. 413.

38. Necipoglu, *Architecture, Ceremonial, and Power*, pp. 203 – 206. 猎苑中的苏莱曼，见第 205 页的图 116。

39. Esin Atıl, *The Age of Sultan Süleyman the Magnifi cent*, p. 71. 虽然描述得未必准确，但 16 世纪的奥斯曼帝国关于明廷的记载提到了宫内豢养狮、虎、豹的场所，还提到了皇室的狩猎活动（Emiralioglu, "Cognizance of the Ottoman World," pp. 208, 210）。

40. Esin Atıl, *The Age of Sultan Süleyman the Magnificent*, figs. 29 and 31, pp. 72, 74.

41. Woodhead, "Perspectives on Süleyman," p. 168. 后来的苏丹再也没有如此频繁地进行大范围的巡游了。

42. Allsen, *The Royal Hunt*, pp. 39, 85, 89. 巴布尔大帝（1483 ~ 1530 年）常常在相关描述中提到当地的猎物和放鹰狩猎的条件（*Baburnama*, pp. 3 – 28）。

43. Allsen, *The Royal Hunt*, p. 152; Wink, *Akbar*, pp. 19, 37 – 38, 115. 1595 年，一只羚羊戳伤了阿克巴的睾丸，让他被剧痛折磨了约一个月。

44. Ansari, *Social Life of the Mughal Emperors*, p. 157.

45. 描绘莫卧儿帝国狩猎以及阿克巴的插画，见 Divyabhanusinh, "Hunting in Mughal Painting"。与明朝的女性相比，莫卧儿王室的女性至少在 16 世纪和 17 世纪早期更有可能参与狩猎和击球活动。见 Balabanlilar, "The Begims of the Mystic Feast," pp. 125, 133, 143; *Imperial Identity in the Mughal Empire*, p. 89。

46. Ansari, *Social Life of the Mughal Emperors*, p. 171.

47. Gommans, *Mughal Warfare*, pp. 101 – 111; Allsen, *The Royal Hunt*, pp. 192 – 193. 乔斯·戈曼斯将莫卧儿皇帝的行帐说成"关于莫卧儿君权的一种长久暗示，也是对任何不守规矩的、企图造反的地主的一种提醒"（*Mughal Warfare*, p. 109）。莉萨·巴拉班利拉认为，"公开展示移动中的莫卧儿宫廷"是"关于莫卧儿帝国权力的有力而生动的说明"（*Imperial Identity in the Mughal Empire*, pp. 71 – 75, 引文在第 74 页）。

48. Gommans, *Mughal Warfare*, pp. 101 – 103.

49. 廉亚明明确地提出，明帝国和帖木儿帝国都是在蒙古帝国的废墟上发展起来的（*Politik and Handel*, p. 247）。

50. Perdue, "The Qing Formation in Eurasian Time and Space"; and Millward, "The Qing Formation, the Mongol Legacy, and the 'End of History.'" 最近的比较研究试图整合关于清朝经验的研究。Bang and Bayly, "Tributary Empires"; Burbank and Cooper, *Empires*; Duindam, Artan, and Kunt, *Royal Courts*. 比清朝国祚更长、疆域更广的汉王朝，现在也进入了"帝国研究"的视野。见 Mutschler and Mittag, *Conceiving the Empire*; Scheidel, *Rome and China*。

参考文献

缩略文献名

DMB   Carrington Goodrich and Chaoying Fang, *Dictionary of Ming Biography*.

MS   *Ming shi* 明史. Zhang Tingyu 張廷玉 et al., eds. *Ming shi* 明史. 1736. Rpt., Beijing: Zhonghua shuju, 1974.

YHB   Shen Defu 沈德符 (1578–1642), *Wanli yehuo bian* 萬曆野獲編. 1619. Rpt., Beijing: Zhonghua shuju, 1997.

丛书

Beijing tushuguan guji zhenben congkan 北京圖書館古籍珍本叢刊. Edited by Beijing tushuguan, guji chuban bianjizu 北京圖書館古籍編輯組. Beijing: Shumu wenxian chubanshe, 1987–99.

Siku jinhuishu congkan 四庫禁燬書叢刊. Edited by *Siku jinhuishu congkan* bianzuan weiyuanhui 四庫禁燬書叢刊編纂委員會. Beijing: Beijing chubanshe, 1998.

Siku jinhuishu congkan: bubian 四庫禁燬書叢刊：補編. Edited by *Siku jinhuishu congkan* bianzuan weiyuanhui 四庫禁燬書叢刊編纂委員會. Beijing: Beijing chubanshe, 2005.

Siku quanshu cunmu congshu 四庫全書存目叢書. Edited by *Siku quanshu cunmu congshu* bianzuan weiyuanhui 四庫全書存目叢書編纂委員會. Jinan: Qi Lu shushe, 1995–97.

Wen yuan ge Si ku quan shu 文淵閣四庫全書. 1773–83; Taibei: Taiwan shangwu yinshuguan, 1983.

Xuxiu Siku quanshu 續修四庫全書. Edited by *Xuxiu Siku quanshu* bianzuan weiyuanhui 續修四庫全書編纂委員會. Shanghai: Shanghai guji chubanshe, 1995–2002.

其他文献

Anon. *Bei ping lu* 北平錄. In *Guo chao dian gu* 國朝典故, edited by Deng Shilong 鄧士龍, vol. 1. Rpt., Beijing: Beijing daxue chubanshe, 1993.

Adamson, John. "The Making of the Ancien-Régime, 1500–1700." In *The Princely Courts of Europe: Ritual, Politics, and Culture Under the Ancien-Régime, 1500–1750*, edited by John Adamson. London: Weidenfeld and Nicolson, 1999, pp. 7–41.

Allsen, Thomas. "Command Performances: Entertainers in the Mongolian Empire." *Russian History* 28, nos. 1–4 (2001): 37–46.

———. *Commodity and Exchange in the Mongol Empire: A Cultural History of Islamic Textiles*. Cambridge: Cambridge University Press, 1997.

———. *Culture and Conquest in Mongol Eurasia*. Cambridge: Cambridge University Press, 2001.

———. *The Royal Hunt in Eurasian History*. Philadelphia: University of Pennsylvania Press, 2006.

Anglo, Sydney. *Images of Tudor Kingship*. London: Seaby, 1992.

Ansari, Muhammad Azhar. *Social Life of the Mughal Emperors (1526–1707)*. Allahabad and New Delhi: Shanti Prakashan, 1974.

Aoyama Jirō 青山治郎. "Mindai ni okeru keiei no keisei ni tsuite" 明代における京營の形成について. *Tōhōgaku* 東方學 42 (1971): 64–81.

Atıl, Esin. *The Age of Sultan Süleyman the Magnificent*. Washington: National Gallery of Art and New York: Harry N. Abrams, 1987.

———. *Süleymanname: The Illustrated History of Süleyman the Magnificent*. Washington: National Gallery of Art and New York: Harry N. Abrams, 1986.

Babur, Zahir al-Din Muhammad (1483–1530). *Baburnama*. Translated by Wheeler Thackston. New York: Modern Library, 2002.

Balabanlilar, Lisa. "The Begims of the Mystic Feast: Turco-Mongol Tradition in the Mughal Harem." *The Journal of Asian Studies* 69, no. 1 (2010): 123–47.

———. *Imperial Identity in the Mughal Empire: Memory and Dynastic Politics in Early Modern South and Central Asia*. London: I.B. Tauris, 2012.

Ban Gu 班固 (32–92). *Han shu* 漢書. Rpt. Beijing: Zhonghua shuju, 1962.

Bang, Peter Fibiger, and C.A. Bayly. "Tributary Empires—Towards a Global and Comparative History." In *Tributary Empires in Global History*, edited by Peter Fibiger Bang and C.A. Bayly. Houndmills, Basingstoke, Hampshire: Palgrave Macmillan, 2011, pp. 1–17.

Barnhart, Richard. *Painters of the Great Ming: The Imperial Court and the Zhe School*. Dallas: Dallas Museum of Art, 1993.

Bell, Andrew. *Spectacular Power in the Greek and Roman City*. Oxford: Oxford University Press, 2004.

Berger, Patricia. *Empire of Emptiness: Buddhist Art and Political Authority in Qing China*. Honolulu: University of Hawai'i, 2003.

Birch, Cyril. *Anthology of Chinese Literature*. New York: Grove Press, 1965–72.

Bol, Peter. "Emperors Can Claim Antiquity Too." In *Emperor Huizong and Late Northern Song China: The Politics of Culture and the Culture of Politics*, edited by Patricia Buckley Ebrey and Maggie Bickford. Cambridge: Harvard University Asia Center, 2006, pp. 173–205.

———. *Neo-Confucianism in History*. Cambridge: Harvard University Asia Center, 2008.

———. "Whither the Emperor? Emperor Huizong, the New Policies, and the Tang-Song Transition." *Journal of Sung-Yuan Studies* 31 (2001): 103–34.

Bower, Virginia. "Polo in Tang China: Sport and Art." *Asian Art* 4, no. 1 (1991): 23–46.

Bretscheinder, E. *Mediaeval Researches from Eastern Asiatic Sources*. London: Trübner and Co., 1888. Rpt., New York: Barnes and Noble, Inc., 1967.

Broadbridge, Anne. *Kingship and Ideology in the Islamic and Mongol Worlds*. Cambridge: Cambridge University Press, 2008.

Brook, Timothy. *The Confusions of Pleasure: Commerce and Culture in Ming China*. Berkeley: University of California Press, 1998.

Burbank, Jane, and Frederick Cooper. *Empires in World History: Power and the Politics of Difference*. Princeton: Princeton University Press, 2010.

Burke, Peter. *Eyewitnessing: The Uses of Images as Historical Evidence*. Ithaca: Cornell University Press, 2001.

Cahill, James. *The Painter's Practice: How Artists Lived and Worked in Traditional China*. New York: Columbia University Press, 1994.

Cai Ai 蔡靉 (*jinshi* 1529). *Xiao bin Cai xian sheng wen ji* 洨濱蔡先生文集. 1563 edition held at Beijing Library. Rpt. in *Beijing tushuguan guji zhenben congkan*, vol. 107.

Cao Yongnian 曹永年. "Cong Baita tiji kan Mingchu Fengzhou diqu de xingzheng jianzhi" 從白塔題記看明初豐州地區的行政建置. *Neimenggu shida xuebao* 內蒙古師大學報 (*zhexue shehui kexue ban* 哲學社會科學版) 3 (1992): 91–99.

Chan, Hok-lam 陳學霖. "*Chaoxian shilu* (*Chosŏn sillok*) jizai zhong zhi Ming Xiaozong Hongzhi huangdi" 《朝鮮實錄》記載中之明孝宗弘治皇帝. *Mingshi yanjiu* 明史研究 12 (2012): 192–202.

———. "The Chien-wen, Yung-lo, Hung-hsi, Hsüan-te reigns." In *The Cambridge History of China vol. 7: The Ming Dynasty, 1368–1644, part 1*, edited by Denis Twitchett and Frederick Mote. Cambridge: Cambridge University Press, 1988, pp. 182–304.

———. "Guanyu *Ming Taizu huangdi qinlu* de shiliao" 關於《明太祖皇帝欽錄》的史料. *Jinan shixue* 暨南史學 (Guangzhou Jinan University 廣州暨南大學), 2 (2003). Rpt. in idem, *Song Ming shi luncong* 宋明史論叢. Hong Kong: Chinese University Press, 2011.

———. "Legitimating Usurpation: Historical Revisions under the Ming Yongle Emperor (r. 1402–1424)." In *The Legitimation of New Orders: Case Studies in World History*, edited by Philip Leung. Hong Kong: Chinese University Press, 2006, pp. 75–158.

————. "Ming Taizu *Ji fei lu* shu hou" 明太祖《紀非錄》書後. *Zhongguo wenhua yanjiusuo xuebao* 中國文化研究所學報 45 (2005). Rpt. in idem, *Song Ming shi luncong* 宋明史論叢. Hong Kong: Chinese University Press, 2011.

————. "Ming Taizu's Problem with His Sons: Prince Qin's Criminality and Early-Ming Politics." *Asia Major*, 3rd ser. 20, part 1 (2007): 54–103.

————. "Xie Jin (1369–1415) as Imperial Propagandist: His Role in the Revisions of the *Ming Taizu shilu*." *T'oung Pao* 91 (2005): 56–124.

————. "Zhao Yanwei *Yun lu man chao* zhi Jin yuan shiliao" 趙彥衛《雲麓漫鈔》之金源史料. In *Qingzhu Deng Guangming jiaoshou jiushi huadan lunwenji* 慶祝鄧廣銘教授九十華誕論文集. Shijiazhuang: Hebei jiaoyu chubanshe, 1997.

Chang, Michael. *A Court on Horseback: Imperial Touring and the Construction of Qing Rule, 1680–1785*. Cambridge: Harvard University Asia Center, 2007.

Chase, Kenneth. *Firearms: A Global History*. Cambridge: Cambridge University Press, 2003.

Chen Baoliang 陳寶良. *Mingdai shehui shenghuoshi* 明代社會生活史. Beijing: Zhongguo shehui kexue chubanshe, 2004.

Chen Baoliang and Wang Xi 王熹. *Zhongguo fengsu tongshi Mingdaijuan* 中國風俗通史明代卷. Shanghai: Shanghai wenyi chubanshe, 2005.

Chen Chuanxi 陳傳席. "Taigeti yu Mingdai wenren de nuxing pinge" 臺閣體與明代文人的奴性品格. *Shehui kexue luntan* 社會科學論談 4 (2001): 50–54.

Chen Fei 陳棐 (*jinshi* 1535). *Chen Wen gang xian sheng wen ji* 陳文岡先生文集. 1581 edition held at Shanxi University Library. Rpt. in *Siku quanshu cunmu congshu, ji* 103.

Chen Gaohua 陳高華. *Mingdai Hami Tulufan ziliao huibian* 明代哈密吐魯番資料彙編. Urumqi: Xinjiang renmin chubanshe, 1984.

————. "Song Yuan he Mingchu de maqiu" 宋元和明初的馬球. *Lishi yanjiu* 歷史研究 4 (1984): 177–81. Rpt. in idem, *Chen Gaohua wenji* 陳高華文集. Shanghai: Shanghai cishu chubanshe, 2005, pp. 290–96.

————. "Yuandai Daidu de huangjia fosi" 元代大都的皇家佛寺. *Shijie zong jiao yanjiu* 世界宗教研究 2 (1992): 2–6.

Chen Gaohua 陳高華 and Shi Weimin 史衛民. *Zhongguo fengsu tongshi Yuandaijuan* 中國風俗通史元代卷. Shanghai: Shanghai wenyi chubanshe, 2001.

Chen Hongmo 陳洪謨 (1474–1555). *Ji shi ji wen* 繼世紀聞. Early sixteenth century. Rpt., Beijing: Zhongguo shuju, 1985.

————. *Zhi shi yu wen* 治世餘聞. Early sixteenth century. Rpt., Beijing: Zhongguo shuju, 1985.

Chen, Jack. *The Poetics of Sovereignty: On Emperor Taizong of the Tang Dynasty*. Cambridge: Harvard University Asia Center, 2010.

Chen Jingbang 陳經邦. *Huang Ming guan ke* 皇明館課. *Siku jinhuishu congkan: bubian, ji* 48–49.

Chen Jingzong 陳敬宗 (1377–1459). *Dan ran xian sheng wen ji* 澹然先生文集. Qing manuscript held at Zhejiang Library. Rpt. in *Siku quanshu cunmu congshu, ji* 29.

Chen Qingyuan 陳慶元. "Yang Rong yu Minji Taigeti shiren" 楊榮與閩籍臺閣體詩人. *Nanping shizhuan xuebao* 南平師專學報 3 (1995): 27–30.

Chen Tian 陳田 (1849–1921). *Ming shi ji shi* 明詩紀事. 1899. Rpt., Shanghai: Shanghai guji chubanshe, 1993.

Chen Xuelin 陳學霖. See Hok-lam Chan.

Chen Xun 陳循 (1385–1462). *Fang zhou shi ji* 芳洲詩集. 1593 edition held in Shandong Provincial Library. Rpt. in *Xuxiu Siku quanshu*, vol. 1327.

———. *Fang zhou wen ji* 芳洲文集. 1593 edition held in Shandong Provincial Library. Rpt. in *Xuxiu Siku quanshu*, vol. 1327.

Chen Yi 陳沂 (1469–1538). *Gou xu ji* 拘虛集. Jiajing reign edition. Rpt. in *Beijing tushuguan guji zhenben congkan*, vol. 102.

Chen Yuhe 陳宇赫. "Nanhaizi yu Mingdai zhengzhi" 南海子與明代政治. *Ming Qing lun cong* 明清論叢 4 (2003): 105–13.

Chen Zilong 陳子龍 (1608–47). *Huang Ming jing shi wen bian* 皇明經世文編. Pinglutang, 1638. Fascimile reprint—Beijing: Zhonghua shuju, 1962; third printing 1997.

Cheng Jianhu 程建虎. *Zhonggu yingzhishi de shuangchong guanzhao* 中古應制詩的雙重觀照. Beijing: Renmin chubanshe, 2010.

Cheng Liyao 程里堯, ed. *Huangjia huayou jianzhu* 皇家花囿建築. Beijing: Zhongguo jianzhu gongye chubanshe, 2004.

Ching, Dora. "Icons of Rulership: Imperial Portraiture during the Ming Dynasty (1368–1644)." Ph.D. diss., Princeton University, 2011.

———. "Tibetan Buddhism and the Creation of the Ming Imperial Image." In *Culture, Courtiers, and Competition: The Ming Court (1368–1644)*, edited by David Robinson. Cambridge: Harvard University Asia Center, 2008, pp. 321–64.

———. "Visual Images of Hongwu." In *Long Live the Emperor! Uses of the Ming Founder across Six Centuries of East Asian History*, edited by Sarah Schneewind. Minneapolis: Society for Ming Studies, 2008, pp. 171–209.

Chŏng In-ji 鄭麟趾 (1396–1478). *Koryŏsa* 高麗史. 1454. Rpt., Tokyo: Kokusho kankōkai, 1908.

Chosŏn wangjo sillok 朝鮮王朝實錄. 48 vols. Seoul: Kuksa p'yŏnch'an wiwŏnhoe, 1955–58.

Chu Hung-lam. "Ch'iu Chun (1421–1495) and the *Ta-hsueh yen-i-pu*." Ph.D. diss., Princeton University, 1983.

———. "Intellectual Trends in the Fifteenth Century." *Ming Studies* 27 (1989): 1–33.

———. "The Jiajing Emperor's Interaction with His Lecturers." In *Culture, Courtiers, and Competition: The Ming Court (1368–1644)*, edited by David Robinson. Cambridge: Harvard University Asia Center, 2008, pp. 186–230.

Chungjong taewang sillok 中宗大王實錄. In *Chosŏn wangjo sillok*.

Church, Sally. "The Giraffe of Bengal: A Medieval Encounter in Ming China." *The Medieval History Journal* 7, no. 1 (2004): 1–37.

Clunas, Craig. *Elegant Debts: The Social Art of Wen Zhengming.* London: Reaktion Books, 2004.

———. *Empire of Great Brightness: Visual and Material Cultures of Ming China, 1368–1644.* Honolulu: University of Hawai'i Press, 2007.

———. *Fruitful Sites: Garden Culture in Ming China.* Durham: Duke University Press, 1996.

———. *Superfluous Things: Material Culture and Social Status in Early Modern China.* Urbana and Chicago: University of Illinois Press, 1991.

Confucius. *The Analects.* Translated by D.C. Lau. Penguin Classics, 1979, rpt. 1988.

di Cosmo, Nicola. "Introduction." In *Military Culture in Imperial China*, edited by Nicola di Cosmo. Cambridge: Harvard University Press, 2009, pp. 1–22.

———. "Qing Colonial Administration." *The International History Review* 20, no. 2 (1998): 287–309.

Crawford, Robert, Harry Lamley, and Albert Mann. "Fang Hsiao-ju in the Light of Early Ming Society." *Monumenta Serica* 15 (1956): 303–27.

van Creveld, Martin. *The Culture of War.* New York: Ballantine Books, 2008.

Crossley, Pamela. "The Rulerships of China." *The American Historical Review* 97, no. 5 (1992): 1468–83.

———. *A Translucent Mirror: History and Identity in Qing Imperial Ideology.* Berkeley: University of California Press, 1999.

Da Ming hui dian. See Shen Shixing.

Dardess, John. *Conquerors and Confucians.* New York: Columbia University Press, 1973.

———. *A Ming Society: T'ai-ho County, Kiangsi, in the Fourteenth to Seventeenth Century.* Berkeley: University of California Press, 1996.

———. "Protesting to the Death: The Fuque in Ming Political History." *Ming Studies* 47 (2003): 86–125.

de Heer, Philip. *The Caretaker Emperor: Aspects of the Imperial Institution in Fifteenth-Century China As Reflected in the Political History of the Reign of Chu Ch'i-yü.* Leiden: Brill, 1985.

Denecke, Wiebke. "Chinese Antiquity and Court Spectacle in Early *Kanshi*." *Journal of Japanese Studies* 30, no. 1 (2004): 97–122.

Deng Lin 鄧林 (*juren* 1396). *Tui an Deng xian sheng yi gao* 退菴鄧先生遺稿. Qing manuscript held in Tianjin Library. Rpt. in *Siku quanshu cunmu congshu, ji* 26.

Deng Shilong 鄧士龍 (*jinshi* 1595), compiler. *Guo chao dian gu* 國朝典故, edited and punctuated by Xu Daling 許大齡 and Wang Tianyou 王天有. Beijing: Beijing daxue chubanshe, 1993.

Deng Xianqi 鄧顯麒 (1484–1528). *Meng hong zou yi* 夢虹奏議. 1847 edition held at Beijing Library. Rpt. in *Siku quanshu cunmu congshu, shi* 60.

Ding Feng 丁奉 (*jinshi* 1508). *Nan hu xian sheng wen xuan* 南湖先生文選. 1604 edition held at Beijing Library. Rpt. in *Siku quanshu cunmu congshu, ji* 65. Also available in *Beijing tushuguan guji zhenben congkan*, vol. 104.

Ding Yanghao 丁養浩 (1451–1528). *Xi xuan xiao tang ji lu* 西軒效唐集錄. 1895 edition held at Jilin Provincial Library. Rpt. in *Siku quanshu cunmu congshu, ji* 44.

Ditmanson, Peter. "Fang Xiaoru: Moralistic Politics in the Early Ming Dynasty." In *The Human Tradition in Premodern China*, edited by Kenneth Hammond. Wilmington: Scholarly Resources, Inc., 2002, pp. 127–41.

————. "Venerating the Martyrs of the 1402 Usurpation: History and Memory in the Mid and Late Ming Dynasty." *T'oung pao* 93 (2007): 110–58.

Divyabhanusinh. "Hunting in Mughal Painting." In *Flora and Fauna in Mughal Art*, edited by Som Prakash Verma. Mumbai: Marg Publications, 1999, pp. 94–108.

Dong Fen 董份 (1510–90). *Dong xue shi mi yuan ji* 董學士泌園集. Wanli edition held at Chongqing Muncipal Library. Rpt. in *Siku quanshu cunmu congshu, ji* vol. 107.

Dong Jin 董進. *Da Ming yiguan tuzhi* 大明衣冠圖志. Beijing: Beijing youdian daxue chubanshe, 2011.

————. "Tushuo Mingdai gongting fushi (wu)—Huangdi rongru" 圖說明代宮廷服飾（五）—皇帝戎服. *Zijincheng* 紫禁城 12 (2011): 112–15.

Dreyer, Edward. *Early Ming China*. Stanford: Stanford University Press, 1982.

————. *Zheng He: China and the Oceans in the Early Ming Dynasty, 1405–1433*. New York: Pearson/Longman, 2007.

Duindam, Jeroen. "Dynastic Centres in Europe and Asia: A Layout for Comparison." *Heidelberg Papers in South Asian and Comparative Politics*, Working Papers 48 (June 2009): 1–30.

————. "Introduction." In *Royal Courts in Dynastic States and Empires: A Global Perspective*, edited by Jeroen Duindam, Tülay Artan, and Metin Kunt. Leiden: Brill, 2011, pp. 1–23.

————. *Myths of Power: Norbert Elias and the Early Modern European Court*. Amsterdam: Amsterdam University Press, 1994.

————. *Vienna and Versailles: The Courts of Europe's Dynastic Rivals, 1550–1780*. Cambridge: Cambridge University Press, 2003.

Duindam, Jeroen, Tülay Artan, and Metin Kunt. *Royal Courts in Dynastic States and Empires: A Global Perspective*. Leiden: Brill, 2011.

Ebrey, Patricia. "The Ritual Context of Sung Imperial Portraiture." In *Arts of the Sung and Yüan: Ritual, Ethnicity and Style in Painting*, edited by Cary Liu and Dora Ching. Princeton: The Art Museum, Princeton University, 1999, pp. 68–93.

————. "Taking Out the Grand Carriage: Imperial Spectacle and the Visual Culture of Northern Song Kaifeng." *Asia Major*, 3rd ser. 12, part 1 (1999): 33–65.

Elias, Norbert. *The Court Society*. Translated from the German by Edmund Jephcott. New York: Pantheon Books, 1983.

————. "An Essay on Sport and Violence." In *Quest for Excitement*, edited by Elias Norbert and Eric Dunning. New York and Oxford: Basil Blackwell, 1986, pp. 150–74.

Elias, Norbert, and Eric Dunning. "The Quest for Excitement in Leisure." In idem, *Quest for Excitement*. New York and Oxford: Basil Blackwell, 1986, pp. 62–90.

Elliott, Mark. *Emperor Qianlong: Son of Heaven, Man of the World*. New York: Longman, 2009.

———. *The Manchu Way: The Eight Banners and Ethnic Identity in Late Imperial China*. Stanford: Stanford University Press, 2001.

Elman, Benjamin. " 'Where Is King Ch'eng?': Civil Examinations and Confucian Ideology during the Early Ming, 1368–1415." *T'oung-pao* 79, fasc. 1/3 (1993): 23–68.

Elverskog, Johan. *The Jewel Translucent Sutra: Altan Khan and the Mongols in the Sixteenth Century*. Leiden: Brill, 2003.

———. "The Story of Zhu and the Mongols of the Seventeenth Century." In *Long Live the Emperor! Uses of the Ming Founder across Six Centuries of East Asian History*, edited by Sarah Schneewind. Minneapolis: Society for Ming Studies, 2008, pp. 211–43.

Elvin, Mark. *The Retreat of the Elephants: An Environmental History of China*. New Haven and London: Yale University Press, 2004.

Emiralioglu, Mehvhibe Pinar. "Cognizance of the Ottoman World: Visual and Textual Representations in the Sixteenth Century Ottoman Empire (1514–1596)." Ph.D. dissertation: University of Chicago, 2006.

———. "Relocating the Center of the Universe: China and the Ottoman Imperial Project in the Sixteenth Century." *The Journal of Ottoman Studies* 39 (2012): 161–88.

Endicott-West, Elizabeth. "Merchant Associations in Yüan China." *Asia Major* 3rd series, vol. 2, part 2 (1989): 127–54.

Evans, R.J.W. "The Court: A Protean Institution and an Elusive Subject." In *Princes, Patronage, and the Nobility: The Court at the Beginning of the Modern Age, c. 1450–1650*, edited by Ronald Asch and Adolf Birke. London: The German Historical Institute, Oxford University Press, 1991, pp. 481–91.

Fan Shuzhi 樊樹志. *Wanli zhuan* 萬曆傳. Beijing: Renmin chubanshe, 1993, 4th printing 2001.

Fang Feng 方鳳 (*jinshi* 1508). *Gai ting cun gao* 改亭存稿. 1644 edition held at the Chinese Academy of Social Sciences. Rpt. in *Xuxiu Siku quanshu*, vol. 1338.

———. *Gai ting xu gao* 改亭續稿. 1644 edition held at the Chinese Academy of Social Sciences. Rpt. in *Xuxiu Siku quanshu*, vol. 1338.

Fang Zhiyuan方志遠. "Mingdai de siwei, yongshi ying" 明代的四衛，勇士營. In *Dierjie Ming Qing shi guoji xueshu taolunhui lunwenji* 第二屆明清史國際學術討論會論文集, edited by Ming Qing shi guoji xueshu taolunhui lunwenji bianjizu. Tianjin: Tianjin renmin chubanshe, 1993, pp. 489–99.

———. "Mingdai de Yumajian" 明代的御馬監. *Zhongguoshi yanjiu* 中國史研究 2 (1997): 140–48.

Farmer, Edward. *Early Ming Government: The Evolution of Dual Capitals*. Cambridge: Harvard University Press, 1976.

———. *Zhu Yuanzhang and Early Ming Legislation: The Reordering of Chinese Society Following the End of Mongol Rule*. Leiden: Brill, 1995.

Franke, Herbert. "Chinese Texts on the Jurchen: A Translation of the Jurchen in the *San ch'ao pei-meng hui-pien.*" *Zentralasiatische Studien*, 9 (1975). Rpt. in *Studies on the Jurchens and the Chin Dynasty*, edited by Herbert Franke and Hok-lam. Aldershot: Ashgate, 1997, pp. 119–86.

Herbert Franke, "Song Embassies: Some General Observations." In *China Among Equals*, edited by Morris Rossabi. Berkeley: University of California Press, 1983, pp. 116–48.

Franke, Wolfgang. "Historical Writing during the Ming." In *The Cambridge History of China vol. 8: The Ming Dynasty, 1368–1644, part 1*, edited by Denis Twitchett and Frederick Mote. Cambridge: Cambridge University Press, 1998, pp. 726–82.

————. *An Introduction to the Sources of Ming History*. Kuala Lumpur: University of Malaya Press, 1968.

Fu Angyang 符昂揚, ed. *Zhongguo gudai shuhua tumu* 中國古代書畫圖目, vol. 1. Beijing: Wenwu chubanshe, 1986.

Gao Shouxian 高壽仙. "Mingdai gongting de xiuxian yule" 明代宮廷的休閒娛樂. *Wenshi zhishi* 文史知識 1 (2012): 55–61.

————. "Mingdai huangjia siyang de zhenxi dongwu he chongwu" 明代皇家飼養的珍稀動物和寵物. *Zijincheng* 紫禁城 2 (2006): 88–89.

Geertz, Clifford. "Centers, Kings, and Charisma: Reflections on the Symbolics of Power." In *Culture and Its Creators: Essays in Honor of Edward Shils*, edited by Joseph Ben-David and Terry Nichols Clarks. Chicago: University of Chicago Press, 1977, pp. 150–71.

Geiss, James. "The Cheng-te Emperor's Injunction against the Slaughter of Swine." Unpublished manuscript.

————. "The Cheng-te Reign, 1506–1521." In *The Cambridge History of China, vol. 7, The Ming Dynasty, 1368–1644, part 1*, edited by Frederick Mote and Denis Twitchett. Cambridge: Cambridge University Press, 1988, pp. 403–39.

————. "The Chia-ching Reign, 1522–1566." In *The Cambridge History of China, vol. 7, The Ming Dynasty, 1368–1644, part 1*, edited by Frederick Mote and Denis Twitchett. Cambridge: Cambridge University Press, 1988, pp. 440–510.

————. "The Leopard Quarter during the Cheng-te Reign." *Ming Studies* 24 (1987): 1–38.

Gommans, Jos. *Mughal Warfare: Indian Frontiers and High Roads to Empire, 1500–1700*. London and New York: Routledge, 2002.

————. "Warhorses and Post-Nomadic Empire in Asia, c. 1000–1800." *Journal of Global History* 2 (2002): 1–21.

Goodrich, Carrington, and Chaoying Fang, eds. *Dictionary of Ming Biography*. New York and London: Columbia University Press, 1976.

Graff, David. "Narrative Maneuvers: The Representation of Battle in Tang Historical Writing." *In Military Culture in Imperial China*, edited by Nicola di Cosmo. Cambridge: Harvard University Press, 2009, pp. 143–64.

Gu Cheng 顧誠. "Mingdai de zongshi" 明代的宗室. In *Ming Qing shi guoji xueshu taolunhui lunwenji* 明清史國際學術討論會論文集, edited by Ming Qing shi guoji xueshu taolunhui, Lunwenji mishuchu, Lunwenzu 明清史國際學術討論會論文集秘書處論文組. Tianjin: Tianjin renmin chubanshe, 1982, pp. 89–111.

Gu Jinchun 顧錦春 and Ye Jianfei 葉劍飛. "Jin ershi nian lai guonei xuejie duiyu Mingdai zongfan de yanjiu zongshu" 近二十年來國內學界對於明代宗藩的研究總述. Lanzhou jiaoyu xueyuan xuebao 蘭州教育學院學報 4 (2006): 14–19.

Gu Qian 顧潛 (1471–1534). Jing guan tang ji 靜觀堂集. 1732 edition held at Fujian Normal University. Rpt. in Siku quanshu cunmu congshu, ji 48.

Gu Yingtai 谷應泰 (1620–90). Ming shi ji shi ben mo 明史紀事本末. 1658. Rpt., Taibei: Sanlian shuju, 1985.

Guan Shimin 管時敏 (14th c.). Yin qiao ji 蚓竅集. 1403 preface. Photocopy of the original held at Seikadō Bunko (Tokyo).

Gui E 桂萼 (d. 1531). Wen xiang gong zou yi 文襄公奏議. 1544 edition held at Chongqing Library. Rpt. in Siku quanshu cunmu congshu, shi 60.

Hagiwara Junpei 萩原淳平. "Mingsho no hokuhen ni tsuite" 明初の北邊につい て. Tōyōshi kenkyū 東洋史研究 19, no. 2 (1960): 15–47.

Hall, Kenneth. "Local and International Trade and Traders in the Straits of Melaka Region: 600–1500." Journal of the Economic and Social History of the Orient 47, no. 2 (2004): 213–60.

Halloran, Michael S. "Text and Experience in a Historical Pageant: Toward a Rhetoric of Spectacle." Rhetoric Society Quarterly 31, no. 4 (2001): 5–17.

Halperin, Charles. "Royal Recreation: Ivan the Terrible Goes Hunting." Journal of Early Modern History 14 (2010): 293–316.

Hammond, Kenneth. "The Eunuch Wang Zhen and the Ming Dynasty." In The Human Tradition in Premodern China, edited by Kenneth Hammond. Wilmington: Scholarly Resources, Inc., 2002, pp. 143–55.

Han Yong 韓雍 (1422–78). Han xiang yi gong jia cang wen ji 韓襄毅公家藏文集. Ming edition. Rpt., Taibei: Wenhai chubanshe, 1970.

Handlin Smith, Joanna. "Liberating Animals in Ming-Qing China: Buddhist Inspiration and Elite Imagination." Journal of Asian Studies 58, no. 1 (1999): 51–84.

Haneda Akira 羽田明. "Min teikoku to Osuman teikoku" 明帝国とオスマン帝国. Seinan Ajia kenkyū 西南アジア研究 14 (1965): 95–100.

Harrist, Robert. "The Legacy of Bole: Physiognomy and Horses in Chinese Art." Artibus Asiae 57, no. 1/2 (1997): 135–56.

He Jingming 何景明 (1483–1521). He Da fu ji 何大復集. Zhengzhou: Zhongzhou guji chubanshe, 1989.

He Li and Michael Knight. Power and Glory: Court Arts of China's Ming Dynasty. Asian Art Museum of San Francisco, 2008.

He Mengchun 何孟春 (1474–1536). He Wen Jian zou yi 何文簡奏議. Wen yuan ge Si ku quan shu, vol. 429.

———. He Yan quan shi ji 何燕泉詩集. 1566 edition held at Beijing Library. Rpt. in Siku quanshu cunmu congshu, ji 46.

———. Yu dong xu lu 餘冬序錄. 1528 edition held in Henan Library. Rpt. in Siku quanshu cunmu congshu, zi 101.

Heijdra, Martin. "The Socio-Economic Development of Rural China during the Ming." In *The Cambridge History of China, vol. 8, The Ming Dynasty, 1368–1644, part 2*, edited by Frederick Mote and Denis Twitchett. Cambridge: Cambridge University Press, 1998, pp. 417–578.

Helms, Mary. *Craft and the Kingly Ideal: Art, Trade, and Power*. Austin: University of Texas Press, 1993.

————. *Ulysses' Sail: An Ethnographic Odyssey of Power, Knowledge and Geographical Distance*. Princeton: Princeton University Press, 1988.

Hemmat, Kaveh. "Children of Cain in the Land of Error: A Central Asian Merchant's Treatise on Government and Society in Ming China." *Comparative Studies of South Asia, Africa, and the Middle East* 30, no. 3 (2010): 434–48.

Hillenbrand, Robert. "The Arts of the Book in Ilkhanid Iran." In *The Legacy of Genghis Khan: Courtly Art and Culture in Western Asia, 1256–1353*, edited by Linda Komaroff and Stefano Carboni. New York: Metropolitan Museum of Art and New Haven: Yale University Press, 2002, pp. 135–67.

Hong Zaixin with Cao Yiqiang. "Pictorial Representation and Mongol Institutions in *Qubilai Khan Hunting*." In *Arts of the Sung and Yüan: Ritual, Ethnicity and Style in Painting*, edited by Cary Liu and Dora Ching. Princeton: The Art Museum, Princeton University, 1999, pp. 180–201.

Hostetler, Laura. *Qing Colonial Enterprise: Ethnography and Cartography in Early Modern China*. Chicago: University of Chicago Press, 2001.

Hu Fan 胡凡. "Bashi niandai Mingdai zongfan yanjiu shuping" 八十年代明代宗藩研究述評. *Mindaishi kenkyū* 明代史研究 20 (1992): 41–61.

————. *Mingdai lishi tanze* 明代歷史探賾. Beijing: Zhongguo dabaike quanshu chubanshe, 2010.

Hu Guang 胡廣 (1370–1418). *Hu wen mu gong wen ji* 胡文穆公文集. 1750 edition held at Fudan University. Rpt. in *Siku quanshu cunmu congshu, ji* 28 and 29.

Hu Hansheng 胡漢生. *Ming shisanling* 明十三陵. 2nd ed. Beijing: Zhongguo qingnian chubanshe, 1999.

Hu Shi 胡侍 (1492–1553). *Shu tan* 墅談. Jiajing period edition held in Beijing Library. Rpt. in *Siku quanshu cunmu congshu, zi* 102.

————. *Zhen zhu chuan* 真珠船. Ming manuscript edition held at Qinghua University. Rpt. in *Siku quanshu cunmu congshu, zi* 102.

Hu Yan 胡儼 (1361–1443). *Hu Ji jiu ji* 胡祭酒集. 1570 edition. Rpt. in *Beijing tushuguan guji zhenben congkan*, vol. 102.

Hu Zhongda 胡鐘達. "Ming yu Bei Yuan—Menggu guanxi zhi tantao" 明與北元—蒙古關係之探討. *Neimenggu shehui kexue* 內蒙古社會科學 5 (1984): 44–55.

Huang Fu 黃福 (1363–1440). *Huang zhong xuan gong wen ji* 黃忠宣公文集. Jiajing edition held at Qinghua University. Rpt. in *Siku quanshu cunmu congshu, ji* 27.

Huang Huai 黃淮 (1367–1449). *Huang wen jian gong jie an ji* 黃文簡公介菴集. 1931 edition. Rpt. in *Siku quanshu cunmu congshu, ji* 26.

Huang Jingfang 黃景昉 (1596–1662). *Guo shi wei yi* 國史唯疑. 1644. Rpt., Shanghai: Shanghai guji chubanshe, 2002.

Huang Nengfu 黃能馥 and Chen Juanjuan 陳娟娟. *Zhonghua lidai fushi yishu* 中華歷代服飾藝術. Beijing: Zhongguo lüyou chubanshe, 1999.

Huang, Ray. *1587: A Year of No Significance, The Ming Dynasty in Decline*. New Haven: Yale University Press, 1981.

———. *China, A Macrohistory*. Armonk: M.E. Sharpe, 1988.

———. "The Liao-tung Campaign of 1619." *Oriens Extremus*, vol. 28 (1981): 30–54.

———. "The Lung-ch'ing and Wan-li reigns, 1567–1620." In *The Cambridge History of China, vol. 7, The Ming Dynasty 1368–1644, part 1*, edited by Frederick Mote and Denis Twitchett. Cambridge: Cambridge University Press, 1988, pp. 511–84.

Huang Yu 黃瑜 (1425–1497). *Shuang huai sui chao* 雙槐歲鈔. 1495. Rpt., Beijing: Zhongguo shuju, 1999, second printing, 2006.

Huang Zhangjian 黃彰健. *Ming shilu jiaokanji* 明實錄校勘記. Taibei: Zhongyang yanjiuyuan, 1962–68.

Huang Zhuoyue 黃卓越. *Ming Yongle zhi Jiajing chu shiwenguan yanjiu* 明永樂至嘉靖初詩文觀研究. Beijing: Beijing shifan daxue chubanshe, 2001.

Huang Zuo 黃佐 (1490–1566). *Han lin ji* 翰林記. *Wen yuan ge Si ku quan shu*, vol. 596.

Huangfu Fang 皇甫汸 (1497–1582). *Huangfu si xun shi ji* 皇甫司勳詩集. 1575 preface edition held at Naikaku Collection, Tokyo; Hishi copy held at Princeton East Asian Library.

Hucker, Charles. *Dictionary of Official Titles in Imperial China*. Stanford: Stanford University Press, 1986.

———. "Ming government." In *The Cambridge History of China, vol. 8, The Ming Dynasty 1368–1644, part 2*, edited by Frederick Mote and Denis Twitchett. Cambridge: Cambridge University Press, 1998, pp. 9–105.

Huo Ji 霍冀 (1516–75). *Da yue lu* 大閱錄. Ming edition. Rpt. in *Tianyige cang Mingdai zhengshu zhenben congkan* 天一閣藏明代政書珍本叢刊, compiled by Yu Haoxu 虞浩旭 et al. Beijing: Xianzhuang shuju, 2010.

Jang, Scarlett. "Form, Content and Audience: A Common Theme in Painting and Woodblock-Printed Books of the Ming Dynasty." *Ars Orientalis* 27 (1997): 1–26.

———. "Issues of Public Service in the Themes of Chinese Court Painting." Ph.D. diss., University of California at Berkeley, 1989.

Jian Jinsong 簡錦松. *Mingdai wenxue piping yanjiu* 明代文學批評研究. Taibei: Xuesheng shuju, 1989.

Jiang Mian 蔣冕 (1463–1533). *Xiang gao ji* 湘皋集. 1554 edition held in Shanghai Library. Rpt. in *Siku quanshu cunmu congshu, ji* 44.

Jiao Hong 焦竑 (1541–1620). *Guo chao xian zheng lu* 國朝獻徵錄. 1594–1616; facsimile rpt. Taibei: Xuesheng shuju, 1965.

Jin Gui 靳貴 (1464–1520). *Jie an wen ji* 戒菴文集. 1540 edition held at Beijing University Library. Rpt. in *Siku quanshu cunmu congshu, ji* 45.

Jin Shan 金善 (1368–1431). *Bei zheng lu* 北征錄. In *Guo chao dian gu*, edited by Deng Shilong, vol. 1. Beijing: Beijing daxue chubanshe, 1993.

————. *Jin wen jing gong ji* 金文靖公集. 1473. Rpt., Taibei: Wenhai chubanshe, 1970.

Jin Shi 金實 (1371–1439). *Jue fei zhai wen ji* 覺非齋文集. 1470 edition held at Shandong University Library. Rpt. in *Xuxiu Siku quanshu*, vol. 1327.

Jin Youzi 金幼孜. See Jin Shan 金善 (1368–1431).

Jing, Anning. "Financial and Material Aspects of Tibetan Art under the Yuan Dynasty." *Artibus Asiae* 64, no. 2 (2004): 213–40.

————. "The Portraits of Khubilai Khan and Chabi by Anige (1245–1306), a Nepali Artist at the Yuan Court." *Artibus Asiae* 54, no. 1/2 (1994): 40–86.

Johnston, Alastair. *Cultural Realism: Strategic Culture and Grand Strategy in Chinese History*. Princeton: Princeton University Press, 1995.

Kauz, Ralph. "Gift Exchange between Iran, Central Asia, and China under the Ming Dynasty, 1368–1644." In *Gifts of the Sultan: The Arts of Giving at the Islamic Courts*, edited by Linda Komaroff. Los Angeles: Los Angeles County Museum of Art; New Haven and London: Yale University Press, 2011, pp. 115–23.

————. *Politik und Handel Zwischen Ming und Timuriden: China, Iran und Zentralasien im Spätmittelalter*. Reichert Verlag Wiesbaden, 2005.

Kawagoe Yasuhiro 川越泰博. "Eiraku seiken no seiritsu to fukkatsu jinji" 永楽政権 の成立と復活人事. *Shūkan Tōyōgaku* 集刊東洋学 77 (1997): 41–57.

Kennedy, Dennis. *The Spectator and the Spectacle: Audiences in Modernity and Postmodernity*. Cambridge: Cambridge University Press, 2009.

Knechtges, David. "The Rhetoric of Imperial Abdication and Accession in a Third-Century Chinese Court: The Case of Cao Pi's Accession as Emperor of the Wei Dynasty." In *Rhetoric and the Discourses of Power in Court Culture*, edited by David Knechtges and Eugene Vance. Seattle: University of Washington Press, 2005, pp. 3–35.

Kou Tianxu 寇天敘 (1480–1533). *Tu shui xian sheng ji* 涂水先生集; Jiajing edition held in Beijing Library. Rpt. in *Siku quanshu cunmu congshu, ji* 65.

Kubota Kazuo 久保田和男. "Sōdai no 'tenryō' o megutte—bunji seiji kakuritsu no ichi sokumen" 宋代の「畋獵」を巡って—文治政治確立の一側面—. In *Kodai higashiajia no shakai to bunka: Fukui Shigemasa sensei koki taishoku kinen ronshū* 古代 東アジアの社会と文化：福井重雅先生古稀・退職記念論集, edited by Fukui Shigemasa sensei koki taishoku kinen ronshū kankōkai. Tokyo: Kyūko Shoin, 2007, pp. 487–506.

Lan Yuqing 藍御菁. "*Ming Neifu zouyu tu zhi yanjiu*"《明內府騶虞圖》之研究. *Shuhua yishu xuekan* 書畫藝術學刊 6 (2009): 441–64.

Lang Ying 郎瑛 (b. 1487). *Qi xiu lei gao* 七修類稿. After 1566. Rpt., Beijing: Wenhua yishu chubanshe, 1998.

————. *Qi xiu lei gao* 七修類稿. Ming edition held at Zhongshan Library. Rpt. in *Siku quanshu cunmu congshu, zi* 102.

Langlois, John. "Song Lian and Liu Ji in 1358 on the Eve of Joining Zhu Yuanzhang." *Asia Major*, 3rd ser. 22, part 1 (2009): 131–62.

Legge, James. *The Chinese Classics*. Oxford: Oxford University Press, 1893–95; rpt., Taibei: Southern Materials Center, 1983. 4 vols.

————. *The Sacred Books of China: The Texts of Confucianism*. Oxford: Clarendon Press, 1885.

Lei Bingyan 雷炳炎. "Mingdai zongfan sili fengdi yu yuezou wenti shulun" 明代宗藩私離封地與越奏問題述論. *Hunan gongye daxue xuebao* 湖南工業大學學報 (*shehui kexue ban* 社會科學版), 14.2 (2009): 12–15, 19.

Lewis, Mark. *China's Cosmopolitan Empire: The Tang Dynasty*. Cambridge: Harvard University Press, 2009.

————. *The Early Chinese Empires: Qin and Han*. Cambridge: Harvard University Press, 2007.

————. *Sanctioned Violence in Early China*. Albany: State University of New York Press, 1990.

Li Daming 李大鳴. "Mingdai gongting de Duanwu sheliu" 明代宮廷的端午射柳. *Zijincheng* 紫禁城 161 (2006): 170–77.

Li Dongyang 李東陽 (1447–1516). *Huai lu tang gao* 懷麓堂稿. 1518 edition. Rpt., Taibei: Xuesheng shuju, 1975.

————. *Li Dongyang ji* 李東陽集. Changsha: Yuelu shushe, 1984–85.

Li Shi 李實 (*jinshi* 1442). *Li shi lang shi bei lu* 李侍郎使北錄. In *Guo chao dian gu*, edited by Deng Shilong, *juan* 29, vol. 1. Rpt., Beijing: Beijing daxue chubanshe, 1993.

————. *Xu an Li gong feng shi lu* 虛菴李公奉使錄. Jiajing edition held at Beijing University Library. Rpt. in *Xuxiu Siku quanshu*, vol. 444.

Li Shimian 李時勉 (1374–1450). *Gu lian wen ji* 古廉文集. *Wen yuan ge Si ku quan shu*, vol. 1242.

Li Shuanghua 李雙華. "Lun Mingdai Taigeti de zhengzhi wenhua jichu" 論明代臺閣體的政治文化基礎. *Heilongjiang shizhi* 黑龍江史志 4 (2009): 75–76.

Li Tang 李堂 (1462–1524). *Jin shan wen ji* 堇山文集. Jiajing period edition held at Beijing University. Rpt. in *Siku quanshu cunmu congshu*, *ji* 44.

Li Xian 李賢 (1408–67). *Gu rang ji* 古穰集. *Wen yuan ge Si ku quan shu*, vol. 1244.

————. *Tianshun ri lu* 天順日錄. 1533 edition held at Shanghai Library. Rpt. in *Xuxiu Siku quanshu*, *shi* 433.

————. *Tianshun ri lu* 天順日錄. In *Guo chao dian gu*, edited by Deng Shilong, *juan* 48, vol. 2. Rpt., Beijing: Beijing daxue chubanshe, 1993.

Li Xiaolin 李小林. *Wanli guanxiu benchao zhengshi yanjiu* 萬曆官修本朝正史研究. Tianjin: Nankai daxue chubanshe, 1999.

Li Xu 李詡 (1505–93). *Jie an lao ren man bi* 戒庵老人漫筆. Rpt., Beijing: Zhonghua shuju, 1982, second printing 1997.

Li Zhen 李禎 (1376–1452). *Yun pi man gao* 運甓漫稿. 1459 preface edition held at Seikadō Collection, Tokyo; Hishi copy held at Princeton East Asian Library.

————. *Yun pi man gao* 運甓漫稿. *Wen yuan ge Si ku quan shu*, vol. 1242.

Liang Chu 梁儲 (*jinshi* 1451–1527). *Liang Wen Kang gong ji Yu zhou yi gao* 梁文康公集鬱洲遺稿, 3.1a–b. 1566 preface edition held at Sonkeikaku Collection, Tokyo; Hishi copy held at Princeton East Asian Library.

Liang Qian 梁潛 (1366–1418). *Po an xian sheng wen ji* 泊菴先生文集. Early Qing edition. Rpt. in *Beijing tushuguan guji zhenben congkan*, vol. 100.

Liew, Foon Ming. *The Treatise on Military Affairs of the Ming Dynastic History (1368–1644). An Annotated Translation of the Treatises on Military Affairs, Chapter 89 and Chapter 90, in two volumes.* Hamburg: Gesellschaft für Natur- und Völkerkunde Ostasiens e.V., 1998.

Lin Jun 林俊 (1452–1527). *Jian su ji* 見素集. 1585 edition held at Naikaku Collection, Tokyo; Hishi copy held at Princeton East Asian Library.

———. *Jian su ji* 見素集. *Wen yuan ge Si ku quan shu*, vol. 1257.

Lin Lina 林莉娜. "Mingren *Chujing rubi tu* zhi zonghe yanjiu" 明人「出警入蹕圖」之綜合研究. 2 parts. *Gugong wenwu yuekan* 故宮文物月刊 10, no. 7 (1993): 58–77; no. 8 (1993): 34–41.

Lin You 林右 (14th c.). *Tiantai Lin gong fu xian sheng wen ji* 天台林公輔先生文集. Kangxi period manuscript held in Beijing Library. Rpt. in *Siku quanshu cunmu congshu, ji* 27.

Liscomb, Kathlyn. "The Eight Views of Beijing: Politics in Literati Art." *Artibus Asiae* 49 (1988/89): 127–52.

———. "Foregrounding the Symbiosis of Power: A rhetorical strategy in some Chinese commemorative art." *Art History* 25, no. 2 (2002): 135–61.

———. "The Role of Leading Court Officials as Patrons of Painting in the Fifteenth Century." *Ming Studies* 27 (1989): 34–62.

———. "Wang Fu's Contribution to the Formation of a New Painting Style in the Ming Dynasty." *Artibus Asiae* 48 (1987): 39–78.

Liu Dingzhi 劉定之 (1409–69). *Pi tai lu* 否泰錄. In *Guo chao dian gu*, edited by Deng Shilong, *juan* 30, vol. 1. Rpt., Beijing: Beijing daxue chubanshe, 1993.

Liu Hui 劉繪 (*jinshi* 1535). *Song yang ji* 嵩陽集. 1558 edition held at Qinghua University Library. Rpt. in *Siku quanshu cunmu congshu, ji* 103.

Liu, James T.C. "Polo and Cultural Change: From T'ang to Sung China." *Harvard Journal of Asiatic Studies* 45, no. 1 (1985): 203–24.

Liu Jing 劉璟 (d. 1402). *Yi zhai gao* 易齋稿. Qing manuscript held at the Chinese Academy of Social Sciences. Rpt. in *Xuxiu Siku quanshu*, vol. 1326.

Liu Jue 劉珏 (1410–72). *Chong ke Wan an Liu xian sheng shi ji* 重刻完菴劉先生詩集. 1594 edition held at Hangzhou University Library. Rpt. in *Siku quanshu cunmu congshu, ji* 34.

Liu Ruoyu 劉若愚 (1584–?). *Zhuo zhong zhi* 酌中志. 1641. Rpt., Beijing: Beijing guji chubanshe, 1994, 2nd printing 2001.

Liu Tong 劉侗 (*jinshi* 1634) and Yu Yizheng 于奕正 (fl. 1615–35), comps. *Di jing jing wu lüe* 帝京景物略. 1635. Rpt., Beijing: Beijing guji chubanshe, 2001.

Liu Xia 劉夏. *Liu Shang bin wen ji* 劉尚賓文集. Chenghua period edition held at Nanjing Library. Rpt. in *Xuxiu Siku quanshu*, vol. 1326.

Lo, Jung-pang. "Policy Formulation and Decision-Making on Issues Respecting Peace and War." In *Chinese Government in Ming Times: Seven Studies*, edited by Charles Hucker. New York: Columbia University Press, 1969, pp. 41–72.

Loewe, Michael. *Crisis and Conflict in Han China*. London: George Allen and Unwin Ltd, 1974.

Lou Xing 婁性 (*jinshi* 1481). *Huang Ming zheng yao* 皇明政要. 1507 edition held at Nanjing Library. Rpt. in *Siku quanshu cunmu congshu, shi* 46.

Lu Can 陸粲 (1494–1551). *Lu zi yu ji* 陸子餘集. Ming edition held at Naikaku Collection, Tokyo; Hishi copy held at Princeton East Asian Library.

Lu Rong 陸容 (1436–94). *Shu yuan za ji* 菽園雜記. 1494. Rpt., Beijing: Zhonghua shuju, 1985.

Lu Shen 陸深 (1477–1544). *Sheng jia nan xun ri lu* 聖駕南巡日錄 and *Da jia bei huan lu* 大駕北還錄. In idem, *Yan shan wai ji* 儼山外集. 1545 edition held at Beijing Normal University Library. Rpt. in *Siku quanshu cunmu congshu, shi* 46.

Lü Ben 呂本 (1504–87), compiler. *Huang Ming bao xun* 皇明寶訓. 1602 edition; reprinted in *Ming shi lu fu lu* 明實錄附錄. Taibei: Zhongyang yanjiuyuan, 1962.

Lü Nan 呂楠 (1479–1542). *Jing ye xian sheng wen ji* 涇野先生文集. 1592 edition held at Huadong Normal University Library. Rpt. in *Xuxiu Siku quanshu, ji* 1338.

Luo Hengxin 羅亨信 (1377–1457). *Jue fei ji* 覺非集. Undated Qing edition. Rpt. in *Beijing tushuguan guji zhenben congkan*, vol. 103.

Luo Qi 羅玘 (d. 1519). *Gui feng ji* 圭峯集. *Wen yuan ge Si ku quan shu*, vol. 1259.

Luo Wenli 駱問禮 (*jinshi* 1565). *Wan yi lou ji* 萬一樓集. Jiaqing period edition held at Beijing University Library. Rpt. in *Siku jinhuishu congkan, ji* 174.

Ma Jianchun 馬建春. "'Tumu zhi bian' yu Huihuiren" "土木之變" 與回回人. *Xibei minzu yanjiu* 西北民族研究 2 (1995): 153–65.

Ma Yi 馬一. "Mingdai Lumi, Lumi bianzheng" 明代魯迷，魯密辯證. *Haerbin shifan daxue shehui kexue xuebao* 哈爾濱師範大學社會科學學報 4 (2011): 107–13.

Mao Bowen 毛伯溫 (1482–1545). *Dong tang ji* 東塘集. 1540 edition held at Beijing Library. Rpt. in *Beijing tushuguan guji zhenben congkan*, vol. 107.

Mao Ji 毛紀 (1463–1545). *Ao feng lei gao* 鼇峰類稿. Jiajing period edition held at Beijing Library. Rpt. in *Siku quanshu cunmu congshu, ji* 45.

Mao Xianmin 毛憲民. "Qingdai shejian yu 'gong li' wenti" 清代射箭與 "弓力" 問題. *Qingshi luncong* 清史論叢 (2012): 144–53.

Maruhashi Mitsuhiro 丸橋充拓. "Tō Sō henkakki no gunrei to chitsujo" 唐宋変革期の軍禮と秩序. *Tōyōshi kenkyū* 東洋史研究 64, no. 3 (2005): 34–66.

May, Timothy. *The Mongol Art of War*. Yardley: Westholme Publishing, 2007.

McCormick, Michael. *Eternal Victory: Triumphal Rulership in Late Antiquity, Byzantium, and the Early Medieval West*. Cambridge: Cambridge University Press, 1986.

McMullen, David. "Bureaucrats and Cosmology: the Ritual Code of T'ang China." In *Rituals of Royalty: Power and Ceremonial in Traditional Societies*, edited by David Cannadine and Simon Price. Cambridge: Cambridge University Press, 1987, pp. 181–236.

Mencius. *Mencius*. Translated by D.C. Lau. New York: Penguin Books, 1970, rpt. 1983.

Meng Fanren 孟凡人. *Mingdai gongting jianzhushi* 明代宫廷建築史. Beijing: Zijincheng chubanshe, 2010.

Miller, Harry. *State Versus Gentry in Late Ming Dynasty China*. New York: Palgrave Macmillan, 2009.

Millward, James. "The Qing Formation, the Mongol Legacy, and the 'End of History' in Early Modern Central Asia." In *The Qing Formation in World Historical Time*, edited by Lynn Struve. Cambridge: Harvard University Asia Center, 2004, pp. 92–120.

Ming shilu 明實錄. 1418–mid-17th c. Facsimile reproduction of *Guoli Beiping tushuguan cang hongge chaoben* 國立北平圖書館藏紅格抄本. 133 vols. Taibei: Zhongyang yanjiuyuan lishi yuyan yanjiusuo, 1961–66.

Ming Tai chang kao 明太常考. Ming lange chaoben 明籃格抄本. Microfilm held at Beijing University Rare Book Collection NC 4678/2326.

Minorsky, V. "A Civil and Military Review in Fārs in 881/1476." *Bulletin of the School of Oriental Studies, University of London* 10, no. 1 (1939): 141–78.

Mitchell, Bonner. *The Majesty of the State: Triumphal Progresses of Foreign Sovereigns in Renaissance Italy (1494–1600)*. Firenze: L.S. Olschki Editore, 1986.

Mote, Frederick. *Imperial China, 900–1800*. Cambridge: Harvard University Press, 1999.

———. "The T'u-mu Incident of 1449." In *Chinese Ways in Warfare*, edited by Frank Kierman and John Fairbank. Cambridge: Harvard University Press, 1974, pp. 243–72.

Mu Yiqin 穆益勤. "Mingdai gongting huihua—*Xuanzong xingle tu*" 明代宫廷繪畫—《宣宗行樂圖》. *Gugong bowuyuan yuankan* 故宫博物院院刊 2 (1983): 38–42.

Murray, Julia. *Mirror of Morality: Chinese Narrative Illustration and Confucian Ideology*. Honolulu: University of Hawai'i Press, 2007.

Mutschler, Fritz-Heiner, and Achim Mittag. *Conceiving the Empire: China and Rome Compared*. Oxford: Oxford University Press, 2008.

Myerly, Scott Hughes. *British Military Spectacle: From the Napoleonic Wars through the Crimea*. Cambridge: Harvard University Press, 1996.

———. " 'The Eye Must Entrap the Mind': Army Spectacle and Paradigm in Nineteenth Century Britain." *Journal of Social History* 26, no. 1 (1992): 105–31.

Na Chih-liang and William Kohler. *The Emperor's Procession: Two Scrolls of the Ming Dynasty*. Taibei: National Palace Museum, 1970.

Nakamura Jun 中村淳. "Gendai Daito no chokukenjiin o megutte" 元代大都の勅建寺院をめぐって. *Tōyōshi kenkyū* 東洋史研究 58, no. 1 (1999): 63–83.

Naqqash, Ghiyathuddin. "Report to Mirza Baysunghur on the Timurid Legation to the Ming Court at Peking." In *A Century of Princes*, edited and translated by W.M. Thackston. Cambridge: The Aga Khan Program for Islamic Architecture, 1989.

Necipoğlu, Gülru. *Architecture, Ceremonial, and Power: The Topkapi Palace in the Fifteenth and Sixteenth Centuries*. New York: The Architectural History Foundation and Cambridge: The MIT Press, 1991.

————. "Süleyman the Magnificent and the Representation of Power in the Context of Ottoman-Hapsburg-Papal Rivalry." *The Art Bulletin* 71, no. 3 (1989): 401–27.

————. "Word and Image: The Serial Portraits of Ottoman Sultans in Comparative Perspective." In *The Sultan's Portrait: Picturing the House of Osam*, edited by Selim Kangal. Istanbul: Isbank, 2000, pp. 22–61.

Needham, Joseph, et al. *Science and Civilisation in China, Volume 5, Chemistry and Chemical Technology, Part 7: Military Technology; The Gunpowder Epic.* Cambridge: Cambridge University Press, 1986.

Ni Qian 倪謙 (1415–1479). *Ni wen xi wen* 倪文喜集. *Wen yuan ge Si ku quan shu*, vol. 1245.

Nie Chongzheng 聶崇正. "Du Mingdai gongting huihua Hu Cong zhi *Chun lie tu zhou*" 讀明代宮廷繪畫胡聰之《春獵圖》軸. *Meishu* 美術 5 (2010): 109–11.

————. "Liang fu 'Qianlong rongzhuangxiang'" 兩幅《乾隆戎裝像》. *Zijincheng* 紫禁城 12 (2010): 74–77.

————. " 'Lie zhen' yu 'Yue zhen'—Gugong neiwai de liangjuan Qianlong *Da yue tu*" "列陣"與"閱陣"—故宮內外的兩卷乾隆《大閱圖》. *Zijincheng* 8 (2009): 86–95.

Nienhauser, William. *The Indiana Companion to Traditional Chinese Literature.* Bloomington: Indiana University Press, 1986.

Nylan, Michael. "The Rhetoric of 'Empire' in the Classical Era in China." In *Conceiving the Empire: China and Rome Compared*, edited by Fritz-Heiner Mutschler and Achim Mittage. Oxford: Oxford University Press, 2008, pp. 39–64.

————. "Toward an Archeology of Writing." In *Text and Ritual in Early China*, edited by Martin Kern. Seattle: University of Washington Press, 2005, pp. 3–49.

Ōishi Takao 大石隆夫. "Mindai Kaseichō no saien saiken" 明代嘉靖朝の西苑再建. *Jinbun ronkyū* 人文論究 53, no. 3 (2003): 1–20.

Okuyama Norio 奧山憲夫. "Mindai chūki no keiei ni kansuru ichi kōsatsu" 明代中期の京營に関する一考察. *Mindaishi kenkyū* 明代史研究 8 (1980): 1–19.

————. "Sō Kin no ran no ichi kōsatsu: Mindai chūki no keiei kaikaku to no kanren ni oite" 曹欽の乱の一考察—明代中期の京営改革との関連において. *Hokudai shigaku* 北大史学 17 (1977): 25–36.

Ōsumi Akiko 大隅晶子. "Mindai Eirakki ni okeru chōkō ni tsuite" 明代永楽期における朝貢について. *MUSEUM* 398 (1984): 14–34.

————. "Mindai Sentoku—Tenjunki no chōkō ni tsuite" 明代宣徳—天順期の朝貢について. *MUSEUM* 421 (1986): 11–36.

————. "Minsho Kōbuki ni okeru chōkō ni tsuite" 明初洪武期における朝貢について. *MUSEUM* 371 (1982): 15–29.

Otosaka Tomoko 乙坂智子. "Kaette kita shokumokujin—Mindai kōtei kenryoku to Pekin Juntenfu no Chibetto bukkyō" 帰ってきた色目人—明代皇帝権力と北京順天府のチベット仏教. *Yokohama shiritsu daigaku ronsō* 横浜市立大学論叢 51, nos. 1–2 (2000): 247–82.

Ouyang Duo 歐陽鐸 (1487–1544). *Ouyang Gong jian gong wen ji* 歐陽恭簡公文集. Ming edition held at Zhongshan University Library. Rpt. in *Siku quanshu cunmu congshu, ji* 64.

Peng Shanguo 彭善國. "Liao Jin Yuan shiqi de Haidongqing ji yinglie" 遼金元時期的海東青及鷹獵. *Beifang wenwu* 北方文物 72 (2002): 32–37.

Peng Shi 彭時 (1416–1475). *Ke zhai za ji* 可齋雜記. Rpt. in *Li dai xiao shi* 歷代小史; rpt. in *Siku quanshu cunmu congshu, zi* 239.

———. *Peng Wen xian gong bi ji* 彭文憲公筆記. In *Guo chao dian gu* 國朝典故, edited by Deng Shilong, *juan* 72, vol. 3. Beijing: Beijing daxue chubanshe, 1993.

Perdue, Peter. *China Marches West: The Qing Conquest of Central Eurasia.* Cambridge: Harvard University Press, 2005.

———. "Comparing Empires: Manchu Colonialism." *The International History Review* 20, no. 2 (1998): 255–62.

———. "The Qing Formation in Eurasian Time and Space: Lessons from the Galdan Campaigns." In *The Qing Formation in World Historical Time*, edited by Lynn Struve. Cambridge: Harvard University Asia Center, 2004, pp. 57–91.

Peterson, Charles. "Old Illusions and New Realities: Sung Foreign Policy, 1217–1234." In *China Among Equals*, edited by Morris Rossabi. Berkeley: University of California Press, 1983, pp. 204–39.

Peterson, Willard. "Comments." *Ming Studies* 27 (1989): 63–66.

Pines, Yuri. *The Everlasting Empire: The Political Culture of Ancient China and Its Imperial Legacy.* Princeton: Princeton University Press, 2012.

Pírazolli-t'Serstevens, Míchele. "Imperial Aura and the Image of the Other in Han Art." In *Conceiving the Empire: China and Rome Compared*, edited by Fritz-Heiner Mutschler and Achim Mittage. Oxford: Oxford University Press, 2008, pp. 299–317.

———. "Inner Asia and Han China: Borrowings and Representations." In *New Frontiers in Global Archeology: Defining China's Ancient Traditions*, edited by Thomas Lawton. New York: AMS Foundation for the Arts, Sciences and Humanities, 2008, pp. 437–452.

Polo, Marco. *The Travels.* Translated by Ronald Latham. London: Penguin Books, 1958.

Qi Shun 祁順 (1434–97). *Xun chuan Qi xian sheng wen ji* 巽川祁先生文集. 1663 edition held at Dongbei Normal University Library. Rpt. in *Siku quanshu cunmu congshu, ji* 37.

Qian Maowei 錢茂偉. "*Mingshilu* bianzuan yu Mingdai shixue de liubian" 《明實錄》編纂與明代史學的流變. *Xueshu yanjiu* 學術研究 5 (2010): 106–14.

Qian Qi 錢琦 (1469–1549). *Qian lin jiang xian sheng ji* 錢臨江先生集. 1604 edition held at Beijing Library. Rpt. in *Siku quanshu cunmu congshu, ji* 64.

Qin Xianbao 秦賢寶. "Mingdai de neicao" 明代的內操. *Zijincheng* 5 (1991): 9–11.

Qiu Jun 丘濬 (1421–95). *Da xue yan yi bu* 大學衍義補. 1487. Hongzhi edition held at Princeton University East Asian Library Rare Books TC13/391.

———. *Da xue yan yi bu. Wen yuan ge Si ku quan shu*, vols. 713–14.

Quan Ye 葉權 (1522–78). *Xian bo bian* 賢博編. Rpt. in *Mingshi ziliao congkan* 明史資料叢刊, 1st ser. Jiangsu renmin chubanshe, 1981.

Rawski, Evelyn. "Presidential Address: Reenvisioning the Qing." *Journal of Asian Studies* 55, no. 4 (1996): 829–50.

Robinson, David. *Bandits, Eunuchs, and the Son of Heaven: Rebellion and the Economy of Violence in Ming China*. Honolulu: University of Hawai'i, 2001.

———. "Disturbing Images: Rebellion, Usurpation, and Rulership—Korean Writings on Emperor Wuzong (r. 1506–1521)." *Journal of Korean Studies* 9, no. 1 (Fall 2004): 97–127.

———. *Empire's Twilight: Northeast Asia under the Mongols*. Cambridge: Harvard University Asia Center, 2009.

———. "Images of Subject Mongols under the Ming Dynasty." *Late Imperial China* 25, no. 1 (2004): 59–123.

———. "Military Labour in China, circa 1500." In *Fighting for a Living: A Comparative Study of Military Labour 1500–2000*, edited by Erik-Jan Zürcher. Amsterdam: Amsterdam University, 2013.

———. "The Ming Court." In *Culture, Courtiers, and Competition: The Ming Dynasty (1368–1644)*, edited by David Robinson. Cambridge: Harvard University Asia Center, 2008, pp. 21–60.

———. "The Ming Court and the Legacy of the Yuan Mongols." In *Culture, Courtiers, and Competition: The Ming Dynasty (1368–1644)*, edited by David Robinson. Cambridge: Harvard University Asia Center, 2008, pp. 365–421.

———. "The Ming Empire." In *Oxford World History of Empire*, edited by Peter Bang, C. A. Bayly, and Walter Scheidel. Oxford: Oxford University Press, 2014, forthcoming.

———. "Politics, Force, and Ethnicity." *Harvard Journal of Asiatic Studies* 59, no. 1 (June 1999): 79–123.

———. "Princely Courts of the Ming Dynasty." *Ming Studies* 65 (2012): 1–13.

———. "Princes in the Polity: The Anhua Prince's Uprising of 1510." *Ming Studies* 65 (2012): 14–57.

Robinson, David, ed. *Culture, Courtiers, and Competition: The Ming Court (1368–1644)*. Cambridge: Harvard University Asia Center, 2008.

Rossabi, Morris. "Cheng Ho and Timur: Any Relation?" *Oriens Extemus* 20, no. 2 (1973): 129–36.

———. *China and Inner Asia: From 1368 to the Present Day*. New York: PICA Press, 1975.

———. "The 'Decline' of the Central Asian Caravan Trade." In *Ecology and Empire: Nomads in the Cultural Evolution of the Old World*, edited by Gary Seaman. Los Angeles: Ethnographics/USC, Center for Visual Anthropology, University of Southern California, 1989, pp. 81–102.

———. *The Jurchens in the Yüan and Ming*. Ithaca: China-Japan Program, Cornell University, 1982.

————. *Khubilai Khan*. Berkeley: University of California Press, 1989.

————. "The Ming and Inner Asia." In *The Cambridge History of China, vol. 8, The Ming Dynasty, 1368–1644, part 2*, edited by Denis Twitchett and Frederick Mote. Cambridge: Cambridge University Press, 1998, pp. 222–71.

————. "Ming China and Turfan, 1406–1517." *Central Asiatic Journal* 16, no. 3 (1972): 206–25.

————. "The Tea and Horse Trade with Inner Asia during the Ming." *Journal of Asian History* 4, no. 2 (1970): 136–68.

————. "Two Ming Envoys to Inner Asia." *T'oung-pao* 63, nos. 1–3 (1976): 1–33.

Ryor, Kathleen. "*Wen* and *Wu* in Elite Cultural Practices during the Late Ming." In *Military Culture In Imperial China*, edited by Nicola di Cosmo. Cambridge: Harvard University Press, 2009, pp. 219–42.

Satō Fumitoshi 佐藤文俊. *Mindai Ōfu no kenkyū* 明代王府の研究. Tokyo: Kenbun shuppan, 1999.

Schafer, Edward. *The Golden Peaches of Samarkand: A Study of T'ang Exotics*. Berkeley: University of California Press, 1963.

————. "Hunting Parks and Animal Enclosures in Ancient China." *Journal of the Economic and Social History of the Orient* 11, no. 3 (1968): 318–43.

————. "War Elephants in Ancient and Medieval China." *Oriens* 10, no. 2 (1957): 289–91.

Scheidel, Walter, ed. *Rome and China: Comparative Perspectives on Ancient World Empires*. Oxford: Oxford University Press, 2009.

Schneewind, Sarah. *A Tale of Two Melons: Emperor and Subject in Ming China*. Indianapolis and Cambridge: Hackett Publishing Company, Inc., 2006.

Sejo taewang sillok 世祖大王實錄. In *Chosŏn wangjo sillok*.

Sejong taewang sillok 世宗大王實錄. In *Chosŏn wangjo sillok*.

Sen, Tansen. "Maritime Interactions between China and India: Coastal India and the Ascendancy of Chinese Maritime Power in the Indian Ocean." *Journal of Central Eurasian Studies* 2 (2011): 41–82.

Serruys, Henry. "Foreigners in the Metropolitan Police during the 15th Century." *Oriens Extremus* 8, no. 1 (1961): 59–83.

————. (*Sino-Mongol Relations during the Ming III) Trade Relations: The Horse Fairs, 1400–1600*, in *Mélanges chinois et bouddhiques* 17. Bruxelles: l'Institut belge des haute études chinoises, 1975.

Shan Shiyuan 單士元. *Ming Beijing gongyuan tukao* 明北京宮苑圖考. Beijing: Zijincheng chubanshe, 2009.

Shang Chuan 商傳. *Mingdai wenhuashi* 明代文化史. Shanghai: Dongfang chuban zhongxin, 2007.

Shao Bao 邵寶 (1460–1527). *Rong chun tang ji*. 容春堂集. Jiajing reign edition held at Naikaku Collection, Tokyo; Hishi copy held at Princeton East Asian Library.

Sharpe, Kevin. *Selling the Tudor Monarchy: Authority and Image in Sixteenth Century England*. New Haven and London: Yale University Press, 2009.

Shaw, Dougal. "Nothing but Propaganda? Historians and the Study of Early Modern Royal Ritual." *Cultural and Social History* 1, no. 2 (2004): 139–58.

Shen Chaoyang 沈朝陽. *Huang Ming Jia Long liang chao wen jian ji* 皇明嘉隆兩朝聞見紀. 1599 edition held at Central Library, Taibei. Rpt., Taibei: Xuesheng shuju, 1969.

Shen Defu 沈德符 (1578–1642). *Wanli yehuo bian* 萬曆野獲編. 1619. Rpt., Beijing: Zhonghua shuju, 1997.

Shen Jiefu 沈節甫 (1533–1601). *Ji lu hui bian* 紀錄彙編. 1617. Rpt., Taibei: Taiwan shangwu yinshuguan, 1969.

Shen Shixing 申時行 (1535–1614). *Da Ming hui dian* 大明會典. 1587. Photographic reprint—Taibei: Dongnan shubaoshe, 1964.

Shen Wen 沈文. *Sheng jun chu zheng ji* 聖君初政記. Rpt. in *Bai sheng* 稗乘, in *Bai bu cong shu* 百部從書, ser. 17, part 3.

Sherratt, Andrew. "The Trans-Eurasian Exchange: The Prehistory of Chinese Relations with the West." In *Contact and Exchange in the Ancient World*, edited by Victor Mair. Honolulu: University of Hawai'i Press, 2006, pp. 30–61.

Shi Jixie 史繼偕. *Huang Ming bing zhi kao* 皇明兵制考. 1590s. Rpt. in Li Xiaolin 李小林, *Wanli guanxiu benchao zhengshi yanjiu* 萬曆官修本朝正史研究. Tianjin: Nankai daxue chubanshe, 1999, pp. 225–301.

Shi Shouqian 石守謙. "Mingdai huihuazhong de diwang pinwei" 明代繪畫中的帝王品味. *Taiwan daxue wen shi zhe xuebao* 臺灣大學文史哲學報, vol. 40 (1993): 225–91.

Shi Weimin 史衛民. *Yuandai shehui shenghuoshi* 元代社會生活史. Beijing: Zhongguo shehui kexue chubanshe, 2005, 2nd edition.

Silbergeld, Jerome. "In Praise of Government: Chao Yung's Paintings, Noble Steeds, and late Yüan Politics." *Artibus Asiae* 46, no. 3 (1985): 159–202.

Sima Qian 司馬遷 (circa 145–86 BC). *Shi ji* 史記. Reprinted Beijing: Zhonghua shuju, 1959.

Skaff, Jonathan. "Tang Military Culture and Its Inner Asian Influences." In *Military Culture in Imperial China*, edited by Nicola di Cosmo. Cambridge: Harvard University Press, 2009, pp. 165–91.

Smith, Rowland. "The Imperial Court of the late Roman Empire." In *The Court and Court Society in Ancient Monarchies*, edited by A.J.S. Spawforth. Cambridge: Cambridge University Press, 2007, pp. 157–232.

Song Qifeng 宋起鳳 (fl. 1651). *Bai shuo* 稗說. In *Mingshi ziliao congkan* 明史資料叢刊, edited by Zhongguo shehui kexueyuan lishi yanjiusuo Mingshishi 中國社會科學院歷史研究所明史室, vol. 2. Jiangsu renmin chubanshe, 1982.

Sŏnjong taewang sillok 宣宗大王實錄. In *Chosŏn wangjo sillok*.

Spence, Jonathan. *Emperor of China: Self Portrait of K'ang hsi*. New York: Knopf, 1974.

Steinhardt, Nancy. *Chinese Imperial City Planning*. Honolulu: University of Hawai'i Press, 1990.

Strong, Roy. *Splendor at Court: Renaissance Spectacle and the Theater of Power*. Boston: Houghton Mifflin Company, 1973.

Stuart, Jan, and Evelyn Rawski. *Worshipping the Ancestors: Chinese Commemorative Portraits.* Washington, D.C.: Freer Gallery of Art and Arthur Sackler Gallery, Smithsonian Institution, 2001.

Su Jinyu 蘇晉予. "Zhou wang fu de laohu chi doufu" 周王府的老虎吃豆腐. *Shixue yuekan* 史學月刊 2 (1994): 36.

Sugiyama Masaaki 杉山正明. *Dai Mongoru no jidai* 大モンゴルの時代, *Sekai no rekishi* 世界の歴史, vol. 9. Tokyo: Chūō kōronsha, 1997.

———. *Mongoru teikoku no kōbō* モンゴル帝国の興亡. Tokyo: Kōdansha gendai shinsho, 1996.

Sun Chengze 孫承澤 (1592–1676). *Tian fu guang ji* 天府廣紀. Latter half of the seventeenth century. Rpt., Beijing: 1984, second printing 2001.

Sun Fen 孫蕡 (1334–1389). *Xi an ji* 西菴集. 1503 edition. Rpt. in *Beijing tushuguan guji zhenben congkan,* vol. 100.

Sun Haiyang 孫海洋. *Mingdai cifu shuliie* 明代辭賦述略. Beijing: Zhonghua shuju, 2007.

Sun Mao 孫懋 (1469–1551). *Sun Yi an zou yi* 孫毅菴奏議. *Wen yuan ge Si ku quan shu,* vol. 429.

Swope, Kenneth. "Bestowing the Double-Edged Sword: Wanli as Supreme Military Commander." In *Culture, Courtiers, and Competition: The Ming Court (1368–1644),* edited by David Robinson. Cambridge: Harvard University Asia Center, 2008, pp. 61–115.

———. *A Dragon's Head and a Serpent's Tail: Ming China and the First Great East Asian War, 1592–1598.* Norman: University of Oklahoma Press, 2009.

T'aejong taewang sillok 太宗大王實錄. In *Chosŏn wang jo sillok.*

Tan Qian 談遷 (1594–1658). *Guo que* 國榷. Ca. 1653. Rpt., Beijing: Zhonghua shuju, 1988 [1958].

———. *Zao lin za zu* 棗林雜俎. Preface dated 1644; first published 1911. Rpt., Beijing: Zhonghua shuju, 2006.

Tang Wenfeng 唐文鳳. *Wu gang ji* 梧岡集. *Wen yuan ge Si ku quan shu,* vol. 1242.

Tani Mitsutaka. "A Study on Horse Administration in the Ming Period." *Acta Asiatica* 21 (1971): 73–98.

Tao Xie 陶諧 (1477–1546). *Nan chuan man you gao* 南川漫遊稿. 1533 edition held at Huadong Normal University Library. Rpt. in *Siku quanshu cunmu congshu, ji* 48.

Taylor, Romeyn. "Official Religion in the Ming." In *The Cambridge History of China,* vol. 8, *The Ming Dynasty, 1368–1644, part 1,* edited by Frederick Mote and Denis Twitchett. Cambridge: Cambridge University Press, 1998, pp. 840–92.

———. "The Yüan origins of the *wei-so* system." In *Chinese Government in Ming Times: Seven Studies,* edited by Charles Hucker. New York: Columbia University Press, 1969, pp. 23–40.

Tian Yiheng 田藝衡 (fl. 1570). *Liu qing ri zha* 留青日扎. 1609 edition. Rpt. in *Xuxiu Si ku quan shu, zi* 1129.

Toqto'a (1314–55) et al., eds. *Jin shi* 金史. 1344–45. Rpt. Beijing: Zhonghua shuju, 1970.

Toqto'a (1314–55) et al., eds. *Liao shi* 遼史 1344–45. Rpt. Beijing: Zhonghua shuju, 1974.

Tsai, Shih-shan Henry. *Perpetual Happiness: The Ming Emperor Yongle*. Seattle: University of Washington Press, 2001.

Twitchett, Denis, and Tileman Grimm. "The Cheng-tung, Ching-t'ai, and T'ien-shun reigns." In *The Cambridge History of China, vol. 7, The Ming Dynasty, 1368–1644, part 1*, edited by Frederick Mote and Denis Twitchett. Cambridge: Cambridge University Press, 1988, pp. 305–42.

Vale, Malcom. *The Princely Court: Medieval Courts and Culture in North-West Europe*. Oxford: Oxford University Press, 2001.

Vinograd, Richard. "Brightness and Shadows: The Politics of Painting at the Ming Court." In *Power and Glory: Court Arts of China's Ming Dynasty*, edited by Li He and Michael Knight. San Francisco: Asian Art Museum—Chong-Moon Lee Center for Asian Art and Culture, 2008, pp. 183–201.

Wada Hironori 和田博徳. "Mindai no teppō denrai to Osuman teikoku" 明代の鉄砲伝来とオスマン帝国. *Shigaku* 史学 31, nos. 1–4 (1958): 692–719.

Wade, Geoffrey. "Engaging the South: Ming China and Southeast Asia in the Fifteenth Century." *Journal of the Economic and Social History of the Orient* 51 (2008): 578–638.

———. "The Zheng He Voyages: A Reassessment." *Journal of the Malaysian Branch of the Royal Asiatic Society* 78, Part One, no. 228 (2005): 37–58.

Wakeman, Frederick. "The Shun Interregnum of 1644." In *From Ming to Ch'ing: Conquest, Region, and Continuity in Seventeeth-century China*, edited by Jonathan Spence and John Wills. New Haven: Yale University Press, 1979, pp. 39–87.

Waley-Cohen, Joanna. "Changing Spaces of Empire in Eighteenth-Century Qing China." In *Political Frontiers, Ethnic Boundaries, and Human Geographies in Chinese History*, edited by Nicola di Cosmo and Don Wyatt. London: Routledge Curzon, 2003, pp. 324–50.

———. "Commemorating War in Eighteenth-Century China." *Modern Asian Studies* 30, no. 1 (1996). Rpt. in Joanna Waley-Cohen, *The Culture of War in China: Empire and the Military under the Qing Dynasty*. London and New York: I.B. Tauris, 2006, pp. 23–47.

———. "Military Ritual and the Qing Empire." In *Warfare in Inner Asian History*, edited by Nicola di Cosmo. Leiden: E.J. Brill, 2002. Rpt. in Joanna Waley-Cohen, *The Culture of War in China: Empire and the Military under the Qing Dynasty*. London and New York: I.B. Tauris, 2006, pp. 66–88.

Wan, Maggie. "Building an Immortal Land: The Ming Jiajing Emperor's West Park." *Asia Major*, 3rd ser. 22, no. 2 (2009): 65–99.

Wang Cai 王材 (1508–1584). *Nian chu tang ji* 念初堂集. 1727 edition held at Naikaku Collection; Hishi copy held at Princeton East Asian Library.

Wang Cheng 王偁 (1370–1415). *Xu zhou ji* 虛舟集. *Wen yuan ge Si ku quan shu*, vol. 1237.

Wang Cheng-hua. "Material Culture and Emperorship: The Shaping of Imperial Power at the Court of Xuanzong (r. 1425–1435)." Ph.D. diss., Yale University, 1998.

Wang Fu 王紱 (1362–1416). *You shi xian sheng shi ji* 友石先生詩集. 1488 edition. Rpt. in *Beijing tushuguan guji zhenben congkan*, vol. 100.

Wang Gengwu 王賡武. See Wang Gungwu.

Wang Gungwu. "Ming Foreign Relations: Southeast Asia." In *The Cambridge History of China, vol. 8, The Ming Dynasty, 1368–1644, part 2*, edited by Frederick Mote and Denis Twitchett. Cambridge: Cambridge University Press, 1998, pp. 301–32.

———. "Wubai nian qian de Zhongguo yu shijie" 五百年前的中國與世界. *Ershiyi shiji* 二十一世紀 2 (1990): 91–100.

Wang Hao 王昊. "Shilun 'Taigeti' shiren Yang Shiqi de shige" 試論"臺閣體"詩人楊士奇的詩歌. *Xiamen jiaoyu xueyuan xuebao* 夏門教育學院學報 12, no. 3 (2010): 13–17.

Wang Hong 王洪 (1380–1420). *Yi zhai ji* 毅齋集. *Wen yuan ge Si ku quan shu*, vol. 1237.

Wang Jianying 王劍英, Chen Huairen 陳懷仁, et al. *Ming Zhongdu yanjiu* 明中都研究. Beijing: Zhongguo qingnian chubanshe, 2005.

Wang Jiusi 王九思 (1468–1551). *Mei po ji* 渼陂集. 1533 edition held at Qinghua University Library. Rpt. in *Siku quanshu cunmu congshu, ji* 48.

Wang Qi 王圻. *Xu Wen xian tong kao* 續文獻通考. 1586. Rpt. Taibei: Wenhai chubanshe, 1979.

Wang Qiong 王瓊 (1459–1532). *Jin xi ben bing fu zou* 晉溪本兵敷奏. 1544 edition held in Gansu Provincial Library. Rpt. in *Siku quanshu cunmu congshu, shi* 59.

Wang, Richard. *The Ming Prince and Daoism: Institutional Patronage of an Elite*. Oxford: Oxford University Press, 2012.

Wang Shenzhong 王慎中 (1509–59). *Zun yan xian sheng wen ji* 遵巖先生文集. 1571 edition. Rpt. in *Beijing tushuguan guji zhenben congkan*, vol. 105.

Wang Shizhen 王世貞 (1526–90). *Yan shan tang bie ji* 弇山堂別集. 1590. Rpt., Beijing: Zhonghua shuju, 1985.

Wang Sui 王璲 (1349–1415). *Qing cheng shan ren shi ji* 青城山人詩集. 1453 edition. Rpt. in *Beijing tushuguan guji zhenben congkan*, vol. 100.

Wang Tianyou 王天有. "Mingdai zhengzhi lungang" 明代政制論綱. *Ming Qing luncong* 明清論叢 5 (2004): 123–44.

———. "Shilun Muzong dayue yu Anda fenggong" 試論穆宗大閱與俺答封貢. *Beijing daxue xuebao* 北京大學學報 1 (1987): 92–100.

———. "Youguan Mingshi diwei de sige wenti" 有關明史地位的四個問題. *Ming Qing luncong* 7 (2006): 1–15.

———. "Zhu Zaihou—bei ren hulüe de Ming Muzong" 朱載垕—被人忽略的明穆宗. In *Mingdai zhengzhi yu wenhua bianqian* 明代政治與文化變遷, edited by Cheng Pei-kai 鄭培凱. Hong Kong: Xianggang chengshi daxue chubanshe, 2006, pp. 209–31.

Wang Ting 王頲. "Mingdai 'xiangrui' zhi shou 'Zou yu' kao" 明代 "祥瑞" 之獸 "騶虞" 考. *Jinan shixue* 暨南史學 3 (2005): 191–201.

Wang Ting 王頲 and Qu Guangyan 屈廣燕. "Lu lin shou hou—Yi shizi wei 'gong xian' kan Zhong Xiya yu Ming de jiaowang" 蘆林獸吼—以獅子爲 "貢獻" 看中西亞與明的交往. *Xibei minzu yanjiu* 西北民族研究 1 (2004): 136–47.

Wang Tingchen 王廷陳 (1493–1550). *Meng ze ji* 夢澤集. *Wen yuan ge Si ku quan shu*, *zhen ben*, vol. 182.

Wang Tingxiang 王廷相 (1474–1544). *Wang Tingxiang ji* 王廷相集. Beijing: Zhonghua shuju, 1989.

Wang Weizhen 王維楨 (1507–55). *Wang shi cun si gao* 王氏存笥稿. 1557 edition held at Hangzhou University Library. Rpt. in *Siku quanshu cunmu congshu*, *ji* 103.

Wang Xijue 王錫爵 (1534–1610). *Zeng ding guo chao guan ke jing shi hong ci* 增定國朝館課經世宏辭. 1590 edition held at Zhongguo kexueyuan Library. Rpt. in *Siku jinhuishu congkan*, *ji* 92.

Wang Ying 王英 (1376–1450). *Wang Wen An gong shi wen ji* 王文安公詩文集. Qing manuscript held at Nanjing Library. Rpt. in *Xuxiu Siku quanshu*, vol. 1327.

Wang Yong 王勇. "Bohai Shangjingcheng chutu de maqiu yu Bohairen de maqiu yundong" 渤海上京城出土的馬球與渤海人的馬球運動. *Beifang wenwu* 北方文物 3 (2010): 12.

Wang Zhi 王直 (1379–1462). *Yi an wen ji* 抑庵集. *Wen yuan ge Siku quan shu*, vol. 1242.

Wang Zudi 王祖嫡 (1531–92). *Shi zhu tang ji* 師竹堂集. Tianqi reign edition. Rpt. in *Siku weishoushu jikan* 四庫未收書輯刊, ser. 5, vol. 23, edited by *Siku weishoushu jikan* bianzuan weiyuanhui 四庫未收書輯刊編纂委員會. Beijing: Beijing chubanshe, 1997.

Watanabe Hiroshi. "An Index of Embassies and Tribute Missions from Islamic Countries to Ming China (1368–1466) (sic, s.b. 1644) as recorded in the *Ming Shih-lu* 明實錄 classified according to Geographic Area." *The Memoirs of the Toyo Bunko* 33 (1975): 285–347.

Watt, James. *When Silk Was Gold: Central Asian and Chinese Textiles*. New York: Metropolitan Museum of Art, 1997.

Wei Ji 魏驥 (1374–1471). *Nan zhai xian sheng Wei Wenjing gong zhai gao* 南齋先生魏文靖公摘稿. Rpt. in *Beijing tushuguan guji zhenben congkan*, 109.

Wei Qingyuan 韋慶遠. *Longqing huangdi dazhuan* 隆慶皇帝大傳. Beijing: Zhongguo shehui chubanshe, 2008.

———. *Zhang Juzheng he Mingdai zhonghouqi zhengju* 張居正和明代中後期政局. Guangzhou: Guangdong gaodeng jiaoyu chubanshe, 1999.

Wen Lin 文林 (1445–99). *Wen wen zhou wen ji* 文溫州文集. Ming edition held at Beijing Library. Rpt. in *Siku quanshu cunmu congshu*, *ji* 40.

Wink, André. *Akbar*. Oxford: Oneworld Publications, 2009.

Winters, Clyde. "The Actual Dates of the Arrival of Two Giraffes from Malindi—As Gifts—To the Chinese Court of Yung Lo." *Asian Profile* 3, no. 5 (1975): 549–54.

Wittfogel, Karl, and Feng Chia-sheng. *History of Chinese Society Liao (907–1125)*. *Transactions of the American Philosophical Society*, New Series 36 (1946).

Woodhead, Christine. "Perspectives on Süleyman." In *Süleyman the Magnificent and His Age: The Ottoman Empire in the Early Modern World*, edited by Metin Kunt and Christine Woodhead. London and New York: Longman, 1995, pp. 164–90.

Wu Han 吳晗. *Chaoxian Lichao shilu zhong de Zhongguo shiliao* 朝鮮李朝實錄中的中國史料. Beijing: Xinhua shudian, 1980.

———. "Mingdai de jun bing" 明代的軍兵. *Zhongguo shehui jing jishi jikan* 中國社會經濟史集刊 2, no. 2 (1937): 147–200.

Wu Kuan 吳寬 (1435–1504). *Pao weng jia cang ji* 匏翁家藏集. *Si bu cong kan ji bu* 四部叢刊集部, *chu bian ji bu* 初編集部, vol. 83.

Wu Peng 吳鵬 (1500–1579). *Fei hong ting ji* 飛鴻亭集. Wanli edition. Rpt. in *Beijing tushuguan guji zhenben congkan*, vol. 107.

Wu Yan 吳儼 (1457–1519). *Wu Wen su zhai gao* 吳文肅摘稿. *Wen yuan ge Si ku quan shu*, vol. 1259.

Xia Xie 夏燮. *Ming tong jian* 明通鑑. Ca. 1870. Rpt. Taibei: Shijie shuju, 1978.

Xia Yan 夏言 (1482–1548). *Gui zhou shi ji* 桂洲詩集. 1546 edition held at Shanghai Library. Rpt. in *Xuxiu Siku quanshu*, vol. 1339.

———. *Gui zhou xian sheng zou yi* 桂洲先生奏議. Ming edition held in Chongqing Library. Rpt. in *Siku quanshu cunmu congshu, shi* 60.

Xia Yuanji 夏原吉 (1366–1430). *Xia Zhong jing gong ji* 夏忠靖公集. 1500 edition. Rpt. in *Beijing tushuguan guji zhenben congkan,* vol. 100.

———. *Yi tong zhao ji lu* 一統肇基錄. *Bai sheng* 稗乘, in *Bai bu cong shu* 百部從書, ser. 17, part 3.

———. *Zhong jing ji* 忠靖集. *Wen yuan ge Si ku quan shu*, vol. 1240.

Xiao Fang 蕭放. "Beijing Duanwu lisu yu chengshi jieri texing" 北京端午禮俗與城市節日特性. *Huazhong shifan daxue xuebao* 華中師範大學學報 51, no. 1 (2012): 87–91.

Xiao Tong. *Wen xuan, or, Selections of refined literature*. Translated, with annotations and introduction by David R. Knechtges. Princeton: Princeton University Press, 1982–1996.

Xie Guian 謝貴安. "Lun Mingdai ruchen yu huanguan zai huangdi yulezhong de yingxiang he jiaoliang" 論明代儒臣與宦官在皇帝娛樂中的影響和較量. *Gugong bowuyuan yuankan* 故宮博物院院刊 6 (2008): 6–21. Rpt. in idem, *Ming Qing wenhuashi tanyan*. Beijing: Shangwu yinshuguan, 2010, pp. 52–76.

———. *Ming Qing wenhuashi tanyan* 明清文化史探研. Beijing: Shangwu yinshuguan, 2010.

———. *Ming shilu yanjiu* 明實錄研究. Wuhan: Hubei renmin chubanshe, 2003.

———. "Rujia lunli yu huangdi siyu de chongtu yu zhezhong—Ming Yingzong yu Ming Daizong de gongting yule shenghuo" 儒家倫理與皇帝私欲的衝突與折衷—明英宗與明代宗的宮廷娛樂生活. *Zijincheng* 4 (2010): 40–43.

———. "Yayihou de 'jing pen'—Ming Muzong gongting yule shenghuo" 壓抑後的"井噴"—明穆宗宮廷娛樂生活. *Zijingcheng* 2 (2011): 54–56.

Xie Jin 謝晉 (14th/15th c.). *Lan ting ji* 蘭庭集. *Wen yuan ge Si ku quan shu*, vol. 1244, p. 461–62.

Xie Jin 解縉 (1369–1415). *Wen yi ji* 文毅集. In *Wen yuan ge Si ku quan shu zhen ben ji* 四庫全書珍本集, 4th ser., vols. 316–17. Taibei: Taiwan shangwu yinshuguan, 1973.

———. *Xie xue shi quan shi* 解學士全集. Ming edition held in Naikaku Collection; Hishi copy held at Princeton East Asian Library.

Xie Wenchao 解文超. *Mingdai bingshu yanjiu* 明代兵書研究. Tianjin: Tianjin renmin chubanshe, 2010.

Xie Yikui 謝一夔 (1425–1487). *Xie wen zhuang gong ji* 謝文莊公集. 1562 edition. Rpt. in *Mingren wenji congkan*, 1st ser., vol. 8. Taibei: Wenhai chubanshe, 1970.

Xu Bingbin 許冰彬. "Shixi Mingdai huanguan neicao de xingshuai ji tedian" 試析明代宦官內操的興衰及特點. *Gugong bowuyuan yuankan* 故宮博物院院刊 1 (2012): 29–40.

Xu Guan 徐貫 (*jinshi* 1457). *Xu kang yi gong yu li gao* 徐康懿公餘力稿. Ming edition held at Beijing Library. Rpt. in *Siku quanshu cunmu congshu, ji* 37.

Xu Jie 徐階 (1503–83). *Shi jing tang ji* 世經堂集. Wanli edition held at Beijing University Library. Rpt. in *Siku quanshu cunmu congshu, ji* 79–80.

Xu Song 徐松 (1781–1848). *Song hui yao ji gao* 宋會要輯稿. Rpt. Taibei: Xinwenfeng chuban gongsi, 1976.

Xu Xueju 徐學聚 (*jinshi* 1583). *Guo chao dian hui* 國朝典彙. 1625. Rpt., Beijing: Shumu wenxian chubanshe, 1996.

Xu Xuemo 徐學謨 (1522–1594). *Gui you yuan gao* 歸有園稿. 1593 edition held at Tianjin Library. Rpt. in *Siku quanshu cunmu congshu, ji* 125.

Xu Youzhen 徐有貞 (1407–1472). *Wu gong ji* 武功集. *Wen yuan ge Si ku quan shu*, vol. 1245.

Xu Zonglu 許宗魯 (1490–1539). *Shao hua shan ren qian ji* 少華山人前集. Jiajing edition. Rpt. in *Beijing tushuguan guji zhenben congkan*, vol. 103.

Xue Hui 薛蕙 (1489–1541). *Xue kao gong ji* 薛考功集. 1535 edition held at Sonkeikaku Collection, Tokyo; Hishi copy held at Princeton East Asian Library.

Yan Congjian 嚴從簡 (*jinshi* 1559). *Shu yu zhou zi lu* 殊域周咨錄. 1574. Rpt., Beijing: Zhonghua shuju, 1993, second printing 2000.

Yan Haiqing 閆海青. "Jiushi niandai yilai Mingdai zongfan yanjiu zongshu" 九十年代以來明代宗藩研究總述. *Shandong jiaoyu xueyuan xuebao* 山東教育學院學報 6 (2006): 102–5.

Yan Song 嚴嵩 (1480–1567). *Nan gong zou yi* 南宮奏議. 1545 edition held at Beijing Library. Rpt. in *Xuxiu Siku quanshu*, vol. 476.

Yang Ji 楊基 (1334–83). *Mei an ji* 眉菴集. *Si bu cong kan* edition, 3rd ser., vol. 49.

Yang Lili 楊麗麗. "Yiwei Mingdai Hanlin guanyuan de gongzuo lüli" 一位明代翰林官員的工作履歷. *Gugong bowuyuan yuankan* 故宮博物院院刊 4 (2005): 42–66.

Yang Ming 楊銘 (15th c.). *Zhengtong lin rong lu* 正統臨戎錄. In *Guo chao dian gu*, edited by Deng Shilong, *juan* 28, vol. 1. Rpt., Beijing: Beijing daxue chubanshe, 1993.

Yang Pu 楊溥 (1372–1446). *Yang Wen ding gong shi ji* 楊文定公詩集. Ming manuscript held at Nanjing University. Rpt. in *Xuxiu Siku quanshu*, vol. 1326.

Yang Rong 楊榮 (1371–1440). *Yang Wen min gong ji* 楊文敏公集. Rpt., Taibei: Wenhai chubanshe, 1970.

Yang Shiqi 楊士奇 (1365–1444). *Dong li wen ji* 東里文集. Rpt., Beijing: Zhonghua shuju, 1998.

Yang Sŏngji 楊誠之 (1414–82). *Nulchae chip* 訥齋集. Photolithic reprint in *Han'guk yŏktae munjip ch'ongsŏ* 韓國歷代文集叢書, edited by Munjip p'yŏnch'an wiwŏnhoe 文集編纂委員會, vol. 58. Seoul: Kyŏngin munhwasa, 1987–.

Yang Tinghe 楊廷和 (1459–1529). *Yang Wen zhong san lu* 楊文忠三錄. 1607 edition held at Naikaku Collection, Tokyo; Hishi copy held at Princeton East Asian Library.

———. *Yang Wen zhong san lu* 楊文忠三錄. *Wen yuan ge Si ku quan shu*, vol. 428.

Yang Xin 楊新, ed. *Gugong bowuyuan cang Ming Qing huihua* 故宮博物院藏明清繪畫. Beijing: Zijincheng chubanshe, 1994.

———. *Ming Qing xiaoxianghua* 明清肖像畫. Hong Kong and Shanghai: Shangwu yinshuguan and Shanghai kexue jishu chubanshe, 2008.

Yang Yiqing 楊一清 (1454–1530). *Yang Yiqing ji* 楊一清集. Beijing: Zhonghua shuju, 2001.

Yao Kui 姚夔 (1414–73). *Yao Wen min gong yi gao* 姚文敏公遺稿. Hongzhi period (1488–1505) edition held at Beijing Library. Rpt. in *Siku quanshu cunmu congshu, ji* 34.

Yao Lai 姚淶 (*jinshi* 1523). *Ming shan xian sheng cun ji* 明山先生存集. 1557 edition. Rpt. in *Beijing tushuguan guji zhenben congkan*, vol. 105.

Ye Sheng 葉盛 (1420–74). *Shui dong ri ji* 水東日記. Beijing: Zhonghua shuju, 1980, second printing 1997.

Ye Ye 葉曄. *Mingdai zhongyang wenguan zhidu yu wenxue* 明代中央文官制度與文學. Hangzhou: Zhejiang daxue chubanshe, 2011.

Yoshikawa Kōjirō. *Five Hundred Years of Chinese Poetry*. Princeton: Princeton University Press, 1989.

You Guoen 游國恩 et al., eds. *Zhongguo wenxueshi* 中國文學史. Beijing: Renmin wenxue chubanshe, 1983.

Yu Jideng 余繼登 (1544–1600). (*Huang Ming) Dian gu ji wen* (皇明)典故紀聞. 1601. Rpt., Beijing: Zhonghua shuju, 1981, second printing, 1997.

Yu Minzhong 于敏中 (1714–79), ed. *Qinding rixia jiuwen kao* 欽定日下舊聞考. Rpt., Beijing: Beijing guji chubanshe, 1983, second printing 2000.

Yu Qian 于謙 (1398–1457). *Yu Qian ji* 于謙集. Rpt., Beijing: Zhongguo wenshi chubanshe, 2000.

Yu Ruji 俞汝楫 and Lin Yaoyu 林堯俞, comps. *Li bu zhi gao* 禮部志稿. 1620. *Wen yuan ge Si ku quan shu*, vols. 597–98.

Yü Ying-shi. "Han foreign relations." In *The Cambridge History of China, vol. 1, The Ch'in and Han Empires, 221 B.C.–A.D. 220*. Edited by Denis Twitchett and Michael Loewe. Cambridge: Cambridge University Press, 1986.

Yuan Bin 袁彬 (15th c.). *Bei zheng shi ji* 北征事蹟. Rpt. in *Ji lu hui bian* 紀錄彙編. In *Bai bu cong kan ji cheng* 百部叢刊成, vol. 16.

Yuan Zhi 袁褧 (1502–47). *Heng fan chong ke Xu tai xian sheng ji* 衡藩重刻胥臺先生集. 1584 edition. Rpt. in *Beijing tushuguan guji zhenben congkan*, vol. 104.

Zeng Qi 曾棨 (1372–1432). *Chao jie ji* 巢睫集. 1471 edition. Rpt. in *Beijing tushuguan guji zhenben congkan*, vol. 105.

———. *Ke Zeng xi shu xian sheng ji* 刻曾西墅先生集. 1587 edition held at Shijiazhuang Municipal Library. Rpt. in *Siku quanshu cunmu congshu, ji* 30.

Zhang Bo 張勃. "*Zhuo zhong zhi yin shi hao shang ji lüe* jiqi jieshi de Mingdai gongting jieri shenghuo"《酌中志飲食好尚紀略》及其揭示的明代宮廷節日生活. *Beijing lianhe daxue xuebao (Renwen shehui kexueban)* 北京聯合大學學報(人文社會科學版) 8, no. 4 (2010): 84–90.

Zhang Chang 章敞 (1376–1437). *Ming Yongle jia shen hui kui li bu zuo shi lang kuai ji Zhi an zhang gong shi wen ji* 明永樂甲申會魁禮部左侍郎會稽賫菴章公詩文集. Undated Qing manuscript held at Zhejiang Library. Rpt. in *Siku quanshu cunmu congshu, ji* 30.

Zhang Cong 張璁 (1457–1539). *Tai shi Zhang wen zhong ji* 太師張文忠集. 1615 edition held in the Hubei Provincial Library. Rpt. in *Siku quanshu cunmu congshu, ji* 77.

Zhang Dexin 張德信. "Taizu huangdi qinlu jiqi faxian yu yanjiu jilu: jianji *Yuzhi jifei lu*" 太祖皇帝欽錄及其發現與研究輯錄: 兼及御制紀非錄. *Ming Qing luncong* 明清論叢 6 (2005): 83–110.

Zhang Fujing 張孚敬. See Zhang Cong.

Zhang Han 張瀚 (1511–93). *Song chuang meng yu* 松窗夢語. 1593. Rpt., Beijing: Zhonghua shuju, 1985, second printing 1997.

Zhang Honghua 張紅花. "Jiedu Mingdai Taigeti lingxiu Yang Shiqi de yingzhishi" 解讀明代臺閣體領袖楊士奇的應制詩. *Gudai wenxue* 古代文學 11 (2008): 20–22.

Zhang Ji 張吉 (1451–1518). *Gu cheng ji* 古城集. *Wen yuan ge Si ku quan shu*, vol. 1257.

Zhang Juzheng 張居正 (1525–82). *Zhang Tai yue ji* 張太岳集. Composite of three Wanli editions. Rpt., Shanghai: Shanghai guji chubanshe, 1983.

Zhang Lian 張璉. "Lidi diwang jisi zhong de diwang yixiang yu ditong yishi—cong Mingdai diwang miaosi de siji siwei tanqi" 歷代帝王祭祀中的的帝王意象與帝統意識—從明代帝王廟祀的祭祀思維談起. *Donghua renwen xuebao* 東華人文學報 10 (2007): 319–66.

Zhang Linyuan 張林源. "Beijing chengnan de huangjia lieyuan" 北京城南的皇家獵苑. *Senlin yu renlei* 森林與人類 6 (2009): 40–45.

Zhang Lu 張鹵 (1523–98), comp. *Huang Ming Jia Long shu chao* 皇明嘉隆疏抄. Wanli edition held in Shanghai Library. Rpt. in *Xuxiu Siku quanshu, shi* 466.

Zhang Ning 張寧 (*jinshi* 1454). *Fang zhou za yan* 方洲雜言. Wanli edition held in the Qixian County Library (Shanxi Province). Rpt. in *Siku quanshu cunmu congshu, zi* 239.

Zhang Shiche 張時徹 (born 1504) comp. *Huang Ming wen fan* 皇明文範. Wanli edition held at Chinese People's University Library. Rpt. in *Siku quanshu cunmu congshu, ji* 302.

Zhang Tingyu 張廷玉 et al., eds. *Ming shi* 明史. 1736. Rpt., Beijing: Zhonghua shuju, 1974.

Zhang Wende 張文德. *Ming yu Tiemuer wangchao guanxishi yanjiu* 明與帖木兒王朝關係史研究. Beijing: Zhonghua shuju, 2006.

Zhang Yue 張悅 (*jinshi* 1460). *Ding an ji* 定菴集. 1504 edition held at Shanghai Library. Rpt. in *Siku quanshu cunmu congshu, ji* 37.

Zhang Yue 張岳 (1492–1552). *Xiao shan lei gao* 小山類稿. Rpt., Fuzhou: Fujian renmin chubanshe, 2000.

Zhao Kesheng 趙克生. *Mingchao Jiajing shiqi guojia jisi gaizhi* 明朝嘉靖時期國家祭祀改制. Beijing: Shehui kexue wenxian chubanshe, 2006.

———. "Mingdai gongting liyi yu caizheng" 明代宮廷禮儀與財政. *Dongbei shida xuebao* 東北師大學報 (*zhexue shehui kexue ban* 哲學社會科學版) 4 (2012): 83–90.

Zhao Yi 趙毅. "Mingdai zongshi renkou yu zonglu wenti" 明代宗室人口與宗祿問題. *Changchun shifan xuebao* 長春師院學報 (*zhesheban* 哲社版) 2 (1986): 13–19.

Zhao Yi 趙毅 and Luo Dongyang 羅東陽. *Zhengtong huangdi dazhuan* 正統皇帝大傳. Shenyang: Liaoning jiaoyu chubanshe, 1993.

Zhao Yifeng 趙一豐. "Mingdai Beijing nanyuan kao" 明代北京南苑考. *Hulunqier xueyuan xuebao* 呼倫其爾學院學報 3 (2005): 4–8.

Zhao Zhongnan 趙中南. "Hongzhi shiqi fanwang shangci yu guojia caizheng chutan" 弘治时期藩王赏赐与国家财政初探. Presented at "Ming Provincial Courts Conference," Colgate University, June 2011.

———. *Mingdai gongting dianzhishi* 明代宮廷典制史. Beijing: Zijincheng chubanshe, 2010.

Zheng Liju 鄭禮炬. *Mingdai Hongwu zhi Zhengde nianjian de Hanlinyuan yu wenxue* 明代洪武至正德年間的翰林院與文學. Beijing: Zhongguo shehui kexue chubanshe, 2011.

Zheng Xiao 鄭曉 (1499–1556). *Jin yan* 今言. 1566. Rpt., Beijing: Zhonghua shuju, 1984, second printing 1997.

Zhongguo diyi lishi dang'anguan 中國第一歷史檔案館 and Liaoningsheng dang'anguan 遼寧省檔案館, eds. *Zhongguo Mingdai dang'an zonghui* 中國明代檔案總匯. Guilin: Guangxi shifan daxue chubanshe, 2000.

Zhongguo lishi bowuguan 中國歷史博物館, ed. *Zhongguo tongshi chenlie* 中國通史陳列. Beijing: Chaohua chubanshe, 1998.

Zhou Rupan 周如磐 (*jinshi* 1598) and Wang Hui 汪輝 (*jinshi* 1604), compilers. *Xin ke ren xu ke Han lin guan ke* 新刻壬戌科翰林館課. Late Ming edition held at East Asian Library (Gest): Rare Books TD73/1238.

Zhou Xi 周璽 (*jinshi* 1496). *Chui guang ji* 垂光集. *Wen yuan ge Si ku quan shu*, vol. 429.

Zhou Xibao 周錫保. *Zhongguo gudai fushi shi* 中國古代服飾史. Zhongguo xiju chubanshe, 1984; fourth printing, 1996.

Zhou Xu 周敘 (1392–1450). *Shi xi ji* 石溪集. 1450 edition held at Beijing Library. Rpt. in *Beijing tushuguan guji zhenben congkan*, vol. 102.

Zhu Changzuo 朱長祚 (late 16th/early 17th c.). *Yu jing xin tan* 玉鏡新譚. Circa 1628. Rpt., Beijing: Zhonghua shuju, 1989, 2nd printing 1997.

Zhu Guozhen 朱國禎 (1558–1632). *Yong chuang xiao pin* 湧幢小品. 1621. Rpt., Beijing: Wenhua yishu chubanshe, 1998.

Zhu Hong 朱鴻. "*Mingren chujing rubi tu* benshi zhi yanjiu"「明人出警入蹕圖」本事之研究. *Gugong xueshu jikan* 故宮學術季刊 22, no. 1 (2004): 183–213.

———. "*Xu Xianqing huanji tu* yanjiu"《徐顯卿宦迹圖》研究. *Gugong bowuyuan yuankan* 故宮博物院院刊 2 (2011): 47–80.

Zhu Rangxu 朱讓栩 (d. 1547). *Chang chun jing chen gao* 長春競辰稿. 1549 Shu Princely Estate edition. Rpt. in *Beijing tushuguan guji zhenben congkan*, vol. 107.

Zhu Rongjie 朱榮㳨. *Zheng xin shi ji* 正心詩集. 1519 Chu Princely Estate edition held at Beijing Library. Rpt. in *Beijing tushuguan guji zhenben congkan*, vol. 104.

Zhu Wubi 朱吾弼 (*jinshi* 1589), comp. *Huang Ming liu tai zou yi* 皇明留臺奏議. 1605 edition held in Nanjing Library. Rpt. in *Xuxiu Siku quanshu*, *shi* 467.

Zhu Yuanzhang 朱元璋 (1328–98). *Yu zhi Da Gao xu bian* 御製大誥續編. Rpt. in *Xuxiu Siku quanshu*, vol. 862.

Zhu Yunming 祝允明 (1461–1527). *Ye ji* 野記. In *Guo chao dian gu*, edited by Deng Shilong, *juan* 32, vol. 1. Rpt., Beijing: Beijing daxue chubanshe, 1993.

Zhu, Zhan 朱栴 (1378–1438). *Ningxia zhi* 寧夏志. 1601 edition. Rpt. in *Ningxia lidai fangzhi cuibian* 寧夏歷代方志翠編, edited by Ningxia shaoshu minzu guji zhengli chuban guihua xiaozu bangongshi 寧夏少數民族古籍整理出版規划小組辦公室. Tianjin: Tianjin guji chubanshe, 1988.

索　引

图书在版编目（CIP）数据

神武军容耀天威：明代皇室的尚武活动／（美）鲁
大维（David M. Robinson）著；杨柳青，康海源译. ——
北京：社会科学文献出版社，2020.10
ISBN 978 - 7 - 5201 - 6332 - 3

Ⅰ.①神… Ⅱ.①鲁… ②杨… ③康… Ⅲ.①皇室 -
史料 - 中国 - 明代 Ⅳ.①K248.06

中国版本图书馆 CIP 数据核字（2020）第 039145 号

神武军容耀天威
——明代皇室的尚武活动

著　　者／〔美〕鲁大维（David M. Robinson）
译　　者／杨柳青　康海源

出 版 人／谢寿光
组稿编辑／董风云
责任编辑／廖涵缤　张金勇

出　　版／社会科学文献出版社·甲骨文工作室（分社）（010）59366527
　　　　　　地址：北京市北三环中路甲29号院华龙大厦　邮编：100029
　　　　　　网址：www. ssap. com. cn
发　　行／市场营销中心（010）59367081　59367083
印　　装／北京盛通印刷股份有限公司

规　　格／开　本：889mm×1194mm　1/32
　　　　　　印　张：13.75　插　页：0.25　字　数：316千字
版　　次／2020 年 10 月第 1 版　2020 年 10 月第 1 次印刷
书　　号／ISBN 978 - 7 - 5201 - 6332 - 3
著作权合同
登 记 号／图字 01 - 2015 - 3602 号
定　　价／79.00 元

本书如有印装质量问题，请与读者服务中心（010 - 59367028）联系

▲ 版权所有　翻印必究